Direito e Saúde
Construindo a Justiça Social

DR. MARCO AURÉLIO SERAU Jr.
Doutor e Mestre em Direitos Humanos (Universidade de São Paulo). Especialista em Direito Constitucional (Escola Superior de Direito Constitucional). Especialista em Direitos Humanos (Universidade de São Paulo). Professor universitário e de cursos de pós-graduação. *E-mail*: maseraujunior@hotmail.com.

DRA. MARIA CLAUDIA CRESPO BRAUNER
Doutora em Direito pela Universidade de Rennes 1. França. Pós-doutora na Universidade de Montreal 1. Canadá. Coordenadora do Mestrado em Direito e Justiça Social da FADIR/FURG. Pesquisadora do CNPq. *E-mail*: mccbrauner@hotmail.com

DR. JOSÉ RICARDO CAETANO COSTA
Doutor em Serviço Social (PUC/RS). Mestre em Direito Público (UNISINOS). Pós-Doutor em Educação Ambiental (PPGEA-FURG). Professor do Mestrado em Direito e Justiça Social da FADIR/FURG.
E-mail: jrcc.pel@gmail.com

Marco Aurélio Serau Junior
Maria Claudia Crespo Brauner
José Ricardo Caetano Costa

(Coordenadores)

Direito e Saúde
Construindo a Justiça Social

EDITORA LTDA.
© Todos os direitos reservados

Rua Jaguaribe, 571
CEP 01224-003
São Paulo, SP – Brasil
Fone (11) 2167-1101
www.ltr.com.br
Outubro, 2016

Produção Gráfica e Editoração Eletrônica: LINOTEC
Projeto de Capa: FABIO GIGLIO
Impressão: PAYM GRÁFICA E EDITORA

Versão impressa: LTr 5647.5 — ISBN: 978-85-361-9025-9
Versão digital: LTr 9042.9 — ISBN: 978-85-361-9035-8

Dados Internacionais de Catalogação na Publicação (CIP)
(Câmara Brasileira do Livro, SP, Brasil)

Direito e saúde : construindo a justiça social / Marco Aurélio Serau Junior, Maria Claudia Crespo Brauner, José Ricardo Caetano Costa, (coordenadores). – São Paulo : LTr, 2016.

Vários autores
Bibliografia

1. Direitos fundamentais 2. Direito à saúde 3. Justiça social 4. Saúde - Leis e legislação - Brasil 5. Saúde pública - Brasil 6. Serviços de saúde - Brasil I. Serau Junior, Marco Aurélio. II. Brauner, Maria Claudia. III. Costa, José Ricardo Caetano.

16-06717   CDU-34:351.77(81)

Índice para catálogo sistemático:
1. Brasil : Direito da saúde   34:351.77(81)
2. Brasil : Saúde : Direito   34:351.77(81)

SUMÁRIO

Apresentação 7

Prefácio
    Sueli Gandolfi Dallari 9

PARTE I
Direito Fundamental à Saúde

O Direito Humano à Saúde, Segurança e ao Meio Ambiente do Trabalho Equilibrado: uma questão de justiça social na perspectiva das organizações intergovernamentais internacionais
    Eder Dion de Paula Costa e Sheila Stolz.. 15

Saúde no Contexto dos Direitos Fundamentais e da Seguridade Social
    Gustavo Filipe Barbosa Garcia... 26

Direito à Saúde e Inserção Internacional Brasileira: o Caso da Atenção Obstétrica entre 1995 e 2014
    Hector Cury Soares e Gabrielle Caseira Araujo.. 30

O Crescente Processo de Medicalização da Vida: A Judicialização da Saúde
    Maria Claudia Crespo Brauner e Karina Morgana Furlan..................................... 44

Direitos Humanos e Meio Ambiente: A Proteção da Saúde e as Demandas Coletivas
    Maria Claudia Crespo Brauner e Janaina Cristina Battistelo Cignachi 58

Direito Fundamental das Populações Indígenas à Saúde
    Paulo Thadeu Gomes da Silva 64

PARTE II
Judicialização do Direito Fundamental à Saúde

JUDICIALIZAÇÃO DA SAÚDE: PERSPECTIVAS DE UMA CONFORMAÇÃO DE EFETIVIDADE
    Andréia Castro Dias e Claudia Mota Estabel 75

O CONTROLE JUDICIAL DAS POLÍTICAS PÚBLICAS DE SAÚDE NA PERSPECTIVA DA TEORIA DOS SISTEMAS DE NIKLAS LUHMANN
    Giselle de Amaro e França 90

ASPECTOS PROCESSUAIS DA JUDICIALIZAÇÃO DO DIREITO FUNDAMENTAL À SAÚDE
    Marco Aurélio Serau Junior 100

AS REPERCUSSÕES DO ATIVISMO JUDICIAL NA JUDICIALIZAÇÃO CONTRA EMPRESAS DO SISTEMA DE SAÚDE PRIVADA E SUAS IMPLICAÇÕES NO MERCADO PRIVADO DA SAÚDE
    Paulo Egídio Seabra Succar e Camila Helena Alves Boschini 110

O ATIVISMO JUDICIAL COMO PARTE DO PROBLEMA DA FALTA DE EFETIVIDADE DO DIREITO À SAÚDE: UM BREVE ESTUDO SOBRE A UTILIZAÇÃO DAS AUDIÊNCIAS PÚBLICAS E A PERPETUAÇÃO DA LÓGICA POSITIVISTA DO DIREITO (INDIVIDUALISTA E COMPENSATÓRIA)
    Ricardo Cesar Duarte 119

JUDICIALIZAÇÃO DA SAÚDE: POR QUE PARA SE LEVAR O DIREITO À SAÚDE A SÉRIO DEVE-SE TAMBÉM LEVAR O SISTEMA ÚNICO DE SAÚDE A SÉRIO?
    Rodrigo Flores 126

PARTE III
Regulação, Terceiro Setor e Saúde Privada

O FUNCIONAMENTO DO SETOR DE PLANOS DE SAÚDE NO BRASIL: UMA RELAÇÃO COMPLICADA ENTRE O PÚBLICO E O PRIVADO
    Daniela Batalha Trettel 139

A TERCEIRIZAÇÃO DA SAÚDE PÚBLICA: UMA ANÁLISE DAS ORGANIZAÇÕES SOCIAIS E O CARÁTER COMPLEMENTAR DA INICIATIVA PRIVADA
    Liane de Alexandre Wailla e José Ricardo Caetano Costa 159

GESTÃO DOS SERVIÇOS PÚBLICOS DE SAÚDE PELAS ORGANIZAÇÕES SOCIAIS
    Silvio Luís Ferreira da Rocha 170

PARTE IV
Orçamento da Saúde

A RESPONSABILIDADE PENAL DE PREFEITOS PELA MALVERSAÇÃO DE VALORES DESTINADOS AO SISTEMA ÚNICO DE SAÚDE – SUS
    Denis Renato dos Santos Cruz 187

ORÇAMENTO MÍNIMO PARA A SAÚDE: A RIGIDEZ ORÇAMENTÁRIA E A DISCRICIONARIEDADE DO LEGISLADOR
    Luma Cavaleiro de Macêdo Scaff 194

Apresentação

Os coordenadores desta obra comungam da urgência da reflexão jurídica sobre o sistema público de saúde (SUS – Sistema Único de Saúde) e todos os demais aspectos que circundam a questão do direito fundamental à saúde, especialmente sua intensa judicialização.

A Universidade, por sua vez, tem necessário assento nesse processo, sob pena de relegarmos aos economistas e outros atores essa relevante missão. É com este espírito que foi concebida e desenvolvida esta obra coletiva, na certeza de que as ideias aqui veiculadas são contribuições fundamentais para a defesa do SUS e do direito fundamental à saúde, visando ao aperfeiçoamento de sua vocação universalista.

O trabalho está estruturado em quatro partes igualmente relevantes. A primeira parte discute o direito fundamental à saúde, sua definição como direito fundamental e diversos aspectos que são seus desdobramentos, como a construção de um meio ambiente de trabalho equilibrado ou a especificação das políticas públicas direcionadas às populações indígenas.

Em seguida, tem-se uma importante Parte II, dirigida à discussão sobre o tema da judicialização da saúde, inerente e necessário a qualquer obra que se debruce sobre o tema do direito à saúde.

A Parte III trata da questão da Saúde Privada (Suplementar), sua regulação e a atuação do Terceiro Setor, tópicos igualmente importantes na contemporânea efetivação do direito à saúde, ainda que sejam objeto de acentuada crítica.

Por último, a obra trata da inescapável questão do orçamento da Saúde (Parte IV), apresentando artigos sobre as vinculações orçamentárias relacionadas a este direito fundamental e também sobre o desvio de receitas, abordando, pioneiramente, a proteção penal nesse campo.

Trata-se de um vasto leque de abordagens e reflexões em torno do tema do direito fundamental à saúde. A partir desse conjunto de produções teóricas que ora levamos a público, tem-se a certeza de haver contribuído para a competente discussão sobre a política pública sanitária, no escopo de ver esse direito fundamental consagrado e efetivado.

Pelotas (RS)/S. Paulo (SP), inverno de 2016.
OS COORDENADORES.

PREFÁCIO

Sueli Gandolfi Dallari[*]

A leitura dos artigos densos, oportunos e escritos com a competência que caracteriza o grupo de autores reunidos em **Direito e Saúde: construindo a justiça social** evocou os primórdios do tratamento do tema. A ampla visão, característica de seus coordenadores, e claramente demonstrada no elenco dos diversos aspectos abordados, faz lembrar que esta obra é uma das consequências mais expressivas da formalização desse campo do conhecimento científico. Sim, são passados mais de cinquenta anos da criação dos primeiros cursos de formação em Direito Sanitário na Europa e exatamente 28 anos da fundação do Centro de Estudos e Pesquisas de Direito Sanitário no Brasil. É claro que tal busca deve tomar em conta o contexto político-jurídico onde incidem as questões sanitárias. Assim, é importante constatar que no início do século vinte e um a crise não é só econômica e social mas também dos modelos de democracia e de direito adotados ainda nos albores da modernidade. Com efeito, após o recrudescimento em 2011 da crise do capitalismo financeiro de 2008 tem-se acentuado a miséria social resultante tanto da desterritorialização industrial quanto da destituição de direitos no campo social. Do mesmo modo, por inúmeras razões de fato, os mecanismos tradicionais de exercício da democracia representativa encontram-se esgarçados e o modelo jurídico liberal revela-se inadequado para proporcionar a desejada segurança jurídica particularmente em decorrência da fragilização do Estado, preso na armadilha lançada pelos grandes blocos supranacionais e pelos novos atores subnacionais que decidem segundo critérios pouco ou nada transparentes.

É nesse cenário que se desenha uma revalorização do direito como instrumento para a conquista da paz social interna aos Estados, mas também entre os Estados contemporâneos. Sintoma disso tem sido a disseminação da ideia de direitos humanos como importante argumento para a criação de organismos internacionais ou para negociações comerciais, assim como é a expansão de um constitucionalismo que, além de estabelecer as regras fundamentais de convivência, cuida de sua efetiva implementação, reconhecendo, inclusive, o papel político do Judiciário. Com a incorporação social e política do texto da Declaração dos Direitos Humanos da Organização das Nações Unidas, de 1948, e a entrada em vigor dos Pactos de direitos civis e políticos e econômicos, culturais e sociais, iniciou-se uma nova fase do direito, que vem sendo denominada 'neoconstitucionalismo'[1] pelos teóricos do Direito. Esse novo constitucionalismo

---

[*] Advogada, mestre, doutora, Livre-Docente (USP); pós-doutora: direito médico (Université de Paris XII) e saúde pública (Columbia University). Professora titular da USP. Professora convidada: Columbia University, Université de Nantes, Université de Paris X, Université de Paris Descartes. Fundadora do CEPEDISA. Coordenadora do Núcleo de Pesquisas em Direito Sanitário (USP). Primeira presidente da Comissão Especial de Direito Sanitário (OAB).

1. Cf. CARBONELL, M. *et alli*. **Neoconstitucionalismos**. Madri: Editorial Trotta, 2003, que inclui trabalhos de Luigi Ferrajoli, da Itália, Robert Alexy, da Alemanha, Miguel Carbonell, do México, e Luis Prieto Sanchís, da Espanha.

tem amplitude praticamente universal, presente tanto no Japão[2] como nos Estados africanos[3-4], por exemplo. Ele exige que a elaboração da Constituição se realize num ambiente de efetiva participação popular e que as normas constitucionais sejam interpretadas, considerando as circunstâncias da realidade social, para garantir os direitos assegurados pela Constituição. Assim, a Constituição, como ensina Canotilho, não mais se limita a "impor ao legislador a prossecução do *interesse público*, do *bem comum*, do *aumento da qualidade da vida*, com base em diretivas tão vagas como a ideia de *justiça*, de *solidariedade* ou de *direito*. Ela define, mais ou menos detalhadamente, os fins do Estado, os princípios materiais norteadores da sua realização e as tarefas dos órgãos estatais"[5]. Ou, no dizer de Luís Prieto Sanchís, a Constituição "oferece um denso conteúdo material composto de valores, princípios, direitos fundamentais, diretrizes para os poderes públicos, etc., de modo que é difícil conceber um problema jurídico medianamente sério que não encontre alguma orientação no texto constitucional", ou seja, uma infinidade de critérios normativos[6].

Fixado o contexto, convém reconhecer que, sobretudo a partir da segunda metade do século vinte, as relações de direito público no campo sanitário e social foram consideravelmente ampliadas, multiplicadas e enriquecidas. Hoje, o direito sanitário está presente tanto na estrutura das organizações internacionais como nos cursos de pós-graduação das grandes universidades do hemisfério norte e em algumas do hemisfério sul, é objeto de inúmeras publicações, e até se insinua na organização judiciária, como no caso brasileiro.

A evolução do tratamento do tema pelas Organizações Internacionais do sistema ONU ajuda a compreender o que se vem passando pelo mundo com o Direito Sanitário, seu ensino e a pesquisa nesse campo. Já em 2010, a estrutura da OMS em Genebra contava com uma área denominada Inovação, Informação, Evidência e Pesquisa (IER), com uma divisão denominada Ética, Equidade, Comércio e Direitos Humanos (ETH), onde trabalha uma equipe voltada para o Direito Sanitário[7]. Essa equipe tem sob sua responsabilidade assistir os Estados no desenvolvimento de legislação sanitária adaptada às suas necessidades; funcionar como o consultor para a sede e os escritórios regionais em direito sanitário; desenvolver ferramentas para a cooperação técnica, tais como diretrizes legislativas; assegurar a transferência de informações por meio do International Digest of Health Legislation/Recueil international de Législation Sanitaire[8]. Dando cumprimento a suas obrigações, essa equipe já publicou uma história em quadrinho denominada "o direito à saúde", acreditando que melhorar a conscientização e compreensão do direito à saúde é um pré-requisito essencial para a operacionalização desse direito. Ela editou, também, o vídeo "saúde, meu direito" com a mesma finalidade, no qual três estudantes exploram os principais componentes do direito à saúde, revisando os instrumentos legais e discutindo como isso se aplica na prática cotidiana[9]. E, desde 2009, esse grupo vem buscando construir um manual de direito sanitário.

Evolução semelhante aconteceu com os cursos de direito sanitário. Aos inúmeros cursos existentes na década de 1980 na Europa, tanto em escolas de formação médica como jurídicas, e mesmo em institutos de nível superior agregados ou não às Universidades, somam-se agora programas de mestrado, acadêmico e profissional, em Direito Sanitário. Assim, a Faculdade de Direito da Universitá Degli Studi di Bologna organizou, em 1962, um curso de aperfeiçoamento em direito sanitário, que, em 1979, originou a Scuola de Perfezionamento in diritto sanitario, agregada àquela Faculdade de Direito, que se mantém atuante. Além desse curso, que com a reforma do sistema universitário europeu se transformou em um mestrado acadêmico[10], outras universidades italianas oferecem cursos de mestrado profissional e acadêmico em direito sanitário, como Roma[11] e Camerino[12] em suas escolas de direito. Na França, resultado da mesma reforma do sistema universitário, várias unidades universitárias ofertam programas de mestrado, acadêmico e profissional, em direito sanitário, já avaliados pela Agen-

---

2. Ecly, P. *et alli* **Le nouveau défi de la Constitution japonaise**, Paris, LGDJ, 2004.
3. Cf. **Revista da Comissão Internacional de Juristas**, n. 60 – Número especial – Genebra, 1998. p. 5.
4. Cf. Gaudusson, J.B **Les Constitutions Africaines**, Paris, La Documentation Française, 1997. p. 9-11.
5. Cf.Canotilho, J. J. G. **Constituição dirigente e vinculação do legislador**. Coimbra: Coimbra Editora, 1982. p. 249.
6. Cf. Sanchís, L.P. **Neoconstitucionalismo y ponderación judicial**. In: Carbonell, M. *ob.cit*. p. 124.
7. <http://www.who.int/about/structure/who_structure_en.pdf>. Acesso em: 2 ago. 2016.
8. <http://apps.who.int/eth/health_law/en/>. Acesso em: 2 ago. 2016.
9. <http://www.who.int/hhr/hhr_activities_eng.pdf>. Acesso em: 2 ago. 2016.
10. Master di II livello in "Diritto Sanitario", dirigido por Fabio Alberto Roversi Monaco, sob a coordenação científica de Carlo Bottari.
11. Master in Diritto sanitario e farmacêutico di II livello.
12. **Master di II livello in "Diritto sanitario e management delle aziende sanitarie"**.

ce D'évaluation de la Recherche et de L'enseignement Supérieur[13]. Nos Estados Unidos, onde as escolas de saúde pública começaram a ministrar regularmente disciplinas como: Legislação de Saúde Pública, Aspectos Legais da Administração dos Serviços de Saúde, Regulamentação dos Cuidados de Saúde, e Legislação e Política Populacional, ainda nos anos 1990, o direito sanitário é especialidade em programas de mestrado em universidades como Georgetown[14] ou San Diego[15] e mesmo em programa de mestrado "on line" como o da Southeastern University[16], na Flórida. E, mais interessante, no início do século vinte e um, começam a aparecer programas em direito sanitário nas escolas de direito da China e na Índia, onde existe mesmo um centro de pesquisa em direito sanitário, na Jindal Global Law School[17]. Nessa época, é possível igualmente encontrar obras como Fundamentals of health law in Russia, de 2007[18] ou Public health law in South Africa[19], de 2000.

No Brasil, deve-se reconhecer o pioneirismo do trabalho de professores e profissionais das áreas do Direito e da Saúde Pública que introduziram o estudo sistemático do Direito Sanitário como disciplina do conhecimento na Universidade de São Paulo, a partir de 1987. Esse grupo deu origem ao Centro de Estudos e Pesquisas de Direito Sanitário-CEPEDISA[20] e quando, ao reformar seus Estatutos em 1988, a Universidade de São Paulo, "com o objetivo de reunir especialistas de um ou mais órgãos e Unidades em torno de programas de pesquisa ou de pós-graduação de caráter interdisciplinar"[21], criou o Núcleo de Pesquisas em Direito Sanitário (Nap-DISA)[22], destinado a dar apoio à pesquisa em direito sanitário[23]. Nos anos 1990 alguns outros grupos foram constituídos para trabalhar especificamente com o direito sanitário no Brasil, alguns com caráter mais aplicado, outros ligados a unidades de ensino. Mas foi sem dúvida a partir do início do século vinte e um que o tema ganhou a academia, sendo objeto de várias teses e outras publicações científicas. Foi nesse momento que o grupo de pesquisadores aglutinados em torno do CEPEDISA e do Núcleo de Pesquisa em Direito Sanitário da Universidade de São Paulo criou a Revista de Direito Sanitário[24], reunindo artigos de pesquisa originais e também um ementário da jurisprudência, com comentários sobre aquelas consideradas de maior repercussão acadêmica.

O desenvolvimento do campo científico do direito sanitário acompanhou e foi acompanhado, no Brasil, pelo aumento exponencial das demandas por cuidados de saúde que chegou ao Judiciário. Esse crescimento acabou provocando a convocação de uma audiência pública pelo Supremo Tribunal Federal objetivando obter subsídios para o julgamento de ações que tramitam naquela alta corte, em maio de 2009. A partir da realização daquela audiência pública, a Alta Direção do Judiciário brasileiro assumiu oficialmente a preocupação com a formação em direito sanitário. Assim, já em novembro de 2009 o Conselho Nacional de Justiça externou a necessidade de "criar grupo de trabalho para o estudo e proposta de medidas concretas e normativas para as demandas judiciais envolvendo a assistência à saúde", nomeando para integrá-lo uma especialista em **direito sanitário**[25]. Como resultado desse trabalho, somado aos inúmeros argumentos inatacáveis expostos na audiência pública já referida e aceitos pelo Ministro Presidente do Supremo Tribunal Federal, o Conselho Nacional de Justiça houve por bem recomendar aos Tribunais de Justiça dos Estados e aos Tribunais Regionais Federais que "incluam a legislação relativa ao **direito sanitário** como matéria individualizada no programa de direito administrativo dos respectivos concursos para ingresso na carreira da magistratura, de acordo com a relação mínima de disciplinas estabelecida pela Resolução n. 75/2009 do Conselho

---

13. <http://www.aeres-evaluation.fr/>. Acesso em: 2 ago. 2016.
14. <http://www.law.georgetown.edu/graduate/globalhealth.htm>. Acesso em: 2 ago. 2016.
15. <http://hlaw.ucsd.edu/>. Acesso em: 2 ago. 2016.
16. <https://www.law.nova.edu/online/index3.html>. Acesso em: 2 ago. 2016.
17. <http://www.jgu.edu.in/chlet/ Acesso em: 2 ago. 2016.
18. Mokhov A.A. Sergeev Yu.D. *Fundamentals of health law in Russia*. MIA, 2007.
19. Sundrasagaran Nadasen. *Public Health Law in South Africa*. Butterworths Law, 2000.
20. Órgão científico de apoio ao ensino, à divulgação, pesquisa e prestação de serviços à comunidade, tanto da Faculdade de Saúde Pública da Universidade de São Paulo, quanto da Faculdade de Direito da Universidade de São Paulo (Estatuto do Centro de Estudos e Pesquisas de Direito Sanitário-CEPEDISA, art. 1º).
21. Cf. Estatuto da Universidade de São Paulo, art. 7º.
22. Cf. Resolução n. 3.658, de 27 de abril de 1990, do Reitor da Universidade de São Paulo.
23. Regimento do Núcleo de Pesquisas em Direito Sanitário da Universidade de São Paulo, art. 2º.
24. Pioneira no Brasil no campo do Direito Sanitário, a Revista de Direito Sanitário é uma publicação quadrimestral, lançada no ano de 2000, que pode ser encontrada em <http://www.revdisan.org.br/>.
25. Portaria do Conselho Nacional de Justiça n. 650, de 20 de novembro de 2009.

Nacional de Justiça"[26]. Ele recomenda também "à Escola Nacional de Formação e Aperfeiçoamento de Magistrados – ENFAM, à Escola Nacional de Formação e Aperfeiçoamento de Magistrados do Trabalho – ENAMAT e às Escolas de Magistratura Federais e Estaduais que incorporem o **direito sanitário** nos programas dos cursos de formação, vitaliciamento e aperfeiçoamento de magistrados"[27]. E dando consequência a essas recomendações, em 6 de abril de 2010, por meio da Resolução n. 107, instituiu o Fórum Nacional do Judiciário para monitoramento e resolução das demandas de assistência à saúde, que tem como uma de suas missões definir "estratégias nas questões de **direito sanitário**"[28].

Coordenado pelos brilhantes professores/pesquisadores Marco Aurélio Serau Junior, Maria Cláudia Brauner e José Ricardo Caetano Costa, **Direito e Saúde: construindo a justiça social** cuida tanto da compreensão do direito fundamental à saúde quanto de alguns aspectos cruciais para sua implementação, como a questão orçamentária, a regulação do setor privado em saúde e a experiência com a chamada 'judicialização' da saúde. Ele conclui com perfeita adequação o pequeno passeio histórico pelos caminhos do Direito Sanitário, pois **Direito e Saúde: construindo a justiça social** reflete a maturidade e a importância desse campo científico, especialmente para a conquista da justiça social.

Sueli Gandolfi Dallari,
ainda no inverno de 2016

---

26. Recomendação n. 31, do Conselho Nacional de Justiça, de 31 de março de 2010, I, *c*.
27. Recomendação n. 31, do Conselho Nacional de Justiça, de 31 de março de 2010, II, *a*.
28. Resolução n. 107, do Conselho Nacional de Justiça, de 6 de abril de 2010, art. 2º, IV.

PARTE I
Direito Fundamental à Saúde

O Direito Humano à Saúde, Segurança e ao Meio Ambiente do Trabalho Equilibrado: uma questão de justiça social na perspectiva das organizações intergovernamentais internacionais

Eder Dion de Paula Costa[*]
Sheila Stolz[**]

Introdução

As preocupações da Organização das Nações Unidas (ONU) com a saúde e toda sua complexidade, deram origem à *World Health Organization* – WHO (Organização Mundial da Saúde – OMS), agência da ONU especializada neste tema. Seus estatutos fundacionais foram aprovados em 22 de julho de 1946, durante Conferência Internacional da Saúde, convocada pelo *Economic and Social Council* – ECOSOC/UN (Conselho Econômico e Social das Nações Unidas – ECOSOC/ONU) reunido em Nova York. Contudo, a OMS foi realmente fundada em 7 de abril de 1948, quando 26 membros das Nações Unidas ratificaram os seus estatutos. Segundo o artigo 1. da sua Constituição, a OMS tem como escopo primordial garantir o nível mais elevado de saúde para todos os seres humanos. Compreendendo a saúde como um estado de completo bem-estar físico, mental e social que não consiste apenas na ausência de doenças. Também se afirma, no Preâmbulo da Constituição da OMS, que "Gozar do melhor estado de saúde que é possível atingir constitui um dos direitos fundamentais de todo o ser humano, sem distinção de raça, de religião, de credo político, de condição econômica ou social" (WHO, 1946, p. 1[1]).

Enquanto dava resposta aos devastadores terremotos do Nepal (25.04.2015[2]) em conjunto com 150 organizações humanitárias e 130 equipes médicas estrangeiras autossuficientes, celebrava-se em Genebra, entre 18 a 26 de maio do passado ano (2015), a 68ª Assembleia Mundial da Saúde (a mais recente) da OMS. Segundo a Dra. Margaret Chan (WHO, A68/3, 2015) Diretora Geral da Organização, a maior resposta de emergência da OMS se concentrava naquele momento (maio de 2015) na África Ocidental, onde se encontravam aproximadamente uns 1000 funcionários sobre o terreno desde que, no final de 2013, "o vírus do Ebola ampliou sua distribuição geográfica[3] e

---

(*) Professor Associado da Faculdade de Direito da Universidade Federal do Rio Grande (FaDir/FURG/RS). Doutor em Direito pela Universidade Federal do Paraná (UFPR/PR) e Mestre em Direito pela Pontifícia Universidade Católica do Rio Grande do Sul (PUC/RS). Coordenador e Pesquisador do Centro de Estudos Jurídico-Econômicos (CEJE/FURG).

(**) Professora Adjunta da Faculdade de Direito da Universidade Federal do Rio Grande (FaDir/FURG/RS). Doutora em Direito pela Pontifícia Universidade Católica do Rio Grande do Sul (PUC/RS) e bolsista CAPES. Bolsista do Programa de Doutorado Sanduíche no Exterior (PDSE--CAPES) realizado na Facultad de Derecho da Universidad Complutense de Madrid (UCM/España). Mestre em Direito pela Universitat Pompeu Fabra (UPF/Barcelona/Espanha). Coordenadora Geral do Núcleo de Pesquisa e Extensão em Direitos Humanos (NUPEDH/FURG). Coordenadora do Curso de Pós-Graduação em Educação em Direitos Humanos (PGEDH/FURG-UAB-CAPES).

1. WHO. *Constitution of the World Health Organization*. Basic Documents, Forty-fifth edition, Supplement, October 2006. Geneve: WHO, 2006. Disponível em: <http://www.who.int/governance/eb/who_constitution_en.pdf>. Acesso em: 2 fev. 2016.
2. O abalo sísmico alcançou a magnitude de 7,8 na escala de Richter atingindo mais de 4,6 milhões de pessoas.
3. Relatórios sobre o Ebola, inclusive o mais recente deles datado de 03.02.2016, encontram-se disponíveis em: <http://apps.who.int/ebola/ebola-situation-reports?m=20141224>. Acesso em: 4 fev. 2016.

devastou por completo as populações e a economia da Guiné, Libéria e Serra Leoa" (2015, p. 2). A Diretora Geral também ressaltou que a OMS se viu desbordada, assim como todas as demais entidades que estiveram envolvidas com a epidemia de Ebola, para dar respostas a este brote da doença, o que a levou a concluir que, para "defender-se da ameaça das enfermidades infecciosas, os países também necessitam das capacidades básicas estipuladas no Regulamento Sanitário Internacional (2005) (...) um aspecto crucial para a agenda de segurança sanitária mundial (2015, p. 3)

Antes da 68ª Assembleia Mundial da Saúde, em 2013, na cidade de Helsinki (Finlândia), teve lugar a VIII Conferência Global sobre Promoção da Saúde que, além de propor 150 iniciativas em saúde global, exibiu um número considerável de indicadores de saúde comparando informações entre países e no interior dos mesmos e que constam no Informe Anual sobre Estatísticas de Saúde que são levadas a cabo pelo *Global Health Observatory* – GHO (Observatório Mundial da Saúde[4]). As pesquisas do GHO podem ser consultadas *on line* e nelas se encontraram registradas a carga global de enfermidades e aproximadamente seis milhões de dados sobre saúde. Dados estes que se referem à situação global da saúde, às tendência nacionais e globais, aos serviços prestados, aos financiamentos, aos riscos e, inclusive, às valorações complexas da carga da falta de saúde a nível nacional e global.

A preocupação internacional com a saúde certamente é compartilhada por todos pois, nossa saúde pessoal e também daquelas/daqueles que estão a nosso cuidado ou que pertencem ao grupo de nossas relações afetivas é motivo de preocupação, amiúde, cotidiana. Ademais, independentemente de nossa idade, gênero, condição socioeconômica e/ou origem étnico-racial, tem-se a tendência compartilhada de considerar a saúde um bem básico e precioso. Por outra parte, quão sabido é o fato de que a saúde deficitária pode impedir tanto a nós mesmos como também aos nossos semelhantes de realizar uma série de ações como, por exemplo, de frequentar a escola, de executar um trabalho, de cumprir com as responsabilidades familiares e, outrossim, de participar de forma plena nas atividades de nossa comunidade. Por estas razões, frequentemente quando se fala em bem-estar se está vinculando a esta condição a noção de saúde.

O direito à saúde é parte fundamental do catálogo de Direitos Humanos previstos na esfera internacional e do que se entende por una vida digna[5].

Assim como na Constituição da OMS, a Declaração Universal dos Direitos Humanos de 1948 (DUDH) compreende a saúde e o bem-estar como parte do direito de todas as pessoas a um nível de vida adequado (art. 25). Direito que volta a ser reafirmado, reconhecido e robustecido no Pacto Internacional dos Direitos Econômicos, Sociais e Culturais (PIDESC)[6], aprovado durante a 21ª Sessão da Assembleia Geral das Nações Unidas em 16 de dezembro de 1966 pela Resolução n. 2.200 A (XXI) que, no artigo 12, 1, assim estabelece: "Os Estados-Partes no presente Pacto reconhecem o direito de todas as pessoas de gozar do melhor estado de saúde física e mental possível de atingir". (UN, 1966, p. 4).

Dado a incontestável notoriedade de que existem fatores sociais, políticos, econômicos, ambientais e culturais que exercem grande influência no estado de saúde das pessoas e em sua qualidade de vida, pode-se dizer que são muitos os componentes que determinam a saúde ou não de cada indivíduo, entre eles os níveis de pobreza e exclusão, o tipo de atividade profissional desempenhada, o desemprego, a educação, o acesso à água potável e à alimentação de qualidade; a moradia, o acesso à informação, os graus de proteção social oferecidos pelos Estados a sua população de forma ampla e gratuita, a discriminação por questões de gênero, orientação sexual e afetiva, idade, etnia-raça, os investimentos na saúde pública e, também, as vulnerabilidades frente às mudanças climáticas[7]. Circunstâncias que, aliadas ao cumprimento das disposições normativas supramencionadas por parte dos Estados que as ratificam, requerem, ademais, a adoção de medidas adequadas para garantir o direito humano à saúde mediante múltiplas ações, estra-

---

4. Veja-se o *World Health Statistics 2015* (Estatísticas Mundiais da Saúde 2015). Disponível em: <http://www.who.int/gho/publications/world_health_statistics/2015/en/>. Acesso em: 1 fev. 2016.

5. O contrário de uma vida digna é, segundo Sheila Stolz, a "denegação de pretensões jurídicas – como as existentes nas privações de direitos, na pobreza (e, em particular nos casos de pobreza extrema) e/ou na exclusão social –, corresponde à negação da dignidade humana em seu caráter multidimensional, ou seja, não somente no que se convencionou denominar de concepção ontológica da dignidade – aquela que afirma a dignidade como uma qualidade inerente ao ser humano –, mas também no que se refere ao seu âmbito intersubjetivo e político. A dimensão intersubjetiva implica, ademais do valor intrínseco da pessoa, o conjunto de deveres e direitos correlativos indispensáveis ao florescimento humano". (2014, p. 494).

6. Em 3 de janeiro de 1976 o PIDESC entrou em vigor internacional.

7. Segundo Gemma Durán Romero e Ángeles Sánchez Díez (2012), estima-se que os países fora do Bloco dos Estados desenvolvidos suportam entre 75% a 80% dos danos provocados pelas alterações do clima.

tégias, entre elas as seguintes: 1) atenção primária colocada à disposição de todos os indivíduos, sejam eles pertencentes à comunidade política na condição de cidadãs/cidadãos, estrangeiras/estrangeiros ou de imigrantes; 2) ampliação da cobertura dos serviços de saúde a todos os indivíduos que habitem o seu território; 3) imunização total; 4) prevenção e tratamento de doenças endêmicas e profissionais; 5) educação da população sobre prevenção; e, 6) satisfação das necessidades de saúde dos grupos de alto risco que, por suas condições de pobreza, miséria, exclusão, desigualdade, discriminação e/ou marginalização social, são mais vulneráveis.

As pesquisas interdisciplinares que vêm sendo realizadas no âmbito do Núcleo de Pesquisa e Extensão em Direitos Humanos (NUPEDH/FURG) e que se encontram parcialmente registradas neste artigo centraram seu foco de apreciação nas questões pertinentes às condições e meio ambiente de trabalho das trabalhadoras e dos trabalhadores, apreendidas como direitos humanos e fundamentais juridicamente tutelados pelo Sistema Internacional de Proteção dos Direitos Humanos.

Subdividido em duas seções, este ensaio apresentará, na primeira delas, o percurso percorrido pelo direito humano à saúde nos mais diversos estatutos, programas e ações dos organismos internacionais intergovernamentais. Já na segunda seção analisar-se-á o papel historicamente desempenhado pela *International Labour Organization* – ILO (Organização Internacional do Trabalho – OIT) que adotou uma função essencialmente política ao buscar conjugar as tensões constantes entre a lógica do rendimento e da maximização dos lucros e benefícios e a lógica de proteção da dignidade das trabalhadoras e dos trabalhadores, da melhoria das condições e meio ambiente de trabalho e da efetivação da igualdade material por meio da realização de uma atividade laborativa.

1. De uma concepção biomédica a uma concepção multidimensional de saúde – o percurso internacional

O termo saúde advém do latim *salute*, que significa conservação da vida, salvação. Por longo espaço de tempo, a saúde foi entendida unicamente como o estado do indivíduo cujas funções orgânicas, físicas e mentais se acham em situação normal, sadia, ou seja, o estado em que o indivíduo não apresenta doença(s) (FERREIRA, 1986, p. 1.556); concepção biomédica de saúde bastante influente até a primeira década do século XXI, mas que atualmente se encontra matizada pelo substancial incremento das desigualdades/iniquidades e seus efeitos sobre a saúde humana.

As desigualdades/iniquidades e suas implicações sobre a saúde humana motivaram a OMS a solicitar, e 2005, a Comissão sobre Determinantes Sociais da Saúde que efetuasse uma ampla pesquisa sobre os **determinantes sociais da saúde**, que acabou sendo publicada em 2008 no Relatório intitulado "*Closing the gap in a generation: health equity through action on the social determinants of health. Final report of the commission on social determinants of health*" (Fechando a lacuna em uma geração: igualdade na saúde por meio da ação sobre os determinantes sociais da saúde. Relatório final da Comissão sobre Determinantes Sociais da Saúde). Segundo o Prefácio da Comissão ao mencionado Relatório,

> **A justiça social é uma questão de vida ou morte**. Afeta a forma como as pessoas vivem, sua consequente possibilidade de doença, e seu risco de morte prematura. Nós assistimos com espanto como a expectativa de vida e a boa saúde continuam a aumentar em algumas partes do mundo e, de forma alarmante, como elas não conseguem melhorar na maioria dos outros. (...) Dentro dos países há diferenças dramáticas na saúde que estão intimamente ligadas a graus de desvantagem social. As diferenças dessa magnitude, dentro e entre países, simplesmente nunca deveria acontecer.
>
> **Essas desigualdades em saúde surgem por causa das circunstâncias em que as pessoas crescem, vivem, trabalham e envelhecem, e os sistemas criados para lidar com a doença. As condições em que as pessoas vivem e morrem são, por sua vez, moldadas por forças políticas, sociais e econômicas.**
>
> Políticas sociais e econômicas têm um impacto determinante sobre se uma criança pode crescer e desenvolver todo o seu potencial e viver uma vida próspera, ou se sua vida será arruinada. Cada vez mais a natureza dos problemas de saúde que os países ricos e pobres têm de resolver são convergentes. O desenvolvimento de uma sociedade, rica ou pobre, pode ser julgado pela qualidade da saúde de sua população, como a saúde é distribuída de forma justa por todo o espectro social e o grau de proteção oferecido a partir da desvantagem como resultado da falta de saúde. (WHO, 2008, p.s/n, grifos dos autores deste ensaio)

A partir desse Relatório, diversos países adotaram medidas orientadas a reduzir as iniquidades sanitárias, conseguindo avanços importantes, mas, na maioria dos casos, os conflitos armados internos, as guerras e as sucessivas crises mundiais supuseram maiores desafios e acentuaram as injustiças.

No que se refere às desigualdades na saúde faz-se imprescindível mencionar, dado o seu protagonismo histórico, a Conferência Internacional sobre Atenção Primária à Saúde celebrada em 1978 na cidade de Alma-Ata (Cazaquistão[8]), um marco para as mudanças que começaram a acontecer nas políticas de saúde a partir da década dos 70. A Declaração Alma-Ata afirmava que as abismais desigualdades existentes no estado de saúde da população mundial, tanto entre os países como também dentro dos mesmos, são fatos política, social e economicamente inaceitáveis. Uma das maiores conquistas daquele evento foi a de chamar a atenção internacional para o conceito de saúde como um direito humano universal, propondo, por conseguinte, que a atenção primária à saúde e a prevenção de doenças fossem compreendidas como as melhores estratégias para colocar esse direito ao alcance de todos os membros da sociedade.

Cabe fazer-se então a seguinte pergunta: a que desigualdades se está fazendo referência quando se trata de saúde? Em primeiro lugar, convém esclarecer que no domínio da União Europeia se utiliza o termo *desigualdades* enquanto que, em outros países, fundamentalmente na América Latina, e também nas organizações internacionais como a OMS, se emprega o termo *iniquidades*. Não obstante distintos, ambos os termos são tratados como sinônimos, posto que aludem aos diferentes tipos de injustiças sistemáticas e evitáveis que comprometem a saúde humana.

Em âmbito mundial, existem definidos alguns indicadores que ajudam a medir, visualizar e intervir na redução das desigualdades como, por exemplo, o índice de esperança de vida (IEV)[9] que varia consideravelmente conforme a realidade de cada Estado pesquisado. De acordo com o *ranking* global de 2012[10] coletado pelo United Nations Development Programme – UNDP (Programa das Nações Unidas para o Desenvolvimento – PNUD), no Japão, o IEV é de 83,6 anos, na Noruega de 81,3 anos, enquanto que em Serra Leoa se situa na metade, ou seja, a expectativa de vida alcança os 47,8 anos, por exemplo. Além destes dados, cerca de 93% dos problemas de doenças ocorrem, segundo a OMS, nos países em desenvolvimento, precisamente os mesmo que consomem apenas 1% do gasto mundial em saúde. Em todas as sociedades, homens e mulheres têm acesso e controle desigual aos recursos tanto pessoais, como sociais e sanitários. As desigualdades no acesso à informação, a atenção e as práticas sanitárias básicas aumentam ainda mais os riscos para a saúde das mulheres, crianças e idosos, vítimas mais vulneráveis.

Atenta-se também para o fato de que as iniquidades em saúde são inúmeras e vêm aumentando em extensão e magnitude enquanto o crescimento da concentração de renda e riqueza se agrupa cada vez mais nas mãos de poucos. Corroborando esta afirmação, o sexto *Global Wealth Report* (Relatório da Riqueza Global) realizado pelo Instituto de Pesquisa do *Credit Suisse*, trazido a público em outubro de 2015, revelou que 1% da população mundial, aqueles que têm um patrimônio avaliado em US$ 760.000 dólares (3,42 milhões de reais), possuem tanto dinheiro líquido e investido quanto os 99% restante da população mundial. Essa assombrosa disparidade entre privilegiados e o resto da humanidade, longe de diminuir, só tem aumentando desde o início da

> dívida pública da Zona Euro – na Europa –, da pós-crise do Subprime – nos E.U.A. – e do pós-Consenso de Washington – nos países periféricos; ciclos que parecem revigorar as antigas, mas sempre renovadas, alianças entre o capital e o Estado em prejuízo da população e que economistas de projeção mundial, como Joseph Stiglitz, Stephany Griffith-Jones, José Antonio Ocampo, Ha-Joon Chang e Dani Rodrik, entre outros, vêm não somente se opondo à ortodoxia econômica defendida por organismos como o FMI e o Banco Mundial e cujas prescrições chegaram a asfixiar, ao invés de estimular, o desenvolvimento, mas também, a propor reformas na regulamentação financeira e no sistema monetário global[11]. (STOLZ, 2015, p. 95-96)

Dito de outra forma, se os benefícios e riquezas globais não se distribuem equitativamente o crescimento econômico concentrado somente tende a agravar as desigualdades e injustiças nas mais distintas esferas da vida humana. Tanto é assim que a maior parte dos

---

8. Naquele momento, ainda pertencente à União das Repúblicas Socialistas Soviéticas (URSS – 1922-1991), um Estado formado pela união de várias repúblicas soviéticas subnacionais.

9. Anos que um recém-nascido pode esperar viver se os padrões de mortalidade por idade imperantes no momento de seu nascimento seguirem sendo os mesmos ao longo de toda a sua vida.

10. Disponível em:<http://web.archive.org/web/20130424184121/http://hdrstats.undp.org/es/indicadores/69206.html>. Acesso em: 2 fev. 2016.

11. As referidas propostas se encontram no livro *"Time for a Visible Hand. Lessons from the 2008 World Financial Crisis"* editado por Stephany Griffith-Jones, José Antonio Ocampo, e Joseph E. Stiglitz, publicado em 2010.

problemas de saúde e as principais causas de morte prematura estão condicionadas por fatores de desigualdade determinados socialmente, como, *verbi gratia*, a falta de acesso e/ou baixa escolaridade; situação laboral irregular, precária e/ou análoga à de escravo; renda familiar inferior a 1,0 dólar ao dia; entorno degradado e exclusão social generalizada que prejudicam de forma desigual a população constituindo-se em uma verdadeira fonte de enfermidades. Ainda que muitas vezes sejam intencionalmente instituídos e largamente anunciados pelos Meios de Comunicação de Massa em suas propagandas publicitárias diretas ou dissimuladas como causas de saúde deficitária, aqueles comportamentos pessoais que, se realizados, transladam as pessoas que os praticam, a carga de responsabilidade por não proteger sua própria saúde. Neste diapasão, cabe recordar que as condutas relacionadas com a saúde e os chamados *estilos de vida*, mesmo que possuam importante influência sobre a saúde, quase nunca provêm de eleições estritamente pessoais e livres. Basta lembrar que aproximadamente 4.500 milhões de pessoas não dispõem de autonomia pessoal para optar livremente sobre o que fazer com sua saúde, pois sequer possuem água potável ou uma alimentação equilibrada, vivem em ambientes insalubres e/ou realizam um trabalho anodinamente remunerado que, ademais, costuma ser nocivo a sua saúde e à própria vida.

Uma perspectiva centrada nos Direitos Humanos configurados no *corpus iuris* internacional radica, portanto, em uma orientação explícita das políticas públicas adotadas pelos Estados comprometidos com ditos direitos e os princípios de não discriminação, igualdade de oportunidades e de tratamento, participação, empoderamento e, também, de transparência das ações praticadas e a respectiva obrigatoriedade de prestação pública de contas que as fundamentam. Tal abordagem corrobora uma concepção emancipatória em que os sujeitos autônomos são autores de seu próprio projeto de vida e respectivo desenvolvimento; concepção que nutre também os ideários da OIT e que só é possível se conjugada com a realização de um trabalho decente e a consecução, em todos os países, de programas de proteção social capazes de concretizar a tão almejada justiça social.

2. Do Programa de Trabalho Decente ao Plano de Ação (2010-2016) para alcançar um amplo grau de ratificação e de aplicação efetiva dos instrumentos sobre segurança e saúde no trabalho

Como apontado na introdução deste ensaio, o Pacto Internacional sobre Direitos Econômicos, Sociais e Culturais (PIDESC), estabelece que os Estados-Partes no presente Pacto devem concretizar medidas com o intuito de assegurar o pleno exercício do direito humano à saúde, tais como

a) A diminuição da mortalidade natal e da mortalidade infantil, bem como o são desenvolvimento da criança;

b) O melhoramento de todos os aspectos de higiene do meio ambiente e da higiene industrial;

c) **A profilaxia, tratamento e controle das doenças** epidêmicas, endêmicas, **profissionais** e outras;

d) A criação de condições próprias a assegurar a todas as pessoas serviços médicos e ajuda médica em caso de doença. (PIDESC, 1966, p. 4, dos autores deste ensaio)

Note-se que a alínea *c* do artigo 12 do PIDESC alude expressamente à necessidade de fiscalização, tratamento e controle das doenças profissionais, já que comprometem o direito humano à saúde. Não obstante, muito antes da DUDH, do PIDESC e das demais preocupações mundiais arroladas na seção anterior, a Organização Internacional do Trabalho adotou, em 1919[12], no Preâmbulo de sua Constituição, uma postura bastante inédita, inovadora e preocupada com a justiça social ao afirmar que, dado a existência de

condições de trabalho que implicam, para grande número de indivíduos, miséria e privações, e

---

12. A Constituição da OIT foi emendada em 1922, 1934 e 1945. O texto em vigor da Constituição da OIT foi aprovado na 29ª Sessão da Conferência Internacional do Trabalho realizada em Montreal (Canadá) em 1946 e tem, como anexo, a Declaração referente aos fins e objetivos da Organização, que foi aprovada na 26ª Sessão da Conferência Internacional do Trabalho realizada na Filadélfia em 1944. A Constituição da OIT (revisada) entrou em vigência em 20 de abril de 1948. No que diz respeito ao seu Preâmbulo nada foi alterado.

Nas origens dos ideários fundacionais da OIT encontram-se a *International Association for Labour Legislation* (Associação Internacional para a Proteção dos Trabalhadores) fundada na Basileia (Suíça) em 1901. Dita Associação recolheu as ideias do reformista social e cooperativista galês Robert Owen (1771-1858) e do industrial e filantropo suíço Daniel Legrand (1783-1859). Cabe recordar que a Constituição da OIT é fruto das Conferências de Paz havidas primeiro em Paris e depois em Versalhes, assim que findou-se a Primeira Guerra Mundial. A Constituição da OIT, que integra o Capítulo XIII do Tratado de Versalhes (julho de 1919), foi elaborada entre janeiro e abril de 1919 por uma Comissão de Trabalho presidida por Samuel Gompers, presidente da *American Federation of Labor* – AFL (Federação Americana de Trabalho com base nos Estados Unidos), estando composta também por representantes de nove países: Bélgica, Cuba, Checoslováquia, França, Itália, Japão, Polônia, Reino Unido e Estados Unidos. Resultando desse processo uma organização *sui generis*, posto que é tripartite – formada por representantes dos governos, das trabalhadoras/dos trabalhadores e dos empregadores.

que o descontentamento que daí decorre põe em perigo a paz e a harmonia universais, e considerando que é **urgente melhorar essas condições no que se refere**, por exemplo, à regulamentação das horas de trabalho, à fixação de uma duração máxima do dia e da semana de trabalho, ao recrutamento da mão de obra, à luta contra o desemprego, à garantia de um salário que assegure condições de existência convenientes, à **proteção dos trabalhadores contra as moléstias graves ou profissionais e os acidentes do trabalho**, à proteção das crianças, dos adolescentes e das mulheres, às pensões de velhice e de invalidez, à defesa dos interesses dos trabalhadores empregados no estrangeiro, à afirmação do princípio "para igual trabalho, mesmo salário", à afirmação do princípio de liberdade sindical, à organização do ensino profissional e técnico, e outras medidas análogas (OIT, 1919, p. 1-2[13], grifos dos autores deste ensaio)

Desde sua criação e nestes 93 anos de sua fundação, a preocupação jurídico-política com a justiça social e, particularmente, com a dignidade das trabalhadoras e dos trabalhadores, seu entorno familiar, sua saúde, seu ambiente de trabalho foi e continua sendo constantemente aperfeiçoada pela OIT, por meio do diálogo estabelecido não somente com organizações representativas dos governos dos Estados e das categorias (trabalho e capital), mas também com as diversas organizações não governamentais (ONG's) e organismos internacionais existentes. Nesse sentido, faz-se importante mencionar a criação, em agosto de 2010, pela OIT em colaboração com a OMS e no contexto da *Social Protection Floor Initiative* – I-PPS (Iniciativa Piso de Proteção Social[14] I-PPS) do *Social Protection Floor Advisory Group* – SOCPRO (Grupo Consultivo sobre o Piso de Proteção Social), presidido pela chilena Michelle Bachelet.

Segundo a I-PPS, a noção de Piso de Proteção Social (PPS) para a justiça social e uma globalização equitativa, foi desenvolvida como parte da estratégia bidimensional da *Campanha Mundial sobre Seguridade Social e Cobertura para Todos* e que pretende, ademais, articular objetivos de universalização de níveis básicos de proteção social para toda a população (dimensão horizontal), com objetivos de aumento progressivo e gradual dos sistemas de proteção social a patamares mais elevados, conforme os padrões estabelecidos nas normas da OIT (dimensão vertical).

De acordo com o Relatório do SOCPRO onde programas relacionados com o conceito de Piso de Proteção Social têm sido articulados, eles se mostraram bastante eficazes para a redução da pobreza. O *China's Minimum Living Standards Scheme* (Programa Chinês de Padrões Mínimos de Vida), por exemplo,

> passou de pouco mais de 2 milhões de beneficiários em 1999, para mais de 22 milhões em 2002, em resposta ao desemprego gerado pela reestruturação de empresas públicas. Inicialmente, o programa era limitado às áreas urbanas, mas foi estendido posteriormente às áreas rurais, cobrindo mais de 46 milhões de beneficiários. O governo pretende alcançar até 2015 a cobertura nacional da assistência social e cuidados de saúde primários e, até 2020, a cobertura completa da previdência rural (ILO-UNDP, 2011).

O Relatório do SOCPRO alude também a outros programas de renda mínima como os da

> Indonésia (que) introduziu programas de transferência de renda de grande escala e reformulou seu regime de seguro de saúde. O regime de cobertura universal de cuidados de saúde da Tailândia foi completamente implementado e cobre mais de 80% da população. O *India's Mahatma Gandhi National Rural Employment Guarantee Scheme* (Regime Nacional Mahatma Gandhi de Garantia de Emprego Rural da Índia) chega a mais de 50 milhões de domicílios afetados pelo desemprego e subemprego, paralelamente a outras iniciativas para estender o seguro de saúde básico à maioria da força de trabalho da economia informal[15]. A expansão dos auxílios (*grants*) de assistência social na África do Sul garante que

---

13. Disponível em: <http://www.oit.org.br/sites/default/files/topic/decent_work/doc/constituicao_oit_538.pdf>. Acesso em: 28 jan. 2016.
14. A Iniciativa Piso de Proteção Social do Conselho de Coordenação dos Chefes executivos do Sistema Nações Unidas (CeB) é coordenada conjuntamente pela OIT e a OMS e envolve formalmente as seguintes agências: FAO, FMI, OHCHR, COMISSÕES REGIONAIS DAS NAÇÕES UNIDAS, UNAIDS, UNDESA, PNUD, UNESCO, UNFPA, ONU-HABITAT, UNHCR, UNICEF, UNODC, UNRWA, WFP, WMO E O BANCO MUNDIAL.
15. Ainda que no mesmo Relatório do SOCPRO se mencione que a participação no mercado de trabalho no que concerne a discriminação salarial entre homens e mulheres não foi capaz de ser contornada pelo Regime Nacional de Garantia de Emprego Rural; entre 2008-2009, "a proporção de mulheres no total de pessoas/dias de emprego no âmbito do Regime, considerando o país como um todo, foi de 47,9%. Em todo o Estado, a participação das mulheres no Regime é muito maior que as taxas de participação feminina na força de trabalho rural" (ILO, 2011, p. 65).

metade de todos os domicílios tenha um membro da família recebendo assistência.

No Brasil, Equador e México, programas de transferências monetárias de larga escala condicionadas a objetivos de desenvolvimento humano atingem mais de um quarto de todos os domicílios (ILO/UNDP, 2011). Argentina e Uruguai expandiram de forma considerável seus programas de subsídios familiares para atingir as famílias com crianças na economia informal. Argentina, Brasil e Chile aumentaram substancialmente a cobertura dos regimes de pensões não contributivas. O México combina transferências monetárias condicionadas, pensões não contributivas e seguros de saúde básicos. (ILO, 2011, p. 70)

Tecnicamente ancorado no Relatório do SOCPRO (ILO, 2011) e nas conclusões da Reunião de Cúpula sobre os Objetivos de Desenvolvimento do Milênio (datada de setembro de 2010), convém, a título de demonstrar o necessário enfrentamento conjunto das violações de Direitos Humanos, transcrever a mensagem do Secretário-Geral da ONU, Ban Ki-moon, pronunciada em 2011 por ocasião do Dia Mundial da Justiça Social (20 de fevereiro) e onde ele recorda que o Sistema Internacional de Proteção dos Direitos Humanos deve trabalhar conjuntamente sob o *approach* comum de políticas públicas, representado pelo Piso de Proteção Social, para alcançar resultados concretos, já que "ninguém deveria viver abaixo de um determinado nível de renda e todas as pessoas deveriam ter acesso a serviços públicos essenciais como a água, o saneamento básico, a saúde e a educação" (ILO, 2011, p. vii).

Com anterioridade ao Relatório do SOCPRO, destaca-se outra grande preocupação da OIT muito bem expressada na Memória de seu Ex-Diretor Geral, Juan Somavia[16], intitulada *"Reducing the Decent Work Deficit – a Global Challenge"* (Reduzir o Déficit de Trabalho Decente – Um Desafio Global) proferida durante a 89ª Sessão da Conferência Internacional do Trabalho (2001[17]) e na qual se apresenta o conceito de trabalho decente como uma noção na qual se estruturam as seguintes dimensões: trabalho produtivo em condições de liberdade, equidade, segurança e dignidade, devendo a pessoa que trabalha contar, ademais, com uma remuneração adequada, com proteção social e o respeito aos seus direitos.

A noção de trabalho decente abarca tudo aquilo que as pessoas esperam em suas trajetórias laborais: um trabalho produtivo com uma remuneração justa, segurança no local de trabalho, melhores perspectivas para o desenvolvimento pessoal, igualdade de oportunidades e de tratamento para mulheres e homens, proteção social para as famílias, liberdade para os indivíduos manifestarem suas preocupações e opiniões pessoais, e a possibilidade de se organizarem e participarem na tomada de decisões que comprometem suas vidas.

No que se refere à noção de proteção social proferida pela OIT, ressalta-se que esta inclui amplos aspectos com fortes inter-relações: a segurança dos ingressos recebidos; as questões da família; as pensões e aposentadorias; as imigrações internacionais; as condições de trabalho e a respectiva segurança e saúde no ambiente de trabalho; e, também, o enfrentamento das doenças laborais e gerais como, por exemplo, a VIH/SIDA (AIDS[18]).

A fim de conseguir abranger estas inter-relações, o chamado Setor de Proteção Social se encontra organizado em duas áreas principais: (a) segurança social; e, (b) proteção social das pessoas que trabalham. Esta segunda área compreende quatro programas bem delimitados: o primeiro deles, trata do trabalho seguro incluindo em seu foco os problemas de segurança e saúde no trabalho. O segundo programa abrange as condições de trabalho e inclui, entre outros temas, a organização do tempo de trabalho e a duração das jornadas laborais; os salários e ingressos; o trabalho e a sua compaginação com a família e o lazer; a violência e o assédio moral e sexual nos locais de trabalho. O terceiro programa apreende as imigrações internacionais e, o quarto e último programa versa sobre a problemática do VIH/SIDA (AIDS) e o mundo do trabalho.

Dentro da OIT, a responsabilidade sobre a área da Segurança e da Saúde no Trabalho incide no *Safety and Health at Work In Focus Program* (Programa Em Foco de Segurança e Saúde no Trabalho). Desde este programa, se realizam atividades relacionadas com a sensibilização para essa temática, projetos de cooperação técnica e formulação de normas.

O *World Day for Safety and Health at Work* (Dia Mundial para a Segurança e Saúde no Trabalho) que se celebra anualmente no dia 28 de abril por meio de uma campanha mundial, trata de sensibilizar pa-

---

16. Juan Somavia exerceu seus mandatos entre março de 1999 a setembro de 2012.
17. Informe 1 A da 89ª Sessão da Conferência Internacional do Trabalho. Disponível em: <http://www.ilo.org/public/english/standards/relm/ilc/ilc89/rep-i-a.htm>. Acesso em: 20 de jan. 2016.
18. VIH: Vírus de imunodeficiência humana; SIDA (AIDS em português): Síndrome de imunodeficiência adquirida.

ra a magnitude global das mortes e lesões ocasionas pelo trabalho procurando, desta forma, desenvolver uma cultura de prevenção dos acidentes de trabalho e das doenças profissionais. Neste ano de 2016, o Dia Mundial para a Segurança e Saúde no Trabalho estará dedicado à seguinte temática: "*Workplace Stress: A Collective Challenge*" (Stress no Trabalho: Um Desafio Coletivo).

No que se refere aos projetos de cooperação técnica, o Setor de Proteção Social da OIT realizou, por exemplo, um estudo focalizado contendo orientações para o desmantelamento de navios na Turquia e em países asiáticos de forma a preservar a segurança e saúde das pessoas que trabalham nesta área e que foi publicado em 2004 (ILO, 2004). Outra forma de cooperação técnica se encontra nas normas internacionais fruto das conclusões adotadas pela 91ª Conferência Internacional da OIT publicada em 2003 na *Global Strategy on Occupational Safety and Health* (Estratégia Global sobre Saúde e Segurança Ocupacional). Preocupado com a violência de gênero no local de trabalho e suas consequências para a saúde das mulheres trabalhadoras, o Conselho de Administração[19], em reunião realizada em outubro de 2003, decidiu adotar as recomendações práticas contidas nas orientações técnicas do "*Code of practice on workplace violence in services sectors and measures to combat this phenomenon*" (Código de boas práticas sobre a violência no trabalho nos setores dos serviços e medidas de luta contra este fenômeno).

Anos depois, em 2009, a OIT publicou (ALLI, 2009) a segunda edição da obra "*Fundamental principles of occupational health and safety*" (Princípios Fundamentais de Saúde e Segurança no Trabalho), um guia de referência que contém as convenções, recomendações e repertórios de recomendações práticas que conformam o conjunto de instrumentos "medulares" da OIT para o desenvolvimento de políticas e programas de saúde e segurança no trabalho (SST). E, entre tantos outros exemplos de cooperação técnica, pode-se citar a nova e atualizada listagem das enfermidades profissionais trazida a público em 2010.

Cabe aludir, também, à *Seoul Declaration on Safety and Health at Work* (Declaração de Seul sobre Segurança e Saúde no Trabalho), realizada em 29 de junho de 2008, na cidade de Seul (República da Coreia), organizada pela OIT, em conjunto com a Associação Internacional de Segurança Social (AISS) e a Agência Coreana para a Segurança e Saúde no Trabalho (KOSHA) que, entre outras recomendações, estabeleceu

> o direito a um meio ambiente de trabalho seguro e saudável deve ser reconhecido como um direito humano fundamental e que a globalização deve ocorrer acompanhada de medidas preventivas para garantir a segurança e a saúde de todos no trabalho. (ILO, 2013, p.s/n)

Não obstante, parece que dito direito está muito longe de ser alcançado a nível global, porquanto, segundo o Relatório "*The Prevention of Occupational Diseases. Edition: April 2013*" (A Prevenção das Doenças Profissionais. Edição: Abril 2013), os dados sobre Segurança e Saúde no Trabalho continuam sendo alarmantes: 2 milhões e duzentas mil pessoas morrem a cada ano em razão de enfermidades relacionadas ao trabalho e 321 mil mortes por ano são decorrentes dos acidentes de trabalho. Esse Relatório analisa também as doenças profissionais que não levam à morte e, mais uma vez, os dados são chocantes: estima-se que 160 milhões de pessoas são atingidas anualmente por doenças que resultam da atividade profissional, mas que não são fatais. Destacam-se, nesta pesquisa, as doenças pulmonares provocadas por inalação de silício, doenças que se encontram em ampla expansão, particularmente em países como China e Índia.

Segundo a OIT, são inestimáveis as perdas humanas e sociais que as doenças e os acidentes de trabalho provocam tanto para as pessoas que trabalham como para suas famílias. A Organização também aponta para o custo econômico global referente às doenças profissionais, que é de 4% do *gross domestic product* – GDP (produto interno bruto – PIB) o que equivale a, aproximadamente, US$ 2.8 trilhões de dólares anuais gastos direta ou indiretamente com doenças profissionais[20]. Nos países em que há um bom sistema de recopilação de dados se observam grandes perdas econômicas por causa de doenças profissionais. Corroboram essas assertivas os dados da União Europeia em que se estima que um gasto mínimo de EU$ 145 milhões por ano são despendidos com doenças profissionais[21]. Um informe da

---

19. Da referida reunião participaram: 12 expertos nomeados pelos governos da Alemanha, Argélia, Canadá, Dinamarca, Estados Unidos, Filipinas, Japão, Malásia, Ilhas Maurício, Perú, Reino Unido e África do Sul); 12 expertos nomeados previamente pelo Grupo de Trabalhadores do Conselho de Administração, e outros 12 nomeados pelo Grupo de Empregadores deste mesmo Conselho.

20. Dados referentes ao GDP de 2012.

21. Mais dados podem ser encontrados nos Informes da *European Agency for Safety and Health at Work* –EU-OSHA (Agência Europeia para a Segurança e Saúde no Trabalho) entre eles recomenda-se a leitura do informe intitulado "*Estimating the cost of accidents and ill-health at work: A review of methodologies*" (Estimativa do custo dos acidentes e doenças no trabalho: Uma revisão de metodologias) de 2014.

Nova Zelândia do período datado entre os anos de 2004-2005, indicou como custo financeiro total em lesões e doenças profissionais o valor de NZ$ 4,900 milhões (3,4% do GDP), destacando que não estimados nestes valores os custos enfrentados pelas famílias com o sofrimento de uma morte inesperada e/ou prematura de um familiar.

Procurando desenvolver mecanismos globais aptos a apoiar diretamente os Estados-membros e as empresas e, sendo assim, capazes de serem amoldados tanto para as situações nacionais como também para as diferentes condições econômicas e empresariais, mas tendo como propósito precípuo conseguir que o trabalho seja mais seguro, o *International Programme on Safety Health and the Environment – SafeWork* (Programa Internacional de Segurança e Saúde no Trabalho e Meio Ambiente – Trabalho Seguro) foi desenhado para responder a essas necessidades tendo, outrossim, os seguintes objetivos: (i) criar, promover e intensificar a sensibilização em todo o mundo com relação às dimensões e consequências dos acidentes de trabalho e enfermidades profissionais; (ii) promover a proteção social para todos – trabalhadoras e trabalhadores – em todos os setores e de conformidade com as normas internacionais de trabalho; e, (iii) melhorar a capacidade dos Estados-membros e das empresas tanto na configuração como na execução de políticas e programas mais eficazes de prevenção e proteção.

Objetivos que levaram o Conselho de Administração em sua 307ª reunião datada de março de 2010 a adotar o *Plan of Action – 2010-2016 – to achieve widespread ratification and effective implementation of the occupational safety and health instruments: Convention n. 155, its 2002 Protocol and Convention n. 187* (Plano de Ação – 2010-2016 – para alcançar um amplo grau de ratificação e de aplicação efetiva dos instrumentos sobre segurança e saúde no trabalho: Convenção n. 155, seu Protocolo de 2002, e Convenção n. 187).

O citado Plano de Ação (OIT, 2010) tem como objetivo em todo o mundo encorajar

> aos mandantes responsáveis pela adoção de decisões e os planificadores de políticas, os organismos governamentais e as organizações de interlocutores sociais, a que se comprometam a introduzir melhoramentos no sistema nacional de SST mediante a elaboração e aplicação de políticas e programas de ação nacionais e em consonância com as normas da OIT. Existe uma necessidade geral de que se empreendam atividades de sensibilização a fim de aprimorar a compreensão, o objetivo e a utilidade do enfoque de sistemas e a necessidade de que se preste uma atenção contínua à SST, assim como aos três instrumentos dedicados com caráter específico à SST. Este Plano de Ação se propõe a contribuir com este objetivo. Se dedicará especial atenção àqueles setores de atividade econômica nos que as medidas de SST são particularmente importantes. Assim mesmo, se abordaram os desígnios aos que enfrentam as pequenas e médias empresas (PEME) e a economia informal. Este Plano de Ação abarca também uma série de medidas destinadas a atender às necessidades específicas dos países, tanto antes como depois da ratificação da Convenção n. 155, de seu Protocolo de 2002 e Convenção n. 187. Os três instrumentos são complementários, mas apresentam determinadas características e objetivos distintivos que se tomaram em conta para a elaboração de estratégias nacionais destinadas a melhorar as condições da SST. (OIT, 2010, p. 3-4)

Do exame das ações e programas da OIT arrolados até o momento, deduz-se a existência de um indiscutível vínculo entre a segurança e a saúde no trabalho, as condições e o meio ambiente de trabalho. Dito de outra forma, a OIT incorpora estes conceitos sob uma única e só noção: a de **condições e meio ambiente de trabalho**. Este enfoque global incorpora todos os componentes das condições e do meio ambiente de trabalho, de seus fatores determinantes, de suas inter-relações e de suas interconexões. Em outras palavras, as condições e o meio ambiente de trabalho formam uma entidade complexa em razão de seu amplo campo de cobertura, a extrema diversidade dos fatores que a constituem, suas numerosas inter-relações e os múltiplos nexos com os aspectos culturais, econômicos, físicos e sociais. A expressão condições e meio ambiente de trabalho faz jus à saúde no trabalho e à segurança no trabalho e higiene no trabalho. Portanto, as condições e meio ambiente de trabalho podem ser definidas como o conjunto de fatores que determinam a situação na qual a trabalhadora e o trabalhador realizam suas tarefas e entre as quais se incluem: as horas de trabalho, a organização do trabalho, o conteúdo do trabalho e os serviços de bem-estar social. Envolvendo também, de acordo com a perspectiva da OIT, os salários que, apesar de conformarem as condições de emprego, também influenciam nas condições de trabalho graças à sua relação direta na vida das trabalhadoras e dos trabalhadores.

Conclusão

Em primeiro lugar, pretende-se destacar a paridade entre as noções de **determinantes sociais da saúde** (OMS) e **condições e meio ambiente de trabalho**

(OIT) pois, ainda que mantenham suas especificidades, ambas tratam dos condicionantes sociais, econômicos, políticos e culturais que dão ensejo à saúde – desde uma concepção multidimensional da mesma – e, em *ultima ratio*, demonstram que as desigualdades e iniquidades violam a dignidade humana.

Observa-se, ademais que, em tempos de múltiplas e variadas formas de pressão sobre o equilíbrio das condições e o meio ambiente do trabalho seja porque ocasionadas pelas profundas mudanças no mundo do trabalho motivadas pelo crescente avanço tecnológico e científico que amplia a geração e concentração de riquezas e rendas em um mundo globalizado, seja porque estas alterações provocam simultânea e paradoxalmente desequilíbrios ambientais e crises econômicas mundiais sem precedentes, certo é que assistimos a maior parcela da humanidade viver de uma forma nefastamente injusta.

Neste contexto, buscar uma maior rede de proteção da vida humana em todas as suas dimensões e, também, do direito humano e fundamental da pessoa que trabalha a condições e meio ambiente de trabalho dignos e equânimes, é um dever que se impõe aos Estados, aos controladores do capital, às empresas, às operadoras/os operadores do Direito, em fim, a todos. Espera-se, apenas, que este singelo ensaio tenha de alguma forma colaborado para essa sensibilização.

Referências

ALLI, Benjamin. *Fundamental principles of occupational health and safety*. Geneva: Benjamin. International Labour Office (ILO), 2008.

AL TUWAIJRI, Sameera; FEDOTOV, Igor; FEITSHANS, Ilise; et al.; *XVIII World Congress on Safety and Health at Work, June 2008, Seoul, Korea – Introductory report – Beyond death and injuries*: The ILO's role in promoting safe and healthy Jobs. Geneva: International Labour Office (ILO), 2008.

CREDIT SUISSE. *Global Wealth Report – 2015*. Zurique: Credit Suisse Research Institute, 2015.

COSTA, Eder Dion de Paula; STOLZ, Sheila. O mundo do trabalho no Brasil independente e republicano: a invenção da/do trabalhadora/trabalhador nacional através do mito da vadiagem. In: ROBERTO, Giordano Bruno Soares; SIQUEIRA, Gustavo e FONSECA, Ricardo Marcelo (Coordenadores). História do direito [Recurso eletrônico *on-line*]. Organização CONPEDI/UNICURITIBA. Florianópolis: FUNJAB, 2013, p. 147-170.

DEJOURS, Christophe. *A banalização da injustiça social*. 7. ed. Rio de Janeiro: FGV, 2007.

DURÁN ROMERO, Gemma; SÁNCHEZ DÍEZ, Ángeles. *Cambio climático y derecho a la alimentación*. Madrid: Ministério de Asuntos Exteriores y de Coperación de España; Agencia Española de Cooperación Internacional para el Desarrollo (AECID), 2012.

EU-OSHA. *Estimating the cost of accidents and ill-health at work – A review of methodologies*. Luxembourg: Publications Office of the European Union, 2014.

FALK, Richard. Interpreting the Interaction of Global Markets and Human Rights. In: Brysk, Alison (Ed.), *Globalization and Human Rights*. Los Angeles: University of California Press, 2002, p. 61-76.

GRIFFITH-JONES, Stephany; OCAMPO, José Antonio; STIGLITZ, Joseph. *Time for a Visible Hand. Lessons from the 2008 World Financial Crisis. The Initiative for Policy Dialogue*. Oxford: Oxford University Press, 2010.

HARVEY, David. *Condição pós-moderna*: Uma pesquisa sobre as origens da mudança cultural. 9ª ed. Tradução de Adail Ubirajara Sobral e Maria Stela Gonçalves. São Paulo: Loyola, 2000.

ILO. *The Prevention of Occupational Diseases*. Edition: April 2013. Geneva: International Labour Office, 2013.

___. *Social protection floor for a fair and inclusive globalization. Report of the Social Protection Floor Advisory Group*. Geneva: International Labour Office, 2011.

___. *List of occupational diseases* (revised 2010). Identification and recognition of occupational diseases: criteria for incorporating diseases in the ILO list of occupational diseases. *Occupational Safety and Health Series*, n. 74. Geneva: International Labour Office, 2010.

___. *Seoul Declaration on Safety and Health at Work The Safety and Health*. SEOUL: ILO, 2008. Disponível em: <http://www.ilo.org/wcmsp5/groups/public/@dgreports/@dcomm/documents/statement/wcms_095910.pdf>. Acesso em: 5 dez. 2013.

___. *Declaração sobre a Justiça Social para uma Globalização Justa*. Geneva: International Labour Office (ILO), 2008. Disponível em: <http://www.ilo.org/public/portugue/region/eurpro/lisbon/pdf/resolucao_justicasocial.pd>. Acesso em: 5 dez. 2013.

___. *Safety and health in shipbreaking*: guidelines for asian countries and Turkey. Geneva: International Labour Office (ILO), 2004.

___. *Global Strategy on Occupational Safety and Health*. Geneva: International Labour Office (ILO), 2004.

___. *Por una globalización justa*: crear oportunidades para todos. Comisión Mundial para la Dimensión Social de la Globalización/OIT. Geneva: International Labour Office (ILO): 2004. Disponível em: <http://www.ilo.org/public/spanish/wcsdg/docs/report.pdf.> Acesso em: 15 jan. 2011.

___. *Code of practice on workplace violence in services sectors and measures to combat this phenomenon*. Geneva: International Labour Office (ILO), 2003.

OIT/Brasil. *Trabalho escravo no Brasil do século XXI*. Brasília: OIT/Brasil, 2006.

___. *Constituição da Organização Internacional do Trabalho (OIT) de 1919 e seu Anexo (Declaração de Filadélfia)*. Brasília: Organização Internacional do Trabalho/Brasil. Disponível em: <http://www.oit.org.br/sites/default/files/topic/decent_work/doc/constituicao_oit_538.pdf>. Acesso em: 28 jan. 2016.

ILO/UNDP. *Sharing innovative experiences*: successful social protection floor experiences. New York: ILO/UNDP, 2011.

SENNETT, Richard. *A cultura do novo capitalismo*. Rio de Janeiro: Record, 2006.

STOLZ, Sheila. *A odisseia dos direitos fundamentais: sobre a igualdade entre mulheres e homens e a conciliação da vida laboral e familiar no direito espanhol*. Tese de Doutorado. Orientador: Prof. Dr. Draiton Gonzaga de Souza. Porto Alegre: PUCRS, 2015.

___. Os atores sociais e a concretização sustentável do direito fundamental ao trabalho garantido pela Constituição cidadã. In: MEZZAROBA, Orides; *et all*. (Org.); MACHADO, Edinilson Donisete; *et all*. (Ed.); *COLEÇÃO CONPEDI/UNICURITIBA – Direitos Fundamentais e Democracia – v.* 23. Curitiba: Clássica, 2014.

___. Lo que se globaliza y lo que no se globaliza: algunas acotaciones sobre la globalización y los derechos humanos. In: STOLZ, Sheila; KYRILLOS, Gabriela (Org.). *Direitos humanos e fundamentais*. O necessário diálogo interdisciplinar. Pelotas: UFPel, 2009. p. 155-166. Disponível em: <http://pgedh.uab.furg.br/images/Arquivos/Direitos%20Humanos%20e%20Fundamentais.pdf.>. Acesso em: 15 maio 2014.

STOLZ, Sheila; SOUZA, Draiton Gonzaga de; OPUSZKA, Paulo Ricardo. Os Direitos Sociais Fundamentais à Saúde e ao meio ambiente de trabalho equilibrado: o direito do trabalho frente aos desafios do Século XXI. *Revista Jurídica (FIC)*, do Programa de Mestrado da UNICURITIBA, v. 4, n. 41, p. 421-456. Disponível em: <http://revista.unicuritiba.edu.br/index.php/RevJur/article/view/1406>. Acesso em: 31 jan. 2016.

UN(ONU). *International Covenant on Economic, Social and Cultural Rights (PIDESC)*. New York: UN, 1966. <http://www.ohchr.org/Documents/ProfessionalInterest/cescr.pdf.>. Acesso em: 10 jan. 2015.

___. *Declaração Universal dos Direitos Humanos*. New York: UN, 1948. Disponível em: <http://portal.mj.gov.br/sedh/ct/legis_intern/ddh_bib_inter_universal.htm.>. Acesso em: 10 jan. 2013.

WHO. *Address by Dr Margaret Chan, Director-General, to the Sixty-eighth World Health Assembly*. A68/3, 18 May 2015. Geneve: World Health Organization (WHO), 2015. Disponível em: <http://apps.who.int/gb/ebwha/pdf_files/WHA68/A68_3-en.pdf>. Acesso em: 4 jan. 2013.

___. *Closing the gap in a generation*: health equity through action on the social determinants of health: final report of the commission on social determinants of health. Geneve: World Health Organization (WHO), 2008.

WOOD, Ellen. Modernity, posmodernity or capitalism? *Review of International Political Economy*, University of Sussex/Brighton, Routledge, v. 4, n. 3, Autumn, 1997. p. 539-560.

Saúde no Contexto dos Direitos Fundamentais e da Seguridade Social

Gustavo Filipe Barbosa Garcia[*]

1. Introdução

O presente estudo tem como objetivo analisar a Saúde em seu contexto constitucional, em especial a sua inserção no âmbito dos direitos humanos e fundamentais.

De forma mais específica, procura-se examinar a relação entre a Saúde e a Seguridade Social, em consonância com as previsões constitucionais e legais a respeito.

O tema apresenta nítida relevância, notadamente nos tempos atuais, em que se discutem reformas amplas e estruturais, bem como são comumente alegadas insuficiências de recursos financeiros aptos a manter as prestações sociais, notadamente aquelas voltadas à Saúde.

2. Saúde e seguridade social

A Seguridade Social é sistema de proteção amplo, que abrange não apenas a Saúde, mas também a Previdência e a Assistência Social[1].

Nesse sentido, a Constituição da República Federativa do Brasil, no art. 194, prevê que a Seguridade Social compreende um conjunto de ações de iniciativa dos Poderes Públicos e da sociedade, as quais são destinadas a assegurar os direitos relativos à Saúde, à Previdência e à Assistência Social.

A Seguridade Social, em verdade, situa-se na esfera mais ampla da *ordem social*, a qual tem como base o primado do trabalho, e como objetivos o bem-estar e a justiça social (art. 193 da Constituição Federal de 1988)[2].

O principal fundamento da Seguridade Social é a *solidariedade*, entendida como princípio constitucional (art. 3º, inciso I, da Constituição da República), fazendo com que as pessoas sem condições de obter o sustento por si tenham direito de receber prestações sociais custeadas pelos que estão em melhores condições econômicas[3].

A opção político-constitucional no Brasil, portanto, foi de incluir na Seguridade Social não apenas a Previdência e a Assistência Social, mas também a Saúde.

A Seguridade Social possui, ainda, princípios próprios, arrolados no art. 194, parágrafo único, da

---

[*] Livre-Docente pela Faculdade de Direito da Universidade de São Paulo. Doutor em Direito pela Faculdade de Direito da Universidade de São Paulo. Especialista em Direito pela *Universidad de Sevilla*. Pós-Doutorado em Direito pela *Universidad de Sevilla*. Professor Titular do Centro Universitário do Distrito Federal. Professor da Faculdade de Direito da Universidade Presbiteriana Mackenzie. Membro Pesquisador do IBDSCJ. Membro da Academia Brasileira de Direito do Trabalho, Titular da Cadeira n. 27. Advogado. Foi Juiz do Trabalho das 2ª, 8ª e 24ª Regiões, ex-Procurador do Trabalho do Ministério Público da União e ex-Auditor Fiscal do Trabalho.

1. Cf. BALERA, Wagner. *Sistema de seguridade social*. 5. ed. São Paulo: LTr, 2009. p. 11.
2. Cf. GARCIA, Gustavo Filipe Barbosa. *Curso de direito da seguridade social*. 2. ed. Rio de Janeiro: Forense, 2016. p. 73-75.
3. Cf. MARTINS, Sergio Pinto. *Direito da seguridade social*. 35. ed. São Paulo: Atlas, 2015. p. 58-59.

Constituição Federal de 1988, confirmando a autonomia do ramo do Direito que a disciplina.

Desse modo, são *objetivos* da Seguridade Social: a universalidade da cobertura e do atendimento; a uniformidade e equivalência dos benefícios e serviços às populações urbanas e rurais; a seletividade e a distributividade na prestação dos benefícios e serviços; irredutibilidade do valor dos benefícios; a equidade na forma de participação no custeio; diversidade da base de financiamento; o caráter democrático e descentralizado da administração, mediante gestão quadripartite, com participação dos trabalhadores, dos empregadores, dos aposentados e do governo nos órgãos colegiados[4].

Destacam-se ainda as determinações de que nenhum benefício ou serviço da Seguridade Social pode ser criado, majorado ou estendido sem a correspondente fonte de custeio total, bem como de que as contribuições da Seguridade Social só podem ser exigidas depois de decorridos 90 dias da data da publicação da lei que as houver instituído ou modificado (art. 195, §§ 5º e 6º, da Constituição da República).

A Saúde, a Previdência e a Assistência Social, embora integrem a Seguridade Social, apresentam certas especificidades, além de regras e princípios próprios.

A Saúde é *direito de todos* e dever do Estado (art. 196 da Constituição da República). Logo, não se exige contribuição para o acesso às prestações do Sistema Único de Saúde, previsto no art. 198 da Constituição Federal de 1988.

Frise-se ainda que as ações e os serviços de Saúde são de *relevância pública*, cabendo ao Poder Público dispor, nos termos da lei, sobre sua regulamentação, fiscalização e controle, devendo a sua execução ser feita diretamente ou por meio de terceiros e, também, por pessoa física ou jurídica de direito privado (art. 197 da Constituição da República).

No plano infraconstitucional, a Lei n. 8.080/1990 dispõe sobre as ações e serviços de Saúde.

Sendo assim, as ações e serviços públicos de Saúde e os serviços privados contratados ou conveniados que integram o Sistema Único de Saúde (SUS) devem obedecer aos seguintes *princípios*:

– universalidade de acesso aos serviços de saúde em todos os níveis de assistência;

– integralidade de assistência, entendida como conjunto articulado e contínuo das ações e serviços preventivos e curativos, individuais e coletivos, exigidos para cada caso em todos os níveis de complexidade do sistema;

– preservação da autonomia das pessoas na defesa de sua integridade física e moral;

– igualdade da assistência à saúde, sem preconceitos ou privilégios de qualquer espécie;

– direito à informação, às pessoas assistidas, sobre sua saúde;

– divulgação de informações quanto ao potencial dos serviços de saúde e a sua utilização pelo usuário;

– utilização da epidemiologia para o estabelecimento de prioridades, a alocação de recursos e a orientação programática;

– participação da comunidade;

– descentralização político-administrativa, com direção única em cada esfera de governo, com ênfase na descentralização dos serviços para os municípios, regionalização e hierarquização da rede de serviços de saúde;

– integração em nível executivo das ações de saúde, meio ambiente e saneamento básico;

– conjugação dos recursos financeiros, tecnológicos, materiais e humanos da União, dos Estados, do Distrito Federal e dos Municípios na prestação de serviços de assistência à saúde da população;

– capacidade de resolução dos serviços em todos os níveis de assistência;

– organização dos serviços públicos de modo a evitar duplicidade de meios para fins idênticos (art. 7º da Lei n. 8.080/1990).

Diversamente, a Previdência Social tem *caráter contributivo* e filiação obrigatória (art. 201 da Constituição Federal de 1988).

A Assistência Social, por sua vez, deve ser prestada a quem dela necessitar, *independentemente de contribuição à Seguridade Social* (art. 203 da Constituição da República).

3. Saúde como direito fundamental

Conforme demonstrado anteriormente, a Saúde, no aspecto jurídico institucional, é um sistema de proteção que integra a Seguridade Social.

No plano jurídico subjetivo, a saúde é *direito social*, de natureza humana e fundamental, juntamente com outros direitos, como à previdência social e à assistência aos desamparados, de acordo com o art. 6º da Constituição Federal de 1988[5].

---

4. Cf. IBRAHIM, Fábio Zambitte. *Curso de direito previdenciário*. 21. ed. Rio de Janeiro: Impetus, 2015. p. 64-77.
5. Cf. GARCIA, Gustavo Filipe Barbosa. *Estudos de direito do trabalho e da seguridade social*. Rio de Janeiro: Forense, 2014. p. 125-137.

Para a preservação do próprio direito à vida (art. 5º, *caput*, da Constituição da República) é essencial a proteção e a promoção da saúde.

A saúde, assim, é um *direito fundamental do ser humano*, devendo o Estado prover as condições indispensáveis ao seu pleno exercício (art. 2º da Lei n. 8.080/1990).

Quanto ao aspecto terminológico, cabe fazer referência à distinção, apresentada por parte da doutrina, entre *direitos humanos* e *direitos fundamentais*[6].

Os direitos humanos são aqueles assim reconhecidos independentemente de sua positivação no ordenamento jurídico constitucional, bastando terem a essência de direitos de magnitude superior, pertinentes a aspectos de maior relevância para a pessoa humana. A expressão é própria da regulação da matéria na esfera do Direito Internacional, ao tratar do tema em declarações, tratados e convenções internacionais.

Os direitos fundamentais, por sua vez, são aqueles previstos e assegurados, de modo formal, no ordenamento jurídico constitucional de determinado Estado, contando com expressa positivação.

Na esfera internacional, a Declaração Universal de Direitos Humanos, de 1948, prevê que todo ser humano tem direito a um padrão de vida capaz de assegurar-lhe, bem como a sua família, *saúde e bem-estar*, inclusive alimentação, vestuário, habitação, *cuidados médicos* e os serviços sociais indispensáveis (art. XXV).

Entende-se que o fundamento e a justificativa dos direitos humanos, como a saúde, é a necessidade de garantia e preservação de valores inerentes à pessoa.

O Direito, o Estado e a comunidade internacional, assim, passam a reconhecer essa necessidade de proteção, positivando aqueles direitos de hierarquia superior em diferentes normas jurídicas, inclusive no âmbito constitucional.

A dignidade da pessoa humana é reconhecida como a própria essência dos direitos fundamentais, por se tratar do valor supremo que revela o "caráter único e insubstituível da cada ser humano"[7], figurando, ainda, como fundamento da República Federativa do Brasil (art. 1º, inciso III, da Constituição Federal de 1988)[8].

Em termos substanciais, o caráter fundamental dos direitos sociais, neles inserida a saúde, é devidamente demonstrado por meio da compreensão da dignidade da pessoa humana, entendida como postulado fundamental de máxima hierarquia axiológica no sistema jurídico-constitucional.

Considerando o exposto, a saúde está inserida na esfera dos direitos humanos (no âmbito internacional) e fundamentais (no plano constitucional), uma vez que imprescindível à proteção da vida e à promoção da dignidade da pessoa humana.

4. Custeio da Saúde e orçamento da Seguridade Social

O art. 195 da Constituição da República trata do *custeio da Seguridade Social*, e não apenas da Saúde ou de outro setor mais específico.

Esse custeio abrangente é feito por toda a sociedade, de forma direta, ou seja, por meio de *contribuições da Seguridade Social*, como modalidades de contribuições sociais (art. 149, *caput*, da Constituição da República), e indireta, mediante recursos provenientes dos orçamentos ficais da União, dos Estados, do Distrito Federal e dos Municípios.

As contribuições da Seguridade Social abrangem, na realidade, as seguintes espécies:

I – do empregador, da empresa e da entidade a ela equiparada na forma da lei, incidentes sobre: a) a folha de salários e demais rendimentos do trabalho pagos ou creditados, a qualquer título, à pessoa física que lhe preste serviço, mesmo sem vínculo empregatício; b) a receita ou o faturamento; c) o lucro;

II – do trabalhador e dos demais segurados da previdência social, não incidindo contribuição sobre aposentadoria e pensão concedidas pelo Regime Geral de Previdência Social de que trata o art. 201 da Constituição Federal de 1988;

III – sobre a receita de concursos de prognósticos;

IV – do importador de bens ou serviços do exterior, ou de quem a lei a ele equiparar (art. 195 da Constituição da República).

Frise-se que a lei pode instituir *outras fontes* destinadas a garantir a manutenção ou expansão da Seguridade Social, devendo ser obedecido o disposto no art. 154, inciso I, da Constituição Federal de 1988, ou seja, exigindo-se lei complementar e desde que sejam não cumulativas e não tenham fato gerador ou base de cálculo próprios dos discriminados na Constituição (art. 195, § 4º, da Constituição da República)[9].

No âmbito do Direito Financeiro, na esfera federal, a lei orçamentária anual deve compreender: o *orçamento fiscal* da União; o *orçamento de investimento* das empresas em que a União, direta ou indiretamente, detenha a maioria do capital social com direito a

---

6. Cf. SARLET, Ingo Wolfgang. *A eficácia dos direitos fundamentais*. 7. ed. Porto Alegre: Livraria do Advogado, 2007. p. 33-42.
7. Cf. COMPARATO, Fábio Konder. *A afirmação histórica dos direitos humanos*. 3. ed. São Paulo: Saraiva, 2004. p. 31.
8. Cf. BONAVIDES, Paulo. *Curso de direito constitucional*. 18. ed. São Paulo: Malheiros, 2006. p. 642.
9. Cf. SANTOS, Marisa Ferreira dos. *Direito previdenciário esquematizado*. 5. ed. São Paulo: Saraiva, 2015. p. 60.

voto; e o *orçamento da Seguridade Social*, abrangendo todas as entidades e órgãos a ela vinculados, da administração direta ou indireta, bem como os fundos e fundações instituídos e mantidos pelo Poder Público (art. 165, § 5º, da Constituição da República).

Por isso, a proposta de orçamento da Seguridade Social deve ser elaborada de forma integrada pelos órgãos responsáveis pela Saúde, Previdência Social e Assistência Social, tendo em vista as metas e as prioridades estabelecidas na lei de diretrizes orçamentárias, sendo assegurada a cada área a gestão de seus recursos (art. 195, § 2º, da Constituição Federal de 1988).

Como se pode notar, o *orçamento da Seguridade Social*, formado pelas contribuições da Seguridade Social (ou seja, decorrente do custeio direto), abrange não somente a Saúde (art. 198, § 1º), mas também a Previdência (art. 201) e a Assistência Social (art. 204 da Constituição da República)[10].

Fica nítido que, em termos constitucionais, o referido orçamento engloba toda a Seguridade Social, nela se fazendo presente a Saúde.

Logo, na análise da suficiência (ou não) de recursos para as prestações de Saúde devem ser consideradas todas as contribuições para a Seguridade Social, bem como o custeio indireto, decorrente dos orçamentos fiscais.

Em verdade, as ações e serviços públicos de Saúde integram uma rede regionalizada e hierarquizada e constituem um Sistema Único, organizado de acordo com as seguintes diretrizes: *descentralização, com direção única em cada esfera de governo*; *atendimento integral*, com prioridade para as atividades preventivas, sem prejuízo dos serviços assistenciais; *participação da comunidade* (art. 198 da Constituição Federal de 1988).

O Sistema Único de Saúde (SUS) é financiado, nos termos do mencionado art. 195 da Constituição da República, com recursos do orçamento da Seguridade Social, da União, dos Estados, do Distrito Federal e dos Municípios, além de outras fontes.

Portanto, na Saúde também há o custeio de forma direta e indireta, como anteriormente explicitado.

Frise-se ser *competência comum* da União, dos Estados, do Distrito Federal e dos Municípios cuidar da saúde (art. 23, inciso II, da Constituição da República).

Desse modo, compete à União, aos Estados e ao Distrito Federal legislar concorrentemente sobre proteção e defesa da saúde (art. 24, inciso XII, da Constituição Federal de 1988). No âmbito da legislação concorrente, a competência da União deve se limitar a estabelecer normas gerais. Por isso, a competência da União para legislar sobre normas gerais não exclui a competência suplementar dos Estados.

Ademais, compete aos Municípios legislar sobre assuntos de interesse local, como é o caso da saúde, bem como suplementar a legislação federal e a estadual no que couber (art. 30, incisos I e II, da Constituição da República).

5. Conclusão

A Saúde, ao integrar a Seguridade Social, é essencial para a proteção e a promoção da dignidade da pessoa humana.

Como prestação social, de natureza fundamental, cabe essencialmente ao Estado garantir os direitos voltados à saúde.

O custeio do Sistema Único de Saúde, desse modo, é feito com recursos do orçamento da Seguridade Social, bem como por meio de recursos dos orçamentos fiscais da União, dos Estados, do Distrito Federal e dos Municípios, podendo haver outras fontes.

A importância desse sistema de proteção social justifica o tratamento da matéria nos planos internacional e constitucional, pois até mesmo o direito à vida exige que a saúde seja plenamente assegurada ao ser humano.

Defende-se, assim, que argumentos de ordem meramente econômica e financeira não justificam qualquer retrocesso social na temática relacionada à Saúde.

6. Referências bibliográficas

BALERA, Wagner. *Sistema de seguridade social*. 5. ed. São Paulo: LTr, 2009.

BONAVIDES, Paulo. *Curso de direito constitucional*. 18. ed. São Paulo: Malheiros, 2006.

COMPARATO, Fábio Konder. *A afirmação histórica dos direitos humanos*. 3. ed. São Paulo: Saraiva, 2004.

GARCIA, Gustavo Filipe Barbosa. *Curso de direito da seguridade social*. 2. ed. Rio de Janeiro: Forense, 2016.

GARCIA, Gustavo Filipe Barbosa. *Estudos de direito do trabalho e da seguridade social*. Rio de Janeiro: Forense, 2014.

IBRAHIM, Fábio Zambitte. *Curso de direito previdenciário*. 21. ed. Rio de Janeiro: Impetus, 2015.

LEITÃO, André Studart; MEIRINHO, Augusto Grieco Sant'Anna. *Manual de direito previdenciário*. 4. ed. São Paulo: Saraiva, 2016.

MARTINS, Sergio Pinto. *Direito da seguridade social*. 35. ed. São Paulo: Atlas, 2015.

---

10. Cf. LEITÃO, André Studart; MEIRINHO, Augusto Grieco Sant'Anna. *Manual de direito previdenciário*. 4. ed. São Paulo: Saraiva, 2016. p. 78-79.

Direito à Saúde e Inserção Internacional Brasileira: o Caso da Atenção Obstétrica entre 1995 e 2014

Hector Cury Soares*
Gabrielle Caseira Araujo**

1. Introdução

A política externa brasileira está assentada, segundo o art. 4º da Constituição Federal de 1988 (CF/1988), em princípios tais como a solução pacífica dos conflitos, não intervenção, autodeterminação dos povos, independência nacional, prevalência dos direitos humanos, entre outros. Essas diretrizes orientam a formulação da política exterior, com vistas à garantia do desenvolvimento nacional, conforme o previsto no art. 3º da CF/1988 (1988, s.p.).

A busca pelo desenvolvimento nacional a partir dos foros multilaterais e inclusão dos temas sociais na agenda da globalização tem garantido ao Brasil uma posição de referência mundial nos novos temas da agenda internacional. A participação ativa nos debates destes temas, tais como os direitos humanos, a saúde, o meio ambiente e o desenvolvimento, emerge principalmente após a redemocratização do país em 1985 e o fim da bipolaridade da Guerra Fria (VIZENTINI, 2008).

A atuação multilateral enquanto ferramenta de inserção do Brasil a partir principalmente de Fernando Henrique Cardoso, retoma estratégias de atuação significativa do país em períodos anteriores como nos debates sobre direitos humanos ocorridos à época da Política Externa Independente (1961-1964) (MILANI, 2012). A ênfase dada pelo país a essas instâncias será aprofundada por Lula e mantida por Dilma em seus governos, contribuindo para a consolidação do papel do Brasil nos debates dos novos temas, principalmente a saúde.

As decisões da política externa, embora tomadas no âmbito do Estado conforme o disposto na Constituição Federal (arts. 21 e 84), cada vez mais recebem a interferência na sua condução por uma multiplicidade de atores com distintos graus de influência (MILANI; PINHEIRO, 2013). Com o advento da globalização e a mescla dos processos antes divididos entre *high* e *low politics*, a política externa ganhou aproximação do cotidiano e passou a influenciar de forma mais direta o cotidiano dos cidadãos e a formulação das políticas domésticas de um Estado.

Partindo da premissa da aproximação entre a política externa e a política pública e da institucionalização da diplomacia em saúde enquanto estratégia de inserção do Brasil no cenário internacional, cabe questionar: a internalização de recomendações obstétricas internacionais, representadas pelas diretrizes[1] emitidas por órgãos governamentais brasileiros, estaria vinculada a uma estratégia de inserção internacional do Brasil durante os governos de FHC, Lula e Dilma?

---

* Doutor em Direito. Professor Adjunto de Direito Público da UNIPAMPA e Coordenador do Curso de Direito na mesma instituição.
** Bacharel em Relações Internacionais pela Universidade Federal do Pampa (UNIPAMPA). Bacharelanda em Direito pela UNIPAMPA, Campus Santana do Livramento-RS.
1. Como diretrizes compreender-se-á o conjunto de Portarias, Leis e Resoluções emitidas pelo governo brasileiro.

A consideração do que se entende por inserção internacional e as estratégias da inserção brasileira no contexto do pós-Guerra Fria também faz-se necessária para a elucidação do problema deste trabalho. A busca por uma inserção internacional pautada pela autonomia, pela defesa do multilateralismo e pela visão integracionista reflete a importância dada pelo Brasil ao espaço multilateral de atuação, como forma de consolidação de sua posição no sistema internacional.

No tocante à saúde, os três governos foram ativos nas pactuações internacionais, por meio da assinatura de novos compromissos e pela ratificação, ainda que tardia, de pactuações referentes aos direitos humanos e que remontam às questões da assistência obstétrica, principalmente no período da redemocratização. Internamente, há a elaboração de diretrizes de atenção à saúde fundamentadas pelas recomendações dos órgãos competentes internacionais.

A metodologia utilizada para a elaboração do presente artigo consiste na aplicação de método de abordagem hipotético-dedutivo, partindo da hipótese da internalização dos temas de atendimento obstétrico, com objetivo de inserção internacional do Brasil. Para tanto, emprega-se a revisão da bibliografia disponível sobre o tema e a análise de fontes documentais, como as recomendações internacionais para a melhoria da atenção obstétrica e redução da mortalidade materna, bem como fontes estatísticas sobre a situação atual do Brasil no tocante à saúde obstétrica.

Para tanto, o artigo apresenta a concepção de inserção internacional brasileira a partir da conceituação de autonomia, fundamentada pelas orientações da política externa brasileira, em que a defesa do multilateralismo e a perspectiva integracionista aliam-se à autonomia na busca por um modelo próprio de inserção do Brasil, principalmente no cenário após a Guerra Fria. Além disso, contextualiza o atual cenário obstétrico brasileiro e elenca as ações internacionais e domésticas do país com relação ao tema, contribuindo para a elucidação do problema de pesquisa.

2. Inserção internacional

A palavra inserção, de acordo com o dicionário Aurélio, significa "ato ou efeito de inserir(-se)". Inserir, ainda segundo o Aurélio, quer dizer "1. Introduzir, incluir". O termo inserção internacional é pouco debatido pelos estudiosos da área, embora o tema seja de amplo debate e relevância, podendo expressar a existência de um consenso em torno da significação do termo *per se*. A orientação da política externa brasileira e sua maneira de inserir-se internacionalmente são, entretanto, objetos de constante análise e discussão, sendo o objetivo deste artigo a apresentação destas percepções.

A inserção internacional do Brasil é historicamente pautada pelo exercício e ampliação da autonomia político-estratégica e econômica. A busca pela construção mais autônoma possível de inserção é sempre presente no discurso diplomático brasileiro, em razão da realidade de país periférico e como forma de conter os constrangimentos ocasionados pela realidade de poder do sistema internacional (BARCELLOS, 2013).

Cervo (2008) destaca a continuidade histórica da atuação diplomática brasileira em virtude, principalmente, do respeito aos princípios da política externa[2] e da atuação do Itamaraty enquanto formulador da política externa do Brasil. Esses princípios resistem à mudança de governos e até mesmo de regimes, *vide* a persistência dos preceitos da política externa com a instauração do regime militar no Brasil, em 1964, e a manutenção do "lugar absoluto" do desenvolvimento autônomo na agenda interna e externa do Brasil desde o governo de Getúlio Vargas e destacada nos governos militares (BARCELLOS, 2013).

Assim, para compreender a concepção e as estratégias da inserção internacional do Brasil, é necessário remontar ao que é percebido por autonomia. Segundo Barcellos, "autonomia é um termo de origem grega cujo significado está relacionado com independência, liberdade ou autossuficiência" (2013, p. 4) e sempre foi um princípio incorporado no discurso e prática da política externa brasileira.

Para Puig (1986), a autonomia é um objetivo indivisível da política nacional, pois quanto mais autônomo um Estado conseguir ser, mais facilmente ele conseguirá se desenvolver da maneira como melhor entender. Puig afirma ainda que o desenvolvimento dos grupos humanos, incluídos os Estados, depende de um contexto específico interno e externo e que, a partir desses contextos, é possível identificar a margem potencial de autonomia de um Estado, havendo a distinção entre a margem potencial e a margem real de autonomia alcançada.

Jaguaribe (1979) aborda a autonomia a partir da perspectiva da teoria cepalina da dependência, sendo a autonomia geral uma etapa a ser alcançada a partir da conquista prévia de uma autonomia regional e sem um caráter estável e permanente. A autonomia depende, em termos estruturais, de viabilidade

---

2. São princípios da política externa brasileira: tradição; defesa de princípios, cooperação e multilateralismo; independência, realismo e pragmatismo (CERVO, 2008).

nacional[3] e de permissibilidade internacional[4], sendo um dos quatro níveis do sistema interimperial[5] (supremacia geral, supremacia regional, autonomia e dependência). Além disso, a autonomia representa três possibilidades de um Estado: a de possuir meios para causar danos materiais e morais relevantes, a de margem considerável na condução de sua política interna e a capacidade de atuação internacional consideravelmente independente (BARCELLOS, 2013).

Cervo (2008) considera que a atuação brasileira nas organizações internacionais é orientada, para além da ampliação da autonomia, pela defesa do multilateralismo. O autor elenca quatro fases de defesa do multilateralismo pelo Brasil: a primeira, na política de prestígio associada à participação na construção do sistema internacional pós-Segunda Guerra Mundial; a segunda, visando à reformulação da ordem internacional entre as décadas de 1960 e 1980; a terceira, com o protagonismo do Brasil nas conferências internacionais e a busca por uma maior atuação no sistema vigente; a quarta, desde o início do governo do presidente Lula da Silva, em 2003, caracterizada pela busca da inserção internacional do Brasil por meio de agrupamentos e a crescente influência dos países em desenvolvimento em diversos temas da agenda internacional.

As duas últimas fases correspondem ao recorte temporal deste trabalho. A terceira, de protagonismo do Brasil nas conferências internacionais e alteração da postura do país, da anterior tentativa de modificação da ordem internacional à conformação com a ordem vigente e busca por uma participação destacada; a quarta, de reformulação das estratégias de inserção da política externa, colocando em evidência os países em desenvolvimento e o multilateralismo.

O multilateralismo e a postura integracionista do Brasil evidenciam-se na persecução de maior autonomia e, consequentemente, de uma maior e melhor estratégia de inserção internacional do país. Para Amado Cervo

> [O] Brasil inclui-se entre uma dezena de países, aproximadamente, cuja vocação os impele a perseguir um modo próprio de inserção internacional. A independência de inserção pressupõe visão própria de mundo, autonomia, do processo decisório e formulação própria de política exterior (CERVO, 2008, p. 31).

Cervo e Bueno (2012) entendem que, na década de 1990, três seriam as estratégias de inserção do Brasil: o Estado desenvolvimentista, que fortalece o sentido nacional e autônomo da política externa; o Estado normal, caracterizado por ser subserviente, autodestrutivo e regressivo e; o Estado logístico, que reforça o núcleo nacional, visando ao equilíbrio dos benefícios da interdependência por meio de uma inserção internacional madura. Os autores também pontuam que o Brasil foi o único país a conseguir implementar, em diferentes medidas, os três paradigmas de Estado.

No contexto de fracasso do neoliberalismo na América Latina, a teoria da dependência elaborada pela Comissão Econômica para a América Latina e o Caribe (CEPAL) adquire força e a diplomacia brasileira propõe uma forma alternativa para a superação de assimetrias, por meio de agrupamentos de geometria variável. Desse modo, o Estado passa a agir de forma mais direta e incisiva na promoção do desenvolvimento, assim como as composições entre os Estados tornam-se uma prioridade, como observado pela fortificação do MERCOSUL e criação da UNASUL (CERVO, 2008).

Segundo Jaguaribe (1979), partindo da teoria da dependência e concebendo a autonomia como um objetivo a ser alcançado, a atuação internacional relativamente independente está intrinsecamente conectada à aquisição de uma posição autônoma no cenário internacional. Sobre a autonomia obtida a partir dos agrupamentos multilaterais, Puig (1986) destaca as possibilidades de integração solidária, no caso dos países americanos, devendo estes propor a obtenção de uma maior autonomia. Do mesmo modo, Cervo (2008) compreende a postura integracionista brasileira como uma das formas de o Brasil buscar sua inserção internacional autônoma.

Jaguaribe (1979) considera que, segundo sua classificação, o Brasil conseguiu superar o estágio de autonomia regional e conquistou uma relativa autonomia global. Samuel Pinheiro Guimarães, por sua vez, entende o Brasil como um país de relevância regional que não pode

> [...] ter como seus focos principais objetivos "idealistas", "desinteressados" e "transnacionais" [...]. Esses são "objetivos" que, muitas vezes, dis-

---

3. A viabilidade nacional é, para Jaguaribe, dada em um determinado momento histórico e ditada pelos recursos humanos e naturais do Estado, bem como por sua capacidade de câmbio internacional. (JAGUARIBE, 1979, p. 96)
4. A permissibilidade internacional é, para Jaguaribe, o conjunto de condições disponíveis a um dado Estado – como sua posição geopolítica e suas relações internacionais – para neutralizar um risco proveniente de terceiros Estados, contando com formas eficazes de coação (JAGUARIBE, 1979, p. 96).
5. A concepção do sistema internacional como interimperial é datada do contexto da Guerra Fria e entende o mundo como dividido em zonas de influência por Estados Unidos e União Soviética, as duas superpotências à época (JAGUARIBE, 1979).

simulam com sua linguagem humanitária e altruísta as ações táticas das Grandes Potências em defesa de seus próprios interesses estratégicos. A política externa brasileira tem de partir do objetivo essencial de superar aqueles três desafios e da sua realidade geopolítica, geoeconômica e geoestratégica na região em que se encontra e de onde não pode escapar (GUIMARÃES, 2001, p. 14).

Para Samuel Pinheiro Guimarães (2001), três são os desafios da sociedade brasileira para a inserção internacional: a eliminação das disparidades internas, a eliminação das crônicas vulnerabilidades externas – econômicas, políticas, militares e ideológicas – e a recuperação do seu potencial econômico, político e militar. Esses três desafios para a consecução de uma melhor inserção internacional brasileira demonstram a percepção de conexão intrínseca entre os temas domésticos e internacionais, considerando a necessidade de recuperação das fragilidades internas para a viabilização de uma melhor posição no cenário internacional.

Guimarães (2001) também elenca as prioridades da política externa brasileira, dado o contexto nacional e internacional na passagem do século XX para o século XXI e a ambição do Brasil de melhor inserir-se internacionalmente. São elas: contribuir para a eliminação das crônicas vulnerabilidades externas; preservar a autonomia do Estado brasileiro para executar as políticas necessárias e enfrentar os três desafios à inserção mencionados acima; promover sistematicamente a multipolarização do sistema mundial e; construir um polo sul-americano a partir de uma liderança não hegemônica.

A partir do pensamento de Jaguaribe (1979), Puig (1986), Guimarães (2001) e Cervo (2008), podemos inferir as linhas gerais de orientação à inserção internacional. Pautada pelos princípios da política externa brasileira e amparada pela teoria da dependência com a visão de centro e periferia, a busca por uma colocação mais proeminente do Brasil no cenário internacional baseia-se na persecução da inserção com maior margem de autonomia possível, utilizando, para este fim, a valorização da estratégia integracionista e do caráter multipolar do Brasil. Outrossim, a expressão da autonomia fundada na satisfação de exigências mínimas, domésticas e internacionais (GUIMARÃES, 2001), conecta-se à aproximação entre as políticas doméstica e externa do Estado brasileiro e contribui para o direcionamento da sua alternativa própria de inserção internacional (CERVO, 2008).

3. A realidade obstétrica no Brasil

O tema da assistência obstétrica vem ganhando espaço nos debates sobre saúde tanto na esfera doméstica quanto internacional, sendo compreendido, para fins deste artigo, como o conjunto de medidas adotadas durante o atendimento da gestação, parto e puerpério visando à manutenção da saúde da mulher e bebê. O enfoque dado à atenção obstétrica pode ser relacionado ao deslocamento dos partos do ambiente doméstico para o ambiente hospitalar, coincidindo com a Segunda Guerra Mundial e visando à redução das taxas de mortalidade materna e infantil (MATOS et al, 2013).

O Brasil é atualmente o campeão mundial na realização de cirurgias cesarianas (CARMELLO, 2008; CASTRO, 2014; LEMES, 2014). Em expansão desde o início dos anos 1970, quando o país tinha cerca de 14,5% de cesarianas, o índice brasileiro quase quadruplicou em pouco mais de quatro décadas (LEAL et al, 2012). Atualmente, segundo dados da pesquisa Nascer no Brasil, mais de 50% dos nascimentos no país ocorrem por cesariana, índice que beira 90% se considerado apenas o setor privado de saúde. Essa taxa extrapola a recomendação da Organização Mundial da Saúde, que determina que o nível adequado de cesarianas deve ficar em torno de 15% dos nascimentos (FIOCRUZ, 2014a; FIOCRUZ, 2014b).

A cirurgia cesariana está associada ao aumento da morbidade e mortalidade materna e neonatal, bem como maiores taxas de internação em Unidade de Terapia Intensiva (UTI), maiores taxas de transfusões de sangue e maior risco de infecção e hemorragias. Além disso, está associada ao aumento do número de nascimentos prematuros[6], ao aumento de problemas respiratórios do recém-nascido e a complicações em eventuais próximas gestações após a cirurgia (LEAL et al, 2012).

A epidemia de cesarianas no Brasil é decorrente de diversos fatores, dentre eles os interesses financeiros dos hospitais, planos de saúde e médicos que, seguindo uma "lógica mercantil" (AQUINO, 2014, p. 59) de assistência ao parto, com uma "obstetrícia de linha de montagem" (DINIZ; CHACHAM, 2006) buscam abreviar o seu tempo e para tanto utilizam descontroladamente procedimentos danosos e desnecessários (AQUINO, 2014; FAUNDES; CECATTI, 1991; LEAL et al, 2012); a redução da pobreza, que inclui como potenciais consumidores de bens e

---

6. De forma ilustrativa, em um estudo realizado em Pelotas, no Estado do Rio Grande do Sul, o índice de prematuridade era de 6,3% em 1982, passando a 11,3% em 1993 e chegando a 14,7% em 2004 (LEAL et al, 2012).

serviços uma nova faixa da população, que concebe a cesárea como "acesso à tecnologia como sinal de prestígio social e modernidade" (AQUINO, 2014, p. 59); a idealização da cesariana como uma forma de parto seguro e indolor (CASTRO, 2014; FAUNDES; CECATTI, 1991).

Outros fatores são: falta de qualificação dos profissionais, denominado por Aquino (2014) como "(de) formação médica", que consiste na formação que não preza pelo processo normal de parto e entrega à sociedade profissionais mais familiarizados com o procedimento cirúrgico do que com o nascimento fisiológico (FAUNDES; CECATTI, 1991); a carência de informações sofrida pelas gestantes e o desrespeito à autonomia das mulheres (AQUINO, 2014); o excesso de intervenções desnecessárias realizadas rotineiramente nos partos vaginais[7], que leva a eventos traumáticos e; os mitos sobre as consequências do parto normal, principalmente quanto ao restabelecimento da vagina após a passagem do bebê também são fatores que concorrem para o incremento da taxa de cesarianas no Brasil (FAUNDES; CECATTI, 1991).

Esses elementos contribuem para a ocorrência de eventos traumáticos e violência obstétrica[8], gerados pela má qualidade da assistência ao parto, bem como promovem o desperdício de recursos já escassos com a realização de procedimentos ineficazes e danosos às parturientes (FAUNDES; CECATTI, 1991; DINIZ; CHACHAM, 2006). Chaves (2014) afirma que a cesariana é praticamente o *modus operandi* do atendimento obstétrico, em discordância com o conhecimento científico. E tratar do tema das taxas alarmantes de cesarianas – que ainda não dão sinal de estabilização ou queda no Brasil, ao contrário de outros países com índices também altos[9] –, de suas complicações muitas vezes menosprezadas[10], bem como da relação da cirurgia com a alta mortalidade materna é abordar a má qualidade do atendimento obstétrico no Brasil.

Embora 98% dos partos sejam hoje atendidos em hospitais e 99% das gestantes tenham cobertura pré-natal (FIOCRUZ, 2014a), o alto índice de mortes maternas e perinatais reflete a baixa qualidade da atenção obstétrica a que são submetidas as gestantes brasileiras (LEAL *et al*, 2014). A taxa de morte materna[11], embora tenha sofrido redução de 55% entre 1990 e 2011, permanece superior a 60 mortes por 100 mil nascidos vivos, muito acima da taxa de 35 mortes por 100 mil nascidos vivos estipulada como meta pelos Objetivos de Desenvolvimento do Milênio (IPEA, 2014).

O expressivo número de partos atendidos em hospitais e de cobertura pré-natal contrasta com o alto índice de mortalidade materna, que em 92% dos casos é evitável[12], revelando uma grave violação aos direitos humanos (MINISTÉRIO DA SAÚDE, 2007) e a atenção nem sempre adequada por parte dos profissionais de saúde. Pesquisa da Fundação Perseu Abramo (2010) revela que 25% das mulheres relataram ter sofrido algum tipo de violência durante o parto[13]. O alto índice de intervenções desnecessárias[14], configuradas como violência obstétrica, vai contra as recomendações preconizadas pela Medicina Baseada em Evidências e contra as boas práticas

---

7. Utilizaremos aqui o termo "parto vaginal" como sinônimo de parto normal, definindo a via de nascimento mas admitindo a utilização de intervenções, na maioria das vezes desnecessárias. Para partos sem intervenções, utilizaremos o termo "parto natural", caracterizado por DOWNE (2014) como "parto sem indução, uso de instrumentos, cesariana, episiotomia e sem anestesia geral, raquidiana ou peridural antes ou durante o parto".
8. Violência obstétrica é a violência perpetrada por profissionais de saúde no atendimento à gestação e/ou ao parto, podendo ser configurada por tratamento desumano, abuso de medicalização e utilização de intervenções sem consentimento, sem indicação clínica ou sem eficácia comprovada, podendo impactar negativamente a evolução da gestação ou parto e causar traumas físicos e psicológicos (DUARTE, 2013).
9. Declercq aponta que "os dados mais recentes da Organização para o Desenvolvimento Econômico e Cooperativo mostram que a Itália, a Coreia do Sul e os Estados Unidos, todos países com taxas de cesariana superiores a 30%, têm visto as suas taxas estabilizarem ou declinarem nos últimos anos" (2014, p. 540).
10. A Declaração da OMS sobre taxas de cesáreas reitera a probabilidade de complicações significativas decorrentes da cirurgia cesariana, podendo ocasionar sequelas irreversíveis e morte (OMS, 2015). Ainda, Diniz e Chacham (2006) apontam estudos que demonstram o crescimento dos índices de prematuridade entre os nascidos brasileiros nas últimas décadas, bem como o aumento do índice de baixo peso no mesmo período, associando ambos à prematuridade iatrogênica em decorrência do excessivo número de cesarianas.
11. A definição clássica de morte materna é "o falecimento causado por problemas durante a gravidez, parto ou puerpério (42 dias após o parto)" (IPEA, 2014).
12. As principais causas de morte materna no Brasil são: hipertensão, hemorragias, infecção puerperal e aborto (IPEA, 2014).
13. Dentre os relatos de violência (violência física, verbal, utilização de intervenções doloridas, cortes sem anestesia, entre outros), as agressões verbais foram ouvidas por mais de 10% das mulheres, com frases como "não chora não que ano que vem você está aqui de novo", "na hora de fazer não gritou/não chamou a mamãe", entre outras (FUNDAÇÃO PERSEU ABRAMO, 2010).
14 . A pesquisa Nascer no Brasil sinaliza que a maioria das mulheres foi submetida, durante o parto, a intervenções excessivas como: proibição de se alimentar, proibição de caminhar, uso de catéter venoso, uso de ocitocina sintética para acelerar as contrações, episiotomia (corte realizado no períneo), manobra de Kristeller (pressão exercida com o braço ou cotovelo no fundo do útero para expulsão fetal), posição de litotomia (decúbito dorsal), utilização de fórceps e cesariana (IPEA, 2014; LEAL *et al*, 2014).

de atenção ao parto e nascimento[15] da Organização Mundial da Saúde (1996).

Segundo Costa et al, "a mortalidade materna constitui retrato fiel do painel sócio-político-cultural da sociedade, [...] relacionando-se à disponibilidade e qualidade dos recursos de saúde existentes" (2002, p. 456). Para Downe (2014) a questão do parto no Brasil é, a longo prazo, uma questão econômica e de saúde pública, por causa dos grandes custos econômicos e de saúde oriundos da proliferação de intervenções desnecessárias, principalmente a banalização da cirurgia cesariana. Dessa mesma posição partilha a Organização Mundial da Saúde, afirmando que o crescimento das cesarianas sem indicação clínica constitui um entrave aos avanços da área de saúde materno-infantil, além de representar um ônus aos cofres públicos sem resultar, em contrapartida, na melhoria dos quadros de morbidade e mortalidade (OMS, 2015).

4. A assistência obstétrica nos foros multilaterais e a internalização das recomendações internacionais

A assistência obstétrica surge como objeto de discussão em distintas esferas internacionais, desde a saúde, os direitos sexuais e reprodutivos, os direitos da mulher, direitos humanos e temas do desenvolvimento. Em todos eles, embora abordados em distintas perspectivas, é expressa a necessidade de proteção à saúde e à maternidade como forma de atingir níveis mais elevados de bem-estar e desenvolvimento.

Na década de 1940 surgem os primeiros instrumentos que fundamentam os debates sobre a assistência obstétrica sob diversos prismas. A Carta das Nações Unidas (ONU, 1945, art. 1º, inciso 3) e a Carta da Organização dos Estados Americanos (OEA, 1948, art. 3º, alínea l) expressam o reconhecimento de um conjunto de Estados acerca da indispensabilidade da proteção aos direitos fundamentais, visando uma sociedade menos desigual e mais propensa à cooperação e ao desenvolvimento, garantindo a paz. Ademais, ambas estruturam organizações de Estados que possibilitam a criação de órgãos para tratar de temas específicos.

A Constituição da Organização Mundial da Saúde (1946) define saúde como "um estado de completo bem-estar físico, mental e social, e não consiste apenas na ausência de doença ou de enfermidade" (caput, 1946). A saúde é, portanto, considerada um direito fundamental de todo ser humano e as melhores condições possíveis de saúde são desejáveis, a fim de promover o desenvolvimento, a paz e a segurança. Têm responsabilidade sobre a saúde os Governos e a cooperação internacional é desejada com o intuito de sanar as desigualdades na atenção à saúde entre os diferentes Estados (OMS, 1946).

A Declaração Universal dos Direitos Humanos e a Declaração Americana dos Direitos e Deveres do Homem, ambas datadas de 1948, reconhecem a dignidade da pessoa humana e a necessidade da proteção aos direitos humanos, incluindo a proteção da gestação e da maternidade. A Declaração Universal dos Direitos Humanos trata sobre a saúde e explicita que "a maternidade e a infância têm direito a cuidados e assistências especiais" (artigo XXV); a Declaração Americana dos Direitos e Deveres do Homem manifesta que "toda mulher em estado de gravidez ou em época de lactação, assim como toda criança, têm direito à proteção, cuidados e auxílios especiais" (artigo VII).

O Pacto Internacional dos Direitos Econômicos, Sociais e Culturais (1966) versa que os Estados-partes "reconhecem o direito de toda pessoa de desfrutar o mais elevado nível de saúde física e mental" (art. 12). Para tanto, algumas medidas devem ser adotadas, como a redução da mortinatalidade (art. 12, alínea a). Na mesma seara, a Convenção Americana de Direitos Humanos (1969) reitera a proteção à vida e integridade (arts. 4º e 5º).

O reconhecimento dos direitos humanos e o compromisso dos Estados em distintos níveis multilaterais permitiu a abordagem dos direitos da mulher, com destaque para a Convenção sobre a Eliminação de Todas as Formas de Discriminação Contra a Mulher (CEDAW, sigla em inglês) (1979). A Convenção, evocando a igualdade entre homens e mulheres afirmada pela Carta das Nações Unidas e reconhecendo a persistência da discriminação e da violação de direitos sofrida pelas mulheres, contempla a proteção à saúde da mulher e a maternidade. Além disso, a CEDAW visa à erradicação da discriminação da mulher na esfera dos cuidados médicos, referindo-se especificamente à assistência durante a gravidez, parto e pós-parto[16].

---

15. Constituem boas práticas de atenção ao parto e nascimento ações como o respeito à livre escolha do acompanhante durante o trabalho de parto e parto, o monitoramento conforme as melhores evidências científicas disponíveis, a livre alimentação e deambulação, uso de métodos não farmacológicos para o alívio da dor, uso do partograma, bem como a eliminação de práticas ineficazes e/ou prejudiciais (LEAL et al, 2014; OMS, 1996).

16. "[...] os Estados-partes garantirão à mulher assistência apropriada em relação à gravidez, ao parto e ao período posterior ao parto, proporcionando assistência gratuita quando assim for necessário, e lhe assegurarão uma nutrição adequada durante a gravidez e a lactância" (CEDAW, 1979, art. 12).

A III Conferência Mundial da Mulher das Nações Unidas (1985) resultou em importantes iniciativas para a saúde sexual e reprodutiva. A criação do Comitê Latino-americano e do Caribe para a Defesa dos Direitos Humanos (CLADEM), com a finalidade de articular regionalmente estratégias para a proteção das mulheres, se deu em 1987, tendo adquirido *status* consultivo na ONU desde 1995 e garantindo a participação na OEA desde 2002 (CLADEM, 2015). Também em 1987, a Iniciativa Maternidade Segura pactuou pela redução da mortalidade materna por meio de ações como a implementação de políticas públicas e criação de legislação específica (VORPAGEL *et al*, s.d.).

A Constituição Federal de 1988 nasce balizada pelas acepções de direitos humanos[17] e incorpora em seu texto o reconhecimento dos direitos já pactuados nos tratados internacionais anteriores, ampliando o leque de proteção constitucional sem restringir a possibilidade de incorporação de novos direitos ao rol dos garantidos pela Constituição. Ademais, a Constituição Federal institui o Sistema Único de Saúde (SUS), por meio do art. 196, regulado pela Lei n. 8.080/1990.

A década de 1990 é marcada pelas múltiplas Conferências das Nações Unidas para o Desenvolvimento, era que a assistência obstétrica aparece como tema em variados segmentos. A Declaração Mundial sobre a Sobrevivência, a Proteção e o Desenvolvimento da Criança (1990) aborda a saúde da mulher e a necessidade de qualificar as condições de atendimento para reduzir a mortalidade materna e neonatal, garantindo o acesso à informação e à saúde para o pleno desenvolvimento da criança.

No âmbito da Organização das Nações Unidas, a Conferência sobre Meio Ambiente e Desenvolvimento (Rio 92), em seu art. 20, a II Conferência Mundial de Direitos Humanos (1993), em seus arts. 18 e 41 e a III Conferência Internacional sobre População e Desenvolvimento (1994) reafirmam a prevalência dos direitos humanos. Enfatiza-se a necessidade de eliminação da violência e discriminação contra a mulher para o livre exercício dos direitos reprodutivos e sexuais, assegurada sua saúde e proteção, assim como a do concepto.

No âmbito da Organização dos Estados Americanos, a Convenção Interamericana para Prevenir, Punir e Erradicar a Violência Contra a Mulher (1994) compreende a violência contra a mulher como uma violência física, sexual ou psicológica que tenha ocorrido em estabelecimentos de saúde, entre outros, reafirmando o dever do Estado de proteger com as condutas adequadas, a fim de evitar tais situações de violência.

4.1. Governo de Fernando Henrique Cardoso

Durante os dois mandatos de Fernando Henrique Cardoso (1995-1998 e 1999-2002), seguiram-se as Conferências das Nações Unidas para o Desenvolvimento, tratando por diferentes vieses o tema da mortalidade materno-infantil e a saúde na gestação, parto e puerpério e confirmando a relevância dos assuntos relativos à assistência obstétrica nos debates internacionais, com vistas ao respeito aos direitos humanos, à melhoria das condições de saúde e bem-estar e ao desenvolvimento.

A IV Conferência Mundial sobre a Mulher (1995) proclama os direitos da mulher como direitos humanos, incluindo o direito à saúde reprodutiva[18], implicando na garantia de condições de saúde, educação e informação adequadas. Expõe a necessidade de assegurar o atendimento correto durante a gravidez, viabilizando o parto sem risco e aborto seguro[19] quando este for desejado. Ainda, a IV Conferência expõe a vulnerabilidade da saúde da mulher em casos relacionados a complicações da gestação e parto e ressalta a importância do exercício da saúde reprodutiva como uma base fundamental para o gozo de outros direitos, econômicos e políticos (arts. 94 e 97).

Da mesma forma, a II Conferência das Nações Unidas sobre Assentamentos Humanos (1996) admite as necessidades específicas de mulheres e crianças de viver em um ambiente seguro e acentua a importância do respeito aos direitos humanos, incluindo

---

17. Desde a sua criação, a Constituição Federal mantém-se aberta ao reconhecimento de direitos humanos como direitos fundamentais, expressando que "[o]s direitos e garantias expressos nesta Constituição não excluem outros decorrentes do regime e dos princípios por ela adotados, ou dos tratados internacionais em que a República Federativa do Brasil seja parte" (artigo 5º, § 2º). Condição reforçada pela Emenda Constitucional n. 45/2004, que acresce ao art. 5º o § 3º, que diz: "[o]s tratados e convenções internacionais sobre direitos humanos que forem aprovados, em cada Casa do Congresso Nacional, em dois turnos, por três quintos dos votos dos respectivos membros, serão equivalentes às emendas constitucionais".
18. Por saúde reprodutiva, a IV Conferência entende "a saúde reprodutiva é um estado de completo bem-estar físico, mental e social, em todos os aspectos relacionados com o sistema reprodutivo e suas funções e processos, e não a mera ausência de enfermidade ou doença. A saúde reprodutiva implica, assim, a capacidade de desfrutar de uma vida sexual satisfatória e sem risco, a capacidade de procriar e a liberdade para decidir fazê-lo ou não fazê-lo, quando e com que frequência" (ONU, 1995, art. 94).
19. Segundo a pesquisa Nascer no Brasil, o aborto inseguro é a quarta maior causa de mortalidade materna no Brasil (LEAL *et al*, 2014).

a saúde, e das liberdades individuais para o cumprimento dos objetivos acerca do desenvolvimento sustentável (art. 7º).

A Cúpula do Milênio (2000), que resultou no estabelecimento dos Objetivos de Desenvolvimento do Milênio reitera a necessidade da promoção do desenvolvimento calcado no respeito aos valores dos direitos humanos, segundo o Observatório Brasileiro da Igualdade de Gênero (2015). A Declaração do Milênio estipula como meta a redução da mortalidade materna em três quartos, da mortalidade infantil em dois terços e a promoção da autonomia da mulher como meio eficaz na promoção do desenvolvimento sustentável (ONU, 2000).

Além de promover a celebração de tratados internacionais com diretrizes diretamente pertinentes ao tema da assistência obstétrica, as organizações internacionais contribuíram para o avanço dos debates e das ações de melhoria da atenção obstétrica ao publicar orientações como o guia "Atenção ao Parto Normal: um guia prático" (OMS, 1996b), orientando o atendimento a partir da classificação das práticas obstétricas[20].

Podemos relacionar a profusão de Conferências para o Desenvolvimento com o incremento na internalização de recomendações internacionais relativas à assistência obstétrica pela observância da multiplicação de Portarias, Leis e outros instrumentos internos para a efetivação do acesso aos direitos pactuados internacionalmente. Principalmente a partir do ano 2000, multiplicam-se as ações com vistas à redução dos índices de mortalidade materna e à melhoria das condições da assistência obstétrica no país.

No Brasil, o processo de institucionalização da política externa em saúde converge com o aumento dos debates internacionais e das ações domésticas pelo fortalecimento do diálogo entre diferentes órgãos, como no caso da aproximação entre o Ministério das Relações Exteriores e o Ministério da Saúde[21]. O processo corresponde também à terceira fase da defesa do multilateralismo no Brasil, com o período de 1990 a 2002 caracterizado pela abdicação brasileira de transformação do sistema internacional, dedicando-se a atuar e buscar protagonismo no sistema vigente, conformando-se a ele (CERVO, 2008).

Ações de educação em atendimento à gestação, parto e puerpério se somam às iniciativas legais. A criação do prêmio Dr. Galba de Araujo pelo Ministério da Saúde em 1998 visa reconhecer os avanços na humanização e premiar as maternidades pela melhoria na atenção obstétrica; a distribuição da versão em português do guia "Atenção ao Parto Normal: um guia prático" da Organização Mundial da Saúde; a criação de programa de treinamento para enfermeiras obstétricas e a determinação da necessidade de capacitação continuada dos profissionais de saúde demonstram a intenção de modificar a assistência obstétrica no Brasil, objetivando principalmente a redução do número de cesáreas (DINIZ; CHACHAM, 2006; ARTEMIS, 2015).

Paralelamente, o lançamento de Portarias do Ministério da Saúde para o combate à mortalidade materna denota a maior movimentação interna para a realização das diretrizes já consolidadas internacionalmente. Assim, as ações objetivam a: Criação de Casas de Parto (Portaria 985/1999), o Programa de Humanização no Pré-natal e Nascimento (Portaria 569/2000) e a Competência dos Estados e Distrito Federal para a determinação do limite percentual de cesarianas, bem como medidas para a redução do número de cirurgias (Portaria 466/2000) (ARTEMIS, 2015).

A intensa atuação do Brasil nos foros multilaterais durante o governo de Fernando Henrique Cardoso pode ser associada à necessidade de consolidar uma margem autônoma de inserção internacional por meio da ação multilateral do Brasil. Porém, quanto à proliferação de pactuações internacionais, embora encontrem ressonância nas orientações relativas à assistência obstétrica em âmbito doméstico, cabe sopesar a eficácia das diretrizes emitidas, visto que a mortalidade materna seguiu caindo em ritmo lento, insuficiente para o cumprimento do Objetivo de Desenvolvimento do Milênio e o índice de cesarianas não apresentou indícios de estagnação ou declínio (FIOCRUZ, 2014a).

A manutenção da má qualidade da assistência obstétrica brasileira, resguardadas as iniciativas pontuais para a melhoria das suas condições, retrata a insuficiência do Estado brasileiro no provimento da promoção de saúde eficaz e de qualidade. Além disso, demonstra um

---

20. As práticas obstétricas, no guia, classificam-se em quatro grupos: a) práticas úteis e que devem ser estimuladas; b) práticas ineficazes ou prejudiciais que devem ser eliminadas; c) práticas sem evidências científicas para uma recomendação clara e que ser utilizadas com cautela; d) práticas frequentemente utilizadas de maneira inadequada (OMS, 1996b).

21. No governo de Fernando Henrique Cardoso, a partir da segunda metade da década de 1990, ocorre "[...] o período de início da interação entre o Ministério da Saúde e o Itamaraty e o processo de institucionalização do tema da saúde na agenda da política externa brasileira para o qual esses órgãos contribuíram" (BARBOZA, 2014, p. 87). Essa interação representa o reconhecimento, mesmo que tardio, por parte do Ministério das Relações Exteriores, da relevância da saúde na atuação internacional do Brasil (ALCÁZAR, 2005 apud BARBOZA, 2014).

descompasso entre os direitos defendidos internacionalmente e as garantias de fato asseguradas pelo Brasil no caso dos direitos das mulheres e, principalmente, daqueles relacionados a gestação e nascimento.

4.2. Governo de Luiz Inácio Lula da Silva

O governo do presidente Luiz Inácio Lula da Silva (2003-2006 e 2007-2010) é sinalizado por Barboza (2004) como um período de continuidade na política externa de saúde em relação a seu antecessor. Essa continuidade consiste na persistência da busca de uma liderança internacional, expressa nos pronunciamentos dos chanceleres Luiz Felipe Lampreia, Celso Lafer e Celso Amorim, entre os anos de 1995 e 2010.

Para Barboza, a política externa do presidente Lula da Silva se caracteriza pela "[...] pretensão de uma liderança distinta daquela dos modelos tradicionais praticados pelos países desenvolvidos" (2014, p. 81). Podemos observar que durante o governo de Lula da Silva as recomendações internacionais quanto à assistência obstétrica já estão bem definidas pela sequência de tratativas multilaterais, culminando com o aumento das disposições internas a fim da regulação do atendimento obstétrico e adequação às recomendações internacionais.

Conforme Vorpagel *et al*:

> [...] [n]este contexto [do Comitê Latino-americano e do Caribe para a Defesa dos Direitos da Mulher], o governo brasileiro propôs a adoção do Pacto Nacional pela Redução da Morte Materna e Neonatal, lançado no dia 08 de março de 2004, pois são duas mil mulheres e cerca de 38 mil crianças com menos de 28 dias de vida que morrem a cada ano no Brasil. O pacto Nacional tinha como meta inicial a redução da mortalidade materna e neonatal em 15%, até o final de 2006, e como objetivo estratégico para as próximas duas décadas a redução desses indicadores aos níveis considerados aceitáveis pela Organização Mundial da Saúde (OMS). (VORPAGEL *et al*, s/d).

Internamente, o Pacto Nacional pela Redução da Mortalidade Materna e Neonatal (2004) é resultado de uma Comissão Intergestores Tripartite composta pelo Ministério da Saúde, Secretaria de Atenção à Saúde e Departamento de Ações Programáticas Estratégicas, resultante das sugestões apresentadas durante o Seminário Nacional de Atenção Obstétrica e Neonatal em Brasília/DF (ARTEMIS, 2015). O Pacto consiste na elaboração de ações estratégicas para reduzir as taxas de mortalidade materna e neonatal e abrange diversos setores da atenção obstétrica[22].

No ano de 2005, a Cúpula do Milênio + 5 realizou a avaliação do cumprimento dos Objetivos de Desenvolvimento do Milênio e adicionou novas metas em decorrência do estudo de suas fragilidades, acrescentando o alcance até 2015 de acesso universal à saúde reprodutiva (ALVES, 2010). O diagnóstico da mortalidade materna, evidenciando a preponderância nas causas diretas e evitáveis de morte pelo Relatório de Acompanhamento dos Objetivos de Desenvolvimento do Milênio, deixa claro que a queda nesses índices depende sobretudo da atenção integral e de qualidade à saúde da mulher (IPEA, 2005).

Os resultados do Relatório de Acompanhamento e as ações determinadas pelo Pacto Nacional pela Redução da Mortalidade Materna e Neonatal, impactam na formulação doméstica de políticas públicas. A alteração, em 2005, da lei que regula o Sistema Único de Saúde por meio da Lei n. 11.108/2005, para garantir o direito à presença de acompanhante durante o trabalho de parto, parto e pós-parto imediato é uma dessas expressões. No mesmo ano, a Portaria n. 1.067/2005 institui a Política Nacional de Atenção Obstétrica e Neonatal, assegurando as diretrizes de atendimento e os direitos das gestantes a um atendimento digno, a um acompanhamento adequado, ao parto realizado de forma humana e segura, bem como os direitos do recém-nascido a uma atenção adequada e segura.

Em 2008, a Resolução n. 36 de 2008 da Agência Nacional de Vigilância Sanitária (ANVISA) regulamenta o funcionamento dos serviços de atenção obstétrica e neonatal, visando garantir as condições apropriadas à saúde da gestante e do bebê durante a gestação, parto e pós-parto. A Resolução inclui ainda o dever do serviço de saúde de assegurar a privacidade, proporcionar condições para a deambulação, o acesso a métodos não farmacológicos de alívios à dor, além da assistência ao parto conforme as melhores evidências científicas disponíveis, com garantia da realização de monitoramento, condição da escolha de posição mais confortável na hora do parto, bem como a adoção de procedimentos decididos individualmente

---

22. Entre as ações estratégicas definidas pelo Pacto estão o direito a acompanhante e alojamento conjunto; a parceria entre diferentes atores sociais e instituições; a garantia de acolhimento nos serviços – e o reconhecimento do parto enquanto urgência prevista – e o fim da peregrinação entre hospitais em busca de atendimento, a atenção humanizada ao abortamento; a vigilância dos óbitos maternos e infantis pela implementação de Comitês de Morte Materna; a atenção às mulheres e recém-nascidos negros e indígenas, reconhecendo suas especificidades em morbimortalidade; a qualificação dos profissionais de saúde e a adequação dos hospitais e casas de parto; a qualificação e humanização da atenção ao parto e nascimento, entre outras (MINISTÉRIO DA SAÚDE, 2004).

e não restritos a protocolos, visando reduzir o número das intervenções ineficazes e desnecessárias.

Em 2010, o "The Millennium Development Goals Report" afirmou que embora muito tenha sido feito na redução da mortalidade materna, a queda nos índices é impedida pela ausência de bons serviços de saúde reprodutiva, o que aumenta a incidência de gravidezes indesejadas e abortos inseguros (ALVES, 2010; UN, 2010). Além disso, a alta taxa de cesarianas do Brasil no ano, atingindo 52,3%, e a alta medicalização dos partos chama a atenção mundial e é associada como um impeditivo da queda da taxa de mortalidade materna no Brasil (UNA-SUS, 2015).

O período de governo de Lula da Silva corresponde à quarta fase brasileira de defesa do multilateralismo, com o agrupamento de Estados e aumento da influência dos países em desenvolvimento nos temas da agenda internacional, a partir do ano de 2003 (CERVO, 2008). Ao mesmo tempo em que os países em desenvolvimento evidenciam-se no cenário internacional, percebe-se, no cenário doméstico, a ampliação das diretrizes referentes ao atendimento obstétrico, podendo sinalizar uma tentativa de conformar a ação externa com as práticas internas.

Guimarães (2001) elenca como um dos desafios da política externa brasileira a eliminação das disparidades internas como condição para uma melhor perspectiva de inserção, sendo parte dessas disparidades as desigualdades sociais e regionais, que são expressas pelas estatísticas de qualidade do atendimento obstétrico apresentadas. A tentativa de conformar a política externa com a política interna, por meio do incremento das políticas públicas destinadas a qualificar a atenção obstétrica no Brasil, pode sinalizar para a persecução de uma estratégia brasileira de inserção mais autônoma no cenário internacional.

4.3. Governo de Dilma Rousseff

O governo de Dilma Rousseff (2011-2014) segue o desenvolvimento de políticas públicas buscando a garantia do atendimento obstétrico de qualidade e a correspondência entre as posições internacionais do Brasil e suas práticas domésticas. Em 2011 é instituída a Rede Cegonha[23] no Sistema Único de Saúde, por meio da Portaria n. 1.459/2011, "considerando o compromisso internacional assumido pelo Brasil de cumprimento dos Objetivos do Milênio, em especial as metas quatro e cinco" e "considerando a necessidade de adotar medidas destinadas a assegurar a melhoria do acesso, da cobertura e da qualidade do acompanhamento pré-natal, da assistência ao parto e puerpério e da assistência à criança [...]" (2011, caput).

Ainda em 2011, a distribuição no Brasil da publicação "Além da sobrevivência: práticas integradas de atenção ao parto, benéficas para a nutrição e a saúde de mães e crianças" visa disseminar as boas práticas e educar os profissionais de saúde para a adoção dos protocolos conforme as melhores evidências científicas disponíveis e as recomendações da Organização Mundial da Saúde sobre o manejo do parto e cuidados à mulher e concepto.

Em 2013, a Resolução n. 36 de 2013 institui ações para a segurança dos pacientes em serviços de saúde, estipulando a criação de Núcleo de Segurança do Paciente nos órgãos de saúde, devendo ser adotados os princípios de melhoria contínua dos processos de cuidado e do uso de tecnologias de saúde, bem como a garantia das boas práticas de funcionamento do serviço de saúde, prevenindo a utilização inadequada e desnecessária de procedimentos e promovendo a autonomia pela participação dos familiares e paciente na assistência prestada.

Ainda em 2013, a Resolução Normativa n. 338 de 2013 da Agência Nacional de Saúde Suplementar estipula os princípios da atenção à saúde na rede suplementar, entre eles o estímulo ao parto normal (art. 3º, inciso III). Além disso, o Anexo III à Resolução Normativa traz as recomendações para a assistência ao trabalho de parto de autoria da Federação Brasileira das Associações de Ginecologia e Obstetrícia (FEBRASGO). O Anexo dispõe que "o incremento da utilização de procedimentos e rotinas cirúrgicas nem sempre foi acompanhado de evidências científicas claras de benefício à mulher e ao concepto", recomendando as boas práticas e desaconselhando as intervenções de rotina.

Em 2014, o Ministério da Saúde institui, por meio da Portaria n. 371 de 2014, as diretrizes para a atenção integral e humanizada ao recém-nascido no âmbito do Sistema Único de Saúde. Partindo das Portarias e Leis anteriores, considerando as recomendações da Organização Mundial da Saúde e as evidências cientificas e os objetivos firmados pelo Brasil quanto aos Objetivos de Desenvolvimento do Milênio, o Ministério reconhece a necessidade de melhorar e organizar

---

23. São princípios da Rede Cegonha, conforme seu art. 2º: o respeito, a proteção e a realização dos direitos humanos; o respeito à diversidade cultural, étnica e racial; a promoção da equidade; o enfoque de gênero; a garantia dos direitos sexuais e dos direitos reprodutivos de mulheres, homens, jovens e adolescentes; a participação e a mobilização social e; a compatibilização com as atividades das redes de atenção à saúde materna e infantil em desenvolvimento nos Estados.

a qualidade da atenção provida ao recém-nascido no momento do nascimento, visando à diminuição da morbimortalidade neonatal (2014, *caput*).

No mesmo ano, para além do já efetivado reconhecimento da necessidade de proteção aos direitos sexuais e reprodutivos, a Organização Mundial da Saúde emite a Declaração "Prevenção e eliminação de abusos, desrespeito e maus-tratos durante o parto em instituições de saúde". A Declaração reconhece a violência obstétrica como um importante tema de saúde pública e direitos humanos e, partindo da Constituição Federal e dos Pactos Internacionais ratificados pelo Brasil em tema de direitos humanos – e, portanto, com valor de emenda constitucional –, os movimentos de defesa dos direitos das mulheres caracterizam a violência obstétrica como violação dos direitos humanos universais (ARTEMIS, 2015).

O governo de Dilma Rousseff dá continuidade na tratativa de saúde enquanto tema de política externa (BARBOZA, 2014), embora muito se questione sobre o seguimento por Rousseff da política externa de seu antecessor. Dá-se prosseguimento à busca por maior autonomia como forma de inserção brasileira, tendendo ao universalismo e aproveitando os espaços multilaterais para a consolidação da posição brasileira no cenário internacional.

A ruptura mais evidenciada nos estudos sobre a política externa brasileira de Dilma com relação a seu antecessor é a sua defesa dos direitos humanos, modificando a postura brasileira na tratativa deste tema (OJEDA, 2013). Entretanto, ao mesmo tempo que o Brasil afirma-se internacionalmente enquanto na defesa dos direitos humanos, as mulheres brasileiras continuam sofrendo violações sistemáticas dos seus direitos reprodutivos e sexuais, em decorrência de uma atenção obstétrica defasada e da inconformidade entre as posições do país internacionalmente e as ações objetivas para a modificação da realidade doméstica, como no caso da criminalização do aborto, reconhecidamente uma das maiores causas de morte materna e um dos grandes empecilhos no Brasil à realização do objetivo de redução desse tipo de morte (LEAL *et al*, 2012; FIOCRUZ, 2014a).

5. Considerações finais

Apesar das diferentes características na condução da política externa brasileira por parte dos governos de Cardoso, Lula da Silva e Dilma Rousseff, o Brasil apresenta uma continuidade no que se refere à participação nos foros multilaterais nas últimas décadas e às suas tendências de busca pelo universalismo e autonomia decisória na política externa. A atuação na agenda da saúde é representativa para o ganho de autonomia na inserção do Brasil, já que o assunto é incluído tanto nos debates sobre temas sociais e condições para o desenvolvimento quanto sobre direitos humanos.

Pautada pela atuação autônoma e prezando pela integração e o uso do multilateralismo para o aumento da sua margem de ação internacional, o Brasil se utiliza da institucionalização da saúde com o objetivo de contribuir para a superação de desafios, conforme elencado por Guimarães (2001), dentre eles a eliminação das disparidades internas, o que conforma a necessidade brasileira de agir doméstica e internacionalmente em prol de uma alternativa viável de inserção.

Dessa forma, é possível visualizar o diálogo entre as ações brasileiras nos foros multilaterais de saúde e a internalização desses compromissos por meio da elaboração de normas e diretrizes de ação para a saúde no país, buscando imprimir coerência e conformar suas ações domésticas e internacionais. A perspectiva de alcance da inserção e, consequentemente, do desenvolvimento nacional, ocorre mediante o incremento da relevância internacional do país por meio da atuação nos foros multilaterais e consequente internalização das recomendações internacionais de saúde.

A atenção obstétrica é debatida internacionalmente por diversos vieses: enquanto ações de saúde, direitos humanos, direitos reprodutivos e sexuais, direitos da mulher e condições para o desenvolvimento e promoção da igualdade. A atuação brasileira nos foros multilaterais nesses diversos âmbitos durante os governos de Cardoso, Lula da Silva e Dilma Rousseff ocasiona, de fato, um incremento no número de debates internos destinados a qualificar a atenção obstétrica, expresso no acréscimo de diretrizes emitidas pelo governo brasileiro com esta finalidade, verificada principalmente a partir do início dos anos 2000.

A revisão das práticas de saúde no Brasil, por meio da emissão de diretrizes nacionais para a melhoria da atenção obstétrica, reforça o caráter de complementaridade entre a política externa e a política pública, além de confirmar a crescente intersetorialização dos temas de saúde, que contemplam áreas do desenvolvimento, direitos humanos, entre outras. A aceitação de determinadas responsabilidades internacionais gera a necessidade de regular e muitas vezes reformar o cenário interno com vistas à obtenção dos objetivos traçados e à impressão de racionalidade e credibilidade às ações do Estado.

Apesar de não haver uma fórmula capaz de mensurar a inserção internacional de um Estado, compreende-se que o Brasil logra atingir um espaço privilegiado na esfera internacional por intermédio da sua ação em âmbito multilateral, com atuação consistente e expressiva no âmbito da saúde. Portanto, a internalização das recomendações internacionais referentes ao atendimento obstétrico por meio de diretrizes dos órgãos governamentais brasileiros, corresponde ao interesse de maior inserção internacional do Brasil durante os governos de FHC, Lula e Dilma, confirmando a hipótese inicial deste trabalho.

É necessário questionar, embora o Brasil consiga firmar uma posição internacional mediante essa alternativa de inserção principalmente multilateral, a eficácia das diretrizes domésticas destinadas à melhoria da atenção obstétrica prestada no país. Apesar da farta legislação que busca reformular o serviço prestado no setor, o Brasil não apresenta resultados satisfatórios na redução da mortalidade materna e na melhoria da assistência obstétrica. A pesquisa Nascer no Brasil confirma a prevalência das intervenções desnecessárias, configuradas como violência obstétrica, na maioria dos partos realizados no país.

A persistência dos altos índices de cesariana e das mortes maternas decorrentes de causas evitáveis, além da criminalização do aborto exceto em casos específicos, demonstram uma incoerência entre as posturas adotadas internacionalmente pelo Brasil quanto aos direitos relacionados ao atendimento obstétrico e os direitos que estão efetivamente sendo assegurados pelo Estado em âmbito doméstico. A superação dessas incoerências é, segundo a percepção de Guimarães (2001), condição inerente para a autonomia brasileira e seu desenvolvimento.

Atualmente, as mulheres são sistematicamente submetidas à violência no que Diniz e Chacham (2006) denominam "corte por cima, corte por baixo", retratando que, na realidade obstétrica brasileira, todas as mulheres estão sujeitas à violência. As brancas e de melhor poder aquisitivo são submetidas ao corte por cima (cirurgia cesariana), enquanto as negras e pobres são submetidas ao corte por baixo (episiotomia). Assim, cria-se a cultura da cesariana enquanto elemento distintivo de poder aquisitivo e *status* social e mantêm-se os índices inaceitáveis desse tipo de cirurgia no Brasil.

Desta forma, é urgente reformar a assistência obstétrica no Brasil, oferecendo um serviço que equivalha ao disposto nas diversas regulamentações internas e que vise ao respeito dos direitos internacionalmente pactuados pelo Brasil, objetivando o desenvolvimento, a promoção da igualdade de gêneros, o exercício da maternidade livre e segura, bem como assegurando o respeito aos direitos humanos, reprodutivos e sexuais das mulheres.

6. Referências bibliográficas

ALVES, José Eustáquio Diniz. Objetivos do Desenvolvimento do Milênio (ODM) aos 10 anos. *EcoDebate Cidadania e Meio Ambiente*, online, 16 set. 2010. Disponível em: <http://www.ecodebate.com.br/2010/09/16/objetivos-do-desenvolvimento-do-milenio-odm-aos-10-anos-artigo-de-jose-eustaquio-diniz-alves/>. Acesso em: 25 out. 2015.

ARTEMIS. *Caderno de leis atenção à saúde da mulher*: parto, puerpério, abortamento e aleitamento materno. São Paulo: Artemis, 2015.

BARBOZA, Thayná. *A saúde na agenda da política externa brasileira nos governos dos presidentes Fernando Henrique Cardoso (1995-2002) e Luiz Inácio Lula da Silva (2003-2010)*. 15 de agosto de 2014. 149 p. Dissertação – Escola Nacional de Saúde Pública Sérgio Arouca. Rio de Janeiro, 15 ago. 2014.

BARCELLOS, João Miguel Villas-Bôas. As nuances da autonomia na política externa brasileira: de Sarney a Lula. *4º Encontro Nacional da Associação Brasileira de Relações Internacionais*. Rio de Janeiro: ABRI, 2013.

BRASIL. *Constituição (1988)*. Constituição [da] República Federativa do Brasil. Brasília, DF: Senado Federal. Disponível em: <http://www.planalto.gov.br/ccivil_03/constituicao/constituicaocompilado.htm>. Acesso em: 26 abr. 2015.

_____. *Objetivos de desenvolvimento do milênio*: relatório nacional de acompanhamento. Brasília: IPEA, 2005.

_____. Ministério da Saúde. *I Conferência Internacional de Monitoramento dos Objetivos de Desenvolvimento do Milênio no Setor de Saúde*: rumo ao alcance das metas de 2015. Brasília: 2008

_____. Decreto n. 591, 1992. Disponível em: <http://www.planalto.gov.br/ccivil_03/decreto/1990-1994/D0591.htm>. Acesso em: 12 out. 2015.

_____. Decreto n. 678, 1992. Disponível em: <http://www.planalto.gov.br/ccivil_03/decreto/D0678.htm>. Acesso em: 12 out. 2015.

_____. Decreto n. 3321, 1999. Disponível em: <http://www.planalto.gov.br/ccivil_03/decreto/D3321.htm>. Acesso em: 12 out. 2015.

_____. Decreto n. 4316, 2002. Disponível em: <http://www.planalto.gov.br/ccivil_03/decreto/2002/D4316.htm>. Acesso em: 15 out. 2015.

_____. Ministério da Saúde. *Ministério das Relações Exteriores. Protocolo de Intenções entre o Ministério das Relações Exteriores e Ministério da Saúde*. Brasília: Ministério da Saúde, 2005.

CARMELLO, Claudia. Por que o Brasil é campeão mundial de cesarianas?. *Super Interessante*, online, s.p., edição 259, dez 2008. Disponível em: <http://super.abril.com.br/ciencia/por-que-o-brasil-e-campeao-mundial-de-cesarianas>. Acesso em: 23/10/2015.

CASTRO, Thiago. Brasil: campeão mundial de cesarianas. *Notícias do Jardim de São Remo*, online, s.p., 2014. Disponível em: <http://www2.eca.usp.br/njsaoremo/?p=4503>. Acesso em: 23 out. 2015.

CBDHPE – Comitê Brasileiro de Direitos Humanos e Política Externa. *Por uma política externa que respeite os direitos humanos*. CBDHPE: 2014.

CECATTI, José Guilherme. Debate sobre o artigo de Leal et al.: Crenças e crendices sobre as atuais intervenções durante o trabalho de parto e parto no Brasil. *Cad. Saúde Pública*. 2014, v. 30, sup. 1, p. S33-s35. Disponível em: <http://www.scielo.br/pdf/csp/v30s1/0102-311X-csp-30-s1-0033.pdf>. Acesso em: 19 out. 2015.

CERVO, Amado Luiz. *Inserção internacional*: formação dos conceitos brasileiros. São Paulo: Saraiva, 2008.

CERVO, Amado Luiz; BUENO, Clodoaldo. *História da política exterior do Brasil*. 4. ed., 1ª reimpressão. Brasília: Editora Universidade de Brasília, 2012.

CHAVES, Ricardo Lêdo. O nascimento como experiência radical de mudança. *Cad. Saúde Pública*. 2014, v. 30, sup. 1, p. S14-S16. Disponível em: <http://www.scielo.br/pdf/csp/v30s1/0102-311X-csp-30-s1-0014.pdf>. Acesso em: 19/10/2015.

CLADEM. Mulheres usando o direito como um instrumento de mudança. *Online*, 2015. Disponível em: <http://cladem.org/po/sobre-o-cladem>. Acesso em: 25 out. 2015.

COMISSÃO SOBRE GOVERNANÇA GLOBAL. *Nossa Comunidade Global*. Relatório da Comissão sobre Governança Global. Rio de Janeiro: Fundação Getúlio Vargas, 1996.

COMITÊ BRASILEIRO DE DIREITOS HUMANOS E POLÍTICA EXTERNA. Sobre o comitê. 2005. Disponível em: <http://dhpoliticaexterna.org.br/>. Acesso em: 10/10/2015.

COSTA, Aurélio Antônio Ribeiro et al. Mortalidade materna na cidade do Recife. *Rev. Bras. Ginecol. Obstet*. 2002, vol.24, n.7, p. 455-462.

DECLERCQ, Eugene. É a intervenção médica no parto inevitável no Brasil?. *Cad. Saúde Pública*. 2014, v. 30, sup. 1, p. S39-S40. Disponível em: <http://www.scielo.br/pdf/csp/v30s1/0102-311X-csp-30-s1-0039.pdf>. Acesso em: 19 out. 2015.

DINIZ, Simone G.; CHACHAM, Alessandra S. O "corte por cima" e o "corte por baixo": o abuso de cesáreas e episiotomias em São Paulo. *Questões de Saúde Reprodutiva*, v. I(1), 2006, p. 80-91. Disponível em: <http://www.mulheres.org.br/revistarhm/revista_rhm1/revista1/80-91.pdf>. Acesso em: 22 out. 2015.

DOWNE, Soo. Reduzindo intervenções de rotina durante o trabalho de parto e parto: primeiro, não causar dano. *Cad. Saúde Pública*. 2014, v. 30, sup. 1, p. S37-S39. Disponível em: <http://www.scielo.br/pdf/csp/v30s1/0102-311X-csp-30-s1-0037.pdf>. Acesso em: 19 out. 2015.

DUARTE, Ana Cristina. *São atos de violência obstétrica*. 2013. Disponível em: <http://www.apublica.org/wp-content/uploads/2013/03/viol%C3%AAncia-obst%C3%A9trica.pdf>. Acesso em: 22 out. 2015.

FAUNDES, Aníbal; CECATTI, José Guilherme. A operação cesárea no Brasil: incidência, tendências, causas, consequências e propostas de ação. *Cad. Saúde Pública*. 1991, vol. 7, n. 2, p. 150-173.

FIOCRUZ. *Nascer no Brasil*: pesquisa revela número excessivo de cesarianas. 2014a. Disponível em: http://portal.fiocruz.br/pt-br/content/pesquisa-revela-numero-excessivo-de-cesarianas-no-pais>. Acesso em: 22 out. 2015.

_____. *Nascer no Brasil*: sumário executivo temático da pesquisa. 2014b. Disponível em: <http://www.ensp.fiocruz.br/portal-ensp/informe/site/arquivos/anexos/nascerweb.pdf>. Acesso em: 18 out. 2015.

FUNDAÇÃO PERSEU ABRAMO. *Mulheres brasileiras e gênero nos espaços público e privado*. 2010, 301 p. Disponível em: <http://www.apublica.org/wp-content/uploads/2013/03/www.fpa_.org_.br_sites_default_files_pesquisaintegra.pdf>. Acesso em: 22 out. 2015.

GUIMARÃES, Samuel Pinheiro. *Desafios brasileiros na era dos gigantes*. 1 ed. Rio de Janeiro: Contraponto, 2005.

_____. Inserção internacional do Brasil. *Economia e sociedade*, Campinas, v. 17, dez 2001. p. 1-31.

IPEA. *Objetivos de desenvolvimento do milênio*: relatório nacional de acompanhamento. Brasília: IPEA, 2014.

_____. *Objetivos de desenvolvimento do milênio*: relatório nacional de acompanhamento. Brasília: IPEA, 2005.

JAGUARIBE, Hélio. Mercosul e a nova ordem mundial. *Dossiê SEBRI*, vol. 1, ano 1, 2002.

_____. Autonomía periférica y hegemonía céntrica. *Estudios Internacionales*, v. 12, n. 46, 1979. p. 91-130.

LEAL, Maria do Carmo (Coordenação). *Pesquisa Nascer no Brasil*: Inquérito nacional sobre parto e nascimento. 19 p. 2014. Disponível em: <http://www5.ensp.fiocruz.br/biblioteca/dados/txt_943835885.pdf>. Acesso em: 21 out. 2015.

LEAL, Maria do Carmo et al. Birth in Brazil: national survey into labour and birth. *Reproductive Health*, 9:15, 2012. Disponível em: <http://www.reproductive-health-journal.com/content/pdf/1742-4755-9-15.pdf>. Acesso em: 22 out. 2015.

_____. Intervenções obstétricas durante o trabalho de parto e parto em mulheres brasileiras de risco habitual. *Cad. Saúde Pública*. 2014, v. 30, sup. 1, p. S17-S47. Disponível em: <http://www.scielo.br/pdf/csp/v30s1/0102-311X-csp-30-s1-0017.pdf>. Acesso em: 20 out. 2015.

MATOS, Greice Carvalho et al. A trajetória histórica das políticas de atenção ao parto no Brasil: uma revisão integrativa. *Revista de Enfermagem UFPE Online*. Recife, 2013, 7(esp), p. 870-878.

MILANI, Carlos R.S. Atores e agendas no campo da política externa brasileira de direitos humanos. In: PINHEIRO, Leticia; MILANI, Carlos R. S. *Política externa brasileira*: as práticas da política e a política das práticas. Rio de Janeiro: Editora FGV, 2012. p. 33-70.

MILANI, Carlos R. S.; PINHEIRO, Letícia. Política Externa brasileira: os desafios de sua caracterização como política pública. *Revista Contexto Internacional*, vol. 35, no. 1, p. 11-41, jan.-jun. 2013.

MINISTÉRIO DA SAÚDE. *Manual dos comitês de mortalidade materna*. 3. ed. Brasília: MS, 2007.

_____. *Pacto nacional pela redução da mortalidade materna e neonatal*. 2004.

NAÇÕES UNIDAS. *Declaração do Milénio*. 2000. Disponível em: <https://www.unric.org/html/portuguese/uninfo/DecdoMil.pdf>. Acesso em: 04 abr. 2015.

OJEDA, Igor. Diplomacia brasileira sob Dilma e Patriota muda de estilo, mas mantém essência. *Opera Mundi*, online, São Paulo, 02 jan 2013. Disponível em: <http://operamundi.uol.com.br/conteudo/reportagens/26165/diplomacia+brasileira+sob+dilma+e+patriota+muda+de+estilo+mas+mantem+essencia.shtml%20>. Acesso em: 25 out. 2015.

OMS. *Reducción de la mortalidad materna*: declaración conjunta OMS/FNUAP/UNICEF/Banco Mundial. Genebra: Organización Mundial de la Salud, 1999.

_____. *Estrategia mundial de salud de las mujeres y los niños*. Nova York: 2010.

_____. *Integrated management of pregnancy and childbirth*: managing complications in pregnancy and childbirth: a guide for midwives and doctors. 2000.

_____. *Integrated management of pregnancy and childbirth*: pregnancy, childbirth, postpartum and neonatal care: a guide for essencial practice. Genebra: OMS, 2015.

_____. *Boas práticas de atenção ao parto e ao nascimento*. 1996a.

_____. *Declaração da OMS sobre taxas de cesáreas*. Genebra: 2015. Disponível em: <http://apps.who.int/iris/bitstream/10665/161442/3/WHO_RHR_15.02_por.pdf>. Acesso em: 21 out. 2015.

_____. *Constituição da Organização Mundial da Saúde (OMS/WHO)*. Nova Iorque: 1946.

_____. *Atenção ao parto normal: um guia prático*. 1996b.

ORGANIZAÇÃO DAS NAÇÕES UNIDAS. *Pacto internacional sobre os direitos econômicos, sociais e culturais*. 1966. Disponível em: <http://www.unfpa.org.br/Arquivos/pacto_internacional.pdf>. Acesso em: 09 out. 2015.

_____. *Carta das Nações Unidas*. 1945.

_____. *Declaração Universal dos Direitos Humanos*. Paris: 1948.

_____. *Pacto Internacional dos Direitos Econômicos, Sociais e Culturais*. 1966.

_____. *Declaração Mundial sobre a Sobrevivência, a Proteção e o Desenvolvimento da Criança*. Nova York: 1990.

_____. *Conferência sobre Meio Ambiente e Desenvolvimento*. Rio de Janeiro: 1992.

_____. *II Conferência Mundial de Direitos Humanos*. Viena: 1993.

_____. *III Conferência Mundial sobre População e Desenvolvimento*. Cairo: 1994.

_____. *Declaração de Istambul sobre Assentamentos Humanos*. Istambul: 1996.

ORGANIZAÇÃO DOS ESTADOS AMERICANOS. *Convenção americana de direitos humanos*. 1988. Disponível em: <http://www.pge.sp.gov.br/centrodeestudos/bibliotecavirtual/instrumentos/sanjose.htm>. Acesso em: 09 out. 2015.

_____. *Protocolo adicional à convenção americana sobre direitos humanos em matéria de direitos econômicos, sociais e culturais*. Disponível em: <http://www.cidh.org/Basicos/Portugues/e.Protocolo_de_San_Salvador.htm>. Acesso em: 08 out. 2015.

_____. *Carta da Organização dos Estados Americanos*. 1948.

_____. *Declaração Americana dos Direitos e Deveres do Homem*. Bogotá: 1948.

PAHO/OMS (Organização Pan-Americana da Saúde/Organização Mundial da Saúde). TC 58 – Fortalecimento Institucional da Assessoria de Assuntos Internacionais do Ministério da Saúde – AISA. Disponível em: <http://www.paho.org/bra/index.php?option=com_content&view=article&id=1902:tc-58-fortalecimento-institucional-assessoria-assuntos-internacionais-ministerio-saude-aisa&Itemid=610>. Acesso: 24 abr. 2015.

PROGRAMA DAS NAÇÕES UNIDAS PARA O DESENVOLVIMENTO. *Objetivos do milênio*. 2015. Disponível em: <http://www.pnud.org.br/odm.aspx>. Acesso em: 11 out. 2015.

PUIG, Juan Carlos. Integración y autonomía de América Latina en las postrimerías del siglo XX. *Integración Latinoamericana*, jan./fev. 1986. p. 40-62.

RIO DE JANEIRO. Secretaria da Saúde. OMS – Boas práticas de atenção ao parto e ao nascimento. Disponível em: <http://www.saude.rj.gov.br/docman/humanizacao/7465--oms-boas-praticas-de-atencao-ao-parto-e-ao-nascimento/file.html>. Acesso em: 26 mai. 2015.

SOUSA, Valéria. *Violência obstétrica:* nota técnica: considerações sobre a violação de direitos humanos das mulheres no parto, puerpério e abortamento. São Paulo: Artemis, 2015.

UN – UNITED NATIONS. *The Millennium Development Goals Report*. 2010. Disponível em: <http://www.un.org/millenniumgoals/pdf/MDG%20Report%202010%20En%20r15%20-low%20res%2020100615%20-.pdf>. Acesso em: 25 out. 2015.

UNA-SUS. *Declaração da OMS sobre Taxas de Cesáreas*. Online, 2015. Disponível em: <http://www.unasus.gov.br/noticia/declaracao-da-oms-sobre-taxas-de-cesareas>. Acesso em: 25 out. 2015.

VENTURA, Deisy. *Direito e saúde global:* o caso da pandemia de gripe A (H1N1). São Paulo: Outras Expressões; Dobra Editorial, 2013.

VIZENTINI, Paulo Fagundes. *Relações Internacionais do Brasil:* de Vargas a Lula. 3. ed. São Paulo: Fundação Perseu Abramo, 2008.

VORPAGEL, Márcia Gomes Barcellos et al. Atenção qualificada ao parto: iniciativa global por uma maternidade segura. Unicastelo, s/d. Disponível em: <http://unicastelo.br/portal/atencao-qualificada-ao-parto-iniciativa-global-por--uma-maternidade-segura-2/>. Acesso em: 25 out. 2015.

WHO – WORLD HEALTH ORGANIZATION. *Trade in maternal mortality*: 1990 to 2008 – Estimatives developed by WHO, UNICEF, UNFPA and The World Bank. Geneva: WHO, 2010.

O Crescente Processo de Medicalização da Vida: A Judicialização da Saúde

Maria Claudia Crespo Brauner[*]
Karina Morgana Furlan[**]

Introdução

Em tempos de necessário desenvolvimento sustentável em todas as esferas da existência percebe-se a insustentabilidade do contínuo processo de medicalização da vida em países em desenvolvimento como o Brasil. Fenômeno social que é impulsionado por meio das necessidades capitalistas impostas pela política de mercado global, que acaba ganhando considerável projeção nesse tipo de economia que estimula o consumo desenfreado de medicamentos.

Ao passo que, sob essa impulsionada cultura de adoecimento, chama a atenção o grande volume de pedidos encaminhados ao Poder Judiciário objetivando pretensões em saúde, como vem sendo demonstrado pelas últimas pesquisas realizadas pelo Conselho Nacional de Justiça – CNJ. O que, conforme os crescentes números apontados acabam por acarretar um grande problema aos Poderes Públicos – Executivo, Legislativo e Judiciário –, bem como, por consequência lógica, à sociedade como um todo, considerando a desorientada onerosidade que cria ao sistema público de saúde.

O que, sobretudo, acaba por criar um fenômeno social que pode ser observado como a judicialização da saúde, considerando que raros são os casos em que se vislumbra uma análise pormenorizada de cada demanda, tanto pelos médicos que prescrevem tais terapias, bem como por parte do Poder Judiciário. Isso decorre, muitas vezes, da inobservância da necessária descentralização do Sistema Único de Saúde ou, do sistema de financiamento à assistência farmacêutica, ou, ainda, da realidade social inerente a cada região do país. Imediatamente se percebe que possivelmente os trâmites legais não vêm sendo observados da forma mais diretiva propiciada pela Constituição Federal para assegurar, com o equilíbrio necessário, o essencial amparo devido à esfera da saúde.

Portanto, com o presente trabalho pretende-se abordar, por meio da observação do atual fenômeno social de medicalização da vida, o maciço processo de judicialização da saúde, considerando que se percebe que a atual realidade social se contrapõe às diretrizes estabelecidas constitucionalmente à esfera da saúde, que tem em vista a garantia do bem maior que é a vida. Fenômeno esse que vem resultando em uma enxurrada de processos judiciais que objetivam a procedência de pedidos mais diversos, que vão desde fornecimento de fármacos destinados a patologias graves, muitas vezes ainda não reconhecidas pela Agência Nacional de Saúde (ANS), a procedimentos cirúrgicos eletivos e complexos, dos quais não se discute a essencialidade

---

[*] Professora da Universidade Federal do Rio Grande/ FURG. Coordenadora do Mestrado em Direito e Justiça Social da FURG/RS. Pesquisadora Produtividade do CNPq. Doutora em Direito pela Université de Rennes1/ França. Coordenadora do Grupo de Pesquisa e Direito e Justiça Social.

[**] FURLAN, Karina Morgana. <karifurlan@yahoo.com.br>; advogada OAB/RS 91.965; pós-graduada em Direito Previdenciário pela Escola dos Juízes Federais – ESMAFE; mestranda em Direito Ambiental pela Universidade de Caxias do Sul – UCS.

e necessária procedência. Ainda a demanda por fármacos em fase de experimentação, órteses, próteses, e materiais especiais importados, com existência de similares nacionais, ou até mesmo insumos de higiene íntima e alimentação, os quais estão longe de fazer parte das listas assecuratórias de fornecimento da ANVISA.

Contudo, com este estudo pretende-se analisar a garantia de acesso ao direito à saúde como efetiva relação de justiça social, embasada sob o equilíbrio do comprometimento mútuo de todas as esferas de poder, bem como da sociedade ativa e consciente.

Trata-se de questionar o poder diretivo de determinados indivíduos que se voltam contra o Estado ou contra a sociedade ou, ainda, contra si próprios influenciados pelo expressivo *marketing* da indústria farmacêutica. A partir da observância da relação de justiça social, que ao que tudo indica propiciará o desenvolvimento de um modelo racional e sustentável que garanta efetivamente o acesso universal e igualitário à saúde sem o comprometimento da continuidade de seu sistema garantidor também às gerações futuras.

1. O reconhecimento do direito à saúde no Brasil

A garantia ao direito à saúde no Brasil passou a ser provida por meio da segurança maior avalizada pelos direitos fundamentais de segunda dimensão. Direitos esses que nasceram fundamentados nas necessidades sociais que primassem pelo estabelecimento de normas assistenciais que garantissem prestações sociais estatais de cunho essencial ao indivíduo, como no caso da saúde, da assistência social, da educação, dentre outras de mesmo cunho social, as quais viabilizassem a diretriz basilar para existência digna do indivíduo.

Momento esse que ficou caracterizado pela grande transição social entre as liberdades formais abstratas e as liberdades materiais concretas, considerando que a segunda dimensão de direitos fundamentais abrange bem mais do que direitos de cunho meramente prestacional por parte do Estado. Objetiva o alcance das denominadas "liberdades sociais", marco distintivo da nova fase evolutiva dos direitos fundamentais, apreciada como a própria densificação do princípio da justiça social.[1] Ou seja, da obrigação de intervenção ativa do Estado, para o fim de produzir e concretizar a organização dos serviços públicos essenciais à sociedade,[2] que viabilizam o equilíbrio social por meio da prestação dos serviços essenciais à garantia da vida humana.

Sob o viés dessa nova contextualização mundial, preocupada em salvaguardar a garantia da dignidade da pessoa humana, surgiram às novas Constituições pós Segunda Guerra Mundial, caracterizadas pelo compromisso político de proteção da pessoa humana, uma vez que o mundo estava estarrecido com os horrores cometidos na guerra. O que deu início ao estabelecimento de um novo paradigma mundial, evolucionista, acerca dos direitos sociais, considerando que as discussões sobre democracia passaram a ser feitas pelo filtro dos direitos humanos, ao passo que se estabeleceu um retorno paulatino a alguns conceitos constituídos pelo direito natural.[3]

Retorno necessário, considerando que, em primeiro momento, o verdadeiro estado do homem é o natural, o da natureza, onde os homens são livres e iguais.[4] Nesse ínterim, diversos velhos paradigmas passaram a ser desconstituídos, dentre eles a própria concepção de saúde. Concepção que outrora significava apenas a ausência de doença, passou a ser ampliada, sendo que em 1949 a Organização Mundial de Saúde (OMS) definiu saúde como: "um estado de completo bem-estar físico, mental e social e não apenas a ausência de doença" considerando a nova dimensão psíquica, social e comportamental que passava a se estruturar na sociedade.[5]

Sob essa nova visão ampliativa acerca das necessidades sociais, estritamente ligadas ao novo conceito de saúde e de respeito à vida, as questões sociais e ambientais passaram a ganhar destaque, desencadeando um grande efeito cascata a nível mundial, tendo seu pontapé inicial em 1972, com a realização da conferência de Estocolmo, na Suécia, onde foram levantadas discussões que resultaram em novas recomendações para os povos perante a busca de uma melhor relação entre o homem e o ambiente. Ocasião em que foi proclamado "o direito humano ao meio ambiente",[6] passando o meio ambiente a fazer parte das preocupações mundiais, principalmente quando versasse sobre a garantia maior do direito à vida. Por conseguinte, sobreveio a Declaração de Alma-Ata para Cuidados Primários em Saúde, em 1978, realizada

---

1. SARLET, Ingo Wolfgang. *A eficácia dos direitos fundamentais*. 10. ed. Porto Alegre: Livraria do Advogado, 2009. p. 57.
2. BOBBIO, Norberto. *A era dos direitos*. Rio de Janeiro: Campus, 1999. p. 72.
3. *Ibidem*, p. 127.
4. BOBBIO, *op. cit.*, p. 28-9.
5. ORGANIZAÇÃO MUNDIAL DE SAÚDE. *Programa de diabetes*. Disponível em: <http://www.who.int/en/>. Acesso em: 03 de fevereiro de 2012.
6. GAVIÃO FILHO, Anízio Pires. *Direito fundamental ao meio ambiente*. Porto Alegre: Livraria do Advogado, 2005.

na Rússia, realçando o novo pensamento de caracterização do processo saúde-doença, incorporando as dimensões sociais, políticas, culturais, ambientais e econômicas como indispensáveis às ações e aos serviços de saúde. Destacando como inaceitável a situação da saúde mundial, principalmente nos países em desenvolvimento.[7] Nesse mesmo sentido evolutivo foi confeccionada a Carta de Ottawa em 1986, considerada como um marco político para as políticas públicas de saúde em todo o mundo, pois definiu a promoção de saúde como "o processo de capacitação da comunidade para atuar na melhoria de sua qualidade de vida e saúde, incluindo maior participação no controle desse processo", apontando como medidas necessárias as ações intersetoriais e interdisciplinares ao bom desenvolvimento e garantia da saúde. Estabeleceram-se cinco diretrizes: construção de políticas públicas saudáveis; criação de meio ambiente favorável; desenvolvimento de habilidades; reforço da ação comunitária e a reorientação dos serviços de saúde.[8] Ademais, em 1987 foi ratificado o Relatório de Brundtland, construído a partir das conclusões da Comissão Mundial sobre o Meio Ambiente e Desenvolvimento das Nações Unidas, reconhecendo que todos os seres humanos possuem o direito fundamental a um ambiente adequado que garanta a saúde e o bem-estar humano.[9]

Em meio a crescente corrente humanista, centrada em uma concepção socioambiental de saúde e dos direitos a ela inerentes, ocorreu no Brasil na década de 1980 uma crise econômica com repercussões de ordem ideológica e financeira na previdência social, que ocorreu paralelamente ao processo de redemocratização do país. Momento em que surgiram as primeiras ideias de mudança no sistema nacional de saúde, como as que se deram por meio da VIII Conferência Nacional de Saúde, que apresentou as ideias do movimento de reforma sanitária, as quais vinham agregadas a nova concepção socioambiental em saúde. Elegendo a saúde como direito de todos e dever do Estado, propondo a implantação de um sistema de saúde que possibilitasse essas garantias à população de forma igualitária e equilibrada.[10] Sobretudo, evidenciando que a crescente corrente evolucionista, embasada sob o nascedouro dos direitos sociais, não impulsionava tão somente a quebra de velhos paradigmas na esfera internacional, mas também na esfera política e social interna, uma vez que o movimento de reforma sanitária veio ao encontro de necessidades sociais por políticas públicas que pudessem combater os danos causados pela consolidação de um sistema não mais sustentável.

Logo, como resultado desse movimento nascido com o reconhecimento dos direitos fundamentais de segunda dimensão, bem como com as necessidades socioambientais provindas dele, acolheu a Carta Constitucional de 1988 (art. 1º, inciso III) como fundamento da República a dignidade da pessoa humana, sendo "valor supremo que atrai o conteúdo de todos os direitos humanos/fundamentais do homem, desde a supremacia do direito à vida"[11] e os que dele se desdobram como o essencial direito à sua garantia, ou seja, ao direito à saúde, incluindo, pela primeira vez na história do constitucionalismo brasileiro, uma seção sobre saúde embasada nesses novos conceitos sociais e ambientais impulsionados pelas necessidades humanas.

Nesses termos, a Constituição de 1988 impulsionou o início da reflexão interna sobre o entendimento dos direitos de personalidade, a paulatina tentativa de inclusão da dignidade humana ao novo contexto jurídico social, que passou a ser assegurado mediante a constituição de um mínimo invulnerável, um núcleo mínimo existencial, que todo estatuto jurídico deve assegurar ao cidadão. Sobretudo, nesse sentido, consagrou a *Constituição Cidadã* em suas linhas grande avanço sobre os direitos de cidadania inaugurando o Título referente aos Direitos e Garantias Fundamentais, sendo que o art. 5º em seu *caput* assegura a inviolabilidade do direito à vida, bem como o art. 6º abona a universalidade da garantia do direito social à saúde,[12] sendo ainda sua proteção reforçada sob a cláusula pétrea explicitada no art. 60, § 4º, IV, da CF/1988.

---

7. ORGANIZAÇÃO MUNDIAL DE SAÚDE, *O Fundo das Nações Unidas para Infância*. Cuidados Primários de Saúde: relatórios da Conferência Internacional sobre cuidados primários de saúde. Alma-Ata, URSS, 1978. Disponível em: <httpwhqlibdoc.who.intpublications9241800011_por.pdf>. Acesso em: 19 maio 2012.
8. Brasil. Ministério da Saúde. *Secretária de Políticas de Saúde*. Projeto Promoção da Saúde. As Cartas de Promoção da Saúde. Brasília: Ministério da Saúde; 2002. Disponível em: <http://dtr2001.saude.gov.br/editora/produtos/livros/pdf/02_1221_M.pdf>. Acesso em: 19 maio 2012.
9. SANTILLI, Juliana. *Socioambientalismo e novos direitos*. São Paulo: Peirópolis, 2005. p. 30.
10. Brasil. Ministério da Saúde. *Conselho Nacional de Saúde*. Subsídios para construção da Política Nacional de Saúde Ambiental. Brasília: Ministério da Saúde; 2009. Disponível em: <http://bvsms.saude.gov.br/bvs/publicacoes/subsidios_construcao_politica_saude_ambiental.pdf>. Acesso em: 19 maio 2012.
11. SILVA, José Afonso da. *Curso de direito constitucional positivo*. 29. ed., rev. e atual. São Paulo: Malheiros, 2007. p. 105.
12. BRASIL. *Constituição Federal*. Brasília: Senado Federal, 1988. Art. 6º São direitos sociais a educação, a saúde, o trabalho, a moradia, o lazer, a segurança, a previdência social, a proteção à maternidade e à infância, a assistência aos desamparados, na forma desta Constituição.

Assim, determinou a Constituição que a saúde é um direito de todos e um dever do Estado, devendo ser garantida mediante políticas sociais e econômicas que visem à redução do risco de doenças e de outros agravos, devendo o Estado garantir acesso universal e igualitário a todos os cidadãos, por meio de ações e serviços para promoção, proteção e recuperação da saúde.[13] Ou seja, a partir dessa nova diretriz as normas constitucionais configuraram também o meio ambiente como um direito fundamental, pois impossível desvincular a essencialidade do direito a um ambiente equilibrado e sadio do direito à saúde e do princípio basilar da dignidade humana, que são a própria expressão do direito à vida, força motriz de todos os demais direitos fundamentais do homem, uma vez que a vida é valor preponderante, acima de qualquer consideração que possa existir acerca de desenvolvimento econômico, propriedade ou iniciativa privada.[14]

Com esse reconhecimento houve a transição do direito do ambiente para o direito ao ambiente.[15] Reconheceu-se o direito a um ambiente saudável e equilibrado como propriamente um direito fundamental, consagrando-se a proteção ambiental como um dos objetivos ou tarefas fundamentais do Estado democrático e socioambiental, assumindo tanto a forma de um objetivo e tarefa do Estado quanto a configuração de um direito e dever do indivíduo e da coletividade. Ao passo que, nesse ínterim, solidificou-se a corrente ambientalista brasileira, que ganhou grande conotação após a realização da Conferência das Nações Unidas sobre Meio Ambiente e Desenvolvimento, no Rio de Janeiro, em 1992 – Eco-92 –, quando os conceitos socioambientais passaram claramente a influenciar a formulação de políticas públicas sociais e ambientais em todo o planeta.[16]

Portanto, considerando-se a evolução das garantias constitucionais para um contexto de necessidades socioambientais, principalmente no que tange à garantia da saúde, passou-se a identificar como elemento indispensável ao plano de desenvolvimento da pessoa humana o meio ambiente equilibrado – art. 225 da Constituição Federal – à garantia da vida digna e saudável. Devendo qualquer óbice ao alargamento desse direito, proveniente de conduta ou omissão de particulares ou do próprio Estado, ser afastado pelo ente estatal[17] objetivando a busca da excelência maior à efetividade de um quadro de qualidade de vida, de equilíbrio socioambiental em saúde.

Portanto, passou-se a observar o abandono dos velhos paradigmas arraigados ao conceito de saúde, tanto na esfera diretivamente política e social, bem como na esfera individual, baseada no modelo biomédico, estruturado sob a égide de uma concepção reducionista, estritamente biológica e mecanicista, sobretudo, medicalizadora e individualista. Tal tendência vem sendo cada vez mais criticada, para reconhecer a necessidade de uma política de saúde mais abrangente, atuante sobre os determinantes sociais de saúde. Portanto, sob a estruturação desses novos conceitos, o movimento ambientalista, que ganhou força nos anos de 1960 e 1970, contribuiu sobremaneira para a ampliação da compreensão dos problemas ambientais, principalmente no que tange a uma compreensão mais alargada acerca do tema saúde e dos problemas socioambientais relacionados a ela. Assim visualiza-se uma possível conjuntura política e social de adequação ao equilíbrio das necessidades inerentes a essa nova roupagem.

2. Direito à seguridade social: a evolução do Sistema Único de Saúde – SUS

Para que a saúde se efetive no Brasil, a Constituição de 1988 inovou no campo dos direitos sociais ao abarcar o conceito de seguridade social,[18] definido no art. 194 como: o "conjunto integrado de iniciativas dos poderes públicos e da sociedade destinados a garantir e assegurar os direitos relativos à Saúde, à Previdência e à Assistência Social."[19] Assim sendo, saúde, previdência e assistência social são termos que descrevem ações e serviços distintos, mas estão

---

13. BRASIL. Constituição Federal. Brasília: Senado Federal, 1988. Constituição Federal – Art. 196. A saúde é direito de todos e dever do Estado, garantido mediante políticas públicas sociais e econômicas que visem à redução do risco de doenças e de outros agravos e ao acesso universal e igualitário às ações e serviços para sua promoção, proteção e recuperação.
14. SILVA, op. cit., p. 818.
15. GAVIÃO, op. cit., p. 26.
16. SANTILLI, op. cit., p. 43-4.
17. SARLET, Ingo Wolfgang; FENSTERSEIFER, Tiago. Notas sobre os deveres do Estado: a garantia de retrocesso em matéria socioambiental, In: AUGUSTIN, Sérgio; STEINMETZ, Wilson (Org.). Direito constitucional do ambiente: teoria e aplicação. Caxias do Sul: Educs, 2008. p. 10-1.
18. ROCHA, Daniel Machado da; BALTAZAR JUNIOR, José Paulo. Comentários à Lei de Benefícios da Previdência Social. 10. ed. ver. atual. Porto Alegre: Livraria do Advogado; Esmafe, 2011. p. 27.
19. BRASIL. Constituição Federal. Brasília: Senado Federal, 1988. Constituição Federal – Art. 194. A Seguridade Social compreende um conjunto integrado de ações de iniciativa dos Poderes Públicos e da sociedade, destinadas a assegurar os direitos relativos à saúde, à previdência e à assistência social.

integrados no conjunto organizado pela seguridade social, sendo parte preponderante e integrante desse complexo o Sistema Único de Saúde.

O Sistema Único de Saúde foi criado para melhorar a saúde do povo e significa uma conquista dos movimentos que se organizaram e lutaram durante mais de dez anos para que isso acontecesse. Antes da Constituição de 1988 o atendimento à saúde era garantido somente para quem era registrado no emprego, com carteira assinada, sofrendo desconto no salário para aposentadoria e assistência médica, portanto, não era universal. Assim, aos poucos passou a surgir um movimento de resistência a esse modelo de saúde, sendo que parlamentares, lideranças, políticos, sindicalistas e populares foram se somando, construindo o chamado Movimento de Reforma Sanitária, que vinculado ao mesmo contexto de luta pela democratização da sociedade resultou na garantia constitucional de um sistema mais justo, em que todos, sem exceção, fossem beneficiados pelas ações em saúde.

O que está explicitado na Constituição e nas leis da saúde é, portanto, vitória da sociedade unida e organizada que reivindicou seus direitos sociais.[20] O SUS foi construído tendo claro que o que é público é do povo, sendo que se deve prestar conta do que se faz com o dinheiro público aplicado na área da saúde. No entanto, os cidadãos possuem o direito/dever de continuar a participar das decisões e da gestão na área da saúde, pois elas afetam diretamente sua vida e devem colaborar para melhorar a qualidade de vida e as condições de saúde da população como um todo. Sendo assim, a lei passou a garantir um Sistema de Segurança Social para todos, sem nenhuma distinção. O SUS faz parte desse sistema de seguridade, que é universal, portanto, o SUS garante universalidade de cobertura e de atendimento, em resposta à conquista da sociedade organizada.[21]

Assim, sob o contexto histórico e evolutivo, também como resultado das lutas pela Reforma Sanitária, o setor de saúde ganhou forte respaldo legal com a aprovação do Sistema Único de Saúde (SUS), que recebeu vida por meio da Carta Constitucional, reconhecendo a saúde como um direito pautado pelos princípios da universalidade, equidade e integralidade. Sendo a política nacional de saúde regulada pela Lei n. 8.080/90 e pela Lei n. 8.142/1990, e tendo como órgão executor o SUS, o qual reúne, sob sua direção e organização, órgãos federais, estaduais e municipais.

Portanto, as ações e serviços de saúde previstos na Constituição Federal, mais especificamente no art. 196 até o art. 200, constituem um serviço único organizado a partir da descentralização da competência, com a participação de órgãos federais, estaduais e municipais, objetivando um atendimento integral, também com a participação diretiva da comunidade. Nesse sentido, esboça o art. 198 a forma de organização do sistema, quando determina que as ações e serviços de saúde integrem uma rede regionalizada e hierarquizada, constituindo um sistema único, organizado por meio da observância de algumas diretrizes apontadas pelo próprio texto constitucional, quais sejam, a descentralização, com direção única em cada esfera de governo, impondo responsabilidade à União, Estados, Distrito Federal e Municípios. Propiciando atendimento integral, com prioridade para as atividades preventivas, reforçando a necessidade de caráter preventivo, com a devida participação da comunidade nesse processo, o que, sobretudo, é essencial para o entendimento do direito à saúde como uma relação social e não como um poder individual,[22] apregoado ao Estado. Hoje, todas as atividades de saúde, preventivas ou curativas, individuais ou coletivas, são de responsabilidade do Sistema Único de Saúde, nas três esferas do governo. À previdência coube a responsabilidade pelas aposentadorias e pensões.

Antes da Constituição de 1988 era tão somente o Governo Federal quem planejava a coordenação das ações em saúde, porém, como o território é imenso tais ações não alcançavam efetividade, assumiam caráter clientelista, extremamente burocrático e com ausência de controle. Realidade esta que levou à observância da necessidade de aproximação às reais necessidades da população, passando tal incumbência, com a nova coordenação prestada pelo SUS, à égide dos municípios, vez que mais próximos da população. Contudo, a responsabilidade é também de todas as outras instâncias, Estado e União, sendo reconhecida a cada uma sua competência, a partir de um controle de descentralização.[23]

Assim sendo, aos Estados coube cuidar dos serviços de saúde que são referência para diversos municípios, os de uso comum da população. Sendo normalmente serviços mais especializados, cujo uso individualizado seria de pouca demanda ou de alto custo para manuseio do ente municipal. Competindo também ao

---

20. PESSINI, Leo; BARCHIFONTAINE, Christian de Paul. *Problemas atuais de bioética*. São Paulo: Loyola, 2002. p. 95.
21. *Ibidem*, p. 100.
22. LIMA, Ricardo Seibel de Freitas. Direito à saúde e critérios de aplicação. In: (Org.) SARLET, Ingo Wolfgang; TIMM, Luciano Benetti. *Direitos fundamentais: orçamento e "reserva do possível"*. Porto Alegre: Livraria do Advogado, 2010. p. 239/240.
23. PESSINI; BARCHIFONTAINE, *op. cit.*, p. 101.

Estado amparar os municípios na tarefa de montar a estrutura da rede municipal de assistência à saúde.[24]

Aponta a legislação como sendo fatores determinantes e condicionantes à saúde as ações que se destinam a garantir ao indivíduo e à coletividade condições de bem-estar físico, mental e social.[25] Sendo de competência do Sistema Único de Saúde a promoção, proteção e recuperação da saúde, mais especificamente no que concerne à temática estudada, a identificação e divulgação dos fatores condicionantes e determinantes à garantia equilibrada da saúde; a formulação de políticas de saúde destinadas a sua promoção no campo econômico e social, em consonância com os deveres do Estado, ou seja, a assistência às pessoas por intermédio de ações de promoção, proteção e recuperação da saúde, com a realização integrada de ações assistenciais e de atividades preventivas.[26]

Nesse sentido deve o Sistema Único de Saúde implementar medidas de precaução que propiciem a prevenção de qualquer mudança nos fatores determinantes e condicionantes da saúde individual ou coletiva. Logo, o objetivo maior que visa a garantia e equilíbrio da saúde não deve ser limitado a mera prestação de assistência médica, mas sim deve visar também a precaução, a tomada de medidas preventivas relativas ao bem-estar da população tais como medidas sanitárias, nutricionais, educacionais e ambientais.[27]

No Brasil, nas últimas décadas, uma nova racionalidade construída na perspectiva ampliada de saúde passou a priorizar a melhoria da qualidade de vida da população como elemento de saúde pública, o conceito de saúde ampliou-se em razão da própria necessidade que ele exige, contrapondo-se ao modelo de prevalência baseado apenas na doença. Estruturou-se o conceito de saúde socioambiental, como um campo da saúde afetado pela necessidade evolutiva do conhecimento científico e formulação de políticas públicas inclusivas relacionadas entre a premente interação de saúde humana e meio ambiente. Objetivando a melhora da condição de vida do ser humano, de forma ampliativa e duradoura, sob uma concepção de sustentabilidade. Passando o SUS, como construção política e operativa dos serviços de saúde, a repercutir essa nova racionalidade na elaboração de suas diretrizes políticas voltadas à promoção, prevenção e tratamentos em saúde, priorizando a equidade no acesso e as necessidades sanitárias apresentadas pela população.

3. A crescente medicalização da vida

No entanto, mesmo perante toda a conjuntura constitucionalmente estabelecida e garantida de proteção à saúde se observa um processo social, induzido pela atual política de mercado global, percebido como uma crescente cultura de medicalização da vida, fenômeno que induz o cidadão a uma concepção superficial de que tudo se resolve por meio da pílula, do fármaco, do procedimento médico e cirúrgico.[28]

Trata-se de uma massificada política de mercado que se destina a todas as esferas de consumo, mas quando versa mais especificamente sobre questões essenciais à vida e a sua garantia despertam o interesse pela questão. Até mesmo porque determinada política de mercado ganha maior espaço de exploração em países que possuem estrutura socioeconômica ainda em desenvolvimento como o Brasil.

Assim, se observa que a produção não é mais regida pelas necessidades humanas, mas pelas necessidades de mercado, uma vez que hoje o mercado está dando origem a uma moderna religião, a religião da mercadoria, a qual gera uma grande idolatria.[29] Realidade que traduz campo fértil ao mercado capitalista, mercado que produz o consumidor antes mesmo de produzir o produto; atualmente na cadeia de produção, a autonomia da produção cede lugar à ditadura do consumo. Conforme exemplifica Milton Santos: um remédio teria 1% de medicina e 99% de publicidade, garantindo-se a circulação por meio da propaganda insistente e frequentemente enganosa, e somente após a publicização, com a solidificação do mercado consumidor, passa-se à organização da produção.[30]

---

24. PESSINI; BARCHIFONTAINE, *op. cit.*, p. 101.
25. BRASIL. Lei n. 8.080/1990 – Art. 3º A saúde tem como fatores determinantes e condicionantes, entre outros, a alimentação, a moradia, o saneamento básico, o meio ambiente, o trabalho, a renda, a educação, o transporte, o lazer e o acesso aos bens e serviços essenciais; os níveis de saúde da população expressam a organização social e econômica do País. Parágrafo único. Dizem respeito também à saúde as ações que, por força do disposto no artigo anterior, se destinam a garantir às pessoas e à coletividade condições de bem-estar físico, mental e social.
26. Lei n. 8.080/1990 – Art. 5º São objetivos do Sistema Único de Saúde SUS: I – a identificação e divulgação dos fatores condicionantes e determinantes da saúde; II – a formulação de política de saúde destinada a promover, nos campos econômico e social, a observância do disposto no § 1º do art. 2º desta lei; III – a assistência às pessoas por intermédio de ações de promoção, proteção e recuperação da saúde, com a realização integrada das ações assistenciais e das atividades preventivas.
27. ROCHA, *op. cit.*, p. 28.
28. QUIRINO, Marcelo. *Contra a medicalização da vida*: Disponível em: <http://www.marceloquirino.com/2009/01/contra-medicalizacao-da--vida.html>. Acesso em: 23 set. 2011, às 16h e 30min.
29. PESSINI; BARCHIFONTAINE, *op. cit.*, p. 92.
30. SANTOS, Milton. *Por uma nova globalização*: do pensamento único à consciência universal. 17. ed. Rio de Janeiro: Record, 2008. p. 48.

Os aspectos culturais que influenciam a sociedade, embora na maioria dos momentos não se apresentem de forma direta, estão fortemente vinculados à cultura dominante imposta na maioria das vezes, quando se trata principalmente de nações subdesenvolvidas, à cultura de mercado determinada pelo sistema econômico global, o qual impõe um subjetivo sistema de controle social. Tal abordagem reduz a qualidade de vida e a saúde a meras oportunidades econômicas para geração de riquezas.[31]

Nesse ínterim as condições socioambientais adversas presentes em países em desenvolvimento passaram a ser identificadas como riscos à saúde, apontando a necessidade da observância desse novo, mas ao mesmo tempo antigo problema, mas agora sobre outro viés, sobre uma nova perspectiva de necessidade integradora, considerando que antigas necessidades já se encontram respaldadas constitucionalmente.

Essa nova necessidade que se tornou latente aponta para novas concepções integrativas à temática ambiental às práticas de saúde pública,[32] ou seja, apontam ao desenvolvimento do necessário equilíbrio socioambiental em saúde pública. É preciso resgatar o mercado como realidade humana, as relações de mercado são relações sociais que regem a produção, a distribuição e o consumo de bens e serviços, sendo relações sociais, o social e não o individual deve ocupar a centralidade da questão. O mercado possui por finalidade atender às metas sociais, às necessidades básicas da população, mas, em razão de interesses escusos de particulares, de grandes corporações de mercado essa lógica acaba invertendo-se.[33]

Do ponto de vista socioambiental, a saúde e sua operacionalização no serviço, do setor de vigilância em saúde ambiental, necessita ampliar o olhar, compreendendo que a degradação da saúde das populações é resultante da racionalidade dos processos econômicos e de produção,[34] bem como da exploração que esses processos exercem sobre a sociedade. O ideal da democracia plena, participativa, é substituído pela construção de uma democracia de mercado,[35] possibilitada pela televisão que degrada o espaço público, uma vez que simplifica abertamente o debate político; o *show* substitui a ideologia, a imagem, as ideias, as frases, o poder de argumentação; o militante é substituído por um telecidadão distraído e passivo.[36]

Ao mencionar sobre a ilusão jurídico-institucional referente aos sistemas políticos do século passado, Norberto Bobbio pondera que antigamente bastava procurar remédios eficazes a controlar o sistema político autossuficiente ou dominante, para controlar o sistema de poder da sociedade como um todo. Hoje, essa realidade não é mais possível, estamos cada vez mais conscientes de que o sistema político é um subsistema do sistema global, e que o controle do primeiro não implica o controle do segundo.[37] Assim, com a prevalência do interesse econômico sob os interesses sociais o homem acaba por ser considerado um elemento residual, por conseguinte, o território, bem como o Estado-nação e a solidariedade social também se tornam elementos residuais.[38]

O que aponta grande problemática, uma vez que não há direito sem obrigação; e não há nem direito nem obrigação sem uma norma de conduta,[39] sem a presença do Estado, sem as garantias constitucionais asseguradas e trabalhadas por meio de políticas públicas embasadas diretivamente. Do contrário, os direitos contidos nas declarações formais caem no vazio das esferas abstratas, ou perdem o fio institucional de contato com a realidade concreta, aquela que deve propiciar em termos de eficácia a fruição completa das liberdades humanas.[40] O alerta é de preparo, de necessário preparo estrutural entre os três poderes – Legislativo, Executivo e Judiciário – e de conscientização em relação à população. Existem necessidades de cuidados primários em saúde que devem ser garantidas, acesso a medicamentos essenciais, a vacinas, a profissionais treinados e habilitados, a procedimentos cirúrgicos. No entanto, será necessário, em um curto espaço de tempo, uma mudança na forma como os sistemas de saúde estão estruturados e são finan-

---

31. LEFF, Enrique. *Saber ambiental*: sustentabilidade, racionalidade, complexidade, poder. Petrópolis: Vozes/PNUMA; 2008.
32. BARCELLOS, C Quitério LAD. *Vigilância ambiental em saúde e sua implantação no Sistema Único de Saúde*. Ver. de Saúde Pública. 2006;40 (1): 170-177.
33. PESSINI; BARCHIFONTAINE, *op. cit.*, 2002. p. 92.
34. LEFF, Enrique. *Saber ambiental*: sustentabilidade, racionalidade, complexidade, poder. Petrópolis: Vozes/PNUMA; 2008.
35. SANTOS, *op. cit.*, p. 61.
36. GILLES, Lipovetsky. *Metamorfoses da cultura liberal*: ética, mídia e empresa. Tradução Juremir Machado da Silva. Porto Alegre: Sulina, 2004. p. 82.
37. BOBBIO, Norberto. *op. cit.*, p. 151.
38. SANTOS, Milton. *op. cit.*, p. 147.
39. BOBBIO, Norberto. *op. cit.*, p. 8.
40. BONAVIDES, P. *Curso de direito constitucional*. 22. ed. São Paulo: Malheiros, 2008. p. 532.

ciados,[41] bem como de que modo se dá esse acesso à população, de que forma o Estado garante e fornece o direito à saúde ao cidadão, considerando que cada vez é maior o número de necessitados que procuram o Poder Judiciário na busca do acesso à Saúde.

O que vem resultando em grande preocupação à gestão pública, considerando que crescem desmedidamente os índices de judicialização de pedidos concernentes à esfera da saúde, os quais ganham considerável contribuição da presente realidade socioambiental de exploração econômica sobre todas as classes sociais, ante a acentuada falta de uma cultura ou, melhor, ante a ainda escassa educação para a saúde. Essa última deve estar assentada sobre a consciência cidadã. A internalização dessa nova concepção de risco à saúde possibilitará que a vigilância de saúde ambiental se aproprie de todo um arcabouço epistemológico baseado na integração interdisciplinar do conhecimento, assim como de uma concepção construída em valores éticos de respeito aos diferentes saberes, à diversidade dos territórios e aos anseios de suas populações.[42]

Todo o compromisso na área da saúde, em nossa realidade, é desafiado a favorecer o processo de conquista da cidadania, consubstanciada no exercício da plenitude dos direitos, como garantia da existência física e cultural e do reconhecimento do indivíduo como ator social, por exemplo, com a participação ativa nos Conselhos de Saúde.

4. O processo de judicialização da saúde

Para Sarlet, o constitucionalismo brasileiro, especialmente em função da atitude positiva do Poder Judiciário, deu o primeiro grande passo rumo à afirmação dos direitos fundamentais sociais, com a concretização da gerência do art. 196 da Constituição, ao menos em sua dimensão positiva, com o reconhecimento do direito à saúde como direito a prestações materiais, conduta importante para superar o paradigma de que essa norma teria um mero caráter programático e não de mediata aplicação.[43]

Entretanto, esse grande ato acabou por conduzir erroneamente a atuação do Poder Judiciário à aplicação do direito à saúde como um verdadeiro poder individual, absoluto e irrestrito do indivíduo contra o Estado, que passou da inércia do Estado a uma situação em que qualquer indivíduo possui direito à prestação do Estado, sob o simples argumento que possui direito subjetivo e público à saúde, assegurado constitucionalmente, sem qualquer consideração. Concepção que, na verdade, se contrapõe às diretrizes estabelecidas pelos direitos sociais de segunda dimensão.[44]

Pontue-se que a proposta do presente estudo não é de contrapor-se ao direito ou restringir a aplicação do direito à saúde por meio da esfera judicial, mas sim ir ao encontro da garantia da efetiva aplicação racional de tal segurança essencial à manutenção da vida, apontando diretrizes estabelecidas pela própria concepção dos direitos sociais. Considerando que na contextualização constitucional o direito à saúde foi caracterizado como direito fundamental social, introduzido em uma ordem que tem por objetivo a promoção do bem comum, assim sendo não se pode conceber o direito à saúde como um direito individual ilimitado, uma vez que deve estar em equilíbrio com as necessidades da coletividade.

Nesse sentido, o art. 198 da Constituição prevê que o Sistema Único de Saúde deve ser descentralizado com direção única em cada esfera de governo, garantindo-se o atendimento integral, com prioridade para as atividades preventivas, e com participação da comunidade, o que reforça a necessidade de compreensão comunitária desse direito. Assim, no que tange ao fornecimento gratuito de medicamentos, há vários programas compartilhados entre as três esferas da Federação, divididos em categoria de medicamentos excepcionais, medicamentos especiais e medicamentos básicos essenciais, alcançando cada qual uma diferente necessidade[45], o que evidencia a preocupação do Poder Executivo com a questão, ou seja, em tornar efetivo esse direito social assegurado pela Constituição, vincula esse poder ao cumprimento das prestações de forma administrativa.[46]

Outro requisito importante a ser observado pelo Poder Judiciário ao deferir tais pedidos, são as questões fáticas decorrentes do critério de escassez

---

41. PESSINI; BARCHIFONTAINE, *op. cit.*, p. 89.
42. LEFF, Enrique. *Saber Ambiental*: sustentabilidade, racionalidade, complexidade, poder. Petrópolis: Vozes/PNUMA; 2008.
43. SARLET, Ingo Wolfgang. *Algumas considerações em torno do conteúdo, eficácia e efetividade do direito à saúde na Constituição de 1988*. Interesse Público, Sapucaia do Sul. n. 12, 2001. p. 91/107.
44. LIMA, Ricardo Seibel de Freitas. *Direito à saúde e critérios de aplicação*. In: (Org) SARLET, Ingo Wolfgang; TIMM, Luciano Benetti. Direitos fundamentais: orçamento e "reserva do possível". Porto Alegre: Livraria do Advogado, 2010. p. 246/247.
45. BARROSO, Luís Roberto. *Da falta de efetividade à judicialização excessiva*: direito à saúde, fornecimento gratuito de medicamentos e parâmetros para atuação judicial, p. 17/20. Disponível em: <http://www.lrbarroso.com.br/pt/noticias/medicamentos.pdf>. Acesso em: 23 abr. 2012, às 22hs.
46. LIMA, *op. cit.*, p. 249.

dos recursos públicos, o que deve conduzir à decisões coerentes que permitam que as prestações sejam passíveis de universalização igualitária entre futuros demandantes, o que serve para assegurar que outros serviços e prestações sociais não restem prejudicados, sob pena de referidas decisões insurgirem-se contra o próprio equilíbrio socioambiental. Sobretudo, porque é impossível que o Estado garanta indiscriminadamente a concessão de todo e qualquer pedido na esfera da saúde, garantia que não existe em qualquer país do mundo, tampouco se faz possível de existência em um país ainda muito vulnerável à política de mercado capitalista que impulsiona a crescente cultura de medicalização da vida.

Logo, imprescindível na esfera da saúde a observação da reserva do possível conjuntamente com a análise da garantia do mínimo existencial, observando todos os critérios e requisitos pertinentes à tomada de tal decisão, como a observância do binômio da razoabilidade da pretensão individual/social e a existência de disponibilidade financeira por parte do Estado para tornar efetiva a prestação pretendida, isso na tentativa de garantia do equilíbrio entre o interesse público e o interesse privado, que também não deixam de ser unos, pois objetivam o mesmo fim.

Assim, dentre os atuais desafios enfrentados pelo sistema público de saúde se pode destacar como um dos mais complexos e impactantes a intervenção cada vez maior do Poder Judiciário no deferimento de pedidos concernentes à saúde, uma vez que a maioria das decisões demonstram a inobservância das diretrizes administrativas e das políticas públicas pré-estabelecidas pelo Ministério da Saúde, ao deferir numerosos pedidos relativos à saúde. O que acarreta grande prejuízo à estrutura financiadora desse sistema, fenômeno que vem sendo denominado como judicialização do Sistema Único de Saúde. Realidade que está abarrotando o Poder Judiciário, que se vê impelido a tomar decisões com base no direito essencial à manutenção da vida, garantido constitucionalmente no art. 196 da Constituição Federal.

O que ocorre é a concessão, de certa forma indiscriminada, considerando que grande parte das decisões judiciais não observa as diretrizes apontadas pelo Sistema Único de Saúde, no que tange à descentralização das competências no fornecimento de fármacos e outros pedidos inerentes a esfera da saúde, tampouco observa os requisitos necessários à sua concessão, o que acarreta um processo crescente de judicialização da saúde no Brasil.

Realidade que pode gerar graves problemas à estrutura do SUS, conforme os números apontados pelo Conselho Nacional de Justiça (CNJ), ainda no ano de 2011 tramitavam no sistema judiciário brasileiro 240.980 mil processos na área da saúde, as chamadas demandas judiciais de saúde. Sendo que a maior parte dos pedidos se referia ao acesso a medicamentos, insumos de higiene íntima, procedimentos médicos de saúde – cirurgias, consultas e exames, bem como vagas para internação em hospitais públicos. Medidas que são de competência administrativa do Sistema Único de Saúde – SUS, e que na grande maioria das vezes são de competência descentralizada do município, não do Judiciário brasileiro.[47]

Apontou o CNJ que os estados que encabeçavam essa soma ainda em 2011 eram: o Estado do Rio Grande do Sul – Tribunal de Justiça (TJRS), com 113.953 ações judiciais; em segundo lugar vinha o Estado de São Paulo – Tribunal de Justiça (TJSP), com 44.690 ações tramitando, após, o Estado do Rio de Janeiro – Tribunal de Justiça (TJRJ), com 25.234 ações em tramitação. Possuíam também destaque, mas de menor escala, os tribunais de Justiça do Ceará – TJCE, com 8.344 ações em tramitação, Minas Gerais – TJMG, com 7.915 ações e o Tribunal Regional Federal da 4ª, região – TRF 4, que compreende os Estados do Rio Grande do Sul, Paraná e Santa Catarina, onde tramitavam mais 8.152 ações.[48]

Conforme levantamento do Comitê Estadual de Saúde do Tribunal de Justiça (TJ), atualizado em dezembro de 2014, hoje no Rio Grande do Sul tramitam 82 mil ações judiciais com pedidos de medicamentos e tratamentos de saúde, em 2011 eram quase 114 mil. Nos últimos três anos, o total de ações diminuiu em mais de 30 mil em função do trabalho integrado entre as 18 entidades que compõem o Comitê, que concentra esforços no sentido de orientar a população a buscar a resolução administrativa, sopesando que a maioria dos medicamentos solicitados em ações integravam a lista do SUS, que não necessita de ação judicial, mas sim do acesso ao conhecimento e ao procedimento adequado para garantir o alcance ao fármaco.[49]

No entanto, mesmo com a redução de ações judiciais, nos últimos três anos o Estado do Rio Grande

---

47. CONSELHO NACIONAL DE JUSTIÇA. Disponível em: <http://www.cnj.jus.br/noticias/cnj/14096:brasil-tem-mais-de-240-mil-processos--na-area-de-saud>. Acesso em: 09 abr. 2016.
48. Ibidem.
49. CONSELHO NACIONAL DE JUSTIÇA. Disponível em: <http://www.cnj.jus.br/noticias/cnj/14096:brasil-tem-mais-de-240-mil-processos--na-area-de-saud>. Acesso em: 09 abr. 2016.

do Sul ainda lidera o *ranking*, vindo seguido hoje pelo Estado de Minas Gerais, com 66.751 mil ações, que teve um acentuado crescimento, passando na frente de Rio de Janeiro e de São Paulo.

Assim, vem se reproduzindo uma desigualdade cada vez maior no acesso às ações e serviços de saúde, sendo que o que preocupa não é exatamente o quanto vem sendo gasto, mas a forma como vem sendo gasto.[50] Tudo indica que se medidas mais diretivas, que visem frear o crescente processo social de medicalização da vida, que por consequência lógica acaba por estimular o processo de judicialização da saúde, não forem tomadas, esse fenômeno social poderá acarretar considerável impacto às estruturas garantidoras do Sistema Único de Saúde.

Nesse sentido, algumas condutas se revelam adequadas: a realização dos tratamentos garantidos pelo Poder Público em estabelecimentos nacionais, ligados ao SUS, e não por meio de depósitos em juízo, possibilitando a preferência do médico e do estabelecimento particular, salvo quando não houver outra opção; os medicamentos devem ser preferencialmente genéricos ou de baixo custo, não podendo ser admitidas preferências arbitrárias por determinadas marcas, o que desde já evidencia prática comum indicando influência econômica do médico por grandes laboratórios farmacológicos. Ainda, devem ser priorizadas as ações de caráter preventivo; deve ser observado se o beneficiário em questão é pessoa carente de recursos, pois, apesar de ser a saúde um direito de todos, típico direito de justiça social, ela não é dever somente do Poder Público;[51] devem ser observadas as opiniões de caráter técnico-científico acerca de tais pretensões, especialmente as de especialistas idôneos e que constituam determinado consenso no ramo.

O direito à saúde, a ser garantido pelo Estado, deve ser baseado em uso racional de tais possibilidades garantidas pelo Ente Público, tratando-se de medicamentos de eficácia comprovada, prescritos de forma adequada, observada a ética profissional. Tratamentos de eficácia duvidosa, com substâncias proibidas ou não reconhecidas pela ANVISA não se enquadram nos critérios de um direito à saúde a ser efetivado por políticas públicas. Sendo nesse sentido indicado o uso dos Protocolos Clínicos e Diretrizes Terapêuticas – PCDT, que são estudos elaborados por conceituados profissionais em determinada especialidade da área médica estabelecidos em procedimentos abertos à consulta pública e sujeitos a revisões periódicas, que indicam tratamentos adequados a alguma espécie de doença, ou seja, embasam a chamada conduta médica.[52]

Os protocolos são instrumentos que possibilitam uma aplicação racional e criteriosa do direito à saúde em termos de acesso universal e igualitário. No entanto, por certo que o Poder Judiciário não necessita ficar absolutamente vinculado à análise desses prontuários, mas a medida é altamente recomendável, pois evitará que o Estado seja compelido a custear medicamentos ou tratamentos baseados em prescrições duvidosas, perigosas, não admitidas no país e até mesmo antiéticas, tendentes a beneficiar interesse de particulares.[53]

Considerando os números do crescente processo de judicialização do direito à saúde, se pode observar que se limites não forem criados por parte dos poderes Executivo, Legislativo e Judiciário – Estado –, de forma coerente, mas, sobretudo, por parte da própria população, por meio da construção de um caráter cívico, o problema pode vir a acarretar grandes ou até mesmo insustentáveis prejuízos ao Sistema Único de Saúde (SUS), passando a ser discutível a continuidade de sua viabilidade, nos moldes que se apresentam atualmente.

A falta de uma educação voltada para a saúde, na construção de um comportamento ético e informado do cidadão, o qual é sustentáculo da preocupação com a garantia do bem maior da vida, demonstra ser a medida mais viável, sustentável e duradoura à problemática. A construção do caráter democrático do cidadão, que se dá nessa questão por meio da educação socioambiental em saúde, a qual possibilitará ao indivíduo utilizar-se coerentemente das medidas constitucionais a ele asseguradas para garantia de seu bem maior, a vida.

A realização pessoal e comunitária de cada pessoa é sempre um valor que está acima do Estado e, sobretudo, do mercado. O bem comum, o interesse social ampliativo sobrepõe-se aos interesses políticos e econômicos de especulação financeira impostos pela cultura capitalista.

No centro de todo o processo político deve estar o cidadão, no entanto, consciente de seus plenos direitos civis, políticos e sociais, possuindo a obrigação

---

50. LIMA, *op. cit.*, p. 242.
51. LIMA, *op. cit.*, p. 251.
52. PICON, Paulo Dornelles. *Protocolos clínicos e diretrizes terapêuticas: a evidência científica na prática do Sistema Único de Saúde*. CONNAS documenta: Caderno de informações técnicas e memória dos progestores, Brasília, n. 3, p. 54-60, 2004.
53. LIMA, *op. cit.*, p. 251/252.

de trabalhar pela proteção vigilante do Estado no usufruto de seus direitos individuais e coletivos.[54]

Portanto, o direito à saúde, consequentemente à vida, constitui o bem maior de qualquer cidadão e, como tal, deve se sobrepor às mudanças políticas e ideológicas e merecer atenção priorizada. No entanto, a presente realidade social ainda se encontra distante desse ideal.

No dia em que a cidadania for alcançada no Brasil, teremos o indicador ético mais claro de que a população conquistou os níveis sanitários e educacionais compatíveis com sua dignidade de seres humanos, sendo que a ética da responsabilidade universal faz parte desse contexto.[55]

5. Conselhos de Saúde: instância de democratização e controle social

O controle social e a participação popular são os pilares do Sistema Único de Saúde, o que explicita o resultado da conquista da sociedade organizada na esfera da saúde, sendo a expressão da própria ampliação da democratização, na medida em que a população passou a ter a possibilidade de opinar, decidir, definir fiscalizar e acompanhar por meio de seus representantes, as políticas do governo direcionadas à esfera da saúde.

Conquistou-se um direito, mas, sobretudo, criou-se o dever da população de participar das decisões que lhe dizem respeito, ou seja, a possibilidade de viabilizar a garantia de seus direitos. Assim, cabe a cada cidadão controlar e fiscalizar o serviço que está sendo oferecido, considerando que todas as questões que envolvem os usuários do SUS devem ser discutidas com a população antes que sejam decididas, pois tratam de questões ligadas diretamente à garantia do bem maior que é a própria vida.

Para que essa participação social se efetive existem diversas formas previstas em lei, como os Conselhos de Saúde municipais, estaduais e nacional, que são espaços deliberativos integrantes da estrutura político-institucional do Sistema Único de Saúde (SUS). Existem há mais de vinte anos e funcionam em todas as unidades da Federação brasileira, sobretudo, são uma inovação cultural crucial à democratização das decisões setoriais na área da saúde.

Os Conselhos de Saúde formam órgãos colegiados, que reúnem representantes de diversos setores da sociedade. Possuem caráter permanente e deliberativo, isto é, devem existir e se reunir sempre e resolver, após debate, as diretrizes a serem seguidas na área da saúde, referentes a cada localidade em que se encontram. Ademais, possuem a liberdade para controlar e fiscalizar a execução da política de saúde, inclusive quanto aos aspectos econômicos e financeiros, lutando junto às esferas governamentais para que mais recursos sejam destinados à amplitude do atendimento e demais ações em saúde.[56]

Além dos Conselhos de Saúde existem ainda as Conferências de Saúde, também atingindo o âmbito municipal, estadual e nacional, nas quais se discute o que é importante para cada município, para cada localidade diretivamente. Momento em que a consulta é ampliada para toda sociedade, para cada comunidade, possibilitando a avaliação da situação local e a propositura de diretrizes diretivas. Essas assembleias são convocadas a cada quatro anos, entretanto, também existe a possibilidade de sua convocação extraordinária, caso se faça necessário.[57]

Logo, os mecanismos existem, estão assegurados pela Constituição Federal de 1988, em razão da conquista gradual que se estabeleceu externamente e internamente no cenário sociopolítico brasileiro. No entanto, para exercer efetivamente o controle social, o cidadão, seja ele conselheiro ou não desses mecanismos, precisa estar bem informado, uma vez que a informação é a ferramenta básica para melhorar a saúde do povo.[58]

Mas, sobretudo, a realidade cotidiana ainda demonstra que os conselhos de saúde enfrentam enormes problemas de funcionamento que incidem, em última instância, na legitimação de sua eficácia, diferentemente do fenômeno participativo, evolucionista que se deu ao longo da década de 1990, com os abundantes debates sobre políticas públicas na esfera da saúde. A Constituição Federal expressa a vontade do legislador de conduzir a nação à plena democracia, todavia, a presente realidade política e social se mostra ainda frágil para tanto.

Conforme Maria Eliana Labra[59] o grande problema dessa questão está na disseminação dos valores sociais de cidadania no âmago da população, sendo

---

54. PESSINI; BARCHIFONTAINE, op. cit., p. 92.
55. Ibidem, p. 93.
56. PESSINI; BARCHIFONTAINE, op. cit., p. 104.
57. Ibidem, p. 104.
58. Ibidem, p. 105.
59. Doutora em Ciência Política, pesquisadora titular na Escola Nacional de Saúde Pública/Fiocruz. E-mail: <labra@enps.fiocruz.br>.

que o processo de internalização desses valores, por si só, é demorado; no Brasil está apenas em seus primórdios, mesmo porque se trata de uma democracia jovem, as mudanças na cultura política e cívica da população ainda não se traduzem em crenças e condutas afinadas com esse ideal.[60] Aponta Labra, em estudo dirigido sobre o tema, que: no plano cultural chama a atenção a baixíssima adesão dos brasileiros aos valores democráticos, sendo que 59% dos brasileiros não sabem o que significa democracia, apenas 30,6% se consideram democratas e 42,4% são simpáticos ao uso da força;[61] menciona também que 50% da população brasileira constitui-se de uma sociedade civil que não tem identidade, projeto civil ou forma de luta para afirmar-se, defender-se, para conquistar direitos ou reconhecimento, são os "politicamente destituídos de todo poder real."[62]

Os índices acima apontados, somados com a realidade demonstrada por Leo Pessini e Christian de Paul Barchifontaine, tornam a situação ainda mais preocupante e dificultosa à administração do sistema de saúde; considerando a grande diversidade social e econômica do país, a população se divide em três grupos: o Brasil dos que têm plano de saúde, o Brasil dos que são atendidos pela rede pública de saúde, sendo que desses brasileiros 80% poderiam resolver os seus problemas em casa, por meio de vacinas, saneamento básico, orientação correta e cuidados ambulatoriais, e o Brasil dos que, na prática, não têm acesso a nenhum tipo de socorro, padecendo das doenças da miséria e da desinformação, esses somam cerca de 10 milhões de brasileiros, são aqueles que necessitam aprender a beber água filtrada, nem sabem que possuem direito a ser beneficiados pela universalização do atendimento assegurada pela Constituição.[63]

Pontual disparidade na realidade social do país acaba acarretando grande dificuldade à administração do Sistema Único de Saúde, considerando a proporção continental do país e a desigualdade cultural e econômica, o que dá origem a dois extremos: a excessiva judicialização da saúde de um lado e a total desinformação do direito a ela de outro. Realidade que demonstra que grande parte dos gastos em saúde no país poderia ser redirecionada por meio da aplicação de medidas sócioeducativas, de políticas públicas voltadas à educação para a saúde, sobretudo, sendo direcionadas pelas iniciativas locais, levando em conta as necessidades que a localidade apresenta, sendo que o município estaria mais próximo para identificar a necessidade e fiscalizar o seu atendimento com excelência.

Portanto, tanto as desigualdades como os valores políticos apontados ou a falta desses, em âmbito geral, comprometem a confiança na democracia. São o resultado diretamente da falta de maior engajamento cívico em ações coletivas e afetam a regularidade nas relações entre os participantes nos campos de deliberação participativa. A reflexão acerca dos direitos de personalidade ainda é conquista recente e carece de estruturas que possibilitem a sua proteção; a exteriorização de sua constitucionalização, virá a conferir eficácia jurídica plena aos direitos fundamentais de segunda dimensão. Sobretudo, sendo necessário transpor o modelo jurídico individualista, formal e dogmático, adequando conceitos, institutos e instrumentos processuais no sentido de melhor contemplar, garantir e materializar os direitos de natureza humana.[64]

A saúde deve ser tratada como de responsabilidade pública, isto é, deve ser administrada sob os critérios do interesse público, o que comporta as possibilidades de que nem toda ação pública seja estatal e nem toda ação estatal seja pública. O fundamental é a sua identificação com os interesses da população. Reside aí, talvez, um dos conceitos a serem destacados nessa nova etapa de Reforma Sanitária: a canalização das ações públicas para os processos de aperfeiçoamento do controle social, em todos os níveis, a partir das relevantes conquistas dos Conselhos e Conferências de Saúde, com seu caráter paritário e deliberativo definido em lei.[65]

As mais importantes conquistas em saúde no século XX situam-se entre as maiores transformações sociais desse período, as condições de saúde melhoraram drasticamente para a maioria dos seres humanos, pela expansão do conhecimento básico. O conhecimento não é algo distante das pessoas. No entanto, é necessária a sua promoção, torná-lo relevante, na

---

60. LABRA, Maria Eliana. Conselhos de Saúde.
61. LABRA, op. cit., p. 199.
62. Ibidem.
63. PESSINI; BARCHIFONTAINE, op. cit., p. 90-1.
64. WOLKMER, Antônio C. Novos pressupostos para temática dos direitos humanos. In: (org) RÚBIO, David Sánchez; FLORES, Joaquin Herrrera; CARVALHO, Salo de. Direitos humanos e globalização: fundamentos, possibilidades, desde a teoria e crítica. 2. ed. Dados eletrônicos. Porto Alegre: EDIPUCRS, 2010: Disponível em: <http://www.pucrs.br/orgaos/edipucrs>. Acesso em: 20 ago. 2011. p. 26.
65. PESSINI; BARCHIFONTAINE, op. cit., p. 106.

maneira como as pessoas lidam com ele em suas vidas, sendo que é a partir dessa base de conhecimento, continuamente renovada e expandida, que se encontrará o equilíbrio na esfera da saúde e paulatinamente a inclusão do milhão de excluídos ao sistema garantidor da vida.[66]

Nesses termos, os Conselhos Municipais de Saúde poderiam se transformar num trampolim importante para a vivência da cidadania,[67] viabilizando a elucidação à população local acerca dos fatores socioambientais que comprometem o equilíbrio entre os fatores físicos, mentais e sociais do indivíduo, objetivando um equilíbrio nessa esfera. Seria possível a construção e o desenvolvimento de preceitos morais solidificados sob uma diretriz ética de democratização ativa, sobretudo viabilizando uma medida de resolução mais concreta e duradoura para os modernos problemas que a saúde apresenta, como a medicalização da vida e a judicialização da saúde, fenômenos sociais que nasceram conjuntamente com a nova concepção de saúde.

É fundamental o papel da educação, da informação e da comunicação na promoção da saúde para gerar uma nova cultura voltada ao equilíbrio da saúde socioambiental.[68] Hoje, é mais importante transferir informações e educar a população para a saúde do que somente prestar-lhe assistência, sendo que o cidadão, informado e educado, tornar-se-á seu próprio agente de saúde. Seria ele consciente também de que saúde é um direito, e não um favor, como tem sido pregado distorcidamente pela cultura assistencialista. O caminho é mais difícil, mas se concretizado, proporcionará um relevante avanço na área da saúde nacional.[69]

Considerações finais

O direito à saúde não deve ser entendido como um poder coercitivo do particular contra o Estado, mas sim deve ser compreendido em toda sua amplitude, a qual viabiliza a garantia duradoura e sustável do Sistema de Saúde. Sobretudo, deve ser compreendido como um direito de justiça social, que possibilita o necessário equilíbrio socioambiental em saúde para toda a população, partindo-se do equilíbrio integrado do todo para viabilidade individual, ou da percepção individual consciente para o equilíbrio do todo.

Vivemos novos tempos em que se tornou impossível dissociar a conceituação de saúde, a ausência de doenças, o estado pleno de saúde do corpo físico, de fatores externos dos mais diversos, fatores influenciadores desse necessário equilíbrio ao alcance do bem-estar físico, mental e social. Sendo fator preponderante ao alcance dessa ponderação o desenvolvimento da consciência cívica do ser cidadão, a participação social proativa e modificadora. O que demonstra que a problemática ambiental não é ideologicamente neutra nem alheia aos interesses econômicos e sociais, diretamente ligada à estrutura do Sistema Único de Saúde.

Assim, o presente artigo objetivou trazer à baila a análise ou, tão somente, apontar uma nova discussão acerca dos problemas que impactam o equilíbrio socioambiental em saúde, apontados pela bioética cotidiana, a qual se volta justamente à discussão de questões como a presente, englobando fenômenos complexos, como a socialização da assistência sanitária e os crescentes processos de medicalização da vida e judicialização da saúde, fenômenos sociais que ganham proporção mais acentuada em países em desenvolvimento.

Ao passo que sob essa perspectiva se pode observar que o Sistema de Saúde conquistado e solidificado por meio da Constituição Federal de 1988 se mantém mesmo perante todos esses impactantes fatores negativos. Espera-se que continuará a se manter, mas precisará equacionar tais problemas, superando uma política do adoecimento de viés assistencialista, associada à exploração voraz da lógica do mercado que acarreta desperdício em números cada vez mais alarmantes no processo de judicialização da saúde.

Referências bibliográficas

BARCELLOS, C Quitério LAD. *Vigilância Ambiental em Saúde e sua implantação no sistema único de saúde*. Ver. de Saúde Pública. 2006.

BOBBIO, Norberto. *A era dos direitos*. Rio de Janeiro: Campus, 1999.

BONAVIDES, P. *Curso de direito constitucional*. 22. ed. São Paulo: Malheiros, 2008.

BARROSO, Luís Roberto. *Da falta de efetividade à judicialização excessiva*: direito à saúde, fornecimento gratuito de medicamentos e parâmetros para atuação judicial, p. 17/20. Disponível em: <http://www.lrbarroso.com.br/pt/notícias/medicamentos.pdf>. Acesso em: 23 abr. 2012.

CONSELHO NACIONAL DE JUSTIÇA. Disponível em: <http://www.cnj.jus.br/files/conteudo/destaques/arquivo/2015/06/6781486daef02bc6ec8c1e491a565006.pdf>. Acesso em: 09 maio 2016.

---

66. PESSINI; BARCHIFONTAINE, *op. cit.*, p. 88/90.
67. *Ibidem*, p. 107.
68. *Ibidem*, p. 109.
69. *Ibidem*, p. 112.

GAVIÃO FILHO, Anízio Pires. *Direito fundamental ao meio ambiente*. Porto Alegre: Livraria do Advogado, 2005.

GILLES, Lipovetsky. *Metamorfoses da cultura liberal*: ética, mídia e empresa. Tradução de Juremir Machado da Silva. Porto Alegre: Sulina, 2004.

LABRA, Maria Eliana. *Conselhos de saúde*: Visões "macro" e "micro". Civitas – Revista de Ciências Sociais, janeiro-junho, ano I, vol. 6, número 001 – Pontifícia Universidade Católica do Rio Grande do Sul. Porto Alegre, Brasil, pp. 199-221: Disponível em: < http://redalyc.uaemex.mx/pdf/742/74260111.pdf>. Acesso em: 02 maio 2012.

LIMA, Ricardo Seibel de Freitas. *Direito à saúde e critérios de aplicação*. In: (Org.) SARLET, Ingo Wolfgang; TIMM, Luciano Benetti. *Direitos fundamentais*: orçamento e "reserva do possível". Porto Alegre: Livraria do Advogado, 2010.

LEFF, Enrique. *Saber ambiental*: sustentabilidade, racionalidade, complexidade, poder. Petrópolis: Vozes/PNUMA; 2008.

MINISTÉRIO DA SAÚDE. *Secretária de Políticas de Saúde*. Projeto Promoção da Saúde. As Cartas de Promoção da Saúde. Brasília: Ministério da Saúde; 2002. Disponível em: <http://dtr2001.saude.gov.br/editora/produtos/livros/pdf/02_1221_M.pdf>. Acesso em: 19 maio 2012.

MORAIS, Alexandre de. *Direito constitucional*. 23. ed. São Paulo: Atlas, 2008.

ORGANIZAÇÃO MUNDIAL DE SAÚDE. *Programa de diabetes*. Disponível em: <http://www.who.int/en/>. Acesso em: 03 fev. 2012.

ORGANIZAÇÃO MUNDIAL DE SAÚDE. *O Fundo das Nações Unidas para Infância. Cuidados Primários de Saúde*: relatórios da Conferência Internacional sobre cuidados primários de saúde. Alma-Ata, URSS, 1978. Disponível em <httpwhqlibdoc.who.intpublications9241800011_por.pdf> acesso em 19 maio 2012.

PESSINI, Léo; BARCHIFONTAINE, Christian de Paul. *Problemas atuais de bioética*. São Paulo: Loyola, 2002.

PICON, Paulo Dornelles. *Protocolos clínicos e diretrizes terapêuticas*: a evidência científica na prática do Sistema Único de Saúde. CONNAS documenta: Caderno de Informações Técnica e Memória dos Progestores, Brasília, n. 3, p. 54-60, 2004.

PIOVESAN, Flávia. *Direitos humanos e o direito constitucional*. 7. ed. São Paulo: Saraiva, 2006.

QUIRINO, Marcelo. *Contra a medicalização da vida*. Disponível em: http://www.marceloquirino.com/2009/01/contra-medicalizacao-da-vida.html Acesso em: 23 set. 2011.

ROCHA, Daniel Machado da. *O direito fundamental à previdência social*: na perspectiva dos princípios constitucionais diretivos do sistema previdenciário brasileiro. Porto Alegre: Livraria do Advogado, 2004;

ROCHA, Daniel Machado da; BALTAZAR, Junior. José Paulo. *Comentários à Lei de Benefícios da Previdência Social*. 10. ed. ver. atual. Porto Alegre: Livraria do Advogado: Esmafe, 2011.

SANTILLI, Juliana. *Socioambientalismo e novos direitos*. São Paulo: Peirópolis, 2005.

SANTOS, Milton. *Por uma nova globalização*: do pensamento único à consciência universal. 17. ed. Rio de Janeiro: Record, 2008.

_____ *A eficácia dos direitos fundamentais*. 10. ed. Porto Alegre: Livraria do Advogado, 2009.

SARLET, Ingo Wolfgang. *Algumas considerações em torno do conteúdo, eficácia e efetividade do direito à saúde na Constituição de 1988*. Interesse Público, Sapucaia do Sul. n. 12. 2001.

SARLET, Ingo Wolfgang; FENSTERSEIFER, Tiago. *Notas sobre os deveres do Estado*: a garantia de retrocesso em matéria socioambiental. *In*: AUGUSTIN, Sérgio; STEINMETZ, Wilson (Org.). *Direito constitucional do ambiente*: teoria e aplicação. Caxias do Sul: Educs, 2008.

SILVA, José. Afonso. da. *Curso de direito constitucional positivo*. 31. ed. São Paulo: Malheiros, 2008.

WOLKMER, Antonio C. *Novos pressupostos para temática dos direitos Humanos*. *In*: (org.) RÚBIO, David Sánchez; FLORES, Joaquin Herrrera, CARVALHO, Salo de. *Direitos humanos e globalização*: fundamentos, possibilidades desde a teoria e crítica. – 2. ed. Dados eletrônicos. Porto Alegre: EDIPUCRS, 2010: Disponível em: <http://www.pucrs.br/orgaos/edipucrs>.

Direitos Humanos e Meio Ambiente:
A Proteção da Saúde e as Demandas Coletivas

Maria Claudia Crespo Brauner[*]
Janaina Cristina Battistelo Cignachi[**]

Introdução

O direito social à saúde, a exemplo de todos os outros direitos, está vinculado ao bem de todos os membros da comunidade e não apenas ao indivíduo isoladamente. A Constituição Federal de 1988 estabelece que o direito à saúde efetiva-se pela implementação de políticas públicas que visem à redução do risco de doenças e preconiza pelo acesso universal e igualitário às ações e serviços para sua promoção, proteção e recuperação, assegurada a prioridade para as atividades preventivas.

Porém, para que o Estado, como um todo, possa efetivar esses preceitos legais, faz-se necessária a implementação de políticas públicas destinadas à assistência farmacêutica, ao acesso universal a novas terapias e medicamentos e a realização de procedimentos médicos que muitas vezes não estão ao alcance da população.

Os Direitos Humanos, historicamente, são tidos como direitos os quais estão situados em contínuo movimento e aprimoramento. Inicialmente eram definidos como direitos individuais, em que se privilegiavam os direitos civis e políticos. Recentemente, os que trabalham e militam nesta área, vêm chamando nossa atenção para a questão dos Direitos Humanos como universais e indivisíveis, o que implica em assumir que os direitos civis e políticos devam ser conjugados com os direitos econômicos, sociais, culturais e ambientais, numa unidade inter-relacionada e interdependente. Desta forma, não se trata mais de compreender os direitos como individuais, senão como direitos coletivos.

Assim, o papel do Poder Judiciário na condução das políticas públicas ao acesso à assistência farmacêutica deve ser encarado como uma garantia do indivíduo em pleitear ações que visem à concretização de um direito fundamental e essencial, direito este que está previsto na Carta Magna brasileira e que necessita da atuação eficaz e imparcial para atender às necessidades da população.

A demanda via judicial do direito à saúde tem trazido grande debate na atualidade, tornando-se um dos assuntos mais complexos e polêmicos. No entanto, surge uma questão: como resolver a problemática do direito à saúde frente às crescentes demandas judiciais para a concessão de terapias e medicamentos? De que forma as políticas públicas devem ser intensi-

---

[*] Doutora em Direito pela Université de Rennes 1 – França; Pós-doutora pela Université de Montreal – Canadá. Professora Adjunta da Universidade Federal do Rio Grande – FURG/RS. Coordenadora do Diretório de Pesquisa intitulado Direito e Justiça Social. Pesquisadora Produtividade do CNPq.

[**] Mestre em Direito Ambiental e Novos Direitos pela Universidade de Caxias do Sul – UCS (2015). Pós-Graduanda em Educação, Ciência e Sociedade pelo Instituto Federal de Educação, Ciência e Tecnologia do Rio Grande do Sul – IFRS (2016). Bacharel em Direito pela Universidade de Caxias do Sul (2012). Professora do Curso de Direito da Faculdade de Integração do Ensino Superior do Cone Sul (FISUL). Advogada inscrita na OAB/RS sob o n. 88.533. Assessora Jurídica na Prefeitura Municipal de Carlos Barbosa.

ficadas a fim de que todos os cidadãos tenham acesso a medicamentos eficazes, sem, contudo, valerem-se de ações judiciais para aquisição dos mesmos?

Nota-se que a temática apresenta uma série de questionamentos. Por meio de um estudo mais aprofundado, veremos que as ações que versam sobre o direito à saúde estão nitidamente ligadas à intensificação das políticas públicas. Hodiernamente, a aquisição e concessão de medicamentos e tratamentos ambulatoriais têm sido objeto de preocupação cada vez maior em todos os sistemas universais de saúde e no Sistema Único de Saúde (SUS) brasileiro. Todas as esferas de governo têm se preocupado com o tema, ao longo dos últimos anos, que tem sido objeto de inúmeros projetos e ações das diferentes administrações.

Dessa forma, mostra-se relevante a atuação do Poder Judiciário no tocante ao acesso a medicamentos e terapias, produzindo reflexos não só na esfera individual da pessoa humana, mas em toda a comunidade em que ela está inserida.

Com efeito, no âmbito nacional, a prestação de serviços de saúde – seja pelo Estado, seja pelo setor privado – envolve uma gama de direitos, relações, interesses de entes sociais de origens e naturezas substancialmente diversas. Dessa forma, imprescindível seja reconhecida a necessidade da implantação das políticas públicas como meio de garantir a todos os cidadãos o acesso universal e igualitário à saúde.

1. O direito sanitário e o meio ambiente: as transformações sociais e as demandas coletivas

As transformações sociais decorrentes das solicitações judiciais têm exigido uma nova postura do Direito, fazendo com que seja dada eficácia aos dispositivos constitucionais, principalmente aqueles que garantem a plena efetivação dos direitos fundamentais.

A prestação jurisdicional deve ser necessária e adequada à atualidade, estando o Poder Judiciário centrado para administrar conflitos de natureza individual, civil e social.[1]

Todavia, a ação coletiva destinada à tutela de interesses difusos e coletivos, como é a demanda da saúde, além das diretrizes comuns à previsão legal contida na norma constitucional, deve receber tratamento de normas processuais previstas na jurisdição coletiva, qual seja, do Código de Defesa do Consumidor e da Lei de Ação Civil Pública, e, posteriormente, do Código de Processo Civil.[2]

É sabido que, apesar do avanço normativo dos direitos humanos, encontramos um problema em assegurar a sua efetividade, principalmente quando requeremos ao Estado uma prestação positiva, como é o caso do direito à saúde.[3]

Os medicamentos, em razão de estarem nitidamente ligados à manutenção da saúde da população, constituem elemento importante não só da política econômica, mas também sanitária do Estado. No entanto, os fármacos transcendem os direitos civis para alcançar o patamar de coisa pública.[4]

Visto que a saúde engloba aspectos ambientais, coletivos e sociais, para que ela seja efetivada é necessário que os indivíduos de diferentes grupos sociais, bem como a coletividade e o Estado cumpram determinados deveres, especialmente aqueles definidos normativamente no âmbito do direito sanitário.[5]

A amplitude dos deveres relacionados à saúde, é questão de alta complexidade que orienta as perspectivas do direito à saúde no Brasil. No entanto, devemos considerar como dever o fato de o indivíduo esforçar-se para manter hábitos de vida saudáveis, cuidando da melhor forma possível da saúde física e mental, tais como uma boa alimentação, a prática de exercícios, e o uso equilibrado de produtos nocivos à saúde (cigarros e bebidas, por exemplo).[6]

As transformações sociais na área da saúde são decorrentes de fatores ligados, sobretudo, à qualidade de vida, fato que é reconhecido no nosso cotidiano e com o qual pesquisadores e cientistas concordam inteiramente.

Isso implica no entendimento de que a saúde não é uma conquista, nem uma responsabilidade exclusiva do setor público. Ela é o resultado de um conjunto de fatores sociais, econômicos, políticos e culturais,

---

1. ROCHA, Júlio César de Sá da. *Direito da saúde*: direito sanitário na perspectiva dos interesses difusos e coletivos. 2. ed. São Paulo: Atlas, 2011. p. 51.
2. *Idem*, p. 52.
3. CURY, Ieda Tatiana. A patente dos direitos humanos. *Estudos de direitos humanos: ensaios interdisciplinares*. DELGADO, Ana Paula Teixeira; CUNHA, Maria Lourdes da. (coords.). Rio de Janeiro: Lumen Juris, 2006. p. 101.
4. CURY, *op. cit.*, p. 101 – 102.
5. AITH, Fernando. Perspectivas do direito sanitário no Brasil: as garantias jurídicas do direito à saúde e os desafios para sua efetivação. *Direito da Saúde no Brasil*. SANTOS, Lenir. (org.). Campinas: Saberes, 2010. p. 190.
6. *Idem*, p. 190.

coletivos e individuais, que se combinam de forma particular, em cada sociedade e em conjunturas específicas, resultando em sociedades mais ou menos saudáveis.

Destarte, na maior parte do tempo de suas vidas, as pessoas são saudáveis, não necessitando de hospitais, procedimentos médicos ou terapêuticos, além do uso excessivo de medicamentos para manter a sua vida e saúde. Contudo, importante mencionar que a maioria dos indivíduos deve desfrutar de um ambiente saudável para viver, com ar e água puros, alimentação adequada, situação social e econômica favoráveis.

No entanto, para que haja uma melhoria nas condições de saúde da população, é necessária a intensificação das políticas públicas, conquistando assim a saúde para todos os cidadãos, havendo uma verdadeira interação social comprometida com a qualidade de vida e saúde de todos.

Os deveres da sociedade na proteção do direito à saúde guardam relação com os deveres inerentes aos esforços coletivos necessários para a proteção desse direito. Englobam os deveres das famílias, das associações de bairro, grupos sociais, organizações não governamentais, empresas, dentre outros, que devem participar ativamente nas campanhas e nas atividades de proteção à saúde.[7]

No âmbito do direito sanitário, como forma de atender às demandas coletivas, é cada vez mais recorrente a criação de leis e regulamentos que orientam e disciplinam as condutas de diferentes grupos sociais, oferecendo uma gama enorme de dispositivos que limitam e disciplinam as atividades dos diferentes grupos envolvidos nessa dinâmica social.[8]

A atuação do Estado também se faz importante no que cabe à proteção à saúde, elaborando e executando políticas públicas capazes de reduzir ao mínimo os riscos de doenças e agravos à saúde dos indivíduos.[9] Não obstante, compete também ao Estado organizar uma rede de serviços de qualidade, garantindo o acesso universal e igualitário às ações e serviços públicos ligados à saúde.[10]

Contudo, embora a sociedade tenha seus deveres para assegurar a proteção à saúde, é o Estado o principal defensor desse direito fundamental, cabendo a ele o papel de protagonista das ações em defesa de uma sociedade saudável, atuando como educador e propagador de informações essenciais à proteção individual e coletiva. Assim, deve o Estado organizar uma rede de serviços apta a prevenir agravos à saúde bem como ao indício de doenças, como forma de garantir a qualidade na assistência de forma eficiente e humanitária.[11]

No entanto, é também papel fundamental do Estado, por meio de políticas públicas, proporcionar o devido acesso às ações que visarem à redução e proliferação de doenças, procurando preconizar pela saúde pública como forma de construir uma sociedade preocupada com a qualidade de vida de cada indivíduo.

Mister estabelecer que compete a cada cidadão preocupar-se em desenvolver um padrão comportamental favorável à sua saúde e lutar para que as condições sociais e econômicas sejam favoráveis à qualidade de vida e à saúde de todos, não precisando assim recorrer ao meio judiciário como forma de garantir uma vida digna e com qualidade.

Nessa feita, importante destacar que a saúde é amplamente reconhecida como o maior e o melhor recurso para o desenvolvimento social, econômico e pessoal, assim como uma das mais importantes garantias constitucionais. Deste modo, o bem-estar de cada indivíduo é construído todos os dias em virtude de uma série de serviços, mercadorias e atividades oferecidas e praticadas tanto pelo titular do "direito à saúde" quanto por terceiros, incluindo o Estado.[12]

Diante da extensão do conceito de saúde, envolvendo fatores biológicos, sociais, culturais, ambientais e econômicos, ligados essencialmente a alimentação, emprego, educação, moradia, saneamento etc., a atual promoção do direito à saúde se converte na principal estratégia para abordar questões ligadas à assistência farmacêutica e ao atendimento integral aos usuários do sistema de saúde público.[13]

Para isso, deve ser criada uma infraestrutura do ponto de vista político, jurídico, educacional, social e econômico para a realização de ações e promoções

---

7. AITH, *op. cit.*, p. 191.
8. *Idem*, p. 192.
9. *Idem*.
10. *Idem*.
11. *Idem*, p. 193.
12. MARRARA, Thiago; NUNES, Lydia Neves Bastos Telles. *Reflexões sobre o controle das políticas de saúde e de medicamentos. Direito à vida e à saúde*: impactos orçamentário e judicial. BLIACHERIENE, Ana Carla; SANTOS, José Sebastião dos. (orgs.). São Paulo: Atlas, 2010. p. 81-82.
13. REZENDE, Nanci Figueirôa. *A amplitude da expressão saúde no marco normativo brasileiro. Direito à vida e à saúde*: impactos orçamentário e judicial. BLIACHERIENE, Ana Carla; SANTOS, José Sebastião dos. (orgs.). São Paulo: Atlas, 2010. p. 233.

voltadas à saúde, como forma de promover a cidadania, estimulando a autonomia dos usuários aos sistemas de saúde públicos, bem como de suas famílias.[14]

Nesse contexto, faz-se necessária a existência de uma proteção jurídica à saúde como direito difuso e coletivo, mediante instrumentos processuais que atuem na defesa e na proteção desse direito, empreendendo, dessa forma, a luta pela concretização de uma política sanitária comprometida com a sociedade, objetivando a construção de uma cultura de cidadania plena, objeto fundamental para a consolidação do direito à saúde no Brasil.

2. Garantia do direito à saúde x direitos sociais

Por estar entre os direitos fundamentais sociais, o direito à saúde se configura como um dos elementos que marcam o constitucionalismo liberal para o constitucionalismo social. Isso graças à existência, no texto constitucional, de direitos à prestação, direitos estes que impõem um dever ao Estado, que passam a exigir do Estado enquanto ente propiciador da liberdade humana não mais aquela atividade negativa, de restrição de sua atuação, mas uma ação positiva, por meio de uma efetiva garantia e eficácia do direito fundamental prestacional à saúde.

Assim, a saúde, por ser um direito fundamental de cunho prestacional e social, revela-se como um excelente tema de estudo, pois o direito à saúde é pressuposto para a qualidade de vida e dignidade humana de qualquer pessoa, estando ligado à prestação jurisdicional dos direitos humanos.

A matéria relativa a direitos humanos e ao direito ambiental, este como supedâneo daquele, pois a vida humana depende do meio ambiente sadio e equilibrado para continuar se manifestando no planeta, tem derrubado fronteiras, pois o meio ambiente é, atualmente, um dos assuntos que despertam o interesse de todas as nações, independentemente do regime político ou sistema econômico. É que as consequências dos danos ambientais não se confinam mais nos limites de determinados países ou regiões. Ultrapassam as fronteiras e, costumeiramente, vêm a atingir regiões distantes. Daí a preocupação geral no trato da matéria que, em última análise, significa zelar pela própria sobrevivência do homem e, sobretudo, a sua saúde.

Indubitavelmente que a proteção ao meio ambiente deve ser considerada como um meio para se conseguir o cumprimento dos direitos humanos, de forma que a lesão praticada ao ambiente importará em infração a outros direitos fundamentais do homem, como a vida, a saúde e o bem-estar. Direitos estes reconhecidos internacionalmente.

É universal o entendimento de que o direito à vida merece especial proteção tanto na ordem interna como na ordem internacional, pois visa estabelecer segurança e igualdade a todos os povos. Daí porque a preservação do meio ambiente por todas as nações redundará na proteção do planeta.

Em síntese, podemos observar um intenso progresso das descobertas científicas em favor da saúde humana. Diversas invenções têm provocado revoluções na medicina e no comportamento humano, em decorrência do direito à saúde e da tutela jurisdicional para o seu alcance e efetivação.

Um fator que vem afetando o enfoque sobre as pesquisas na indústria farmacêutica é a grande pressão para a redução das despesas com medicamentos em países industrializados. É sabido que por detrás de toda nova tecnologia imposta no mercado existe o interesse das indústrias farmacêuticas, sendo motivo de preocupação do atual quadro de assistência farmacêutica pública e de pesquisadores da área.

Entretanto, as novas tecnologias que atuam sobre a vida e a saúde humanas devem dispor de um debate público, envolvendo profissionais de diversas áreas, inclusive a participação da sociedade civil, assegurando a proteção da vida humana frente aos novos fármacos colocados à disposição no mercado brasileiro.[15]

Outrossim, compete ao Direito indicar os procedimentos apropriados para que as decisões judiciais na área da saúde tenham as melhores chances de resolver os problemas suscitados pelas novas tecnologias, de forma a considerar o caráter fundamental dos princípios jurídicos, pois sua positivação constitui um processo no qual intervêm legislador, juiz e sociedade.[16]

Seguindo esse assunto, importante mencionar que o direito é uma ciência humana que se relaciona com as mais diversas áreas, tais como a política, a economia, a administração e a medicina. Assim, o direito à saúde tende a se desenvolver conforme as demandas advindas da sociedade, garantindo a todos os cidadãos uma vida digna e com qualidade.[17]

---

14. *Idem*, p. 233.
15. BRAUNER, Maria Claudia Crespo; MICHELIN, Fábio. Bioética: dignidade na saúde, incerteza nos tribunais. *Revista Trabalho e Ambiente*, n. 4, Caxias do Sul, v. 3, p. 75 – 91, jan./jun. 2005. p. 81.
16. *Idem*, p. 83.
17. AITH, 2010, *op. cit.*, p. 222.

Os desafios encarados pelo direito sanitário se respaldam na esfera política quanto ao financiamento das ações e serviços públicos de saúde. A União, Estados e Municípios são obrigados a investir recursos orçamentários nas ações sanitárias.[18]

Por isso a necessidade de se conjugar as medidas de proteção da natureza com o direito dos países em buscar o desenvolvimento econômico, como forma de combater e erradicar as doenças que acometem os seres humanos, constituindo o tema primeiro na pauta das discussões internacionais, cujo desafio a vencer reclama urgência e prioridade, ante a ameaça à vida humana no planeta, despertando a preocupação de todos os atores globais.

A imposição do uso de novas tecnologias acaba fazendo com que muitos indivíduos recorram à via judicial para aquisição de tratamentos, insumos e medicamentos de alto custo, não disponíveis na rede pública. Assim, a via judicial somente deve ser utilizada nos casos de omissão do gestor que não oferece tecnologia, insumo ou medicamento já incorporado ao SUS – Sistema Único de Saúde, e presente nos protocolos clínicos, com o cuidado de que a decisão judicial não deva ser um meio para impor terapias experimentais sem a eficácia comprovada, devendo os insumos e medicamentos serem registrados pela ANVISA (Agência Nacional de Vigilância Sanitária).

Contudo, é preciso que o Estado busque um consenso juntamente com o Poder Judiciário sobre o tema que se relaciona às ações judiciais para aquisição de novos medicamentos colocados no mercado e de difícil aquisição por parte da grande maioria da população, e que, por ora, são indispensáveis à manutenção da vida de todos os cidadãos.

Considerações finais

A busca pela tutela dos direitos sociais por meio do Poder Judiciário não interfere no princípio da repartição dos poderes, tampouco no princípio democrático ou, ainda, na discricionariedade do administrador, pois não há invasão de competências ou funções. Ao contrário, faz com que se realize justiça social.

O Judiciário tem como função precípua julgar, na espécie, ações que buscam sanar eventual omissão do Poder Executivo, como é o caso do pleito judicial para a concessão de medicamentos, insumos e tratamentos. Tendo a administração pública a característica da discricionariedade, certo é também que está submetida ao texto da lei.

Se determinado cidadão não está tendo a devida atenção no que tange a direitos como educação, saúde e moradia, garantidos constitucionalmente, surge para ele o direito de buscar no Judiciário a satisfação de um direito até então não disponibilizado, já que no âmbito do Poder Executivo não obteve êxito. Isso, no entanto, é realizar justiça social, na medida em que grande parcela da população está à mercê dos benefícios da assistência médica e farmacêutica.

Por causa da busca cada vez maior pela efetivação dos direitos sociais, que gera como consequência o aumento das demandas coletivas, é importante reconhecer que as transformações sociais vêm ocorrendo no tocante ao acesso à saúde, buscando-se a concretização de uma cidadania plena, preocupada com a integralidade da assistência e resguardada no equilíbrio dos serviços sanitários.

Essas e outras questões, ainda que de difícil resposta pela variedade de fatores que influenciam direta ou indiretamente as políticas de saúde e que devem ser levados em conta, não podem deixar de fomentar o diálogo e a negociação entre os diferentes atores setoriais em todo o país, e pressionar a transformação qualitativa dos processos de gestão não apenas para a efetividade da política de saúde, mas também para o alcance de objetivos mais amplos orientados ao desenvolvimento social, tais como uma vida digna e com qualidade.

E não devemos esquecer que é papel do Estado, União e Municípios a criação de uma política capaz de precaver doenças e colocar ao alcance de toda a população medicamentos e terapias eficazes, permitindo o aperfeiçoamento e acesso ao Sistema Único de Saúde aos brasileiros. Só assim estaremos realizando a justiça social, comprometida, sobretudo, com a proteção dos direitos humanos, nas suas mais variadas esferas.

Referências bibliográficas

BLIACHERIENE, Ana Carla; SANTOS, José Sebastião dos. (coords.). *Direito à vida e à saúde*: impactos orçamentário e judicial. São Paulo: Atlas, 2010.

BRAUNER, Maria Claudia Crespo; MICHELIN, Fábio. Bioética: dignidade na saúde, incerteza nos tribunais. *Revista Trabalho e Ambiente*, n. 4, Caxias do Sul, v. 3, p. 75 – 91, jan./jun. 2005.

DELGADO, Ana Paula Teixeira; CUNHA, Maria Lourdes da. (coords.). *Estudos de direitos humanos*: ensaios interdisciplinares. Rio de Janeiro: Lumen Juris, 2006.

FIGUEIREDO, Mariana Filchtiner. *Direito fundamental à saúde: parâmetros para sua eficácia e efetividade*. Porto Alegre: Livraria do Advogado, 2007.

---

18. AITH, *op. cit.*, p. 223.

GONÇALVES, Cláudia Maria Costa. *Assistência jurídica pública:* direitos humanos e políticas sociais. Curitiba: Juruá, 2002.

GUEDES, Jefferson Carús; NEIVA, Juliana Sahione Mayrink. (coords.). *Publicações da Escola da AGU:* Temas de Direito e Saúde. Brasília: Advocacia Geral da União, 2010.

REIS, Jorge Renato dos; LEAL, Rogério Gesta. (org.). *Direitos sociais & políticas públicas: desafios contemporâneos.* tomo 6. Santa Cruz do Sul: EDUNISC, 2006.

ROCHA, Julio Cesar de Sá da. *Direito da saúde*: direito sanitário na perspectiva dos interesses difusos e coletivos. 2. ed. São Paulo: Atlas, 2011.

SANTOS, Lenir. (org.). *Direito da saúde no Brasil.* Campinas: Saberes, 2010.

SARLET, Ingo Wolfgang. *A eficácia dos direitos fundamentais.* 7. ed. Porto Alegre: Livraria do Advogado, 2007.

Direito Fundamental das Populações Indígenas à Saúde

Paulo Thadeu Gomes da Silva*

De início propõe-se mudar o título para Direito fundamental das populações indígenas à saúde – a proposta de título recebida era: Direito fundamental à saúde da população indígena. A inversão e o plural se justificam porque, em primeiro lugar, se confere uma expressa titularidade do direito fundamental à saúde às populações indígenas, e em segundo lugar, utiliza-se a expressão prevista na norma constitucional do art. 129, V, que prescreve ser função institucional do Ministério Público defender judicialmente os direitos e interesses das populações indígenas.

A mudança aqui proposta, e problematizada, não é de somenos importância. Com relação à titularidade de direito fundamental por parte das populações indígenas, há a necessidade de se refletir sobre a correção da afirmação, pois que, como se sabe, direito fundamental é produto da sociedade ocidental, e não das sociedades indígenas, estas que são assim nomeadas e consideradas com base, exatamente, em uma ou várias distinções, não se igualando, em um processo de homogeneização, uma às outras.

Dessa distinção apontada resulta uma outra, que acaba por justificar o plural inerente às populações indígenas, representada pela existência de várias sociedades indígenas distintas entre si. No Brasil, por exemplo, segundo o Censo de 2010 do IBGE, havia 305 etnias e mais de 270 línguas para uma população de mais de 800 mil índios. Heterogeneidade, como se vê, indicativa de uma alta complexidade.

Há, portanto, problemas, travestidos de paradoxos ou contradições, a serem, sequencialmente, resolvidos, o que tentar-se-á fazer neste artigo.

A titularidade de direito fundamental por parte dos índios coloca duas ordens de problemas: (i) podem os índios, coletivamente, ser titulares de direito fundamental? (ii) podem os índios, individualmente, ser titulares de direito fundamental?

Para que essas perguntas possam ser respondidas impõe-se, primeiro, que se desvende de que maneira geral os índios podem ser titulares de direito fundamental. Uma primeira objeção – até onde se sabe – vem, *en passant*, de Durham, para quem há uma contradição em os movimentos sociais indígenas brandirem a bandeira dos direitos humanos, pois estes foram fabricados pela sociedade ocidental que deles se diferencia (DURHMAN, 2004, p. 303).

A afirmação, ainda que de forma passageira, produz séria consequência na compreensão dos direitos dos índios, e por isso mesmo deve ser problematizada. Do que se pode extrair, ao menos *prima facie*, a interpretação aí exposta considera os direitos humanos como um rol fixo e fechado em si mesmo, o que contraria até o surgimento histórico de novos direitos humanos, indo de encontro à ideia de que direitos humanos são sempre um trabalho em progresso, um processo sem fim.

Todavia, a mesma afirmação leva os estudiosos a tentarem construir uma teoria que dê conta de ex-

---

* Doutor em Direito, Procurador Regional da República em São Paulo, Professor da Escola Superior do Ministério Público da União – ESMPU.

plicar o evento. Estévez escreve de forma adequada a respeito. Para ela, os direitos humanos têm de ser compreendidos em um determinado contexto social e histórico, pois assim poder-se-ia pensar neles a partir da realidade latino-americana (ESTÉVEZ, 2012, p. 222) – a despeito de as sociedades indígenas existirem na maior parte da sociedade mundial, pontua-se.

A autora trabalha essa possibilidade por meio das ideias de analogia e intertextualidade. Assim, na América Latina, os direitos humanos são uma formação discursiva cuja genealogia pode revelar tanto as relações de força que levaram a uma contraestratégia de luta, quanto à formação de conceitos tais como "desaparecimento forçado" ou "direitos coletivos dos povos indígenas" (ESTÉVEZ, 2012, p. 237).

Este ponto é bastante importante para a compreensão do tema. É que essa abordagem genealógica permite pensar no discurso dos direitos humanos como algo flexível, e não rígido ou fixo, sem fundamentos naturais ou morais, pois é essa mesma flexibilidade que dá margem à expansão dos sujeitos, objetos, conceitos e estratégias novas aos quais o discurso dos direitos humanos acaba por se abrir (ESTÉVEZ, 2012, p. 238). Dito de outra maneira, não se pode pensar na formação de um discurso dos direitos humanos a partir de uma naturalização dos seus fundamentos, o que é feito pela teoria liberal – e parece ser o caso também de Durham –, assentada em sacrossantos princípios representados pelo carro-chefe da propriedade individual. Esse impedimento encontra justificação na necessidade de se atrelar o discurso que forma o conceito de direitos humanos ao contexto histórico-social em que ele é produzido.

E o que vai permitir essa construção genealógica do discurso dos direitos humanos é a intertextualidade. A intertextualidade, que tem origem na crítica literária, se refere à inexistência de textos completamente novos ou autônomos, portanto, sua construção leva em conta textos passados e atuais inseridos em contexto histórico-social próprio (ESTÉVEZ, 2012, p. 239).

Agora já pela pena deste autor, é o caso mesmo de se pensar na interpretação, por exemplo, no que diz com os direitos dos povos indígenas, das Convenções 107 e 169, OIT, as quais demonstram uma linha, ainda que parcial, de desenvolvimento da compreensão desses direitos que vai do abandono da assimilação e integração à positivação do direito à diferenciação social. No plano interno, as Constituições de vários países latino-americanos positivam o direito coletivo ao território indígena.

Por fim, Estévez define os direitos humanos "como uma construção linguística político-legal (uma formação discursiva), cujos valores e instrumentos são intertextuais e podem ser reinterpretados pelas lutas sociais para articular suas demandas e construir novas petições de direitos humanos no âmbito legal, mas sobretudo no sociopolítico" (ESTÉVEZ, 2012, p. 243). Como se pode perceber, esse conceito não é feito a partir do direito, que sempre foi norteado pelo constitucionalismo liberal, mas sim das demandas dos movimentos sociais por seus direitos humanos (ESTÉVEZ, 2012, p. 245), o que pode ser ilustrado pelos movimentos nacionais e internacionais indígenas que acabaram por positivar documentos constitucionais e internacionais nos quais seus direitos foram reconhecidos – o que, de igual efeito, não quer dizer que seus direitos estejam consolidados e mesmo sejam respeitados.

O que vem de ser problematizado permite pensar em que o discurso dos direitos humanos e, por necessária consequência, a titularidade desses mesmos direitos, sem embargo de, historicamente, terem sido construídos na sociedade ocidental – embora mesmo a sociedade ocidental não tenha sempre se constituído por uma tradição dos direitos humanos, v. g., as guerras religiosas até antes do século XVII (TALBOTT, 2005, p. 8) –, podem como que transcender essas amarras teóricas que os confinam a uma determinada sociedade e espraiar seus sentidos para outras sociedades, o que ocorre desde que não se os considere como algo fixo e imutável, mas sim como um evento que se manifesta em cada realidade social específica, v. g., no caso latino-americano, sociedades nas quais o conflito e as sociedades indígenas estão presentes.

Essa compreensão leva, necessariamente, a que se considere o regime de direitos dos índios como sendo de dupla afetação: (i) os índios são titulares de direitos fundamentais ocidentais, v. g. direito à saúde; (ii) os índios são titulares de direitos indígenas propriamente ditos, e. g., direito de aplicar seus próprios métodos de solução de conflitos.

Esse regime jurídico de dupla afetação existe porque os índios vivem, originariamente, em suas sociedades indígenas e, naqueles casos em que ocorra a integração, por derivação, na sociedade ocidental. Isso não significa um hiperdeferimento de direitos aos índios, mas decorre, sim e diretamente, da peculiar posição moral ou social por eles ocupada, o que permite pensar na manifestação de uma dignidade coletiva e de uma individual.

A titularidade dos índios de direitos fundamentais ocidentais se justifica, em geral, quando há a integração – e não assimilação, proibida pela Constituição de 1988 –, por exemplo, quando o índio opta por viver na sociedade ocidental; a integração, portanto, é sempre um ato quase espontâneo de escolha – não é totalmente espontâneo por causa da pressão existente por parte da sociedade ocidental e que decorre do inexorável processo do contato. A justificativa é em geral, e não em todos os eventos, porque haverá casos em que o índio pode ser titular de direito fundamental ocidental mesmo não se integrando à sociedade envolvente, v. g., o direito à saúde, o que será mais explicado mais adiante – nessa linha se encaixa, também, o direito ao salário-maternidade, de matiz essencialmente ocidental, mas que vem sendo deferido às índias menores de 16 anos de idade com base em seu trabalho exercido junto às famílias nas áreas indígenas, i. e., em um *modus vivendi* especificamente indígena[1].

Já a titularidade dos índios de direitos propriamente indígenas se deixa representar por dois níveis de proteção: (i) há os direitos fundamentais propriamente ditos de proteção aos direitos dos índios; (ii) há os direitos dos índios propriamente ditos.

Os direitos fundamentais de proteção aos direitos dos índios encontram-se positivados no art. 231, *caput*, da Constituição, e podem ser traduzidos da seguinte maneira: há o direito fundamental geral à diferenciação social e, decorrente desse gênero, há as espécies direito à terra, à organização social e à cultura.

Desses direitos decorrem os direitos dos índios mais específicos, e que são, por exemplo, os direitos de falarem a própria língua, de manterem uma relação de não exploração econômica com a terra e, no que interessa aqui mais de perto, sem prejuízo de outros, preservarem um sistema próprio de saúde ou, mais especificamente ainda, de etnomedicina.

Aqui uma contradição surgida na descrição que vem de ser exposta deve ser dissolvida. É que, neste artigo, ao mesmo tempo em que se argumenta que o direito do índio à saúde é de caráter fundamental ocidental, aponta-se o mesmo direito como sendo de caráter indígena propriamente dito. Ora, na distinção aqui proposta, ou ele é de matriz ocidental ou é de natureza indígena?

A contradição se dissipa pela observação que se pode fazer do direito em jogo e que parece indicar que ele pode pertencer às distintas sociedades que mantêm relações entre si, quais sejam, as sociedades indígenas e a ocidental, todas com seus atinentes métodos de prevenção de e repressão às doenças. O direito à saúde, então, e pensando metaforicamente, mantém um pé em cada canoa, seja ela indígena, seja ela ocidental – essa aparente antinomia demonstra, no limite, a complexidade da descrição dos direitos dos índios, cujas sociedades se encontram dispostas ao lado da sociedade ocidental, o que leva o pensamento, ainda que *prima facie*, à seguinte classificação: (i) direitos originários dos índios (v. g., língua); (ii) direitos derivados dos índios: (ii [a]): direitos derivados sem integração (*e. g.*, salário-maternidade); (ii [b]): direitos derivados com integração (*e. g.*, direito político).

Portanto, e em breve resumo, os índios tanto podem ser titulares de direitos coletivos, *v. g.*, direito à saúde e à terra, quanto de direitos individuais, *e. g.*, direito previdenciário ou assistencial – com a ressalva de que o direito ao salário-maternidade, embora de titularidade individual, se constitui com relação ao coletivo, representado pelo modo de viver da comunidade. Contudo, o problema que remanesce, e que merece atenção, é agora aquele referente a como construir sentidos possíveis e adequados, por meio da interpretação, ao direito fundamental das populações indígenas à saúde.

Toda vez que se vai problematizar um direito fundamental dos índios há a obrigatoriedade de se fazê-lo levando-se em consideração as relações que as sociedades indígenas mantêm com a ocidental. Então, um primeiro aspecto da análise do direito aqui tratado é que ele, direito, constitui-se em um problema de relação. E isto, também, não é de pouca relevância.

A relação que existe – ou ao menos deve existir – entre as sociedades indígenas e a ocidental é de heterarquia, e não de hierarquia. Isso quer dizer que o território, a organização social e a cultura das sociedades indígenas devem ser respeitados pela sociedade ocidental. Vale, também, para o tema da saúde. Então, para se compreender, de forma minimamente adequada, o direito em análise, deve-se descrever o sistema de saúde e medicina da sociedade ocidental e o das sociedades indígenas.

A sociedade ocidental é diferenciada funcionalmente. Dentre os vários subsistemas sociais que a compõem, *v. g.*, político, jurídico, econômico, há o da medicina. Esses subsistemas direcionam forte pressão, assimétrica, por certo, às sociedades indígenas, que apresentam, em seu interior, outra forma de diferenciação distinta da funcional, que é a segmentária. O problema reside em que essas sociedades devem conviver lado a lado, não sendo lícito à ocidental atuar para que as indígenas deixem de existir.

---

1. O STJ, em 18.8.2015, no REsp n. 1.439.894, por sua 1ª Turma, à unanimidade, negou provimento ao recurso do INSS, para reconhecer o direito ao salário-maternidade às índias menores de 16 anos que trabalham com suas famílias em áreas indígenas, excluindo essa situação da regra de proibição do art. 7, inciso XXXIII, da Constituição.

A teoria sistêmica da sociedade diferenciada funcionalmente não tratou do sistema da saúde, mas sim e apenas do sistema médico, que possui um código binário expresso em são/doente; programa representado pelo juramento de Hipócrates; *medium* representado pelos tratamentos e procedimentos de cura e como função a assistência e os cuidados da doença (REESE-SCHÄFER, 1999, p. 176-177). Para Luhmann, o valor que interessa à medicina é o positivo, expresso na doença, pois é esta que interessa aos médicos (LUHMANN, 2015).

Contudo, saúde significa algo mais que tão só a medicina, e tal como positivada na Constituição de 1988, mais que um direito. É, normativamente, um subsistema do sistema da seguridade social, composto também pelos subsistemas da previdência social e da assistência social. Nessa estruturação, implica a concorrência de saberes outros que não exclusivamente o médico, constituindo-se mesmo em uma rede hipercomplexa de conhecimentos aplicáveis em caráter preventivo e repressivo das doenças.

Se não parece haver dúvida a respeito da consideração normativa da saúde como um subsistema do sistema da seguridade social, há alguma dificuldade em se indicá-la como um sistema da sociedade, já que a teoria responsável por isso, sistêmica, não o faz, limitando-se a descrever a medicina como tal.

Esse suposto obstáculo teórico não é insuperável, pois que, conforme se verá a partir de agora, há toda uma normatização que trata da saúde das populações indígenas. Historicamente a saúde indígena, ao menos até a promulgação da Constituição de 1988, foi tratada, aos olhos de uma observação atual, de forma inadequada, primeiro pelo SPI, até a década de sessenta, e depois pela FUNAI, a partir de 1967, pois que as políticas públicas existentes eram formuladas sob a égide da integração, o que implicava a desconsideração dos métodos tradicionais de saúde. Representativos desse quadro são os Decretos n. 736, de 6 de abril de 1936; 10.652, de 16 de outubro de 1942 e 52.665, de 11 de outubro de 1963, todos direcionados à observação, por parte do índio, de práticas higiênicas e de prestação de assistência médico-sanitária, por parte do Estado.

Na década de setenta, com a edição da Lei n. 6.001, de 19 de dezembro de 1973, denominada de Estatuto do Índio, por seu art. 54 e parágrafo único, há uma continuidade das políticas públicas de saúde sob o paradigma normativo da integração, com o reconhecimento, aos índios, pela primeira vez, do direito de acesso aos meios de saúde da sociedade ocidental e de especial assistência, em todas as fases de suas vidas, por parte dos poderes públicos, em estabelecimentos próprios. Mas não há qualquer referência ao reconhecimento da medicina tradicional nem ao método da atenção diferenciada. Vale dizer, com Lacerda, que até então a saúde nunca havia sido um espaço para o direito e a cidadania, e a medicina tradicional sempre foi vista como superstições e curandeirismo (LACERDA, 2015, p. 313 e 315).

Esse estado de coisas inadequado começa a mudar em 1988, com o novo texto constitucional positivando o direito dos indígenas à diferenciação social, especialmente no art. 231, *caput*. Como decorrência direta do quanto disposto nesse texto, aliado ao que previsto no art. 196[2], que trata do direito à saúde, foi editada a Lei n. 8.080/91, que criou o Sistema Único de Saúde, contudo, sem tratar expressamente da saúde indígena. Ainda em 1991, o Decreto n. 23, de 4 de fevereiro de 1991, da Presidência da República, constituiu a Coordenação de Saúde do Índio – COSAI, e a Resolução n. 11, de 31 de novembro de 1991, do Conselho Nacional de Saúde – CNS, criou a Comissão Intersetorial de Saúde do Índio, formada por representantes do Governo federal, de universidades, organizações não governamentais e indígenas.

Em 1999, depois de muita mobilização do movimento social indígena e mesmo da intervenção do Ministério Público Federal no tema da saúde indígena, o Parlamento aprovou a Lei n. 9.836, de 23 de setembro de 1999, chamada Lei Arouca, que criou o Subsistema de Saúde Indígena – SASI-SUS, instituindo os Distritos Sanitários Especiais – DSEIs[3], responsáveis

---

2. Aqui é importante destacar que não há, no que previsto no art. 196, da CF, uma hierarquia entre políticas sociais e econômicas que visem à redução do risco de doença e de outros agravos e ao acesso universal e igualitário às ações e serviços para sua promoção, proteção e recuperação, de modo a orientar eventual ação estatal que dê preferência, por exemplo, à cura da doença, em detrimento de sua prevenção. O destaque se justifica porque se deve ter todo cuidado com a captura de determinados eventos pela política e pela economia – de mercado, por suposto! –, o que já acontece com a função social da propriedade rural, prevista no art. 186 e incisos I-IV, da CF, e cuja construção de sentido se marca fortemente pela opção, em primeiro plano, da exploração que favoreça o bem-estar dos proprietários e o aproveitamento racional e adequado da terra, deixando em segundo plano a utilização adequada dos recursos naturais disponíveis e preservação do meio ambiente e a observância das disposições que regulam as relações de trabalho.

3. Os Distritos Sanitários foram implantados no Brasil a partir de 1987 e são reconhecidos como unidade operacional e administrativa mínima do sistema de saúde, definida com critérios geográficos, populacionais, epidemiológicos, administrativos e políticos, onde se localizam recursos de saúde públicos e privados, organizados com a participação da sociedade organizada para desenvolver ações de saúde capazes de resolver a maior quantidade possível de problemas de saúde (ATHIAS; MACHADO, 2001, p. 427).

pela execução dos serviços de saúde – atenção básica, prevenção e saneamento, por meio de convênios com entidades privadas sem fins lucrativos –. Após várias críticas dos indígenas à FUNASA, a quem havia sido deferida a atribuição do sistema pelo Decreto n. 3.156, de 27 de agosto de 1999, foram editadas a Lei n. 12.314, de 19 de agosto de 2010, e o Decreto n. 7.336, de 19 de outubro de 2010, que criaram a Secretaria Especial de Saúde Indígena – SESAI, vinculando o subsistema de saúde indígena diretamente ao Ministério da Saúde.

Esse o quadro normativo infraconstitucional que, na observação aqui desenvolvida, decorre tanto do disposto em nível constitucional interno, quanto em nível convencional externo. O prescrito no art. 231, caput, da Constituição, ganha reforço de sentido do previsto no art. 216, do mesmo texto, que considera como patrimônio cultural brasileiro as formas de criar, de fazer e de viver.

Além disso, a Convenção n. 169[4], OIT, traz em alguns artigos tratamento direto à saúde indígena. São eles: (i) proteção geral: arts. 2º, b e 7, "2"; (ii) proteção específica: art. 25, "1-4". Essas normas estão assim redigidas:

Art. 2º

1. Os governos deverão assumir a responsabilidade de desenvolver, com a participação dos povos interessados, uma ação coordenada e sistemática com vistas a proteger os direitos desses povos e a garantir o respeito pela sua integridade.

2. Essa ação deverá incluir medidas:

a) que assegurem aos membros desses povos o gozo, em condições de igualdade, dos direitos e oportunidades que a legislação nacional outorga aos demais membros da população;

b) que promovam a plena efetividade dos direitos sociais, econômicos e culturais desses povos, respeitando a sua identidade social e cultural, **os seus costumes e tradições**, *e as suas instituições;*

c) que ajudem os membros dos povos interessados a eliminar as diferenças socioeconômicas que possam existir entre os membros indígenas e os demais membros da comunidade.

Art. 7º

1. Os povos interessados deverão ter o direito de escolher suas próprias prioridades no que diz respeito ao processo de desenvolvimento, na medida em que ele afete as suas vidas, crenças, instituições e bem-estar espiritual, bem como as terras que ocupam ou utilizam de alguma forma, e de controlar, na medida do possível, o seu próprio desenvolvimento econômico, social e cultural. Além disso, esses povos deverão participar da formulação, aplicação e avaliação dos planos e programas de desenvolvimento nacional e regional suscetíveis de afetá-los diretamente.

2. A melhoria das condições de vida e de trabalho e **do nível de saúde** *e educação dos povos interessados, com a sua participação e cooperação, deverá ser prioritária nos planos de desenvolvimento econômico global das regiões onde eles moram. Os projetos especiais de desenvolvimento para essas regiões também deverão ser elaborados de forma a promoverem essa melhoria.*

3. Os governos deverão zelar para que, sempre que for possível, sejam efetuados estudos junto aos povos interessados com o objetivo de se ...

Art. 25

1. Os governos deverão zelar para que sejam colocados à disposição dos povos interessados serviços de saúde adequados ou proporcionar a esses povos os meios que lhes permitam organizar e prestar tais serviços sob a sua própria responsabilidade e controle, a fim de que possam gozar do nível máximo possível de saúde física e mental.

2. Os serviços de saúde deverão ser organizados, na medida do possível, **em nível comunitário**. *Esses serviços deverão ser planejados e administrados em* **cooperação** *com os povos interessados e levar em conta as suas condições econômicas, geográficas, sociais e culturais, bem como os seus* **métodos de prevenção, práticas curativas e medicamentos tradicionais**.

3. O sistema de assistência sanitária deverá dar preferência à formação e ao emprego de pessoal sanitário da comunidade local e se centrar no atendimento primário à saúde, mantendo ao mesmo tempo estreitos vínculos com os demais níveis de assistência sanitária.

4. A prestação desses serviços de saúde deverá ser coordenada com as demais medidas econômicas e culturais que sejam adotadas no país (grifou-se).

Essa proteção geral e específica à saúde indígena tem, dentre outros, três pontos que merecem destaque, quais sejam, a organização comunitária dos serviços, a participação dos indígenas e a estrutura do sistema de saúde indígena[5]. O primeiro aspecto diz com a titularidade coletiva do direito à saúde; o segundo com o direito de participação dos indígenas na formulação de políticas públicas afetas a eles mesmos – esse direito de participação, e não mais apenas de cooperação, representa uma viragem na abordagem dos direitos dos índios, pois a Convenção n. 107, OIT,

---

4. Promulgada pelo Decreto n. 5.051, de 19 de abril de 2004.
5. À Convenção n. 169, OIT, deve ser acrescida a Declaração da ONU sobre os direitos dos povos indígenas, que, embora seja uma *soft law*, também traz em seu texto, especificamente no art. 24, incisos 1 e 2, o direito dos índios aos seus medicamentos tradicionais e à manutenção de suas práticas de saúde, assim como ao acesso e usufruto do mais alto nível possível de saúde física e mental.

que dispunha sobre a matéria, tratava os indígenas como objeto de políticas públicas, e a 169 passou a tratá-los como sujeitos dessas mesmas políticas –; além disso, o direito de participação se especifica pelo direito: (i) de participação política; (ii) de consulta prévia; (iii) de participação geral, que engloba terra, seguridade, educação e **saúde** (SILVA, 2015, p. 147).

O terceiro aspecto, cujo destaque se justifica pela relevância, como que indica a estruturação do direito à saúde presente nas sociedades indígenas: métodos de prevenção, práticas curativas e medicamentos tradicionais. Aqui, métodos, práticas e medicamentos tradicionais referentes a cada sociedade indígena existente, cuja tradicionalidade da saúde exprime um sentido próprio de observar a saúde segundo uma particular cosmovisão.

Ainda em nível normativo, essa mesma proteção geral e específica à saúde indígena sofre um processo de pormenorização pelo disposto na Lei n. 9.836, de 23 de setembro de 1999, que acrescentou dispositivos à Lei n. 8.080, de 19 de setembro de 1990, para instituir o Subsistema de Atenção à Saúde Indígena. O art. 19-A, por exemplo, dispõe sobre as ações e serviços de saúde voltados para o atendimento das populações indígenas, em todo o território nacional, **coletiva ou individualmente**, e que obedecerão ao disposto nesta Lei; o art. 19-F preceitua que dever-se-á obrigatoriamente levar em consideração a realidade local e as especificidades da cultura dos povos indígenas e o modelo a ser adotado para a atenção à saúde indígena, que se deve pautar por uma abordagem diferenciada e global, contemplando os **aspectos de assistência à saúde, saneamento básico, nutrição, habitação, meio ambiente, demarcação de terras, educação sanitária e integração institucional**; e o art. 19-H, que dispõe que as populações indígenas terão direito de **participar** dos organismos colegiados de formulação, acompanhamento e avaliação das políticas de saúde, tais como o Conselho Nacional de Saúde e os Conselhos Estaduais e Municipais de Saúde, quando for o caso.

Tudo somado, o produto dessa conta normativa serve de pano de fundo a um esboço das relações que podem e devem ser travadas entre o sistema de saúde ocidental e os tradicionais e que são representadas por políticas oriundas do Estado e da sociedade, ou seja, horizontais e verticais.

Nas 1ª e 2ª Conferências de Proteção à Saúde do Índio, 1986 e 1993, respectivamente, dois princípios foram estabelecidos: (i) a necessidade de implantação de um subsistema atinente à saúde indígena; (ii) a necessidade de um modelo de atenção diferenciada referente a cada grupo (LANGDON, 2005, p. 115). Na 3ª, realizada em 2001, o foco foram os obstáculos à implementação dos DSEIs e o relatório final propôs que deviam ser levadas em conta as diferenças existentes entre as sociedades indígenas no que diz com seus sistemas de saúde tradicionais; e a 4ª, ocorrida em 2006, teve como mote orientar a atuação dos DSEIs pela tríade "território de produção de saúde, proteção da vida e valorização das tradições".

Nessa linha, e tendo em mira que esses objetivos já se encontram positivados em lei – a preocupação atual mais forte parece ser com o controle social da atuação dos DSEIs –, três pontos são importantes para que se compreenda as relações entre os sistemas de saúde das sociedades indígenas e da sociedade ocidental: (i) a experiência da doença; (ii) a experiência intercultural; (iii) os desafios enfrentados pelos profissionais na construção de um modelo de atenção diferenciada (LANGDON, 2005, p. 116).

A experiência da doença indica uma distinção entre a biomedicina e a etnomedicina. Para esta, a doença é um processo sociocultural, portanto, dinâmico, e para que possa ser compreendida há a necessidade de se entender todo o seu episódio, o que se faz por meio das seguintes etapas: (i.a) o reconhecimento dos sintomas do distúrbio como doença; (i.b) o diagnóstico e a escolha do tratamento; (i.c) a avaliação do tratamento (LANGDON, 2005, p. 119).

O reconhecimento dos sintomas varia de cultura para cultura, pois que não é apenas corporal, mas também ambiental, v. g., do grupo ou da natureza; o diagnóstico e a escolha do tratamento ocorrem, em um primeiro momento, na família, mas pode haver a intervenção de um xamã ou pajé; a avaliação do tratamento pode ser realizada várias vezes, desde que a doença persista até que ela termine, e aqui também são consideradas as relações sociais, ambientais e espirituais (LANGDON, 2005, p. 119-121).

De sua vez, a experiência intercultural demonstra que, se não há rejeição da biomedicina por parte dos índios, eles a veem como algo complementar à medicina tradicional. A razão dessa interpretação está em que a medicina indígena apreende saúde e cura de uma forma radicalmente distinta da biomedicina, pois enquanto esta reduz esses fenômenos aos processos biológicos, a medicina indígena entende o processo saúde/doença como fazendo parte da ordem cosmológica e alberga as forças invisíveis, as forças da natureza e as forças humanas (LANGDON, 2005, p. 123-124).

Daí a necessidade, por parte daqueles que compõem o sistema médico ocidental, de compreender que a doença, para os índios, pode ser fruto da quebra de um tabu ou mesmo de um conflito social, cuja cura vai demandar a observação do sofrimento físico, espiritual e moral (LANGDON, 2005, p. 125). O processo, por isso mesmo, não se pode constituir apenas de distribuição aleatória de medicamentos – o que foi feito, e ainda é, pelos europeus nos primeiros contatos, reduzindo o evento a uma questão de poder.

No campo antropológico dois exemplos podem ser dados sobre como os povos indígenas compreendem a doença: (i) os Kaiowa; (ii) os Yanomami. Os Kaiowa pertencem ao grupo Guarani, que também compreende os Ñandéva e os Mbya, e habitam o Cone Sul do Estado de Mato Grosso do Sul. Para essa etnia, o corpo dos indivíduos adultos possui dois tipos de alma: a corporal e a espiritual (MURA; SILVA, 2012, p. 136). A moralidade dos Kaiowa, que se desenvolve em seu território – *Tekoha* – é conhecida como *teko porã*, que é o correto modo de ser e de viver. Contemporaneamente, tendo em vista as pressões e mudanças oriundas do contato com a sociedade ocidental, há a formação de várias compreensões a respeito do modo correto de ser e de viver, variabilidade que é denominada de *teko reta*. Essa por assim dizer concorrência de interpretações da realidade acaba por gerar certa desestrutura social, e é nesse quadro que a doença se apresenta como "anomias sociais e cósmicas – transcendendo-se assim a dimensão puramente individual" (MURA; SILVA, 2012, p. 142). As doenças com sintomas de dor na barriga, nos músculos e nas articulações, desde que leves e passageiras, não demandam a cura espiritual; já as doenças na área da cabeça, o mais eficaz é o uso da cura espiritual (MURA; SILVA, 2012, p. 144).

Para os Yanomami, a pessoa humana, além do envelope corporal (sɨkɨ), se constitui de quatro componentes imateriais: (i) o pensamento consciente (pihi); (ii) a imagem essencial (ũtupë) e o princípio vital (nõreme); (iii) o pensamento inconsciente (pore); (iv) o duplo animal (rĩxĩ) (ALBERT; GOMEZ, 1997, p. 44). Estar doente é ter a sua imagem essencial agredida e/ou levada por agentes etiológicos humanos e não humanos (ALBERT; GOMEZ, 1997, p. 45). Assim como nos Kaiowa, nos Yanomami todas as doenças são tratadas pelo xamanismo, excluindo-se apenas "as feridas, as parasitoses intestinais e as dores passageiras" (ALBERT; GOMEZ, 1997, p. 49).

Essas duas breves descrições, que demonstram as distinções entre a saúde e as medicinas indígenas e ocidental, permitem um fechamento segundo o qual a medicina ocidental tem como características a assepsia, a impessoalidade e o cuidado do indivíduo de forma isolada, além de ser oriunda de política de saúde destinada a uma comunidade abstrata e genérica, o que vai de encontro à concepção xamânica da medicina indígena (MURA; SILVA, 2012, p. 152), que leva em consideração a família, a comunidade e a dimensão cósmica da doença, ou, nas palavras de LANGDON: "Para as culturas indígenas, o corpo é construído social e espiritualmente através das dietas especiais, ritos de passagem e outras práticas que constroem a pessoa social" (LANGDON, 2005, p. 125). Indicam, assim, modos de fazer e de viver distintos, conforme previsto na Constituição, art. 216, II.

A descrição aqui exposta, portanto, demonstra as distinções que existem entre as várias concepções de saúde. Essas diferenças marcam as relações travadas entre as sociedades indígenas ou tradicionais e a ocidental. Para que essas relações ocorram, tanto quanto possível, de uma forma adequada, *i. e.*, simétrica, em que as formas de ser e de viver indígenas sejam respeitadas, são necessárias ações harmônicas da sociedade ocidental em direção às indígenas, que vão criar uma verdadeira casuística, tendo em vista a complexidade que cerca o tema.

No campo jurídico um caso ilustrativo dessa harmonização foi vivido no Estado do Amazonas. Envolveu o tratamento à saúde de uma criança indígena da etnia Tukano que então sofrera uma picada de cobra. Já no hospital havia a possibilidade de se amputar a perna da criança. Os índios procuraram o Ministério Público Federal e por intervenção desse órgão estatal obteve-se a harmonização[6] dos sistemas tradicionais e clássicos de saúde, consenso construído extrajudicialmente e mediante um profícuo diálogo entre os representantes das culturas envolvidas e que produz a teórico-normativa complementaridade entre os dois sistemas. O tratamento ocorreu mediante a intervenção médica ocidental, não havendo a necessidade de amputação do membro, aliado à do pajé, que explicou aos médicos no que consistia a medicina tradicional indígena, por exemplo, a criança não poderia ser tratada por enfermeira ou médica na fase menstrual e restrições referentes à dieta (GADELHA, 2011, p. 249-277).

Esse caso indica as distinções que existem entre as formas de ser tradicionais e ocidental. Para o caso da saúde indígena há lei, já aqui citada, fundamentando o respeito ao conhecimento tradicional, a de n. 9.836, de 23 de setembro de 1999, o que não torna, necessariamente, a prática aqui analisada uma norma de cará-

---

6. Harmonização, acomodação, ponderação são todas palavras que, aqui, possuem o mesmo significado, que é o de se levar em consideração, nos processos de interpretação realizados pelo Estado, quando instado a atuar, os sistemas de saúde que se relacionam entre si e as suas distintas concepções de doença e métodos de cura.

ter tradicional, isto é, nem todas as práticas e relações que informam a vida social são objeto de lei. Além disso, e também conforme já descrito neste artigo, esse caso mostra que nas sociedades tradicionais não há uma rígida separação entre o científico, o jurídico e mesmo o religioso, contrariamente ao que caracteriza a sociedade ocidental, formada por subsistemas sociais parciais. Nas sociedades tradicionais há como que uma combinação de regras jurídicas com as morais e religiosas (KENFACK, 2009, p. 156), portanto, não são sociedades diferenciadas funcionalmente: isso não é bom nem ruim, é apenas assim.

E é exatamente por serem distintas da sociedade ocidental que as sociedades indígenas têm de ser observadas também de maneira diferente. Em nível normativo, por exemplo, o art. 19-F, acrescentado pela Lei n. 9.836, de 23 de setembro de 1999 à Lei n. 8.080, de 19 de setembro de 1990, determina que, na atenção diferenciada à saúde indígena, deve ser contemplada, dentre outros requisitos, a demarcação de terras, pois é o território um necessário antecedente de todos os outros fatores – nutrição, habitação, meio ambiente, educação sanitária e integração institucional –, de vez que é ele que organiza as famílias e a comunidade.

A título de conclusão, em geral a análise teórica empreendida a respeito da sociedade ocidental refere-se à relação entre os seus próprios subsistemas sociais, v. g., político, jurídico, econômico, de saúde etc., marcando-se por discussões a respeito da judicialização das políticas públicas atinentes. Aqui a proposta é outra.

Tentou-se descrever as relações existentes entre a sociedade ocidental, por seu sistema de saúde ou médico, e as sociedades indígenas, estas também com seus sistemas exclusivos tradicionais de saúde e de medicina.

O referencial teórico aqui assumido é relevante porque a sociedade ocidental, que envolve e pressiona as indígenas, se autorreproduz por meio de seus subsistemas, daí que qualquer análise a ser realizada deve levar em consideração as relações que há entre essas sociedades e suas respectivas formas de autorreprodução.

De maneira geral, quando se pensa nessas relações, que são objeto do inexorável processo do contato, o que vem à mente é algo marcado pelo símbolo do lado negativo, percepção natural, desde que se pense nos efeitos deletérios causados pela sociedade ocidental às sociedades indígenas a partir do primeiro contato feito e cuja permanência ainda se faz sentir nos dias atuais.

No que diz com a saúde ocorre o mesmo, pois que basta uma pesquisa empírica mínima para se concluir que a falta de terra e as doenças causadas aos indígenas pelos não indígenas, que produzem aglomerados de pessoas pertencentes a etnias diversas em pequenos espaços de território, bem como altos índices de alcoolismo e dependência química de substâncias entorpecentes, são responsáveis pela falta de saúde e pela forte presença de doenças nas sociedades indígenas.

Por outra observação, o direito fundamental das populações indígenas à saúde tem um sentido positivo, de vez que não objetiva promover a integração dos índios à sociedade ocidental, mas tem, sim, a finalidade de levar aos povos indígenas métodos de cura de doenças – ainda que causadas por ela mesma, sociedade ocidental –, sem a exclusão dos métodos tradicionais, os quais, se por um lado são acomodados pela sociedade ocidental junto aos métodos ocidentais, por outro são também aceitos pelos próprios indígenas, que, ao fim e ao cabo, são as pessoas legitimadas a tanto. Por essas razões pode-se afirmar que, ao menos com relação ao direito de que aqui se trata, há espaço para a manifestação de um sentido de proteção à saúde dos índios, seja ele entendido como medida reparatória, seja como expiação da própria culpa pelos danos causados.

Já no crepúsculo, a descrição aqui realizada, centrada nas relações existentes entre a saúde da sociedade ocidental e a das sociedades indígenas, permite, primeiro, demonstrar a manifestação dos próprios problemas atinentes à medicina ocidental e, segundo, a reflexão que já vem sendo feita sobre o tema, que engloba, também, a relação entre a sociedade ocidental e os seus imigrantes.

Segundo Baraldi, a crise da medicina ocidental se refere à interação entre médico e paciente, calcada não mais na comunicação entre eles, mas sim sobre um complexo sistema tecnológico de aferição do diagnóstico. A isso acresça-se o relevante fato de o sistema médico ter de tratar de uma clientela multiétnica, o que gera problema de tipo linguístico – acentuação da improbabilidade da compreensão – e de tipo cultural – acentuação da improbabilidade da aceitação – (BARALDI, 2015).

Com relação ao primeiro problema talvez haja mesmo a real possibilidade de o sistema médico ocidental, mediante uma abertura cognitiva, aprender com a etnomedicina, que leva em consideração não apenas o indivíduo, mas também o grupo em que ele está inserido; e com relação ao segundo problema, ao menos no Brasil, há condições de possibilidade de se chamar a mediação da comunicação a ser realizada entre os sistemas médicos distintos por diferentes agentes, sejam eles antropólogos, sejam eles representantes do Estado que protege a parte mais fraca nas relações a serem travadas.

Referências bibliográficas

ALBERT, Bruce; GOMEZ, Gale Goodwin. *Saúde Yanomami – um manual etnolinguístico*. Belém: Museu Paraense Emílio Goeldi, 1997.

ATHIAS, Renato; MACHADO, Marina. A saúde indígena no processo de implantação dos Distritos Sanitários: temas críticos e propostas para um diálogo interdisciplinar. *In*: *Cadernos de Saúde Pública*. RJ: Escola Nacional de Saúde Pública, n. 17 (2), mar.-abr., 2001.

BARALDI, Claudio. Teoria dei sistemi social e forme dell'interazione medico-paziente. *In*: CORSI, Giancarlo (a cura de). *Salute e malattia nella teoria dei sistemi – a partire da Niklas Luhmann*. Milano: FrancoAngeli, 2015.

DURHAM, Eunice Ribeiro. *A dinâmica da cultura*. São Paulo: Cosac Naify, 2004.

ESTÉVEZ, Ariadna. *Por uma conceitualização sociopolítica dos direitos humanos a partir da experiência latino-americana*. São Paulo: Lua Nova, 2012.

KENFACK, Pierre-Étienne. La gestion de la pluralité des systèmes juridiques par les États d´Afrique noire: les enseignements de l´expérience camerounaise. In: *Cahiers de la Recherche sur les Droits Fondamentaux*. Caen: Presses Universitaires de Caen, n. 7, 2009.

LACERDA, Rosane Freire. Pluralismo e descolonização em saúde indígena no Brasil: contribuições e desafios da Convenção n. 169 da OIT. *In*: DUPRAT, Deborah (org.). Convenção 169 da OIT e os Estados Nacionais. Brasília: ESMPU, 2015.

LANGDON, E. Jean. A construção sociocultural da doença e seu desafio para a prática médica. *In*: BARUZZI, Roberto G.; JUNQUEIRA, Carmen (orgs.). *Parque indígena do Xingu – saúde, cultura e história*. São Paulo: Terra Virgem, 2005.

LUHMANN, Niklas. Il codice della malattia. *In*: CORSI, Giancarlo (a cura de). *Salute e malattia nella teoria dei sistemi – a partire da Niklas Luhmann*. Milano: FrancoAngeli, 2015.

MURA, Fabio; SILVA, Alexandra Barbosa da. Tradição de conhecimento, processos experienciais e práticas de cura entre os Kaiowa. *In*: GARNELO, Luiza (org.). *Saúde indígena: uma introdução ao tema*. Brasília: MEC-SECADI, 2012.

REESE-SCHÄFER, Walter. *Niklas Luhmann zur Einführung*. Hamburg: Junius, 1999.

SILVA, Paulo Thadeu Gomes da. *Os direitos dos índios: fundamentalidade, paradoxos e colonialidades internas*. São Paulo: Café com Lei, 2015.

TALBOTT, William J. *Which rights should be universal?* Oxford: Oxford University Press, 2005.

PARTE II
Judicialização do Direito Fundamental à Saúde

Judicialização da Saúde: Perspectivas de uma Conformação de Efetividade

Andréia Castro Dias[*]
Claudia Mota Estabel[**]

Introdução

O presente estudo tem por finalidade contextualizar o direito à saúde e as políticas públicas que vêm sendo promovidas por intermédio do Poder Judiciário quando instado a se manifestar. A propósito, o direito à saúde vem insculpido na Constituição Federal Brasileira de 1988, inicialmente de maneira implícita no art. 1º, quando fundamenta o estabelecimento do Estado Brasileiro na promoção da dignidade da pessoa humana. Vem também inscrito na referida carta constitucional como direito fundamental social do indivíduo (art. 6º), e, portanto, disso decorre a correlata responsabilidade do Estado para sua efetivação e manutenção.

Entrementes, mesmo sendo direito fundamental social, tem-se verificado a inocorrência de políticas públicas satisfatórias, além de ausência ou limitação econômico-financeira para sua prestação por parte dos poderes constituídos que deveriam prestá-lo. Ademais, não obstante o Sistema Único de Saúde tenha por supedâneo, para sua efetivação, os princípios da universalidade e igualdade de tratamento aos indivíduos, na prática acaba sendo insuficiente o atendimento diante da elevada demanda existente.

Nesse passo, quando inviabilizada a prestação estatal no tocante à efetivação do direito à saúde pelo Poder Executivo/Legislativo, o cidadão, vendo-se premido em suas necessidades básicas, acaba por socorrer-se do Poder Judiciário, no intuito de ver garantido dito preceito fundamental, fato que impulsiona a judicialização da saúde.

Desta feita, o presente trabalho pretende apresentar a responsabilidade do Estado no tocante à satisfação do direito à saúde quando instado judicialmente para tanto, e neste contexto, indicar conformações para sua efetividade.

Para tanto, será necessário abordar-se o direito à saúde no Brasil, formulando-se um breve histórico em uma perspectiva mundial e nacional, indicando, nessa senda, os princípios constitucionais que mais se destacam na sua conformação. De outro lado, pretende-se discorrer sobre a responsabilidade solidária dos entes federativos relativamente à saúde, bem como a possibilidade de intervenção do Poder Judiciário nas demandas que tencionam a proteção à saúde. Ainda no tocante à atuação do Poder Judiciário frente à promoção do direito à saúde, será fundamental a análise do posicionamento dos tribunais superiores frente à matéria, passando-se pela jurisprudência do Supremo Tribunal Federal, o qual apresentou novos contornos às ações sanitárias, ao sopesar a questão orçamentária em matéria de saúde e o direito subjetivo individual à mesma. Nessa ótica, importante será a verificação do crescente número de demandas judiciais que buscam dita tutela, o que detém análise específica no presente

---

[*] Juíza Federal junto à 3ª Vara Federal de Rio Grande, RS, mestranda do PPGD-FURG.
[**] Advogada, professora universitária, mestranda do PPGD-FURG.

estudo com base nas informações colhidas junto ao Conselho Nacional de Justiça e nos tribunais regionais federais e estaduais. Por fim, apresentar-se-ão diretrizes para uma conformação do direito à saúde, por parte da gestão administrativa do Poder Judiciário, quando se retomará a questão da promoção de políticas públicas tendentes à efetivação da cidadania e da justiça social.

Assim, utilizando-se do método indutivo, o trabalho desenvolve-se por meio de pesquisa bibliográfica, com análise doutrinária, legislativa e jurisprudencial, dividindo-se em três capítulos, quais sejam: Breve histórico do direito à saúde; o Poder Judiciário e o direito à saúde e Questões diversas nos processos judiciais de saúde, o que se faz necessário, porquanto como direito fundamental, a assistência à saúde não recebe da máquina estatal, na prática, a atenção dispensada pelo constituinte brasileiro no texto da Carta de 1988, cabendo aos interessados a procura do Poder Judiciário para solução dos litígios.

1. Direito à saúde no Brasil

1.1. Breve histórico-perspectiva constitucional e legal

Nos termos percebidos pela Organização Mundial da Saúde (OMS), o conceito de saúde consiste no "completo estado de bem-estar físico, mental e social, e não simplesmente a ausência de enfermidade". Ao enfrentar esta perspectiva, e, levando-se em conta que o direito à saúde não se caracteriza meramente pela ausência de enfermidade, este envolverá a promoção, a proteção e a recuperação da saúde.

No contexto internacional, o direito à saúde foi reconhecido após o fim da Segunda Guerra Mundial, marco para a valorização dos direitos humanos na figura da dignidade da pessoa. Encontra base o direito à saúde em documentos internacionais, como a Declaração Universal dos Direitos do Homem (1948), o Pacto de Direitos Sociais, Econômicos e Culturais (1992), bem assim o Pacto de San Jose da Costa Rica (1992).

A legislação brasileira, por sua vez, em seus primórdios, não se preocupou com a temática, basta ver que nas Constituições Federais de 1824 e 1891 sequer havia menção a referido direito. Note-se que foi apenas na Constituição de 1934 que se abordou pela primeira vez o tema, e, ainda assim, associando-o ao direito do trabalho. Já na Carta Constitucional de 1937, a saúde estava relacionada ao bem-estar e desenvolvimento da criança, enquanto que a Carta de 1946 trouxe a saúde como competência da União. Durante o período de exceção, entre 1967 e 1969, não houve significativa atenção ao direito relacionado à saúde e somente com a Constituição Federal de 1988, que o direito à saúde atingiu o ápice da proteção já dispensada pelo Estado, identificando-o como direto fundamental social dos indivíduos (arts. 6º, 196 a 200 da Carta). A propósito, dita proteção sofreu forte influência da Conferência Nacional da Saúde de 1986, a qual traçou parâmetros para a proteção e desenvolvimento do direito sanitário.

Em termos de legislação infraconstitucional, o direito à saúde foi consagrado na Lei n. 8.080/1990 (criando o Sistema Único de Saúde), a qual, em seu art. 1º, consagrou a sua aplicação às ações e serviços de saúde, executados isolada ou conjuntamente, em caráter permanente ou eventual, por pessoas naturais ou jurídicas de direito público ou privado. Importante referir que em seu art. 2º ratifica a escolha do Poder Constituinte Originário, ao afirmá-lo como *direito fundamental do ser humano, devendo o Estado prover as condições indispensáveis ao seu pleno exercício*. Ademais, dita lei apenas foi regulamentada em 2011, por meio do Decreto n. 7.508.

1.2. Princípios do direito à saúde

A Constituição Federal consagra o direito à saúde como direito público subjetivo, a teor do art. 196, que garante a saúde como direito de todos bem como as políticas sociais e o acesso universal e igualitário de ações para sua promoção e, como tal, direito fundamental.

Possuindo caráter de proteção fundamental, é importante o enfrentamento dos princípios garantidores do direito à saúde, a respeito dos quais a seguir se discorre, tanto no enfoque constitucional quanto com relação à Lei n. 8.080/1990, dando especial atenção aos princípios da dignidade da pessoa humana, do mínimo existencial e da reserva do possível, da universalidade e igualdade, da precaução e da prevenção.

1.2.1. Princípio constitucional da dignnidade da pessoa humana – direito fundamental à saúde

Ainda para SARLET, a dignidade da pessoa humana possui funções defensivas e assistenciais. A função defensiva refere-se a uma natureza com cunho de limitar a atuação estatal. Já a função assistencial se refere à atuação do Estado no sentido de promover políticas públicas para o aprimoramento do indivíduo. Neste sentido, refere que

"qualidade intrínseca e distintiva reconhecida em cada ser humano que o faz merecedor do mesmo respeito e consideração por parte do Estado e da comunidade, implicando, neste sentido, um complexo de direitos e deveres fundamentais que assegurem a pessoa tanto contra todo e qualquer ato de cunho degradante e desumano, como venham a lhe garantir as condições existenciais mínimas para uma vida saudável" (SARLET, 2011, p. 73).

No campo administrativo, verifica-se este princípio também como indicador de atividade estatal, vez que por meio dele se garantirão e promoverão políticas públicas relativamente ao direito fundamental à saúde, cujo Sistema Único de Saúde (SUS) é fonte desta garantia.

Conforme enuncia TESLLER, (2011, p. 10):

> A fundamentalidade material encontra-se na relevância da saúde, como bem tutelado, por ser diretamente relacionado a direitos maiores, como o direito à vida e à dignidade humana. Encerra em si um direito do qual deflui um dever fundamental, com diz expressamente o art. 196: "A saúde é dever do Estado". Daí se pode afirmar que o direito à saúde depende de procedimentos, suportes, estrutura, organização para que possa ser efetivado, necessitando ademais de normas organizadoras sobre os modos e a possibilidade de exercer a sua fruição.

No contexto brasileiro, a dignidade da pessoa humana encontra fundamento no art. 1º[1] da Constituição Federal, e, na Declaração Universal dos Direitos Humanos, também no art. 1º,[2] têm-se a dignidade da pessoa como fundamento essencial à condição humana, destacando-se a ainda sobre a igualdade e liberdade. Há evidente preocupação em demonstrar a importância deste princípio, já que se encontra consagrado desde o artigo primeiro de muitas das constituições ou declarações mundiais.

O princípio da dignidade da pessoa humana foi elevado como fundamento do Estado Democrático de Direito brasileiro, e, assim, necessariamente deverá integrar a interpretação dada aos demais dispositivos legais. No dizer de FIGUEIREDO (2007, p. 53), a dignidade da pessoa humana constitui elemento pré-jurídico, razão pela qual é tido tal instituto como qualidade intrínseca, irrenunciável e inalienável da personalidade de todo o ser humano, estando ligada à sua proteção.

Contudo, é de se reconhecer que existem limitações financeiro-econômicas relativamente aos cofres públicos, que obstaculizam a concretização deste princípio e dos direitos sociais propriamente ditos, do que decorre a análise seguinte que diz com o princípio do mínimo existencial da reserva do possível.

1.2.2. Princípio constitucional do mínimo existencial e da reserva do possível

O art. 6º da Constituição Federal de 1988 estabeleceu uma serie de direitos sociais, fundados nos direitos fundamentais. O mínimo existencial, surgido na Alemanha nos idos de 1950, consiste em um determinado grupo de direitos que são necessários à existência e manutenção da vida digna.

Já a reserva do possível (reserva do financeiramente possível) surgiu na Alemanha de 1972, quando, diante do aumento populacional após a Segunda Guerra, muitos jovens tentavam estudar nas universidades e não obtinham número suficiente de vagas, já que não se tinha estrutura suficiente. Em intervenção, o Tribunal Constitucional Federal alemão reconheceu o direito dos jovens ao estudo, contudo, reconheceu também a impossibilidade material de disponibilização de vagas na universidade, ainda que o Estado alemão tenha promovido investimentos nesse sentido, mas que se mostraram insuficientes.

Em nosso sistema, e, no dizer de SARLET (2007, 305), consiste a reserva do financeiramente possível em limite jurídico e fático dos direitos fundamentais. Esta dimensão fática se refere à inexistência de recursos financeiros, bem como materiais, que poderiam inviabilizar a concretização de algum direito social. Já a dimensão jurídica refere-se ao fato de existirem meios e recursos para promoção dos direitos sociais, mas estes não são realizados.

---

1. Art. 1º: A República Federativa do Brasil, formada pela união indissolúvel dos Estados e Municípios e do Distrito Federal, constitui-se em Estado Democrático de Direito e tem como fundamentos:
   I – a soberania;
   II – a cidadania;
   III – a dignidade da pessoa humana;
   IV – os valores sociais do trabalho e da livre iniciativa;
   V – o pluralismo político.
   Parágrafo único. Todo o poder emana do povo, que o exerce por meio de representantes eleitos ou diretamente, nos termos desta Constituição. (Constituição Federal Brasileira);

2. Art. 1º Todos os seres humanos nascem livres e iguais em dignidade e em direitos. Dotados de razão e de consciência, devem agir uns para com os outros em espírito de fraternidade (Declaração Universal dos Direitos Humanos).

Também, para BRAUNER & FURLAN (2013, p. 120) imprescindível na esfera da saúde, a observação da reserva do possível conjuntamente com a análise da garantia do mínimo existencial, observando os critérios e requisitos pertinentes à tomada de decisão, como a observância do binômio da razoabilidade da pretensão e a disponibilidade do Estado.

Mas neste sentido, não se poderá admitir que o Estado se tome do princípio da reserva do possível a efeito de eximir-se de suas obrigações relativas aos direitos sociais, em especial ao direito à saúde.

1.2.3. Princípio da universalidade e da igualdade

Os principios da universalidade e da igualdade dispõem sobre a relação entre o sistema e seus usuários, razão pela qual não deverá existir distinção entre esses últimos, seja de caráter nacional ou financeiro, na medida em que poderá fazer uso do Sistema Único de Saúde – SUS – o estrangeiro e, ainda, aquele que tiver condições de acessar a rede privada de saúde, mas na oportunidade não queira fazer.

Este princípio, da universalidade, vem regulado pelo disposto no art. 196 da Constituição Federal, e neste sentido, garante que a saúde é direito de todos e dever do Estado, pelo que se deverá garantir, mediante políticas sociais e econômicas, os riscos à saúde.

A universalidade implica, portanto, na possibilidade de acesso igual a todos os serviços, do que se inclui o conceito e a noção de cidadania para oportunizar o atendimento ou a concessão de medicamento a todos que necessitam sem, como referido, indagar sobre a condição social daquele que dele necessita.

E, com relação ao princípio da igualdade, TESLER (2011, p. 06) assinala:

> Os serviços de saúde devem ser prestados de maneira uniforme e indiferenciada a todos, sem privilégios ou preconceitos. O princípio foi estabelecido para sepultar a política de favores, ou a cultura do favor, ou a ideia de que quem não podia pagar seria tratado como indigente. Por outro lado, o princípio da igualdade não tolera distinção entre usuários pagantes e não pagantes. Era a chamada "diferença de classe", isto é, a separação de ambientes, o oferecimento de melhores acomodações e refeições aos que podiam pagar. Tudo isso desprestigia o princípio da igualdade e não contribui para a prestação de um serviço digno e eficiente para todos. Por outro lado, a igualdade deve ser compreendida dentro da universalidade. Todos estão incluídos e são iguais em consideração e direitos.

Desta forma, ditos princípios complementam-se e devem ser considerados, para fins de apreciação administrativa ou judicial, de forma conjunta, principalmente no que pertine ou poderia repercutir quanto à capacidade financeiro-econômica do assistido, do que não se tem qualquer tipo de restrição expressa ou implícita.

1.2.4. Princípio da prevenção e da precaução

O art. 196 da Constituição Federal estabelece a necessidade de controle sanitário e epidemiológico, no sentido de promover a prevenção e a recuperação da saúde do indivíduo. E, no presente estudo, destacaremos, dentre outros princípios denominados sanitários, os da prevenção e precaução, que se encontram ainda descritos nos arts. 198 e 200 da referida norma federal. Neste sentido, TESLLER (2011, p. 17, *idem*):

> O princípio da prevenção está diretamente ligado à antecipada previsão de acontecimentos negativos ou incerteza sobre consequências e acontecimentos. Já o princípio de precaução significa que se há de agir antecipadamente frente a uma dupla fonte, a incerteza que é a ausência de conhecimento científico e o próprio perigo conhecido. Não é só exortação à tomada de cautela, mas significa a necessidade de prática de ações, como, por exemplo, pesquisas ou até medidas extremas como barreiras alfandegárias ou a destruição de produtos diante de ameaça de danos sérios e irreversíveis. A prevenção está genericamente no art. 2º da Lei n. 6.939/1981, não é estática, atualiza-se constantemente. Prestigia-se a precaução quando não se permite que o SUS propicie tratamento sem comprovação científica estabelecida. A obrigatoriedade de registro e aprovação de medicamentos pela Anvisa é outro exemplo de aplicação do princípio. A saúde é um campo em que o risco é onipresente. Há comportamentos e estilos de vida arriscados. Os procedimentos médicos e terapias envolvem riscos e efeitos colaterais. O princípio da precaução tem como objetivo preservar os benefícios do desenvolvimento científico, agindo antecipadamente no sentido de assegurar a saúde pública.

Desta forma, por meio da prevenção se oportuniza evitar a concretização de riscos de danos à saúde, já a precaução objetiva a atuação na esfera científica tendente a evitar também danos maiores de que ainda não se tenha confirmado o risco por meio de promoções científicas, mas que, diante do caso concreto, poderão vir a ocorrer.

O princípio da prevenção, descrito no art. 198, II, da Constituição Federal, tenciona que a saúde pública prime pela promoção de atividades preventivas à população. Essas medidas incluem tanto atividades no sentido de evitar a ocorrência de doenças, por meio do desenvolvimento científico, quanto as de promoção de políticas públicas visando ao saneamento básico, à promoção de um meio ambiente equilibrado e ideal e a conscientização sobre o conceito de saúde individual.

Frise-se que o art. 196 da Constituição Federal define que saúde, além da ausência de doenças, se materializa pela redução de riscos de enfermidades, com a respectiva promoção e recuperação. E, na intenção de seguir este cumprimento, a Lei n. 8.080/1990, em seu art. 6º, I, d, define que está no campo de atuação do SUS a assistência terapêutica integral, inclusive farmacêutica, fazendo com que o Brasil adotasse, por exemplo, estratégica de política de medicamentos da Organização Mundial de Saúde (OMS).

Ainda que, tanto por disposição constitucional quanto de regra contida na Lei v. 8.080/1990 se tenha por princípio a adoção e promoção de medidas preventivas e de precaução, no tocante a medicamentos, pesquisas científicas, diversificação do número de internações e de políticas sociais, a garantia do direito fundamental à saúde muitas vezes se mostra inviabilizada pelo Estado, que, embora invista no sentido da melhoria do alcance e do atendimento, não consegue suportar a demanda, razão pela qual verifica-se o surgimento e o aumento da chamada judicialização da saúde.

2. Poder Judiciário e o direito à saúde

2.1. Da judicialização da saúde – Esfera judicial

O direito fundamental à vida protegido constitucionalmente pelo *caput* do art. 5º da Constituição Federal Brasileira de 1988, faz com que dele decorra uma gama de direitos previstos no ordenamento, entre os quais se destaca o direito à saúde e o direito ao meio ambiente ecologicamente equilibrado. Todos possuem, ademais, intrínseca ligação com o princípio da dignidade da pessoa humana, visto que ser titular do direito à vida significa dizer possuir o direito de nascer (proteção da vida uterina), continuar vivo e viver dignamente, conforme mencionado *supra*.

Impende destacar que não obstante o direito social fundamental à saúde seja norma constitucional de aplicação imediata (como apregoa o art. 5º, § 1º, da Constituição Federal), é inegável que possui conteúdo programático, na medida em que sua concretização se dá por meio de prestações positivas por parte do Estado, as quais são realizáveis por políticas públicas específicas. Portanto, a decisão política sobre a organização pública da saúde é de responsabilidade imediata dos Poderes Executivo e Legislativo, mormente o primeiro, nas três esferas da federação: União, Estados e Municípios, como referido no capítulo anterior, ao se tratar da Lei n. 8.080/1990 e de seu Decreto Regulamentador (Decreto n. 7.508/2011). De qualquer forma, a conduta esperada por parte desses entes políticos é a efetiva alocação de recursos à área da saúde, sob pena de, em assim não o fazendo, ocasionar frustração às justas expectativas depositadas pela população. Por isso se aduziu no primeiro capítulo que o direito fundamental à saúde é dual (dupla dimensão), isto é, além de direito fundamental de todos é também um dever fundamental ao vincular o Poder Público à sua efetivação[3].

Nesse passo, é justamente quando esse direito à saúde não é atendido que desponta a judicialização da saúde, vale dizer, quando os entes políticos não cumprem com a sua prestação ou o serviço prestado é ineficiente, o que faz gerar uma pretensão de satisfação do direito material por parte do Judiciário. Por outras palavras, pode-se dizer que é na omissão ou na má regulamentação da Constituição pelos governantes (Poderes Legislativo e Executivo, cada um na sua esfera de atribuição), principalmente no que pertine aos direitos sociais fundamentais que demandam prestações positivas do Estado (direitos sociais à prestação – direito à saúde) que aflora a procura do cidadão pelo Poderes Judiciário, na esperança de ver efetivados os direitos lá preconizados. Portanto, repita-se: é daquela omissão ou má regulamentação da Constituição que o fenômeno da judicialização da saúde encontra espaço (em razão da transferência das decisões do campo parlamentar e executivo para os Tribunais).

Impende registrar que, no Brasil, foi nos momentos de redemocratização que se observou um considerável incremento de demandas ajuizadas perante o Poder Judiciário (LOBATO, 2004, p. 28), na medida em que os cidadãos passaram a se sentir como verdadeiros protagonistas de suas vidas, buscando, assim, nas situações de violação a direitos subjetivos a efetivação dos direitos que lhes foram assegurados na Constituição Federal[4]. Nesse contexto se inserem as postulações no âmbito da saúde, visto que o cidadão,

---

3. Art. 196 da CF/1988: A saúde é direito de todos e dever do Estado, garantido mediante políticas sociais e econômicas que visem à redução do risco de doença e de outros agravos e ao acesso universal e igualitário às ações e serviços para sua promoção, proteção e recuperação.
4. Por corolário lógico, nas épocas de regimes de exceção, observou-se uma estagnação ou até diminuição do acesso à justiça (Lobato, 2004, p. 28).

vendo frustrado seu direito à saúde, seja por não conseguir por parte do Estado os medicamentos necessários para fazer frente à moléstia que lhe acomete, seja por não obter tratamento e atendimento dignos, vem movimentando a máquina judiciária e exigindo deste Poder a concretização da promessa constitucional do direito fundamental à saúde.

De fato, como a cada direito/interesse tutelado há, no plano processual, uma tutela jurisdicional adequada, pode-se dizer que possui, garantido pela Carta da República, o direito de ação judicial para buscar a efetivação do direito à saúde, o qual se caracteriza como direito fundamental e está consagrado na Constituição Federal brasileira no art. 5º, inciso XXXV, que preceitua: *a lei não excluirá da apreciação do Poder Judiciário lesão ou ameaça a direito;* e inciso LIV, ao afirmar que *ninguém será privado da liberdade ou de seus bens sem o devido processo legal.* Referidos dispositivos consagram o direito de invocar a atividade jurisdicional como direito público subjetivo que não possui restrição temática, sendo sede, pois, do *princípio da inafastabilidade do controle jurisdicional.* A propósito, GRINOVER (2007, p. 13) refere que dito princípio *indica ao mesmo tempo o monopólio estatal na distribuição da justiça* (ex parte principis), *como o amplo acesso de todos à referida justiça* (ex parte populi).

Abordando sobre judicialização de situações que deveriam ser resolvidas perante a esfera política (Poderes Executivo e Legislativo), BARROSO (2008, p. 02) explica:

> Algumas questões de larga repercussão política ou social estão sendo decididas por órgãos do Poder Judiciário, e não pelas instâncias políticas tradicionais: o Congresso Nacional e o Poder Executivo em cujo âmbito se encontram o Presidente da República, seus ministérios e a administração pública em geral. Como intuitivo, a judicialização envolve uma transferência de poder para juízes e tribunais, com alterações significativas na linguagem, na argumentação e no modo de participação da sociedade.

Destaque-se, ademais, que com o advento do Estado Constitucional[5] o Poder Judiciário assumiu papel de relevo na vida política do Estado, haja vista que, como intérprete da Constituição, extrai dela a sua *vontade* (efetuando a jurisdição constitucional controles de constitucionalidade difuso e abstrato), e a concretiza, aplicando diretamente os preceitos constitucionais sempre que isso possa ser feito, o que maximiza a ideia de cidadania. Nesse sentido, LOBATO (2004, p. 27/28):

> Assim sendo, a cidadania brasileira, pós-Constituição de 1988, volta os olhos para a atuação do Poder Judiciário – esse terceiro órgão de soberania do Estado, que tem a função de fazer cumprir as leis, notadamente a Constituição. Importante é ressaltar que o sistema judicial brasileiro admite que todo cidadão tenha acesso ao Poder Judiciário para a proteção de seus direitos fundamentais, através de ações constitucionais especiais de natureza individual, tais como *Habeas Corpus*, o Mandado de Segurança ou ainda as criadas pela Constituição de 1988, a *ação de habeas Data e o Mandado de Injunção. A ação judicial poderá assumir uma dimensão coletiva ou transindividual através das Ações de Mandado de Segurança coletivo, a Ação Popular ou a Ação Civil Pública.*

Não se nega aqui que a atribuição primária e principal para gerir e regulamentar as políticas públicas pertença aos Poderes Executivo e Legislativo por serem os legítimos representantes da vontade popular (democracia representativa – voto da maioria). O que se quer dizer é que na sua inércia, e uma vez provocado o Poder Judiciário, este deve examinar as questões que lhe foram postas para apreciação e proferir decisão de mérito, não lhe sendo autorizado imiscuir-se sob a justificativa da não legitimação política. Ora, é justamente em razão da Constituição Federal, que colocou o Poder Judiciário como seu guardião, e desse novo estatuto dos direitos fundamentais, que é imprescindível sua atuação concretizadora e criadora do Direito, impondo-se, por outro lado, a superação do entendimento de Montesquieu sobre a separação dos poderes do Estado. Ademais, é também o princípio da inafastabilidade da jurisdição que obriga o posicionamento do Judiciário, repita-se, em qualquer temática, no que se insere a seara da judicialização da política da saúde (política pública) e não apenas nas questões jurisdicionais. A propósito, destaca-se a contribuição doutrinária de BARBOZA e KOZICKI, (2012, p. 61):

> É possível afirmar que a própria ideia de constitucionalismo e de previsão de questões políticas na Constituição permitiram que o Judiciário acabasse enfrentando qualquer questão política como sendo uma questão constitucional.(...) É possível afirmar que há um consenso no sentido de que a assunção de novos papéis pelo Judiciá-

---

5. Esse Estado Constitucional na ordem jurídica brasileira se instaura de modo amplo e efetivo com a Constituição Federal de 1988.

rio, incluindo as decisões de questões políticas, morais, religiosas, centrais, tanto por parte da sociedade, quanto por parte dos próprios atores políticos, vem sendo aceita pela sociedade, uma vez que os próprios atores políticos veem o Judiciário como um fórum apropriado para enfrentar essas questões.

Note-se que essa atuação do Judiciário coopera para reafirmação da harmonia e independência dos poderes, visto que o acesso à jurisdição é um dos principais recursos disponíveis para que o cidadão possa fazer valer seus direitos. Nesse contexto, igualmente com supedâneo no princípio da inafastabilidade da jurisdição que se defende a não aplicação da doutrina da autorrestrição judicial para as questões políticas (segundo a qual a revisão judicial importaria em afronta à vontade da maioria representada pelo parlamento, razão por que o Judiciário deveria eximir-se ao exame de questões políticas). Isso porque mesmo nas questões em que até se poderia cogitar de uma certa resistência por parte do Poder Judiciário ao exame do mérito do ato administrativo vem se observando uma atenuação desse rigorismo, diante de inúmeras decisões judiciais que autorizam o exame da sua legalidade, moralidade, validade, do que se destaca o precedente do STJ no RESP 493.811, relatoria da Min. Eliana Calmon, DJ 15.03.2004, quando expressamente referiu a possibilidade de controle pelo Poder Judiciário das razões de conveniência e oportunidade do administrador.

Logo, o Poder Judiciário, por meio do princípio da inafastabilidade da jurisdição decorrente do Estado Democrático de Direito, deve não só interpretar a Constituição, mas, principalmente, como já referido, concretizá-la quando verificar inércia ou má gestão por parte dos Poderes Legislativo e Executivo na execução das políticas públicas, em especial na concretização dos direitos fundamentais sociais (de cunho prestacional – positivos); não podendo as alegações de 'reserva do possível' (possibilidade de recursos e capacidade de dispor por parte do destinatário da norma) servir de obstáculo, haja vista o novo papel conferido ao Judiciário como concretizador de direitos fundamentais, na promoção do processo democrático na construção de uma sociedade livre, justa e solidária.

Em artigo intitulado *Direito à saúde, universalidade, integralidade e políticas públicas: princípios e requisitos em demandas judiciais por medicamentos*, RIOS (2009, p. 2[6]) é enfático:

> O direito à saúde também tem eficácia direta e imediata em face do Poder Judiciário que, diante das políticas públicas definidas e implementadas, tem o dever de garantir aos cidadãos os direitos subjetivos e em toda a sua extensão ali previstos. Essa eficácia imediata e direta do direito fundamental à saúde vai além, para o Poder Judiciário: diante de uma política pública definida legislativamente e bem executada pela Administração, ele pode ser chamado a definir se o conteúdo jurídico do direito à saúde alcança alguma outra prestação positiva, vale dizer, aferir a existência de direito decorrente diretamente da Constituição (direito originário à prestação de saúde) a alguma prestação de saúde, observadas as condições jurídicas e fáticas pertinentes. Isso é o que ocorre na maioria das ações, pleiteando o fornecimento de medicamentos: um provimento judicial que afirme a eficácia originária do direito à saúde a fim de obrigar a Administração a conceder medicação além daquilo que foi definido e previsto nas listas oficiais de medicamentos. Sustentar diversamente, negando qualquer possibilidade de eficácia originária do direito à saúde, implica sujeitar a força normativa da Constituição à legislação e à administração que, por suas próprias e exclusivas forças e decisões, acabariam por definir o conteúdo jurídico da norma de direito fundamental.

Com efeito, não é por outra razão que na área do direito sanitário vem-se observando o crescente ajuizamento de demandas que propõem desde a obtenção de medicamentos até a realização de procedimentos em geral (como cirurgias), internações hospitalares e pedidos de explicações por parte dos médicos e hospitais sobre o prognóstico e diagnóstico do paciente, lastreado no direito à informação, que, além de previsto na Constituição Federal, tem assento no art. 7º, incisos V e VI[7] da Lei n. 8.080/1990.

No síteo do Conselho Nacional de Justiça[8] é possível verificar-se o número de ações judiciais com a temática de direito à saúde em tramitação até junho

---

6. <http://www.revistadoutrina.trf4.jus.br/index.htm?http://www.revistadoutrina.trf4.jus.br/artigos/edicao031/roger_rios.html>. Acesso em: 24 jun. 2015.
7. Lei n. 8.080/1990: Art. 7º, inciso V – direito à informação, às pessoas assistidas, sobre sua saúde; VI – divulgação de informações quanto ao potencial dos serviços de saúde e a sua utilização pelo usuário.
8. <http://www.cnj.jus.br/images/programas/forumdasaude/demandasnostribunais.forumSaude.pdf>. Acesso em: 24 jun. 2015.

de 2014. No âmbito federal, observa-se que os cinco Tribunais Regionais Federais somavam 62.291 processos, sendo que o TRF4 é o que mais possui esse tipo de demanda, perfazendo o total de 35.587 (24.229 no primeiro grau e 11.058 no segundo grau). Por sua vez, no âmbito da Justiça estadual, o Tribunal de Justiça do Rio Grande do Sul é o campeão ao processar 113.953 ações seguido do TJMG com 66.751 e TJRJ 46.883.

Neste contexto, convém historiar como as Cortes Superiores (STJ e STF) se posicionaram no decorrer do tempo a respeito da matéria. Frise-se que se escolheu referidos tribunais, porque são as responsáveis por alinhavar o entendimento das instâncias inferiores.

Pois bem, num primeiro momento o STJ entendia que ao Poder Judiciário não era possível influir no orçamento do Poder Executivo para, em detrimento do todo, beneficiar um direito subjetivo individual. Além disso, reconhecia a norma constitucional que prevê o direito à saúde como norma meramente programática. Nesse sentido, o precedente de relatoria do Min. Demócrito Reinaldo (DJU 17.06.1996):

> CONSTITUCIONAL. ADMINISTRATIVO. MANDADO DE SEGURANÇA. DIREITO LÍQUIDO E CERTO. INEXISTÊNCIA. *Direito líquido e certo, para efeito de concessão de segurança, é aquele reconhecível de plano e decorrente de lei expressa ou de preceito constitucional, que atribua ao impetrante um direito subjetivo próprio.* Normas constitucionais meramente programáticas – ad exemplum, o direito à saúde – protegem um interesse geral, todavia, não conferem, aos beneficiários desse interesse o poder de exigir sua satisfação – pela via do *mandamus* – uma vez que não delimitado o seu objeto, nem fixada a sua extensão, antes que o legislador exerça o múnus de completá-las através da legislação integrativa. *Essas normas (arts. 195, 196, 204 e 227 da Constituição Federal de 1988)* são de eficácia limitada, ou, em outras palavras, não têm força suficiente para desenvolver-se integralmente, 'ou não dispõem de eficácia plena', pois dependem, para ter incidência sobre os interesses tutelados, de legislação complementar. Na regra jurídico-constitucional que dispõe que 'todos têm direitos e o Estado o dever' – dever de saúde – como afiançam os constitucionalistas, na realidade todos não têm direito, porque a relação jurídica entre o cidadão e o Estado devedor não se fundamenta em *vinculum juris* gerador de obrigações, *pelo que falta ao cidadão o direito subjetivo público, oponível ao Estado, de exigir em Juízo, as prestações prometidas a que o Estado se obriga por proposição ineficaz dos constituintes.* No sistema jurídico pátrio, a nenhum órgão ou autoridade é permitido realizar despesas sem a devida previsão orçamentária, sob pena de incorrer no desvio de verbas. *Recurso a que se nega provimento. Recurso em Mandado de Segurança n. 6.564/RS (95.0068782-8). Original sem grifo*

Entretanto, por meio do voto de Relatoria do Ministro Celso de Mello, o Supremo Tribunal Federal exarou novas luzes sobre a temática e expressamente enfatizou o dever do Poder Judiciário de exprimir da Constituição Federal o direito à saúde e concretizá-lo. A propósito, o RE 271286 AgR/RS – AG.REG no Recurso Extraordinário, relatoria do Ministro Celso de Mello (Julgamento: 12.09.2000; Órgão Julgador: Segunda Turma; Publicação Acórdão Eletrônico DJ 24.11.2000 PP-00101 ement. Vol.-02013-07 pp-01409), cuja ementa segue:

> PACIENTE COM HIV/AIDS – PESSOA DESTITUÍDA DE RECURSOS FINANCEIROS – DIREITO À VIDA E À SAÚDE – FORNECIMENTO GRATUITO DE MEDICAMENTOS – DEVER CONSTITUCIONAL DO PODER PÚBLICO (CF, ARTS. 5º, CAPUT, E 196) – PRECEDENTES (STF) – RECURSO DE AGRAVO IMPROVIDO. O DIREITO À SAÚDE REPRESENTA CONSEQÜÊNCIA CONSTITUCIONAL INDISSOCIÁVEL DO DIREITO À VIDA. *– O direito público subjetivo à saúde representa prerrogativa jurídica indisponível assegurada à generalidade das pessoas pela própria Constituição da República (art. 196).* **Traduz bem jurídico constitucionalmente tutelado, por cuja integridade deve velar, de maneira responsável, o Poder Público, a quem incumbe formular – e implementar – políticas sociais e econômicas idôneas que visem a garantir, aos cidadãos, inclusive àqueles portadores do vírus HIV, o acesso universal e igualitário à assistência farmacêutica e médico-hospitalar.** *– O direito à saúde – além de qualificar-se como direito fundamental que assiste a todas as pessoas – representa consequência constitucional indissociável do direito à vida. O Poder Público, qualquer que seja a esfera institucional de sua atuação no plano da organização federativa brasileira, não pode mostrar-se indiferente ao problema da saúde da população, sob pena de incidir, ainda que por censurável omissão, em grave comportamento inconstitucional.* A INTERPRETAÇÃO DA NORMA PROGRAMÁTICA NÃO PODE TRANSFORMÁ-LA EM PROMESSA CONSTITUCIONAL INCONSEQUENTE. *– O caráter programático da regra inscrita no art. 196 da Carta Política – que tem por destinatários todos os entes políticos que compõem, no plano institucional, a organização federativa do Estado brasileiro – não pode converter-se em promessa constitucional inconsequente, sob pena de o Poder Público, fraudando justas expectativas nele depositadas pela coletividade, substituir, de maneira ilegítima, o cumprimento de seu impostergável dever, por um gesto irresponsável de infidelidade governamental ao que determina a própria Lei Fundamental do Estado.* DISTRIBUIÇÃO GRATUITA DE MEDICAMENTOS A PESSOAS CARENTES. – O reconhecimento judicial da validade jurídica de programas de distribuição gratuita de medicamentos a pessoas carentes, in-

clusive àquelas portadoras do vírus HIV/AIDS, dá efetividade a preceitos fundamentais da Constituição da República (arts. 5º, *caput*, e 196) e representa, na concreção do seu alcance, um gesto reverente e solidário de apreço à vida e à saúde das pessoas, *especialmente daquelas que nada têm e nada possuem, a não ser a consciência de sua própria humanidade e de sua essencial dignidade. Precedentes do STF. (grifou-se)*

Essa é, pois, a posição defendida no presente trabalho, no sentido de que o Poder Judiciário, uma vez verificada a omissão do Poder Público, deve, quando instado, atuar como construtor do direito e conceder a prestação de saúde reclamada.

2.2. Das Políticas Públicas para a saúde pelo Poder Judicário – Esfera administrativa

O número elevado de processos judiciais visando ações relativas à concretização do direito à saúde foi o mote para que a Corte Constitucional designasse uma Audiência Pública para discutir a matéria e cujos resultados seriam levados em consideração nas suas futuras decisões. Assim, foi designada a Audiência Pública n. 4, pelo então Presidente do STF, Ministro Gilmar Ferreira Mendes, a qual aconteceu entre os dias 27, 28 e 29 de abril, e 4, 6 e 7 de maio de 2009. Naquela oportunidade, foram ouvidos 50 (cinquenta) especialistas, entre advogados, defensores públicos, promotores e procuradores de justiça, magistrados, professores, médicos, técnicos de saúde, gestores e usuários do Sistema Único de Saúde.[9]

Essa iniciativa inédita do Supremo Tribunal na Audiência Pública n. 04 abriu caminhos para a adoção de uma política pública judiciária para a saúde executada pelo Conselho Nacional de Justiça,[10] a fim de dar contornos e monitoramento às demandas de saúde. Assim, o CNJ constituiu um grupo de trabalho por meio da Portaria n. 650, de 20 de novembro de 2009, que culminou na aprovação da Recomendação n. 31, de 30 de março de 2010[11], a qual versa sobre diretrizes aos magistrados quanto às demandas judiciais que envolvem a assistência à saúde. Por sua vez, em 06 de abril de 2010, o CNJ publicou a Resolução n. 107, que instituiu o Fórum Nacional do Judiciário, o qual é coordenado por um Comitê Executivo Nacional (Portaria n. 40 de 25 de março de 2014) e constituído por Comitês Estaduais. Ademais, por meio da Resolução n. 107 do CNJ, foi criado um sistema eletrônico de acompanhamento das ações judiciais que envolvem a assistência à saúde, chamado Sistema Resolução n. 107. Na atualidade, o Fórum da Saúde ampliou sua área de atuação para incluir a saúde suplementar e as ações resultantes das relações de consumo.[12]

Exemplo concreto das orientações aos juízes em matéria de saúde promovido pela gestão administrativa do CNJ no Fórum Nacional da Saúde são os Enunciados decorrentes da Primeira e Segunda Jornada de Direito da Saúde promovido por referido Conselho. A primeira jornada, realizada em 15 de maio de 2014, na capital de São Paulo-SP, aprovou 45 enunciados[13], e a segunda, ocorrida nos dias 18 e 19 de maio de 2015, igualmente em SP, aprovou mais 22 novos enunciados[14]. Os Enunciados versam sobre saúde pública, suplementar e biodireito[15]. Dentre os de *saúde pública*, destacam-se os que seguem:

03: Recomenda-se ao autor da ação, a busca preliminar sobre disponibilidade do atendimento, evitando-se a judicialização desnecessária.

06: A determinação judicial de fornecimento de fármacos deve evitar os medicamentos ainda

---

9. Informações colhidas no portal: <http://www.stf.jus.br/portal/cms/verTexto.asp?servico=processoAudienciaPublicaSaude> Acesso em: 02 jun. 2015.
10. O Conselho Nacional de Justiça (CNJ), criado em 31 de dezembro de 2004 e instalado em 14 de julho de 2005, foi instituído em razão do artigo 103-B da CF/1988. O CNJ possui por missão institucional a tomada de ações de planejamento, coordenação e controle administrativo, visando aperfeiçoar o serviço público de prestação da Justiça.
11. A Recomendação n. 31/2010 afirma a relevância da matéria para a garantia de uma vida digna à população brasileira. Nesse aspecto, vincula-se ao princípio da dignidade humana e prestigiamento do constitucionalismo. Considera as dificuldades enfrentadas pelos magistrados, especialmente as carências sobre informações clínicas relativas aos demandantes. Pondera que os medicamentos e outros insumos, para serem utilizados no Brasil, necessitam de prévia aprovação pela Anvisa, na forma do artigo 12 da Lei n. 6.360/1973 c/c Lei n. 9.782/1999. Reafirma a importância da oitiva dos gestores públicos, bem como sobre a necessidade de assegurar a sustentabilidade e o gerenciamento do SUS. (TESSLER, 2011, p. 11)
12. Informações extraídas do *site*: <http://www.cnj.jus.br/busca?termo=forum+nacional+saude>. Acesso em: 25 jun. 2015
13. <http://www.cnj.jus.br/images/ENUNCIADOS_APROVADOS_NA_JORNADA_DE_DIREITO_DA_SAUDE_%20PLENRIA_15_5_14_r.pdf>. Acesso em: 25 jun. 2015.
14. <http://www.cnj.jus.br/files/conteudo/destaques/arquivo/2015/05/96b5b10aec7e5954fcc1978473e4cd80.pdf>. Acesso em: 25 jun. 2015.
15. ENUNCIADOS BIODIREITO:
    ENUNCIADO N. 37: As diretivas ou declarações antecipadas de vontade, que especificam os tratamentos médicos a que o declarante deseja ou não se submeter quando incapacitado de expressar-se autonomamente, devem ser feitas preferencialmente por escrito, por instrumento particular, com duas testemunhas, ou público, sem prejuízo de outras formas inequívocas de manifestação admitidas em direito.

não registrados na Anvisa, ou em fase experimental, ressalvadas as exceções expressamente previstas em lei.[16]

07: Sem prejuízo dos casos urgentes, visando respeitar as competências do SUS definidas em lei para o atendimento universal às demandas do setor de saúde, recomenda-se nas demandas contra o poder público nas quais se pleiteia dispensação de medicamentos ou tratamentos para o câncer, caso atendidos por médicos particulares, que os juízes determinem a inclusão no cadastro, o acompanhamento e o tratamento junto a uma unidade CACON/UNACON.

08: Nas condenações judiciais sobre ações e serviços de saúde devem ser observadas, quando possível, as regras administrativas de repartição de competência entre os gestores.

15: As prescrições médicas devem consignar o tratamento necessário ou o medicamento indicado, contendo a sua Denominação Comum Brasileira (DCB) ou, na sua falta, a Denominação Comum Internacional (DCI), o seu princípio ativo, seguido, quando pertinente, do nome de referência da substância, posologia, modo de administração e período de tempo do tratamento e, em caso de prescrição diversa daquela expressamente informada por seu fabricante, a justificativa técnica.

16: Nas demandas que visam acesso a ações e serviços da saúde diferenciada daquelas oferecidas pelo Sistema Único de Saúde, o autor deve apresentar prova da evidência científica, a inexistência, inefetividade ou impropriedade dos procedimentos ou medicamentos constantes dos protocolos clínicos do SUS.

50: Saúde Pública – Salvo prova da evidência científica e necessidade preemente, não devem ser deferidas medidas judiciais de acesso a medicamentos e materiais não registrados pela ANVISA ou para uso *off label*. Não podem ser deferidas medidas judiciais que assegurem o acesso a produtos ou procedimentos experimentais.

51: Saúde Pública – Nos processos judiciais, a caracterização da urgência/emergência requer relatório médico circunstanciado, com expressa menção do quadro clínico de risco imediato.

52: Saúde Pública – Nas ações reiteradas na mesma Comarca que apresentem pedidos de medicamentos, produtos ou procedimentos já previstos nas listas oficiais, como medida de eficácia da atuação jurisdicional, é pertinente o magistrado dar ciência dos fatos aos Conselhos Municipal e Estadual de Saúde.

58: Saúde Pública – Quando houver prescrição de medicamento, produto, órteses, próteses ou procedimentos que não constem em lista (RENAME/RENASES) ou protocolo do SUS, recomenda-se a notificação judicial do médico prescritor, para que preste esclarecimentos sobre a pertinência e necessidade da prescrição, bem como para firmar declaração de eventual conflito de interesse.

59: Saúde Pública – As demandas por procedimentos, medicamentos, próteses, órteses e materiais especiais, fora das listas oficiais, devem estar fundadas na Medicina Baseada em Evidências.

60: Saúde Pública – A responsabilidade solidária dos entes da Federação não impede que o Juízo, ao deferir medida liminar ou definitiva, direcio-

---

ENUNCIADO N. 38: Nas pesquisas envolvendo seres humanos deve ser assegurada a proteção dos direitos fundamentais dos participantes da pesquisa, além da avaliação da necessidade, utilidade e proporcionalidade do procedimento, com o máximo de benefícios e mínimo de danos e riscos.

ENUNCIADO N. 39: O estado de filiação não decorre apenas do vínculo genético, incluindo a reprodução assistida com material genético de terceiro, derivando da manifestação inequívoca de vontade da parte.

ENUNCIADO N. 40: É admissível, no registro de nascimento de indivíduo gerado por reprodução assistida, a inclusão do nome de duas pessoas do mesmo sexo, como pais.

ENUNCIADO N. 41: O estabelecimento da idade máxima de 50 anos, para que mulheres possam submeter-se ao tratamento e à gestação por reprodução assistida, afronta o direito constitucional à liberdade de planejamento familiar.

ENUNCIADO N. 42: Quando comprovado o desejo de viver e ser aceito enquanto pessoa do sexo oposto, resultando numa incongruência entre a identidade determinada pela anatomia de nascimento e a identidade sentida, a cirurgia de transgenitalização é dispensável para a retificação de nome no registro civil.

ENUNCIADO N. 43: É possível a retificação do sexo jurídico sem a realização da cirurgia de transgenitalização.

ENUNCIADO N. 44: O absolutamente incapaz em risco de morte pode ser obrigado a submeter-se a tratamento médico contra à vontade do seu representante.

ENUNCIADO N. 45: Nas hipóteses de reprodução humana assistida, nos casos de gestação de substituição, a determinação do vínculo de filiação deve contemplar os autores do projeto parental, que promoveram o procedimento.

ENUNCIADO N. 68: Os direitos reprodutivos correspondem ao conjunto de direitos básicos relacionados com o livre exercício da sexualidade e da reprodução humana.

16. Consagra o princípio da precaução em matéria de direito sanitário.

ne inicialmente o seu cumprimento a um determinado ente, conforme as regras administrativas de repartição de competências, sem prejuízo do redirecionamento em caso de descumprimento[17].

Como visto, o CNJ está promovendo verdadeira política pública judicial na área da saúde, ao servir de orientador e balizador das decisões judiciais, na medida em que, como muito bem apregoa TESSLER (2011, p. 13):

> (...). Na sua missão institucional está a oferecer aproximação com os atores institucionais na área da saúde. Constrói gradativamente "organização e procedimentos", que são um dever imposto às instituições públicas da área, no sentido de oferecer e tornar possível uma decisão segura pelo Juiz e a fruição por todos do direito assegurado. No contato democrático com a sociedade, procurou recolher as múltiplas perspectivas em torno do assunto. Na área pública, procurou fazer com que o Estado tome consciência da relevância da matéria, todas iniciativas tendentes a resolver a excessiva judicialização. Construiu políticas públicas judiciárias, organização e procedimentos para dar plenas condições para o melhor desempenho da jurisdição. Pode-se afirmar que as recomendações vertidas na Recomendação n. 31/2010 do Conselho Nacional de Justiça constituem política pública judicial para melhor composição dos litígios e maior efetividade do direito constitucional à saúde.

A efetivação destas políticas de aproximação entre saúde e o Judiciário concretiza a realização do princípio da dignidade da pessoa humana, já que o a jurisdição encontra fluidez quando também concretiza esta missão institucional.

3. Questões diversas nos processos judiciais de saúde

3.1. Responsabilidade solidária dos entes federativos

Consoante visto no primeiro capítulo, na esteira do art. 198 da CF, são responsáveis pela gestão do SUS, de modo solidário, a União, os Estados, o Distrito Federal e os Municípios. As atribuições específicas de cada ente federativo, por sua vez, encontram-se preconizadas de modo detalhado na Lei n. 12.401/2011, a qual alterou a Lei n. 8.080/1990, e no Decreto n. 7.508/2011.

Note-se que a distinção das competências entre os entes federativos deve ser entendida como modo de organização e prestação do serviço público de saúde, de modo a atender, ao fim e ao cabo, ao princípio da eficiência administrativa.

Pois bem, não obstante a previsão constitucional e legal a indicar uma distribuição das competências, prevalece o entendimento jurisprudencial no sentido de que a responsabilidade é solidária, logo, não há litisconsórcio passivo necessário, litispendência, ou conexão entre demandas propostas pelo mesmo autor perante a Justiça estadual ou federal, devendo ser examinado apenas o princípio da demanda, no sentido de que cabe ao demandante escolher contra quem quer litigar. Nessa linha, seguem alguns exemplos de decisões do STJ e TRF 4ª Região, não negritadas no original:

> ADMINISTRATIVO. AGRAVO REGIMENTAL. FORNECIMENTO DE REMÉDIO. DIREITO À VIDA E À SAÚDE. RESPONSABILIDADE SOLIDÁRIA DOS ENTES FEDERATIVOS.
> 1. (...) 3. *A jurisprudência do Superior Tribunal de Justiça consolidou-se no sentido de que 'o funcionamento do Sistema Único de Saúde (SUS) é de responsabilidade solidária da União, Estados-membros e Municípios, de modo que qualquer dessas entidades têm legitimidade ad causam para figurar no polo passivo de demanda que objetiva a garantia do acesso à medicação para pessoas desprovidas de recursos financeiros' (REsp 771.537/RJ, Rel. Min. Eliana Calmon, Segunda Turma, DJ 03.10.2005). 4. Agravo regimental não provido. (AgRg no Ag 907.820/SC, Rel. Ministro MAURO CAMPBELL MARQUES, SEGUNDA TURMA, julgado em 15/04/2010, DJe 05.05.2010)*
>
> AGRAVO REGIMENTAL EM RECURSO ESPECIAL. PROCESSUAL CIVIL. ADMINISTRATIVO. AGRAVO DE INSTRUMENTO. RECURSO ESPECIAL. TRATAMENTO MÉDICO NO EXTERIOR. ART. 196 DA CF/1988. DIREITO À VIDA E À SAÚDE. DEVER DA UNIÃO. LEGITIMIDADE PASSIVA. [...] 4. **A União, o Estado, o Distrito Federal e o Município são partes legítimas para figurar no pólo passivo nas demandas cuja pretensão é o fornecimento de medicamentos imprescindíveis à saúde de pessoa carente, podendo a ação ser proposta em face de quaisquer deles.** *Precedentes: REsp 878080/SC; Segunda Turma; DJ 20.11.2006 p. 296; REsp 772264/RJ; Segunda Turma; DJ 09.05.2006 p. 207; REsp 656979/RS, DJ 07.03.2005. [...] (STJ, AgRg no REsp 1028835/DF, Primeira Turma, Relator Ministro Luiz Fux, julgado em 02.12.2008, DJe 15.12.2008)*

---

17. Ratifica o Enunciado 08.

ADMINISTRATIVO E CONSTITUCIONAL. REALIZAÇÃO DE CIRURGIA. ENTES POLÍTICOS – RESPONSABILIDADE SOLIDÁRIA. DIREITO AO RECEBIMENTO – REQUISITOS. PERÍCIA – DESNECESSIDADE NO CASO CONCRETO. 1. A União, Estados-Membros e Municípios têm legitimidade passiva e responsabilidade solidária nas causas que versam sobre realização de atos concernentes à manutenção ou melhora de saúde. 2. Desnecessária a realização de perícia quando as provas acostadas apresentam-se suficientes para o convencimento quanto à real necessidade de realização de cirurgia, mormente quando aquele que recomenda o procedimento é o próprio SUS. (TRF4, AC 2007.72.09.000171-1, Terceira Turma, Relatora Maria Lúcia Luz Leiria, D.E. 02.06.2010)

ADMINISTRATIVO. SAÚDE. INTERNAÇÃO EM UTI PEDIÁTRICA SEMI-INTENSIVA. LEGITIMIDADE PASSIVA. PRAZO. MULTA. 1. A União, Estados-Membros e Municípios têm legitimidade passiva e responsabilidade solidária nas causas que versam sobre serviços de saúde pública ou fornecimento de medicamentos. 2. A solidariedade não induz litisconsórcio passivo necessário, mas facultativo, cabendo à parte autora a escolha daquele contra quem deseja litigar, sem obrigatoriedade de inclusão dos demais. Se a parte escolhe litigar somente contra um ou dois dos entes federados, não há a obrigatoriedade de inclusão dos demais. 3. (...). (TRF4, AG 5017883-32.2014.404.0000, Quarta Turma, Relator p/ Acórdão Luís Alberto D'azevedo Aurvalle, juntado aos autos em 25.09.2014)

A jurisprudência do Supremo Tribunal Federal segue a mesma linha acima consignada e foi reafirmada pelo Ministro Gilmar Mendes por ocasião da Suspensão de Tutela Antecipada n. 175, que consagrou a responsabilidade solidária entre Municípios, Estados, Distrito Federal e União[18].

Destaque-se, contudo, que em sendo possível atribuir-se a obrigação pelo cumprimento da decisão judicial ao ente federativo que efetivamente seja o responsável por aquela política pública é recomendável que assim decida o magistrado, até porque reduz a ingerência na gestão administrativa do Estado e a execução tende a ser mais efetiva. Não foi por outra razão que o Fórum Nacional da Saúde, segundo visto no capítulo anterior, aprovou os Enunciados 08 e 60 já transcritos. No mesmo sentido GEBRAN E DRESCH (2014, 103):

> Havendo política pública que estabeleça obrigações a mais de um ente público, a decisão que determinar a prestação material deverá definir, na medida do possível, a quem cabe prestar diretamente a obrigação como responsável pelo custeio ou reembolso como previsto no art. 35, VII, da Lei n. 8.080/1990, em atenção na legislação do SUS e nos contratos organizativos.

3.2. Diretrizes para uma adequada conformação do direito à saúde

Importa referir, por fim, algumas medidas que devem ser observadas nas ações judiciais, para que se tenha uma efetiva conformação do direito à saúde. Nessa senda, RIOS (2009, p. 08) ensina que a concretização do direito à saúde pode sofrer restrições quando em colisão com outros direitos e bens constitucionais relevantes. Em suas palavras:

> Cumpre concretizar o direito ao fornecimento de medicamentos a partir de uma compreensão da Constituição e dos direitos fundamentais que tenha seu ponto de partida nos direitos à vida, *à saúde, ao respeito à dignidade humana e à liberdade fática, opondo-lhes, quando for o caso e somente se necessário, as restrições trazidas por outros direitos e bens constitucionais. Esse procedimento, no âmbito da contemporânea teoria dos direitos fundamentais, pode ser denominado método hermenêutico constitucional contextual,* para utilizar a expressão de Juan Carlos Gavara de Cara, pois parte da própria Constituição, da conexão e da inter-relação entre as diversas normas de direitos fundamentais. (...)Sem a pretensão de um rol exaustivo, para os fins deste estudo destacam-se, de um lado, o direito à vida, à saúde, o respeito à dignidade humana e à liberdade fática, em contraposição à competência orçamentária do legislador, ao princípio democrático, à reserva do possível e à eficiência da atividade administrativa.

Nesse passo, para que haja uma prestação jurisdicional adequada e suficiente, de modo a atender a direito subjetivo individual sem sacrificar os demais usuários do SUS, é fundamental que o magistrado verifique se efetivamente o medicamento ou o procedimento postulado atende a uma melhora na qualidade de vida e saúde do paciente, não se traduzindo em mero conforto, e que, jamais, acabe por lhe prejudicar a saúde. Isso em nome do princípio bioético da beneficência, o qual é informador do direito à saúde.

---

18. Na mesma decisão, há um reconhecimento de que a matéria deverá ser objeto de exame específico pela Suprema Corte no julgamento do RE 566.471 e na Proposta de Súmula vinculante em trâmite na Suprema Corte.

De outro lado, a decisão judicial não pode importar em graves danos ao funcionamento do serviço público de saúde como um todo, porque tal agir importa em lesão ao direito à saúde dos demais membros da sociedade.

É fundamental, outrossim, que o juiz determine a realização de perícia nos autos, a fim de averiguar a necessidade e adequação do medicamento/procedimento médico requerido. Ademais, a perícia deve considerar a existência de protocolos clínicos e terapêuticos, no âmbito do Ministério da Saúde, sobre a patologia investigada e o perito deve manifestar suas conclusões à luz da chamada "medicina das evidências"; além de assinar, tanto o perito judicial como o subscritor da prescrição, um termo de ausência de conflito de interesses, da qual se extraia a sua não vinculação a qualquer fabricante, fornecedor, entidade ou pessoa interessada no processo de produção e comercialização do medicamento/procedimento avaliado.

Veja-se, contudo, que será possível a não designação de perícia para se decidir sobre pedido de antecipação dos efeitos da tutela nas situações em que restar evidenciada a urgência da medida conjugada ao fato de o médico que assina a requisição do medicamento/procedimento ser conveniado ao Sistema Único de Saúde. De qualquer forma essa é uma situação excepcional.

Em finalizando, destaca-se que em razão dos princípios da universalidade de acesso aos serviços de saúde, da integralidade das ações e serviços preventivos e curativos de saúde e da igualdade da assistência à saúde, sem preconceito de qualquer espécie, o que evita a estigmatização do pobre, o serviço público de saúde é devido a todos os indivíduos que estejam em território nacional. Portanto, desinteressam as condições de renda do beneficiário, razão por que pode ocorrer que a parte autora não tenha gratuidade da Justiça, por poder responder pelas despesas do processo, mas mesmo assim receba o medicamento via SUS. Entretanto, essa questão é polêmica, exigindo, alguns tribunais, que na ação judicial o requerente comprove a ausência de condições financeiras para suportar o tratamento via particular, sendo o deferimento da assistência judiciária gratuita um elemento reforçador da sua incapacidade financeira.

No sentido do texto, segue importante precedente do TRF 4ª Região (sem negrito no original):

> *AGRAVO DE INSTRUMENTO. PROCESSUAL CIVIL E DIREITO CONSTITUCIONAL. LEGITIMIDADE PASSIVA. DIREITO À SAÚDE. SISTEMA ÚNICO DA SAÚDE – SUS. EFICÁCIA IMEDIATA. PRESTAÇÃO POSITIVA DE FORNECIMENTO DE MEDICAÇÃO. FORÇA NORMATIVA DA CONSTITUIÇÃO. PROPORCIONALIDADE. 1. Mercê do disposto no art. 4º da Lei n. 8.080,* de 19 de setembro de 1990, conjugado com o art. 196 da Lei Maior, é obrigação do Estado, no sentido genérico (União, Estados e Municípios) assegurar às pessoas desprovidas de recursos financeiros o acesso à medicação necessária. 2. O direito à saúde é direito fundamental, **dotado de eficácia e aplicabilidade imediatas, apto a produzir direitos e deveres entre as partes**, *superada a noção de norma meramente programática, sob pena de esvaziamento da força normativa da Constituição. 3. A doutrina e a jurisprudência constitucionais contemporâneas admitem a eficácia direta da norma constitucional que assegura o direito à saúde, ao menos* **quando as prestações são de grande importância para seus titulares e inexiste risco de dano financeiro grave, o que inclui o direito à assistência médica vital, que prevalece, em princípio, inclusive quando ponderado em face de outros princípios e bens jurídicos. 4. O princípio de interpretação constitucional da concordância prática exige que se concretizem os direitos fundamentais emprestando-lhes a maior eficácia possível** *e evitando restrições desnecessárias a outros princípios constitucionais, bem como a ofensa a direitos fundamentais de outros indivíduos e grupos. 5. O direito ao fornecimento de medicamentos deve considerar a competência orçamentária do legislador, a reserva do possível e a eficiência da atividade administrativa, sem perder de vista a relevância primordial da preservação do direito à vida e o direito à saúde. 6. Nesta atividade concretizadora e à luz dos princípios informadores do SUS (da universalidade, da integralidade e da gratuidade), deve-se atentar para que: a) eventual provimento judicial concessivo de medicamento acabe, involuntariamente, prejudicando a saúde do cidadão cujo direito se quer proteger, em contrariedade completa com o princípio bioético da beneficência, cujo conteúdo informa o direito à saúde; b) eventual concessão não cause danos e prejuízos relevantes para o funcionamento do serviço público de saúde, o que pode vir em detrimento do direito à saúde de outros cidadãos; c) não haja prevalência desproporcional do direito à saúde de um indivíduo sobre os princípios constitucionais da competência orçamentária do legislador e das atribuições administrativas do Poder Executivo, em contrariedade ao princípio da concordância prática na concorrência de direitos fundamentais. 7.* **Admite-se como prova suficiente para a antecipação da tutela judicial, antes mesmo de perícia exaustiva, manifestações médicas e informações que demonstrem a propriedade do tratamento demandado, a inexistência de alternativa aceitável no âmbito dos recursos disponibilizados no sistema público de saúde** *e a aprovação do medicamento ou tratamento pela ANVISA e/ou outros órgãos competentes. 8. Agravo desprovido, porquanto não trazidos elementos, sequer indiciários, a justificar o fornecimento da medicação. (Processo AG 200904000112309 AG – AGRAVO DE INSTRUMENTO Relator (a) NICOLAU KONKEL JÚNIOR TRF4 Órgão julgador: TERCEIRA TURMA D.E. 10.03.2010)*

Referido precedente consolida a viabilidade no tocante à aplicação dos principios fundamentais que viabilizam o direito fundamental à saúde sopesado à ausência de prejuízo financeiro à administração (orçamento) ou a outros indivíduos, bem como da beneficência relativamente ao tratamento necessário, em destaque.

Conclusão

Pelo exposto, verifica-se que a Constituição Federal de 1988 traduz o direito à saúde como direito fundamental do cidadão, e, neste sentido, a garantia deste direito como modo de preservação da dignidade humana será de relevância inclusive para o Poder Judiciário.

A efetivação da saúde pública deve ser concretizada não somente por meio de tratamentos imediatos, mas também de outros meios que visem ao desenvolvimento da saúde individual e coletiva da população. É de se destacar, contudo, que existem limitadores financeiros ao administrador da saúde pública, o qual muitas vezes confronta e sopesa ao direito à dignidade humana.

A fim de promover um equilíbrio entre dois princípios essenciais, então, importante será a verificação de investimentos em políticas administrativas de assistência à saúde. E, diante do elevado número de demandas que chegam também ao Judiciário, aqui demonstradas e que tendem a aumentar, essas políticas também partirão de sua iniciativa, já que não somente pela análise do fato concreto atuará, mas também por meio de atividades educativas no sentido da promoção da prevenção desse direito.

Da narrativa apresentada, conformou-se que o Poder Judiciário encontra plena legitimidade para manifestar-se nas ações que envolvem a proteção do direito à saúde, uma vez que a saúde não se configura somente como direito, mas também como dever do Estado, e, em caso de lesão ou ameaça, por certo comporá o litígio ao determinar as medidas que entender cabíveis.

Neste sentido, em vista da inafastabilidade jurisdicional, decorrente do Estado Democrático de Direito, caberá ao Poder Judiciário concretizar o direito à saúde, no caso de inércia ou má gestão do Executivo, ainda que, por uma primeira posição do STJ aqui demonstrada, entendia-se que ao Poder Judiciário não seria possível influir no orçamento do Poder Executivo, em detrimento de um direito subjetivo individual, do que se teve renovação de entendimento no sentido de que caberá ao Judiciário o dever de exprimir da Constituição Federal o direito à saúde e, concretizá-lo.

Referências bibliográficas

BARBOZA, Estefânia Maria de Queiroz; KOZICKI, Katya. "Judicialização da política e controle judicial de políticas públicas." *Revista Direito GV*. São Paulo, n. 8(1), p. 59-86, 2012.

BARROSO, Luis Roberto. "Judicialização, Ativismo e Legitimidade democrática". *Revista Eletrônica de Direito do Estado,* n. 18. <abril/maio/junho de 2009. Disponível em: <http://www.direitodoestado.com/revista/REDE-18-ABRIL-2009-LUIS%20BARROSO.pdf>. Acessado em: 15 mai. 2015.

BRAUNER, Maria Claudia Crespo; FURLAN, Karina Morgana. "O crescente processo de medicalização da vida: entre a judicialização da saúde e um novo modelo biomédico." In: *Direitos humanos, saúde e medicina: uma perspectiva internacional.* – Rio Grande, RS: Ed. Da FURG, 2013.

GEBRAN NETO, João Pedro, DRESCH, Renato Luiz. "A responsabilidade solidária e subsidiária dos entes políticos nas ações e serviços de saúde". In: *Revista Numero 84 do TRF 4ª Região*. Porto Alegre, Ano 25, 2014. p. 77-103.

GRINOVER, Ada Pellegrini. "Inafastabilidade do controle jurisdicional e uma nova modalidade de autotutela (parágrafos únicos dos arts. 249 e 251 do Código Civil)". *Revista Brasileira de Direito Constitucional – RBDC* n. 10 – jul./dez. 2007, página 13 (<http://www.esdc.com.br/RBDC/RBDC-10/RBDC-10-013-Ada_Pellegrini_Grinover.pdf>) Acesso em: 24 jun. 2015.

LOBATO, Anderson Orestes Cavalcante. "Os Direitos Humanos na Constituição brasileira: desafios da efetividade". In: *Direitos Humanos e Violência: desafios da ciência e da prática*. Organizado por Georges Maluschke e outros. Fortaleza: Fundação Konrad Adenauer, 2004.

FIGUEIREDO, Mariana Filchtiner. *Direito fundamental à saúde. Parâmetros para sua eficácia e efetividade*. 1. ed. Porto Alegre. Livraria do Advogado, 2007.

MARQUES, Nadia Rejane Chagas. *O direito à saúde no Brasil- entre a norma e o fato*. Porto Alegre: Nuria Fabris, 2012.

RIOS, Roger Raupp. "Direito à saúde, universalidade, integralidade e políticas públicas: princípios e requisitos em demandas judiciais por medicamentos". *Revista de Doutrina do TRF4*. Publicado em: 28.08.2009. <http://www.revistadoutrina.trf4.jus.br/index.htm?http://www.revistadoutrina.trf4.jus.br/artigos/edicao031/roger_rios.html>. Acessado em: 24 jun. 2015.

SARLET, Ingo Wolfgang. A eficácia dos direitos fundamentais. 8. ed. Porto Alegre: Livraria do Advogado, 2007.

_____. *Dignidade da pessoa humana e direitos fundamentais na Constituição Federal de 1988*. 5. ed. Porto Alegre: Livraria do Advogado, 2007.

_____. *Dignidade da Pessoa Humana e Direitos Fundamentais na Constituição Federal de 1988*. 9. ed. Porto Alegre: Livraria do Advogado, 2011.

_____. "As dimensões da dignidade da pessoa humana: uma compreensão jurídico-constitucional aberta e compatível com os desafios da biotecnologia". Coordenado por SARLET, Ingo Wolfgang e LEITE, Salomão George. In: *Direitos fundamentais e biotecnologia*. São Paulo: Método, 2007.

TESSLER, Marga Inge Barth. "As recomendações do Conselho Nacional de Justiça em face das demandas judiciais envolvendo a assistência à saúde". *Revista de Doutrina da 4ª Região*, Porto Alegre, n. 42, jun. 2011. Disponível em: <http://www.revistadoutrina.trf4.jus.br/artigos/edicao042/marga_tessler.html>. Acesso em: 25 jun. 2015.

O Controle Judicial das Políticas Públicas de Saúde na Perspectiva da Teoria dos Sistemas de Niklas Luhmann

Giselle de Amaro e França[*]

1. Introdução

De forma cada vez mais crescente, o Poder Judiciário tem sido instado a se manifestar sobre as mais diversas questões, nos âmbitos social, econômico e político. São raras as discussões tidas como relevantes para a sociedade contemporânea que não são submetidas ao crivo do Judiciário.

O cenário brasileiro é favorável ao fenômeno da judicialização, na medida em que a Constituição contempla um extenso rol de direitos e garantias, assegurando o acesso ao Judiciário sempre que se vislumbrar qualquer ameaça ou lesão a direito (CF, art. 5º, XXXV), e o Poder Judiciário, por sua vez, tem recepcionado as pretensões que lhe são formuladas, firmando-se como uma importante arena de debate no jogo democrático.

A natureza das novas demandas também contribuiu para a expansão da atividade judicial. Se antes eram submetidos ao juiz conflitos eminentemente individuais, facilmente resolvidos mediante aplicação da regra vigente ao caso concreto, num jogo de soma zero, a partir da Constituição de 1988 outros tipos de disputas emergiram, envolvendo interesses não apenas individuais e ensejando respostas e soluções não expressamente estabelecidas na legislação em vigor.

Um exemplo bastante ilustrativo deste quadro é o direito fundamental à saúde.

Por expressa disposição constitucional, "a saúde é direito de todos e dever do Estado, garantido mediante políticas sociais e econômicas que visem à redução do risco de doença e de outros agravos e ao acesso universal e igualitário às ações e serviços para sua promoção, proteção e recuperação" (CF, art. 196). Em outros termos: trata-se de direito fundamental a ser prestado pelo Estado por meio de políticas públicas.

As questões envolvendo a execução das políticas públicas de saúde são correntemente submetidas ao Judiciário, ora para postular sua correção (requerendo-se, por exemplo, o acréscimo de medicamento ou tratamento na lista ou o mero cumprimento das obrigações estatais já previstas), ora para pleitear o suprimento de uma omissão, por parte do Legislativo ou do Executivo, que inviabiliza o exercício do direito fundamental expressamente assegurado.[1]

Há hipóteses, ainda, em que o Judiciário é instado a decidir sobre a destinação dos recursos financeiros

---

[*] Mestre e Doutora em Direito do Trabalho e Seguridade Social pela Universidade de São Paulo e Juíza Federal da 6ª Vara Previdenciária-SP.

[1]. Para fins deste trabalho será utilizado o conceito formulado pela Professora Maria Paula Dallari Bucci, para quem "políticas públicas são o programa de ação governamental que resulta de um processo ou conjunto de processos juridicamente regulados – processo eleitoral, processo de planejamento, processo de governo, processo orçamentário, processo legislativo, processo administrativo, processo judicial – visando coordenar os meios à disposição do Estado e as atividades privadas, para a realização de objetivos socialmente relevantes e politicamente determinados. Como tipo ideal, a política pública deve visar a realização de objetivos definidos, expressando a seleção de prioridades, a reserva de meios necessários à sua consecução e o intervalo de tempo em que se espera o atingimento dos resultados" (BUCCI, 2006, p. 39).

em uma ação estatal ou outra, como a construção de um hospital ou o pagamento de uma cirurgia médica de alto custo.

Estes simples exemplos rotineiros revelam que o Poder Judiciário é provocado a se manifestar sobre questões que pertencem privativamente às esferas de atribuição dos Poderes Legislativo e Executivo, com uma nuance especial: em todas as situações o órgão judicial é obrigado a se pronunciar, posto que proibido o *non liquet*.

Identificar os limites da decisão judicial não é tarefa fácil e pressupõe conhecer quais são as funções específicas de cada um dos sistemas sociais, os programas que visa alcançar e os instrumentos que pode utilizar.

Neste contexto, o presente artigo tem como objetivo demonstrar como a aplicação da teoria sistêmica de Niklas Luhmann pode trazer algumas luzes à discussão envolvendo o processo decisório judicial das políticas públicas de saúde.

2. Alguns conceitos da teoria dos sistemas de Niklas Luhmann

2.1. Noções gerais

Niklas Luhmann formulou uma teoria adequada a analisar a sociedade contemporânea, sob uma perspectiva absolutamente inovadora. Visando romper com a tradição até então existente, que tinha como objeto central o papel do indivíduo, ele descreveu a sociedade como uma rede de comunicações, diferenciada funcionalmente por sistemas sociais de comunicação, operativamente fechados e cognitivamente abertos, como a política, o direito e a economia.

Os vários sistemas sociais operam simultaneamente, sem relação de subordinação e coordenação, cada qual segundo sua própria lógica e regras internas. Trata-se de uma sociedade sem centro nem vértice, diferenciada funcionalmente. Os sistemas se auto-organizam valendo-se dos seus elementos, operações e funções, construindo, internamente, as fronteiras que permitem delimitá-lo, identificá-lo e diferenciá-lo do ambiente. Os sistemas sociais têm como elementos de funcionamento processos comunicativos.[2]

Tudo aquilo que não pertence ao sistema constitui seu ambiente: a noção básica da teoria dos sistemas luhmmaniana é a *diferença* entre sistema e ambiente (ou meio). Tal afirmação se apoia num paradoxo de base: "o sistema é a *diferença* resultante da *diferença* entre sistema e meio. O conceito de sistema aparece, na definição, duplicado no conceito de diferença" (LUHMANN, 2011, p. 81). Se a diferença não for adotada como ponto de partida de análise, a teoria dos sistemas não pode servir de fundamento para a resposta formulada.

Os sistemas são operativamente fechados, na medida em que geram e reproduzem internamente seus próprios elementos de funcionamento sem a interferência ou influência de elementos externos. São, assim, autorreferenciais e autopoiéticos, não sendo determinados pelo ambiente, mas impulsionados por processos comunicativos próprios e exclusivos (NEVES, 2005, p. 20).

Também são cognitivamente abertos, estando em permanente contato com o ambiente e as irritações ali produzidas, embora a elas respondam com seus próprios mecanismos de funcionamento.

Um dos critérios que permitem distinguir os sistemas sociais é o código binário, que é um tipo específico de distinção caracterizado por um binarismo rígido que exclui um terceiro valor ("o terceiro excluído"): uma comunicação científica, por exemplo, é verdadeira ou falsa, inexistindo outra possibilidade. Da mesma forma, um organismo está vivo ou não, inexistindo meio termo. A binariedade, assim, realiza uma redução drástica ou radical (ou A ou B).

Cada sistema possui um código binário próprio: no direito o código válido é lícito/ilícito; na política, governo/oposição; na economia, ter/não ter; na religião, transcendência/não transcendência; na ciência, verdadeiro/falso.

Os códigos são as distinções que permitem ao sistema reconhecer quais operações contribuem para sua reprodução e quais não contribuem. Ao sistema científico, por exemplo, pertencem única e exclusivamente as comunicações orientadas pelo código verdadeiro/falso; ao sistema jurídico as comunicações ditadas pelo código lícito/ilícito.

2.2. Sistemas político, econômico e jurídico

A política é um sistema social, autorreferencial e autopoiético, operativamente fechado e cognitivamente aberto. Adota programas finalísticos e tem a função de produzir decisões coletivas vinculantes, da espécie "programante". Seu código binário é governo-oposição e seu meio de comunicação simbolicamente generalizado é o poder. O Estado (Poderes Legislativo e Executivo) ocupa o centro do sistema político e

---

2. A comunicação é o meio utilizado para a reprodução autopoiética dos sistemas, "é o único fenômeno que cumpre com os requisitos: um sistema social surge quando a comunicação desenvolve mais comunicação, a partir da própria comunicação" (LUHMANN, 2011, p. 90).

é o responsável pela tomada das decisões vinculantes. Ao contrário do sistema jurídico, o sistema político não está submetido ao *non liquet*, podendo abster-se de tomar decisões, de acordo com sua conveniência e oportunidade.

Na teoria luhmanniana, a economia também é um sistema social operativamente fechado e cognitivamente aberto, que tem por base as operações que envolvem os pagamentos, ou seja, todas as comunicações que têm relação com o dinheiro. Tem por objeto analisar como se distribuem os recursos escassos frente às ilimitadas necessidades humanas. Sua função é, portanto, o tratamento da escassez. O código binário da economia é a distinção ter-não ter, ser proprietário ou não. O programa do sistema econômico se fundamenta nos preços dos bens e no custo do próprio dinheiro. Os preços não são limitados por argumentos morais, mas são autorregulados dentro do próprio sistema, na dinâmica do mercado.

Já a função do sistema jurídico é promover a manutenção das expectativas normativas em situações de conflito. Seu código binário é o lícito/ilícito e os programas que adota são condicionais, do tipo se-então, valendo-se das normas (aqui incluídos os textos e precedentes, as leis e contratos, os regulamentos e a jurisprudência), seu *medium*. As decisões jurídicas, especificamente as decisões judiciais, são programadas e não programantes, vinculadas e não vinculantes. O centro do sistema é ocupado pelos Tribunais, cuja função precípua é de promover seu fechamento operacional.

Este breve arcabouço teórico pode conduzir-nos à falsa impressão de que são claras as fronteiras entre os sistemas sociais, bem como os instrumentos de que cada um dispõe para resolver as questões que lhe são submetidas. Mais ainda: se eles pretendem manter sua diferenciação funcional, não há como conceber a utilização de elementos de um por outro (por exemplo, o sistema jurídico não pode utilizar argumentos econômicos ou políticos para fundamentar suas decisões).

No entanto, a prática tem revelado que algumas questões, ao provocarem concomitantemente vários sistemas sociais, têm sido por eles resolvidas sem qualquer vinculação e comprometimento com o código binário e programa que lhe são próprios, causando perplexidades e dificuldades aos seus observadores.

Voltemos ao exemplo das políticas públicas de saúde, bastante elucidativo.

Elas são desenhadas no âmbito da política e decorrem de uma decisão política, tomada pelo órgão competente, no exercício de suas atribuições típicas, embora devam observar os requisitos legais, estabelecidos pelo direito, para terem validade.

Na construção das políticas públicas, é essencial considerar os recursos orçamentários disponíveis, já que a execução dos programas tem custos. Desta feita, importa saber não apenas se existem recursos, mas se eles serão destinados àquela ação. Trata-se de questão afeita ao sistema econômico (identificação dos recursos orçamentários) e ao sistema político (decisão sobre a destinação de tais recursos).

O sistema jurídico, por sua vez, "acompanha" as políticas públicas ao longo de sua existência.

De um lado, apenas tem validade a política pública editada pelo agente competente e em consonância com as formalidades legais vigentes. E é o direito quem dita as regras de competência, as formas e em alguns casos o conteúdo dos atos normativos. De outro lado, quando posta em execução, a política pública é constantemente avaliada e reformulada, num ciclo permanente e contínuo. Aqui também cabe ao direito estabelecer as formas de controle e os limites da intervenção, sobretudo nas hipóteses de controle judicial.

De forma simplista, o esquema acima demonstra como as políticas públicas interessam, ao mesmo tempo, aos sistemas jurídico, político e econômico, sendo tratadas sob perspectivas diversas por cada um. O ponto de tormenta constitui identificar quais os mecanismos próprios do sistema jurídico que ele está autorizado a utilizar para manter a diferenciação funcional; em outras palavras, distinguir as hipóteses em que o sistema jurídico opera dentro de suas fronteiras e aquelas em que ele desborda, valendo-se, por exemplo, de instrumentos próprios do sistema político ou do sistema econômico.

3. As políticas públicas de saúde

Como já afirmado nas linhas acima, a saúde é *direito fundamental* a ser implementado por meio de *políticas públicas*.

A Constituição Federal de 1988 inovou não só ao elevar a saúde à categoria de direito fundamental mas também ao inseri-la no Sistema de Seguridade Social, ao lado da Previdência Social e Assistência Social (art. 194), já que até então saúde, previdência e assistência eram disciplinadas em dispositivos esparsos e tratadas como categorias diversas, sem qualquer correlação.

Integrar o mesmo sistema significa que saúde, previdência e assistência estão sujeitas aos mesmos princípios e diretrizes gerais, fixados especialmente nos arts. 194 e 195 do texto constitucional. Significa, ainda, que a interpretação das normas específicas que disciplinam cada um deles não pode destoar das características gerais estabelecidas.

A saúde integra o sistema sanitário, sistema social operativamente fechado e cognitivamente aberto, autorreferencial e autopoiético, que possui código binário e programa próprios. O sistema sanitário é disciplinado por regras e princípios específicos, se autorreproduz com base em seus próprios elementos e estruturas, não obstante esteja em permanente contato com o ambiente que o circunda. É dotado de unidade lógica, sistêmica e funcional.

As ações e serviços de saúde integram uma rede regionalizada e hierarquizada e constituem um sistema único, de acordo com o art. 198 da CF/1988. O SUS é um dos órgãos responsáveis pela efetivação do direito à saúde, embora não o único. Não é sinônimo de sistema social sanitário, mas sim o modo pelo qual ele se organiza (SCHWARTZ, 2004, p. 78).

Importante destacar, ainda, que ao mesmo tempo em que a Constituição Federal criou o Sistema de Seguridade Social, também estabeleceu, de forma inédita, um orçamento próprio para geri-lo, composto pelas receitas estabelecidas no art. 195 da Carta Magna, demonstrando que o legislador constituinte não concedeu ao legislador ordinário e ao administrador tão ampla discricionariedade em relação ao *quantum* que deve ser destinado para os gastos sociais já que estabelece várias vinculações obrigatórias da receita às despesas sociais.[3]

4. O direito à saúde na perspectiva do sistema jurídico

As normas constitucionais que disciplinam o direito à saúde suscitam inúmeros debates, centrados sobretudo na efetivação ou justiciabilidade do direito.

Especialmente sob a perspectiva individual, é possível afirmar que o titular do direito pode exigir sua implementação com amparo exclusivo no texto constitucional ou tal direito só surge com a edição da política pública? Nesta hipótese, enquanto não houver política pública, o direito à saúde, embora fundamental, não é exigível? Em outros termos: há direito subjetivo à saúde, decorrente da norma constitucional?

Para além disso, também é objeto de discussão o conteúdo do direito à saúde que pode ser postulado: se toda e qualquer prestação, em sua integralidade, ou apenas uma parte, o denominado mínimo existencial? O que pode ser alegado como escusa à efetivação do direito? Questões como a falta de recursos são óbices? Em caso positivo, é atribuição do Judiciário avaliar se a aplicação dos recursos públicos está correta?

Classificar a saúde como direito individual, social ou coletivo em nada auxilia na resposta a tais indagações, já que a saúde pode ser encarada sob qualquer uma destas perspectivas. É direito individual, é direito social, é direito coletivo (em sentido lato). Possui uma dimensão individual e uma coletiva e, nesta medida, uma titularidade individual e transindividual (SARLET, 2010, p. 225).

Trata-se de direito individual, estritamente relacionado com o direito à vida, e que pode ser oposto e resistido contra a vontade estatal. Neste sentido, o seu titular ocupa uma posição defensiva, podendo exigir respeito e não interferência, quer do Estado, quer dos particulares.

Trata-se também de direito social, possibilitando ao seu titular exigir do Estado prestações positivas visando à sua efetivação. São pretensões de caráter prestacional.

Trata-se, ainda, de direito coletivo (em sentido lato), posto que fundado na solidariedade. Ao mesmo tempo em que interessa a todos, interessa a cada um isoladamente. Está relacionado ao bem-estar da coletividade e ao mesmo tempo em que se configura como direito de todos, também se impõe como dever de todos.

Portanto, é direito que pertence a cada um e a todos, é direito que deve ser implementado pelo Estado e é direito vinculado à própria existência. Pode ser postulado de forma individual ou coletiva, na via administrativa ou judicial.

Se nossa pretensão é buscar na teoria dos sistemas de Luhmann algumas luzes para iluminar o debate, não devemos ter ilusões em encontrar uma única resposta correta às questões formuladas, aplicável a todos os casos.

É que para Luhmann são traços da sociedade contemporânea a complexidade (que se manifesta pelo excesso de possibilidades) e a contingência (que indica que qualquer alternativa é possível), inexistindo relação de causalidade.

Desta forma, o que a teoria nos possibilita é encontrar as várias soluções possíveis a serem oferecidas pelo sistema jurídico, que necessariamente devem estar em conformidade com seu código binário e seu programa, observando as regras do procedimento.

5. Alguns casos práticos

5.1. Solidariedade entre os entes da Federação

O Sistema Único de Saúde é de responsabilidade da União, Estados, Distrito Federal e Municípios e

---

3. Como assinala Fernando Scaff, "trata-se de um 'orçamento mínimo social' ou de 'garantias constitucionais de financiamento dos direitos sociais' a ser utilizado para a implementação desses" (SCAFF, 2011, p. 106).

deve ser prestado de forma regionalizada, hierarquizada e descentralizada.

A Constituição Federal estabelece regras de competência material e de competência legislativa em matéria de saúde.[4] A Lei n. 8.080/1990, em seus arts. 15 a 19, dispõe sobre as competências e atribuições, comuns e específicas, de cada um dos entes federativos.

A jurisprudência brasileira é predominante, para não dizer pacífica, ao considerar que há solidariedade entre os entes federativos e qualquer um deles pode ser acionado judicialmente, na medida em que a responsabilidade na execução do serviço é, em última instância, do Estado, não sendo possível obrigar ao cidadão conhecer em detalhes as regras internas de distribuição de competência.[5]

Há entendimento minoritário, estampado entre outros na decisão monocrática proferida na STA 91/AL (na qual a Relatora, Ministra Ellen Gracie, suspendeu parcialmente a tutela antecipada concedida contra o Estado de Alagoas e limitou a responsabilidade da Secretaria Executiva do Estado de Alagoas ao fornecimento dos medicamentos contemplados na Portaria n. 1318 do Ministério da Saúde), que destaca a necessidade de respeitar a divisão de atribuições entre os entes estatais, não sendo possível ao Autor da ação indicar qualquer um dos órgãos indiscriminadamente, *verbis*:

> (...) Verifico estar devidamente configurada a lesão à ordem pública, considerada em termos de ordem administrativa, porquanto a execução de decisões como a ora impugnada afeta o já abalado sistema público de saúde. **Com efeito, a gestão da política nacional de saúde, que é feita de forma regionalizada, busca uma maior racionalização entre o custo e o benefício dos tratamentos que devem ser fornecidos gratuitamente, a fim de atingir o maior número possível de beneficiários.** Entendo que a norma do art. 196 da Constituição da República, que assegura o direito à saúde, refere-se, em princípio, à efetivação do acesso universal e igualitário, e não a situações individualizadas. A responsabilidade do Estado em fornecer os recursos necessários à reabilitação da saúde dos seus cidadãos não pode vir a inviabilizar o sistema público de saúde. No presente caso, ao se conceder os efeitos da antecipação da tutela para determinar que o Estado forneça os medicamentos relacionados "(...) e outros medicamentos necessários para o tratamento (...)" (fl. 26) dos associados, está-se diminuindo a possibilidade de serem oferecidos serviços de saúde básicos ao restante da coletividade. **Ademais, a tutela concedida atinge, por sua amplitude, esferas de competência distintas, sem observar a repartição de atribuições decorrentes da descentralização do Sistema Único de Saúde, nos termos do art. 198 da Constituição Federal.**
>
> Finalmente, verifico que o Estado de Alagoas não está se recusando a fornecer tratamento aos associados (fl. 59). É que, conforme asseverou em suas razões, "(...) a ação contempla medicamentos que estão fora da Portaria n. 1.318 e, portanto, não são da responsabilidade do Estado, mas do Município de Maceió, (...)" (fl. 07).
>
> (STF, STA 91/AL, Relatora Ministra Ellen Gracie, DJ 05.03.2007) – grifo meu

A questão não é tão simples quanto parece.

Sob o aspecto exclusivamente processual, a presença da União Federal no polo passivo determina a competência da Justiça Federal para o seu processamento e julgamento (Constituição Federal, art. 109, I[6]). Desta forma, a inclusão do ente federal deve ser devidamente justificada, sob pena de tornar a Justiça Federal a única competente para decidir sobre as questões de saúde, pela mera presença da União Federal na lide.

---

4. O inciso II do art. 23, trata da competência comum da União, Estados, Distrito Federal e Municípios para cuidar da saúde e da assistência pública, da proteção e da garantia das pessoas portadoras de deficiência; o inciso XII do artigo 24, estabelece a competência legislativa concorrente entre todos os entes federativos em matéria de proteção e defesa da saúde.
5. Cite-se, exemplificadamente, a seguinte ementa: "EMENTA DIREITO CONSTITUCIONAL. SAÚDE. TRATAMENTO MÉDICO MULTIDISCIPLINAR. DEVER DO ESTADO. SOLIDARIEDADE DOS ENTES FEDERATIVOS. PRECEDENTES. PEDIDO DE APLICAÇÃO DA SISTEMÁTICA DA REPERCUSSÃO GERAL. INADEQUAÇÃO. AUSÊNCIA DE IDENTIDADE DA CONTROVÉRSIA. ACÓRDÃO RECORRIDO DISPONIBILIZADO EM 19.12.2006. A jurisprudência desta Corte firmou-se no sentido de que a saúde é direito de todos. Sendo dever do Estado prestar assistência à saúde, pode o requerente pleitear de qualquer um dos entes federativos – União, Estados, Distrito Federal ou Municípios. Controvérsia divergente daquela em que reconhecida a repercussão geral pelo Plenário desta Casa. Inadequada a aplicação da sistemática da repercussão geral (art. 543-B do CPC). Agravo regimental conhecido e não provido. (STF, ARE 741566 AgR/RS – RIO GRANDE DO SUL AG.REG. NO RECURSO EXTRAORDINÁRIO COM AGRAVO. Relatora Ministra Rosa Weber; julgamento: 25.06.2013; Primeira Turma; DJe-159 de 15.08.2013).
6. Art. 109: Aos juízes federais compete processar e julgar: I – as causas em que a União, entidade autárquica ou empresa pública federal forem interessadas na condição de autoras, rés, assistentes ou oponentes, exceto as de falência, as de acidentes de trabalho e as sujeitas à Justiça Eleitoral e à Justiça do Trabalho".

Os Tribunais, como observadores de segunda ordem, não têm se debruçado sobre as regras específicas de competência e, com fundamento no princípio da solidariedade, têm reconhecido a legitimidade de qualquer dos entes federativos para figurar no polo passivo da ação, determinando que se aquele indicado não tiver competência para cumprir a ordem judicial, deve repassá-la ao órgão efetivamente competente. Em outros termos: trata-se de uma questão de organização interna do SUS e que não pode obstaculizar a concretização do direito.

Sob a perspectiva organizacional, a regionalização e descentralização dos serviços do SUS, previstas no art. 198, I, da Constituição Federal, têm o objetivo de proporcionar ações de melhor qualidade e eficiência, razão pela qual a legislação que a regulamenta é clara ao dispor sobre as competências da União, Estados, Distrito Federal e Municípios.

De outro lado, existem no ordenamento jurídico ferramentas específicas quer para identificação do órgão estatal para cumprimento da medida (Lei n. 8.080/1990), quer para correção do polo passivo (mediante exclusão e inclusão de quem de direito)[7] ou remessa dos autos ao juízo competente.[8]

Extrai-se, daí, que o sistema jurídico contém elementos suficientes a identificar qual ente estatal é responsável para responder ao pedido formulado e qual o juízo competente, sendo equivocada a simples invocação do princípio da solidariedade para a resolução da questão. A União não tem competência e não tem condições técnicas para realizar ações e serviços da alçada dos Estados e Municípios, assim como os Estados não podem executar atribuições da União e Municípios e os Municípios não têm competência para realizar ações da União e dos Estados. Não é esta a determinação contida no art. 198, I, da Constituição Federal.[9]

O princípio da solidariedade, genericamente invocado nas decisões, precisa ser detalhado por regras para que seja corretamente aplicado.

Os elementos e a estrutura interna do sistema jurídico permitem que o órgão legalmente competente para a realização da ação ou serviço de saúde seja acionado a fazê-lo, mesmo que não tenha sido originariamente demandado na ação judicial.

Extrai-se daí que a argumentação que tem sido desenvolvida pelos intérpretes do sistema jurídico é incompleta, eis que fundamentada apenas em princípios, não obstante existirem regras específicas sobre a questão, conferindo-lhe ordenação e coerência.

5.2. Rol taxativo de medicamentos

Não obstante a Portaria GM n. 508/1999 tenha apresentado a Relação de Medicamentos Essenciais – RENAME, a ser periodicamente revisada e atualizada (por força do disposto na Portaria GM n. 131/2001), é certo que a medicina avança a passos largos e novos remédios e tratamentos são descobertos em velocidade muito superior à atualização da lista.

O órgão judicial é provocado a se manifestar nestas situações, quase sempre de urgência (em sede de liminar ou tutela antecipada), devendo decidir se o Estado é ou não obrigado a arcar com os custos de um medicamento ou tratamento não acobertados pelo Sistema Único de Saúde. Em hipóteses extremas, além de não haver cobertura pelo SUS, sequer há comprovação científica do êxito daquela inovação.

A questão que se coloca é saber se a adoção de tal procedimento pelo órgão judicial importa na perda da diferenciação funcional do sistema jurídico e na corrupção de seu código. Vale dizer, se ao dar prevalência, no caso concreto, às inovações médicas, em detrimento da aplicação dos procedimentos já sedimentados no SUS, o Judiciário possibilita que questões pertencentes a outro sistema social sobreponham-se aos aspectos jurídicos.

Os atos normativos que disciplinam a organização do SUS têm por escopo regulamentar os procedimentos gerais do sistema, aplicáveis a toda a coletividade. Constituem, à evidência, uma decisão política, de caráter geral e vinculante, tomada no âmbito do sistema político (Poderes Legislativo e Executivo) e que deve ser executada pelos órgãos integrantes do sistema político (Poder Executivo).

Na condição de decisões gerais e vinculantes, tratam do que pode ser considerado "normal" em termos de política pública de saúde, levando em conta as condições de saúde da população, as doenças prevalentes, entre outros.

No entanto, até sob pena de perder o caráter de generalidade, não tem condições de prever *todas* as situações existentes e nem de se antecipar, de forma absoluta, ao que pode ocorrer.

---

7. Segundo o art. 284 do Código de Processo Civil, "verificando o juiz que a petição inicial não preenche os requisitos nos arts. 282 e 283, ou que apresenta defeitos e irregularidades capazes de dificultar o julgamento de mérito, determinará que o autor a emende, ou a complete, no prazo de 10 (dez) dias", sob pena de indeferimento da inicial.
8. O Código de Processo Civil, em seus arts. 112 a 114, disciplina o procedimento nos casos de incompetência relativa e absoluta.
9. Dispõe o art. 198 que: "As ações e serviços públicos de saúde integram uma rede regionalizada e hierarquizada e constituem um sistema único, organizado de acordo com as seguintes diretrizes: I – descentralização, com direção única em cada esfera de governo".

Estas situações excepcionais, não contempladas pela decisão política, podem ser apreciadas pelo Poder Judiciário, posto que guardam estrita conexão com o direito fundamental à saúde, como já decidiu o Supremo Tribunal Federal:

PACIENTE COM HIV/AIDS – PESSOA DESTITUÍDA DE RECURSOS FINANCEIROS – DIREITO À VIDA E À SAÚDE – FORNECIMENTO GRATUITO DE MEDICAMENTOS – DEVER CONSTITUCIONAL DO PODER PÚBLICO (CF, ARTS. 5º, CAPUT, E 196) – PRECEDENTES (STF) – RECURSO DE AGRAVO IMPROVIDO. O DIREITO À SAÚDE REPRESENTA CONSEQUÊNCIA CONSTITUCIONAL INDISSOCIÁVEL DO DIREITO À VIDA.

– O direito público subjetivo à saúde representa prerrogativa jurídica indisponível assegurada à generalidade das pessoas pela própria Constituição da República (art. 196). Traduz bem jurídico constitucionalmente tutelado, por cuja integridade deve velar, de maneira responsável, o Poder Público, a quem incumbe formular – e implementar – políticas sociais e econômicas idôneas que visem a garantir, aos cidadãos, inclusive àqueles portadores do vírus HIV, o acesso universal e igualitário à assistência farmacêutica e médico-hospitalar.

– O direito à saúde – além de qualificar-se como direito fundamental que assiste a todas as pessoas – representa consequência constitucional indissociável do direito à vida. O Poder Público, qualquer que seja a esfera institucional de sua atuação no plano da organização federativa brasileira, não pode mostrar-se indiferente ao problema da saúde da população, sob pena de incidir, ainda que por censurável omissão, em grave comportamento inconstitucional.

A INTERPRETAÇÃO DA NORMA PROGRAMÁTICA NÃO PODE TRANSFORMÁ-LA EM PROMESSA CONSTITUCIONAL INCONSEQUENTE.

– O caráter programático da regra inscrita no art. 196 da Carta Política – que tem por destinatários todos os entes políticos que compõem, no plano institucional, a organização federativa do Estado brasileiro – não pode converter-se em promessa constitucional inconsequente, sob pena de o Poder Público, fraudando justas expectativas nele depositadas pela coletividade, substituir, de maneira ilegítima, o cumprimento de seu impostergável dever, por um gesto irresponsável de infidelidade governamental ao que determina a própria Lei Fundamental do Estado.

DISTRIBUIÇÃO GRATUITA DE MEDICAMENTOS A PESSOAS CARENTES.

– O reconhecimento judicial de validade jurídica de programas de distribuição gratuita de medicamentos a pessoas carentes, inclusive àquelas portadoras do vírus HIV/AIDS, dá efetividade a preceitos fundamentais da Constituição da República (arts. 5º, caput, e 196) e representa, na concreção do seu alcance, um gesto reverente e solidário de apreço à vida e à saúde das pessoas, especialmente daquelas que nada têm e nada possuem, a não ser a consciência de sua própria humanidade e de sua essencial dignidade (STF, AgRgRE n. 271.286-8/RS, Relator Ministro Celso de Mello, Segunda Turma, DJ 24.11.2000) – grifei

Neste sentido também tem se pronunciado o Superior Tribunal de Justiça, de forma majoritária:

RECURSO ESPECIAL. TRATAMENTO DE DOENÇA NO EXTERIOR. RETINOSE PIGMENTAR. CEGUEIRA. CUBA. RECOMENDAÇÃO DOS MÉDICOS BRASILEIROS. DIREITO FUNDAMENTAL À SAÚDE. DEVER DO ESTADO.

O Sistema Único de Saúde pressupõe a integralidade da assistência, de forma individual ou coletiva, para atender cada caso em todos os níveis de complexidade, razão pela qual, comprovada a necessidade de tratamento no exterior para que seja evitada a cegueira completa do paciente, devem ser fornecidos os recursos para tal empresa.

Não se pode conceber que a simples existência de Portaria, suspendendo os auxílios-financeiros para tratamento no exterior, tenha a virtude de retirar a eficácia das regras constitucionais sobre o direito fundamental à vida e à saúde.

'O ser humano é a única razão do Estado. O Estado está conformado para servi-lo, como instrumento por ele criado com tal finalidade. Nenhuma construção artificial, todavia, pode prevalecer sobre os seus inalienáveis direitos e liberdades, posto que o Estado é um meio de realização do ser humano e não um fim em si mesmo" (Ives Gandra da Silva Martins, in "Caderno de Direito Natural – Lei Positiva e Lei Natural", n. 1, 1ª edição, Centro de Estudos Jurídicos do Pará, 1985, p. 27).

Recurso especial provido.

(STJ, REsp n. 353.147/DF, Relator Ministro Franciulli Netto, Segunda Turma, DJ 18.08.2003)[10] – grifei

É preciso advertir que tal atuação do órgão judicial é excepcional, já que relacionada a uma situação excepcional, restando devidamente comprovada a excepcionalidade (concessão de um medicamento ou tratamento não contemplado pelo Sistema Único de Saúde, mas altamente recomendado no caso específico).

---

10. O objeto da ação era a possibilidade de o autor, portador nos dois olhos de retinose pigmentar, obter auxílio financeiro do Ministério da Saúde e realizar tratamento em Cuba, conforme recomendação de seus médicos. O pedido foi indeferido na esfera administrativa, sob a alegação de que a Portaria n. 763/94, do Ministério da Saúde, suspendeu os auxílios financeiros para tratamento no exterior. O Superior Tribunal de Justiça, por maioria, deu provimento ao recurso interposto pelo Autor, determinando o pagamento do auxílio, restando vencida a Ministra Eliana Calmon.

O juiz, que não é especializado em medicina (como também não o é em economia, como veremos a seguir), deve se valer dos instrumentos específicos do sistema jurídico para decidir se há amparo legal para a concessão da medida postulada.

O Supremo Tribunal Federal tem reconhecido a diferença entre a criação de política pública e a implementação de política já existente, como se vê do seguinte julgado:

> AGRAVO REGIMENTAL NO RECURSO EXTRAORDINÁRIO. CONSTITUCIONAL. DIREITO À SAÚDE. AUMENTO DE LEITOS EM UNIDADE DE TERAPIA INTENSIVA – UTI. *INTERVENÇÃO JUDICIAL QUE NÃO SE CONFIGURA SUBSTITUTIVA DE PRERROGATIVA DO PODER EXECUTIVO. DETERMINAÇÃO DE IMPLEMENTAÇÃO DE POLÍTICA PÚBLICA EXISTENTE.* AGRAVO REGIMENTAL AO QUAL SE NEGA PROVIMENTO (STF, ARE-AgR 740900, Relatora Ministra Carmen Lúcia, Segunda Turma, julgado em 03.12.2013). – grifei
>
> DIREITO CONSTITUCIONAL. DIREITO À SAÚDE. AGRAVO REGIMENTAL EM AGRAVO DE INSTRUMENTO. IMPLEMENTAÇÃO DE POLÍTICAS PÚBLICAS. AÇÃO CIVIL PÚBLICA. PROSSEGUIMENTO DE JULGAMENTO. AUSÊNCIA DE INGERÊNCIA NO PODER DISCRICIONÁRIO DO PODER EXECUTIVO. ARTS. 2º, 6º E 196 DA CONSTITUIÇÃO FEDERAL.
>
> 1. O direito à saúde é prerrogativa constitucional indisponível, garantido mediante a implementação de políticas públicas, impondo ao Estado a obrigação de criar condições objetivas que possibilitem o efetivo acesso a tal serviço.
>
> 2. É possível ao Poder Judiciário determinar a implementação pelo Estado, quando inadimplente, de políticas públicas constitucionalmente previstas, sem que haja ingerência em questão que envolve o poder discricionário do Poder Executivo. Precedentes.
>
> 3. Agravo regimental improvido.
>
> (STF, AI-AgR 734487, Relatora Ministra Ellen Gracie, Segunda Turma, julgado em 03.08.2010).

Não é função do sistema jurídico criar ou alterar a política pública de saúde, mas sim velar, quando provocado, pela sua correta execução.

A política pública de saúde já existe. Foi editada no âmbito do sistema político e tem caráter geral e vinculante. Como toda política pública, deve ser constantemente reavaliada e alterada pelo órgão competente integrante do sistema político.

Neste sentido, cabe ao sistema político analisar as decisões proferidas pelo sistema jurídico e se entender conveniente introduzir tais irritações no interior do seu sistema (político), para tratá-las de acordo com seus elementos e código. Assim, é possível que após reiteradas decisões judiciais determinando, por exemplo, a concessão de determinado medicamento, o órgão político acabe por introduzi-lo na lista de medicamentos oferecidos pelo SUS.

De outro lado, ao decidir, no caso concreto, que determinado tratamento ou medicamento é o mais adequado, à luz das provas apresentadas, o órgão judicial está cumprindo sua função de assegurar a proteção ao direito fundamental à saúde. Como é cognitivamente aberto ao ambiente, percebe as irritações ali existentes (como por exemplo, as várias possibilidades oferecidas pela medicina para o tratamento); mas como também é operativamente fechado, apresenta soluções específicas do sistema jurídico (obrigando o ente estatal competente a fornecer a prestação específica do caso concreto, impondo as penalidades cabíveis em caso de descumprimento).

Ao apresentar tal solução, o órgão judicial não se vale apenas de princípios gerais (como a dignidade humana), como também não se ampara somente nas regras existentes (que não preveem a concessão, pelo poder público, daquele tratamento específico); ele cria, para o caso concreto, uma regra própria, nos limites do sistema jurídico.

5.3. Reserva do possível

Já vimos que o Sistema de Seguridade Social é dotado de orçamento específico, com receitas próprias e gastos previamente vinculados, amarrações que têm o único propósito de garantir a utilização de tais verbas no desembolso de despesas com saúde, previdência e assistência. Cabe ao sistema político disponibilizar as verbas orçamentárias necessárias a custear as ações e serviços de saúde, organizados em forma de política pública.

Ao sistema jurídico compete apenas verificar se a política pública de saúde está ou não sendo adequadamente realizada. Ele o faz quando, no caso concreto, analisa se as metas que o sistema político lançou, de forma geral e vinculante, estão sendo cumpridas e se o usuário dos serviços de saúde está recebendo aquilo que os órgãos políticos se comprometeram a prestar. Em hipóteses excepcionais, existem mecanismos específicos do sistema jurídico que possibilitam ao órgão judicial e às partes envolvidas na demanda a comprovação da impossibilidade de realização do direito naquele momento, em razões de restrições orçamentárias.

Tem prevalecido na jurisprudência pátria o entendimento que assegura a plena efetividade do direito constitucional à saúde, posto que vinculado ao mínimo existencial, não sendo acolhida a alegação de reserva do possível, como se vê das seguintes ementas:

EMENTA: AMPLIAÇÃO E MELHORIA NO ATENDIMENTO DE GESTANTES EM MATERNIDADES ESTADUAIS – DEVER ESTATAL DE ASSISTÊNCIA MATERNO-INFANTIL RESULTANTE DE NORMA CONSTITUCIONAL – OBRIGAÇÃO JURÍDICO-CONSTITUCIONAL QUE SE IMPÕE AO PODER PÚBLICO, INCLUSIVE AOS ESTADOS-MEMBROS – CONFIGURAÇÃO, NO CASO, DE TÍPICA HIPÓTESE DE OMISSÃO INCONSTITUCIONAL IMPUTÁVEL AO ESTADO-MEMBRO – DESRESPEITO À CONSTITUIÇÃO PROVOCADO POR INÉRCIA ESTATAL (RTJ 183/794-796) – A QUESTÃO DA RESERVA DO POSSÍVEL: RECONHECIMENTO DE SUA INAPLICABILIDADE, SEMPRE QUE A INVOCAÇÃO DESSA CLÁUSULA PUDER COMPROMETER O NÚCLEO BÁSICO QUE QUALIFICA O MÍNIMO EXISTENCIAL (RTJ 200/191-197) – O PAPEL DO PODER JUDICIÁRIO NA IMPLEMENTAÇÃO DE POLÍTICAS PÚBLICAS INSTITUÍDAS PELA CONSTITUIÇÃO E NÃO EFETIVADAS PELO PODER PÚBLICO – A FÓRMULA DA RESERVA DO POSSÍVEL NA PERSPECTIVA DA TEORIA DOS CUSTOS DOS DIREITOS: IMPOSSIBILIDADE DE SUA INVOCAÇÃO PARA LEGITIMAR O INJUSTO INADIMPLEMENTO DE DEVERES ESTATAIS DE PRESTAÇÃO CONSTITUCIONALMENTE IMPOSTOS AO ESTADO – A TEORIA DA "RESTRIÇÃO DAS RESTRIÇÕES" (OU DA "LIMITAÇÃO DAS LIMITAÇÕES") – CARÁTER COGENTE E VINCULANTE DAS NORMAS CONSTITUCIONAIS, INCLUSIVE DAQUELAS DE CONTEÚDO PROGRAMÁTICO, QUE VEICULAM DIRETRIZES DE POLÍTICAS PÚBLICAS, ESPECIALMENTE NA ÁREA DA SAÚDE (CF, ARTS. 196, 197 E 227) – A QUESTÃO DAS "ESCOLHAS TRÁGICAS" – A COLMATAÇÃO DE OMISSÕES INCONSTITUCIONAIS COMO NECESSIDADE INSTITUCIONAL FUNDADA EM COMPORTAMENTO AFIRMATIVO DOS JUÍZES E TRIBUNAIS E DE QUE RESULTA UMA POSITIVA CRIAÇÃO JURISPRUDENCIAL DO DIREITO – CONTROLE JURISDICIONAL DE LEGITIMIDADE DA OMISSÃO DO ESTADO: ATIVIDADE DE FISCALIZAÇÃO JUDICIAL QUE SE JUSTIFICA PELA NECESSIDADE DE OBSERVÂNCIA DE CERTOS PARÂMETROS CONSTITUCIONAIS (PROIBIÇÃO DE RETROCESSO SOCIAL, PROTEÇÃO AO MÍNIMO EXISTENCIAL, VEDAÇÃO DA PROTEÇÃO INSUFICIENTE E PROIBIÇÃO DE EXCESSO) – DOUTRINA – PRECEDENTES DO SUPREMO TRIBUNAL FEDERAL EM TEMA DE IMPLEMENTAÇÃO DE POLÍTICAS PÚBLICAS DELINEADAS NA CONSTITUIÇÃO DA REPÚBLICA (RTJ 174/687 – RTJ 175/1212-1213 – RTJ 199/1219-1220) – POSSIBILIDADE JURÍDICO-PROCESSUAL DE UTILIZAÇÃO DAS "ASTREINTES" (CPC, ART. 461, § 5º) COMO MEIO COERCITIVO INDIRETO – EXISTÊNCIA, NO CASO EM EXAME, DE RELEVANTE INTERESSE SOCIAL – AÇÃO CIVIL PÚBLICA: INSTRUMENTO PROCESSUAL ADEQUADO À PROTEÇÃO JURISDICIONAL DE DIREITOS REVESTIDOS DE METAINDIVIDUALIDADE – LEGITIMAÇÃO ATIVA DO MINISTÉRIO PÚBLICO (CF, ART. 129, III) – A FUNÇÃO INSTITUCIONAL DO MINISTÉRIO PÚBLICO COMO "DEFENSOR DO POVO" (CF, ART. 129, III) – DOUTRINA – PRECEDENTES – RECURSO DE AGRAVO PROVIDO.

(STF, RE-AgR 581352, Relator Ministro Celso de Mello, Segunda Turma, j. em 29.10.2013) – grifei

EMENTA: ADMINISTRATIVO – CONTROLE JUDICIAL DE POLÍTICAS PÚBLICAS – POSSIBILIDADE EM CASOS EXCEPCIONAIS – DIREITO À SAÚDE – FORNECIMENTO DE MEDICAMENTOS – MANIFESTA NECESSIDADE – OBRIGAÇÃO DO PODER PÚBLICO – AUSÊNCIA DE VIOLAÇÃO DO PRINCÍPIO DA SEPARAÇÃO DOS PODERES – NÃO OPONIBILIDADE DA RESERVA DO POSSÍVEL AO MÍNIMO EXISTENCIAL.

1. Não podem os direitos sociais ficar condicionados à boa vontade do Administrador, sendo de fundamental importância que o Judiciário atue como órgão controlador da atividade administrativa. Seria uma distorção pensar que o princípio da separação dos poderes, originalmente concebido com o escopo de garantia dos direitos fundamentais, pudesse ser utilizado justamente como óbice à realização dos direitos sociais, igualmente fundamentais.

2. Tratando-se de direito fundamental, incluso no conceito de mínimo existencial, inexistirá empecilho jurídico para que o Judiciário estabeleça a inclusão de determinada política pública nos planos orçamentários do ente político, mormente quando não houver comprovação objetiva da incapacidade econômico-financeira da pessoa estatal.

3. In casu, não há empecilho jurídico para que a ação, que visa a assegurar o fornecimento de medicamentos, seja dirigida contra o município, tendo em vista a consolidada jurisprudência desta Corte, no sentido de que "o funcionamento do Sistema Único de Saúde (SUS) é de responsabilidade solidária da União, Estados-membros e Municípios, de modo que qualquer dessas entidades têm legitimidade ad causam para figurar no pólo passivo da demanda que objetiva a garantia do acesso à medicação para pessoas desprovidas de recursos financeiros" (REsp 771.537/RJ, Rel. Min. Eliana Calmon, Segunda Turma, DJ 3.10.2005). Agravo regimental improvido.

(STJ, AGRESP 1.136.549, Relator Ministro Humberto Martins, Segunda Turma, DJE 21.06.2010) – grifei

PROCESSUAL CIVIL. MEIOS DE COERÇÃO AO DEVEDOR (CPC, ARTS. 273, § 3º e 461, § 5º). FORNECIMENTO DE MEDICAMENTOS PELO ESTADO. BLOQUEIO DE VERBAS PÚBLICAS. CONFLITO ENTRE A URGÊNCIA NA AQUISIÇÃO DO MEDICAMENTO E O SISTEMA DE PAGAMENTO DAS CONDENAÇÕES JUDICIAIS PELA FAZENDA. **PREVALÊNCIA DA ESSENCIALIDADE DO DIREITO À SAÚDE SOBRE OS INTERESSES FINANCEIROS DO ESTADO.** RECURSO ESPECIAL A QUE SE DÁ PROVIMENTO.

(STJ, REsp n. 933.563-RS, Relator Ministro Teori Albino Zavascki, DJ 21.06.2007) – grifei

6. Conclusões

Pela teoria dos sistemas, o sistema jurídico deve decidir de acordo com seu código (direito/não direito) e seu programa, de natureza condicional. Não tem atribuição para realizar funções típicas do sistema político, como a formulação ou execução de políticas públicas, e do sistema econômico, como a destinação das verbas orçamentárias. Essas são funções dos sistemas político e econômico.

Não se pretende que o órgão julgador seja um especialista em medicina, política ou economia, mas sim que ele conheça os instrumentais específicos do sistema jurídico. Não se buscam nas decisões jurídicas argumentos típicos de decisões políticas ou econômicas. Como adverte Canotilho, ao analisar os direitos sociais, econômicos e culturais, o Judiciário deve evitar a "metodologia *fuzzy*", ou seja, aquela metodologia de vagueza e indeterminação, pela qual o órgão judicial abraça controvérsias que não lhe são afeitas e transita por conceitos que, efetivamente, não domina (CANOTILHO, 2008, p. 99). Não é esse comportamento que se espera do Judiciário.

Ao operador do direito compete identificar **dentro do sistema jurídico** as soluções que alcancem a justiça interna (decisão juridicamente consistente) e externa (decisão adequadamente complexa à sociedade), conciliando-as.

Isso não é pouco. Muito pode ser feito pelo sistema jurídico no âmbito dos direitos sociais. Quanto maior o grau de coerência das decisões por ele proferidas, maiores as chances de sua observância e manutenção, posto que respeitados seus limites de atribuição. Essa é a medida proposta por Luhmann.

Referências bibliográficas

BACHUR, João Paulo. *Às portas do labirinto*: para uma recepção crítica da teoria dos sistemas de Niklas Luhmann. Rio de Janeiro: Azougue Editorial, 2010.

BUCCI, Maria Paula Dallari. O conceito de política pública em direito. *In*: BUCCI, Maria Paula Dallari (org.). *Políticas Públicas*: reflexões sobre o conceito jurídico. São Paulo: Saraiva, 2006.

CAMPILONGO, Celso Fernandes. *Política, sistema jurídico e decisão judicial*. 2. ed. São Paulo: Saraiva, 2011.

CANOTILHO, José Joaquim Gomes. "Metodologia *Fuzzy*" e "Camaleões Normativos" na problemática atual dos direitos econômicos, sociais e culturais. *In*: CANOTILHO, J. J. Gomes. *Estudos sobre direitos fundamentais*. 2. ed. Coimbra: Coimbra, 2008.

FRANÇA, Giselle de Amaro e. *O processo judicial decisório e as políticas públicas de saúde a partir da teoria dos sistemas de Niklas Luhmann*. Tese de Doutorado – Faculdade de Direito da Universidade de São Paulo, 2015.

LUHMANN, Niklas. A posição dos tribunais no sistema jurídico. *Revista da Associação dos Juízes do Rio Grande do Sul*. Porto Alegre, n. 49, p. 149-168, julho 1990a.

_____. A restituição do décimo segundo camelo: do sentido de uma análise sociológica do direito. *In*: ARNAUD, André-Jean; LOPES JÚNIOR, Dalmir (organizadores). *Niklas Luhmann*: do sistema social à sociologia jurídica. Rio de Janeiro: Lumen Juris, 2004.

_____. *Introdução à Teoria dos Sistemas*. Tradução Ana Cristina Arantes Nasser. 3. ed. Petrópolis, Rio de Janeiro: Vozes, 2011.

_____. *Law as a social system*. Oxford: Oxford University Press, 2004.

_____. *Legitimação pelo procedimento*. Brasília: Unb, 1980.

NEVES, Rômulo Figueira. *Acoplamento Estrutural, Fechamento Operacional e Processos Sobrecomunicativos na Teoria dos Sistemas Sociais de Niklas Luhmann*. Dissertação (Mestrado em Sociologia) – Faculdade de Filosofia, Letras e Ciências Humanas da Universidade de São Paulo. São Paulo, 2005.

SARLET, Ingo Wolfgang. A titularidade simultaneamente individual e transindividual dos direitos sociais analisada à luz do exemplo do direito à proteção e promoção da saúde. Porto Alegre: *Direitos Fundamentais & Justiça*, n. 10, jan./mar. 2010. p. 205/228.

SCAFF, Fernando Facury. Direito à saúde e os tribunais. *In*: NUNES, António José Avelãs; SCAFF, Fernando Facury. *Os tribunais e o direito à saúde*. Porto Alegre: Livraria do Advogado, 2011.

Aspectos Processuais da Judicialização do Direito Fundamental à Saúde

Marco Aurélio Serau Junior[*]

Introdução

O tema da proteção judicial do Direito à Saúde comporta inúmeros aspectos[1]. O presente trabalho, porém, volta-se especificamente ao estudo dos aspectos processuais das ações judiciais relativas à obtenção de remédios e tratamentos, faceta que consideramos a mais comum dentro do amplo campo da judicialização de políticas públicas em torno do direito fundamental à saúde.

Partindo-se da configuração do direito à saúde como direito fundamental, sobretudo à luz dos dispositivos constitucionais, pretende-se enfrentar e desconstruir algumas incorreções de ordem processual que são apresentadas como verdadeiros dogmas quando se discute a presente matéria, trazendo elementos e argumentos novos sobre o assunto.

1. Direito fundamental à saúde: objeto da tutela judicial

A Constituição de 1988 trouxe um amplo e complexo desenho normativo relativo ao Direito Sanitário, chegando a formar uma verdadeira "Constituição da Saúde" (TOJAL, 1999). Dentro desse desenho institucional tão amplo, destacaremos alguns de seus mais relevantes postulados[2].

Destaca-se, em primeiro plano, o princípio constitucional da dignidade da pessoa humana, fundador da ordem constitucional pátria. Segundo SIQUEIRA

---

[*] Doutor e Mestre em Direitos Humanos (FADUSP – Faculdade de Direito da USP). Especialista em Direito Constitucional (ESDC – Escola Superior de Direito Constitucional). Especialista em Direitos Humanos (FADUSP – Faculdade de Direito da USP). Professor. Autor e Coordenador de inúmeras obras jurídicas. Email: maseraujunior@hotmail.com.

1. No âmbito da proteção judicial do direito fundamental à saúde muitas linhas temáticas são encontradas. Pode-se destacar, por exemplo, as ações judiciais para desbloqueio das contas do FGTS e sua utilização para tratamento de saúde, além das estritas hipóteses previstas no art. 20 da Lei n. 8.036/90; a quebra de patentes de produtos farmacêuticos; a alteração da ordem cronológica do Sistema Nacional de Transplantes em caso de doenças em que o paciente esteja em risco imediato de morte; a função social dos contratos de assistência privada de saúde e a obrigação da ampla cobertura dos eventos médicos pelos planos privados; a invalidação judicial da terceirização dos serviços públicos de saúde (para as organizações sociais e organizações da sociedade civil de interesse público); a busca pela autorização para a prática do aborto em caso de estupro (mesmo diante dos requisitos legais encontram-se restrições praticas a essa medida) e para os casos de anencefalia; a proibição do desenvolvimento de alimentos transgênicos, face à potencialidade de prejuízo à saúde humana etc. Porém, este artigo trata unicamente da questão do acesso a medicamentos e tratamentos médicos, faceta mais comum da judicialização do direito à saúde, dando ênfase a seus mais importantes aspectos processuais.

2. Não nos debruçaremos sobre o árduo tema da definição do conceito de saúde. Como dizem SCHWARTZ e GLOECKNER (2003, p. 16), "O conceito de saúde é um conceito complexo – uma vez que a saúde encontra-se inserida na pós-modernidade – e que somente pode ser descrito através de uma teoria também complexa: a teoria dos sistemas, visto que a saúde é um processo em constante evolução/mutação. A velocidade com que os procedimentos científicos inerentes à saúde, bem como a rápida propagação e/ou o surgimento de doenças, aparecem, coloca por terra qualquer pretensão de uma solução única para o problema sanitário, complexificando ainda mais o que já era complexo por natureza". Adotaremos, portanto, um conceito amplo e abrangente como o adotado pela OMS – Organização Mundial de Saúde e pelo

CASTRO (2006, p. 190), "a dignidade humana há de ser considerada o *princípio dos princípios constitucionais*. É o parâmetro, por excelência, do sentido formal e material da Justiça, que a tudo e a todos julga. Por isso, nada escapa – seja no terreno das ações e omissões do Poder Público, seja na órbita das relações e dos negócios privados – ao crivo de sua incidência pedagógica e à sua missão edificante de uma ordem jurídica comprometida com os direitos humanos e os valores da solidariedade".

Essa estrutura de sobreprincípio constitucional que é atribuída ao postulado da dignidade humana acarreta algumas consequências jurídicas. Além de o Estado não poder praticar atos contrários à dignidade humana, posto que inconstitucionais, o postulado "induz a que os órgãos e autoridades competentes, em todos os níveis de governo, e no exercício de suas constitucionais e apropriadas competências, adotem iniciativas conducentes à eliminação das desigualdades sociais e que promovam condições sociais e econômicas propícias à existência digna de todos os seres humanos sujeitos à circunscrição da soberania do Estado" (SIQUEIRA CASTRO, 2006, p. 189).

A dignidade humana, portanto, impõe deveres ao Estado, e determina que atue num determinado sentido, desenvolvendo e concretizando políticas públicas de saúde[3]:

> "Está, pois, o Estado, juridicamente obrigado a exercer as ações e serviços de saúde visando à construção da nova ordem social, cujos objetivos, repita-se, são o bem-estar e a justiça sociais, pois a Constituição lhe dirige impositivamente essas tarefas.
>
> Note-se, a propósito, como, aliás, já assinalado, que a força vinculante do Estado e da sociedade à Constituição dirigente transcende a realização infraconstitucional das normas programáticas constitucionais, para acolher também a própria atuação econômico-social do Estado, até porque é o Estado também o destinatário por excelência das normas infraconstitucionais" (TOJAL, 1999, p. 41).

Além do princípio da dignidade humana, outros postulados constitucionais são relevantes. A Saúde integra a Seguridade Social e, por conta disso, aplicam-se todos os princípios constitucionais insculpidos no art. 194 da Carta Magna, mas especialmente o princípio da *universalidade da cobertura e do atendimento*[4] (inciso I do art. 194, da Constituição Federal).

A saúde também obedece ao *princípio da seletividade e distributividade na prestação dos benefícios e serviços* (inciso III do art. 194 da Carta Magna). Ao mesmo tempo em que o princípio da universalidade determina a mais ampla cobertura sanitária, o princípio da seletividade impõe sejam os gastos selecionados e direcionados ao melhor aproveitamento racional dos recursos econômicos disponíveis. A tutela judicial do direito à saúde enquadra-se nessa dicotomia.

O panorama constitucional relativo ao direito fundamental à saúde agrupa a atuação nesse campo em três grandes segmentos: *prevenção, proteção e recuperação* (SANTOS, 2004, p. 195). Qualquer uma dessas modalidades pode ser objeto de ação judicial; todas podem ser buscadas judicialmente mediante quaisquer meios processuais porventura existentes.

No âmbito específico da distribuição de medicamentos, a política pública encontra-se esboçada em diversos atos normativos, mas é especialmente definida na Portaria n. 3.916/1998, do Ministério da Saúde, que estabelece a Política Nacional de Medicamentos, segundo a qual, em síntese, os diferentes níveis federativos, em colaboração, elaboram *listas de medicamentos* que serão adquiridos e fornecidos à população (BARROSO, 2007, p. 44-47).

PIDESC – Pacto Internacional sobre Direitos Econômicos, Sociais e Culturais (1966), que entende a saúde não como a ausência de doenças, mas como o pleno bem-estar físico e mental da pessoa. Ademais, para o tema que será objeto de estudo do presente trabalho, relativo à tutela judicial do direito à saúde, nem conviria reduzir o espectro do conceito de saúde, visto que se defenderá uma ampla atuação judicial em prol de uma efetiva e robusta concretização desse direito fundamental social.

3. Nesse sentido, veja-se a lição de INGO SARLET (2004, p. 319-320): "...é no âmbito do direito à saúde, igualmente integrante do sistema de proteção da seguridade social (...), que se manifesta de forma mais contundente a vinculação do seu objeto (prestações materiais na esfera da assistência médica, hospitalar, etc.), com o direito à vida e ao princípio da dignidade da pessoa humana. Com efeito, a despeito do reconhecimento de certos efeitos decorrentes da dignidade da pessoa humana mesmo após a sua morte, o fato é que a dignidade é, essencialmente, uma qualidade inerente à pessoa humana viva, mais precisamente, expressão e condição da própria humanidade da pessoa. A vida (e o direito à vida) assume, no âmbito desta perspectiva, a condição de verdadeiro direito a ter direitos, constituindo, além disso, precondição da própria dignidade da pessoa humana. Para além da vinculação com o direito à vida, o direito à saúde (aqui considerado num sentido amplo) encontra-se umbilicalmente atrelado à proteção da integridade física (corporal e psicológica) do ser humano, igualmente posições jurídicas de fundamentalidade indiscutível".

4. De acordo com REDECKER (2009, p. 2112), o princípio da universalidade é assim interpretado: "O Estado deve garantir igual proteção – saúde, previdência e assistência – indistintamente a todas as pessoas residentes no país, sejam empregados ou não (universalidade subjetiva) em todas as situações de risco social (universalidade objetiva ou de atendimento), devendo ser não só reparadora das necessidades mas também preventivas do seu surgimento".

2. Notas gerais sobre a atuação do Poder Judiciário em matéria de direito à saúde

O controle judicial de políticas públicas de Saúde é muitas vezes criticado sob o viés de que não haveria legitimidade em tal modalidade de intervenção na atuação estatal.

INGO SARLET (2004, p. 304), embora não se filie a essa corrente, assim sintetiza esse argumento de impossibilidade de sindicação do direito à saúde: "...falta aos Juízes a capacidade funcional necessária para, situando-se fora do processo político propriamente dito, garantir a efetivação das prestações que constituem o objeto dos direitos sociais, na medida em que estas se encontram na dependência, muitas vezes, de condições de natureza macroeconômica, não dispondo, portanto, de critérios suficientemente seguros e claros para aferir a questão no âmbito estrito da argumentação jurídica".

No mesmo sentido a contundente passagem de LUÍS ROBERTO BARROSO (2007, p. 32):

> O sistema, no entanto, começa a apresentar sintomas graves de que pode morrer da cura, vítima do excesso de ambição, da falta de critérios e de voluntarismos diversos. Por um lado, proliferam decisões extravagantes ou emocionais, que condenam a Administração ao custeio de tratamentos irrazoáveis – seja porque inacessíveis, seja porque destituídos de essencialidade –, bem como de medicamentos experimentais ou de eficácia duvidosa, associados a terapias alternativas. Por outro lado, não há um critério firme para a aferição de qual entidade estatal – União, Estados e Municípios – deve ser responsabilizada pela entrega de cada tipo de medicamento. Diante disso, os processos terminam por acarretar superposição de esforços e de defesas, envolvendo diferentes entidades federativas e mobilizando grande quantidade de agentes públicos, aí incluídos procuradores e servidores administrativos. Desnecessário enfatizar que tudo isso representa gastos, imprevisibilidade e desfuncionalidade da prestação jurisdicional.
>
> Tais excessos não são apenas problemáticos em si. Eles põem em risco a própria continuidade das políticas de saúde pública, desorganizando a atividade administrativa e impedindo a alocação racional dos escassos recursos públicos. No limite, o casuísmo da jurisprudência brasileira pode impedir que políticas coletivas, dirigidas à promoção da saúde pública, sejam devidamente implementadas.[5]

O que se verifica, no entanto, é que ocorre uma omissão das instâncias democráticas ordinariamente legitimadas à consecução do direito fundamental à saúde, desembocando essa demanda na via judiciária.

No caso do Poder Legislativo, verifica-se que muitas vezes permanece omisso quanto à obrigação de legislar em prol da concretização dos direitos sociais (onde se insere o Direito Sanitário); no caso do Poder Executivo, não há ações para efetivar as políticas públicas de saúde conforme demandado pela sociedade, há sempre um hiato nessa relação.

A ausência de efetivação do direito à saúde por parte dos poderes constitucionalmente designados para tanto, ao lado da inexistência de mecanismos eficientes de *accountability*[6], gera um reflexo claro na judicialização desse tema.

O cidadão, no exercício de sua legitimidade plena (plena à medida que é da soberania popular que decorre a legitimidade democrática dos representantes eleitos[7]), postula judicialmente pela prestação de ações de saúde efetivadas pelo Estado.

Esse fenômeno foi identificado com clareza por JOSÉ REINALDO LIMA LOPES (2006, p. 120-122): "a solução natural não é um ato de adjudicação (típico do Judiciário), mas uma política pública. Trata-se de uma solução que requer não apenas um reconhecimento de um direito subjetivo e de um dar/entre-

---

5. O professor LUIS ROBERTO BARROSO (2007, p. 49-54) ainda aduz e concatena uma série de críticas ao que denomina de *judicialização excessiva* do acesso a remédios e tratamentos: os direitos sociais são normas programáticas; há problemas de desenho institucional para sua implementação; há o problema da reserva do possível; causam desorganização administrativa; pela ótica da *análise econômica do direito*, produzem ineficiência na aplicação dos recursos, pois a abordagem é individualizada, olvidando o planejamento macroeconômico; desconhecimento técnico por parte dos juízes em relação à área médica.

6. *Accountability*, segundo GABARDO (2002, p. 55), é o atributo segundo o qual "os ocupantes de cargos públicos são responsáveis perante o público por suas decisões e ações, e devem submeter-se a qualquer fiscalização apropriada ao seu cargo".

7. Os cidadãos possuem legitimidade, inclusive processual, para postularem a concessão de remédios ou tratamentos médicos em virtude de serem titulares de direitos fundamentais, consagrados estes, inclusive o direito à saúde, na Constituição Federal. Além disso, também se pode fundamentar a legitimidade dos cidadãos que vêm a juízo buscando tal forma de tutela no fato de que, numa perspectiva democrática e pluralista, a única aceitável atualmente, o Estado de Direito comporta uma verdadeira "sociedade aberta de intérpretes da Constituição", no dizer de HÄBERLE (2002), o que quer dizer que todos os segmentos sociais e órgãos e entidades componentes da sociedade possuem visões válidas a respeito da norma constitucional, inclusive no que diz respeito às demandas formuladas com fulcro no texto constitucional a respeito do direito fundamental à saúde.

gar ou obrigar a dar/entregar alguma coisa ou alguma quantia de dinheiro, mas um fazer ou prover um serviço público (...)". Porém, da omissão dos órgãos responsáveis pela implementação política dos direitos sociais atrelada à sua exigibilidade, decorre a sobrecarga do Poder Judiciário: "Em termos institucionais, dá-se a sobrecarga do órgão encarregado de resolver controvérsias, pela incapacidade de outros órgãos (Administração, Parlamento) forjarem acordos universalizáveis ou simplesmente buscarem um interesse público ou comum".

A legitimidade político-democrática do cidadão (parte processual ativa) torna legítima a decisão judicial que confere o direito à obtenção de medicamentos e tratamento médico:

> Como democracia e direito à saúde constituem duas facetas da mesma moeda, não se pode restringir o conceito daquela ao legitimado para o exercício da democracia representativa, tão somente. O povo passa a adquirir uma virtuosa função da democratização do direito à saúde, mudando radicalmente seu conceito, não mais apegado ao simplista conceito de indivíduos que se encontram sob o pálio de determinada tutela jurídica estatalmente positivada.
>
> [...]
>
> Aqui, não se trata de maquinar um disfarce prévio da democracia sob o aspecto sanitário. Pelo contrário, mister é o exercício mais amplo possível desse ramo jusplubicístico e, mais que isso, de forma democrática. Portanto, não mais se quedam indissociavelmente coligados os preceitos democracia/cidadão. Ao povo compete, nessa ótica recriativa do preceito democrático, zelar e requerer, pelo competente procedimento, a multiplicação atuarial do direito à saúde sob a perspectiva democrática (SCHWARTZ & GLOECKNER, 2003, p. 74-75).

Nesse sentido, "na medida em que a Constituição assegura o acesso à Justiça [...] não se pode falar em mácula ao princípio da separação dos poderes quando o Tribunal reconhece e tutela direitos subjetivos que, ao arrepio da ordem constitucional, não foram observados pelo Estado. É a própria Constituição, no auge de sua unidade hierárquico-normativa, que estabelece esse mecanismo de equilíbrio entre os poderes, não havendo qualquer anomalia na sua utilização" (GARCIA 2005, p. 128).

Além do fato de que a Constituição Federal de 1988 não proíbe a discussão judicial dos direitos sociais, pois propicia amplo acesso à justiça (art. 5º, inciso XXXV), os Juízes são agentes políticos, membros de Poder estabelecido constitucionalmente, sendo que sua atuação possui inolvidáveis aspectos políticos. Trata-se de uma *nova interpretação do princípio da separação de poderes*:

> A interpretação do princípio da separação dos poderes, como não poderia deixar de ser, não configura exceção à proposição já enunciada. Se é certo que a preservação das liberdades individuais, em linhas gerais, pressupõe uma atitude abstencionista do Poder Público, o que direciona a atuação dos órgãos jurisdicionais a essa ótica de análise, não menos certo é que os direitos sociais normalmente pressupõem um atuar positivo, o que, em sendo necessário, exigirá uma atuação diferenciada dos referidos órgãos. O que se mostra inconcebível é transpor parâmetros de tutela e paradigmas de convivência institucional essencialmente voltados à preservação da liberdade para um campo em que se mostra essencial um *facere* estatal.
>
> [...]
>
> A sindicação dos atos e das omissões da Administração assumirá uma perspectiva diferente daquela formada por influência do liberalismo, cujo objetivo principal era obstar o avanço sobre esferas resguardadas ao indivíduo. Em se tratando de direitos sociais, a Administração deve penetrar em determinadas áreas essenciais ao indivíduo e realizar as prestações necessárias à sua concretização, o que exigirá uma ótica de análise distinta, essencialmente voltada à aferição das omissões administrativas. Essa constatação permite concluir que as interrelações mantidas entre os Poderes Executivo e Judiciário não devem ser concebidas numa linearidade indiferente aos influxos ideológicos que exijam um *facere* ou um *non facere* estatal. Com isso, será possível descortinar, na própria Constituição, a legitimidade do Poder Judiciário na aferição de comportamentos aparentemente envoltos no outrora inexpugnável manto da discricionariedade administrativa (GARCIA, 2005, p. 116-117).

A ideia de que o Judiciário não deve atuar efetivamente para a concretização dos direitos fundamentais sociais, portanto, tem viés notoriamente ideológico, e não encontra respaldo na Constituição.

No Estado Social e Democrático de Direito, a pessoa é o vetor central do ordenamento jurídico, e se encontra plenamente protegida pelo princípio maior da dignidade humana e os demais direitos fundamentais, inclusive os direitos sociais. A necessidade de sua concretização *altera substancialmente o papel atribuído ao Poder Judiciário*, demandando, no mínimo, *alteração de procedimentos processuais* (CAPPELLETTI, 1984, p. 33-36).

Deve ser afastada a tese da impossibilidade de judicialização das políticas públicas, inclusive da área de saúde, visto que não podem ser caracterizadas como meros e discricionários atos de governo ou atos políticos, destituídos da sujeição ao Poder Judicial. Ao revés, a íntima vinculação dessas políticas públicas com a dignidade humana permite, dentro de alguns parâmetros, o controle e fiscalização judicial.

Também não se propugna uma tese de superioridade do Poder Judiciário em relação aos demais Poderes constitucionais, mas, apenas, estabelecer-se a possibilidade de resguardo dos cidadãos frente ao exercício do poder ou sua omissão inconstitucional, de modo que este se desenvolva em relação de adequação com a ordem jurídica estabelecida, principalmente quanto às suas bases constitucionais (GARCIA, 2005, p. 119-120; FARIA, 1994).

Esse parâmetro deve ser utilizado inclusive quanto aos direitos fundamentais sociais, como o direito à saúde, pois o escopo central do sistema de *freios e contrapesos* não é a criação e estruturação de poderes estanques, mas, sobretudo, seu delineamento para a proteção integral do cidadão e a garantia de seus direitos fundamentais.

A função da jurisdição não é exclusivamente de solucionar controvérsias, mas, sobretudo, *dar significado aos valores constitucionais*, viabilizando que o Poder Judiciário seja um *locus* privilegiado de discussão a respeito de políticas públicas (FISS, 2004, p. 65-72).

3. A prestação das políticas públicas de saúde como serviço público: consequências no controle judicial

A Saúde pode ser tratada como típico *serviço público*, principalmente a teor do que dispõe a Constituição Federal sobre a matéria. Examinada brevemente a *norma normarum*, verifica-se que o constituinte de 1988 houve por bem qualificar por público o interesse relativo às prestações na área de saúde. Vale dizer: o art. 196 da Carta Magna define a saúde como um "direito de todos e dever do Estado, garantido mediante políticas sociais e econômicas que visem à redução do risco de doença e de outros agravos e ao acesso universal e igualitário às ações e serviços para sua promoção, proteção e recuperação".

Ademais, o art. 197 da Constituição qualifica as ações e serviços de saúde como de relevância pública, e estes devem ser prestados diretamente ou por meio de terceiros, caso em que o Poder Público exercerá regulamentação, fiscalização e controle. No caso do art. 198 da Carta Magna, o constituinte foi expresso ao dizer sobre "as ações e serviços públicos de saúde", que se organizam segundo as diretrizes lá delineadas.

A saúde, portanto, é prestada como serviço público (independentemente de, em algumas situações, ser desenvolvida também pela iniciativa privada). Sendo prestada sob a forma de serviço público, sujeita-se, por consequência, ao controle social, visto que toda a atuação do Estado é sujeita a controle judicial (SEABRA FAGUNDES, 1950).

Adotada a premissa de que a política pública de saúde é sujeita a controle judicial, tem-se que toda a atuação do Estado na área de saúde, seu modo de atuar, também poderá sê-lo. Dito de outra forma: também os meios e instrumentos para efetivação da política pública de saúde poderão ser discutidos judicialmente.

Abre-se a possibilidade de discutir se o Estado deve fornecer remédios e tratamentos médicos, a fim de que o referido serviço público de saúde seja eficaz e atenda às necessidades do cidadão-administrado, pois esse tipo de pretensão judicial se enquadra no *modo de execução do serviço público*.

Ademais, tratando-se a saúde de serviço público, verifica-se que essa atividade se submete às regras relativas ao processo administrativo (as ações de saúde, dada sua complexidade, se desenvolvem num processo/procedimento administrativo, não num único ato administrativo), contidas na Lei n. 9.784/1999, dentre as quais se coloca o princípio de que a Administração atuará conforme a lei e o Direito (art. 2º, inciso I), bem como o que define que a interpretação da norma administrativa ocorrerá pela forma que melhor garanta o atendimento do fim público a que se dirige (art. 2º, inciso XIII).

3.1. O princípio da legalidade na esfera sanitária

Outro aspecto a ser abordado diz respeito à dificuldade de submissão das políticas e ações na área de saúde ao primado da legalidade (no viés de estrita legalidade) e o correlato impacto no contencioso sanitário.

Muito se diz contra as ações judiciais em busca de remédios e tratamentos médicos no sentido de que tais demandas atentam contra o primado da legalidade, alegando-se a inexistência de disposição legal específica.

Ora, as coisas não se colocam exatamente nesses termos, aplicando-se paradigmas alternativos ou mais modernos. O princípio da legalidade evoluiu ao longo do tempo, acompanhando a própria evolução do Direito Público. Altera-se também o controle judicial relativo à sua observância.

Atualmente, na vigência do Estado Social, ampliou-se a estrutura do *bloco de legalidade* ao qual está adstrita a Administração Pública. Nesses termos, não se fala mais em, simplesmente, conformidade à lei, mas em *conformidade à lei e ao Direito*, ou *conformidade ao Direito* (art. 2º, inciso I, da Lei n. 9.784/1999) – o princípio da legalidade é transformado em princípio da juridicidade. Veja-se, a esse respeito, a lapidar lição de MARIA SYLVIA ZANELLA DI PIETRO (2006, p. 482-483):

> Ocorre que o próprio princípio da legalidade evoluiu e, juntamente com ele, a ideia de discricionariedade. Quando a lei era vista, sob a ótica do positivismo jurídico, dentro de um sistema lógico-jurídico, despido de qualquer conteúdo axiológico, a discricionariedade administrativa resultava forte, porque a Administração só tinha que observar a lei em sentido formal, único aspecto a ser considerado pelo Poder Judiciário. [...] Por outras palavras, o princípio da legalidade experimentou duas espécies de ampliação: passou a abranger também os atos normativos do Poder Executivo e passou a vincular toda a atividade da Administração Pública. Só que os atos normativos, tanto do Legislativo como do Executivo, eram vistos em seu aspecto puramente formal, sem qualquer preocupação com seu conteúdo de justiça. Por isso, o controle pelo Judiciário também era puramente formal, limitando-se, em regra, a apreciar os vícios de competência, forma e objeto.
>
> Quando, porém, à lei formal se acrescentam considerações axiológicas – o que aconteceu com a instauração do Estado de Direito Democrático –, amplia-se a possibilidade de controle judicial, porque, por essa via, poderão ser corrigidos os atos administrativos praticados com inobservância de certos valores adotados como dogmas em cada ordenamento jurídico. Desse modo, hoje, falar em *princípio da legalidade* significa abranger não só a lei, em sentido formal, mas todos os valores e princípios contidos implícita ou explicitamente no ordenamento jurídico. Esta é uma ideia inerente ao próprio conceito de Estado Democrático de Direito, adotado no ordenamento jurídico brasileiro a partir do 'Preâmbulo' da Constituição e em seu art. 1º.

Isto significa que a discricionariedade administrativa sofre maiores limitações, ficando muito mais complexa a atividade de controle. Na medida em que a lei foi reconquistando seu sentido axiológico, perdido por influência do positivismo jurídico, novos princípios foram sendo elaborados como formas de limitar a discricionariedade administrativa e, paralelamente, ampliar a esfera de controle pelo Poder Judiciário.

Atualmente, novos e mais abertos canais normativos se impõem – os princípios jurídicos[8] – de modo a acomodar uma ampla gama de interesses e aspirações sociais, ampliando, por conseguinte, o espectro do parâmetro de legalidade (FIGUEIREDO, 2006, p. 434) e, paralelamente, a esfera da possibilidade de atuação judicial de controle da Administração Pública.

A crise da vinculação da Administração à *estrita legalidade* deriva da superação, por parte do aparato estatal, de sua função unicamente de garantia concreta das regras jurídicas gerais e abstratas mediante atos meramente aplicativos individuais e concretos (proibições, concessões, habilitações etc.) e da correlata assunção de tarefas de *gestão direta de grandes interesses públicos*[9].

A realização dessas grandes tarefas de gestão, tais como a saúde, demanda a criação de grandes aparatos organizativos que possuem lógica própria e regras

---

8. Diante da perda de generalidade e abstração que sempre caracterizaram a norma jurídica, e da certeza e seguranças jurídicas, consoante será mais bem exposto adiante, o ordenamento constitucional busca reagrupar o ordenamento, tentando preservar essa característica de ordenamento (sistematicidade) mediante princípios jurídicos gerais e valores constitucionais que, por imposição de demandas sociais, chegam ao corpo da Constituição como formas de expressão da justiça material (ZAGREBELSKY, 1998. p. 39-40).

9. O princípio da legalidade vê-se profundamente criticado por parcela da doutrina administrativista, principalmente europeia, que propugna sua revisão ou mesmo sua superação. MARCELO FIGUEIREDO (2006, p. 425) lista uma série de argumentos apontados por referida doutrina a respeito da derrocada do princípio da legalidade: "(a) A moderna ação administrativa não pode configurar-se como uma mera execução da lei – e, assim, não há como esperar que a lei seja a única fonte da sua legitimidade. (b) A procura por *novas fontes* de legitimidade da ação administrativa conduz ao estudo dos *procedimentos administrativos*, meios capazes de assegurar a participação dos administrados na condução dos negócios públicos e de seus interesses. (c) O campo da *discricionariedade* teria necessariamente que aumentar no mundo contemporâneo, mais complexo, com desafios nunca imaginados. Assim, a tendência para a indeterminação da lei quanto aos interesses públicos a prosseguir seria *inevitável* e cada vez maior. (...)". Em matéria de Direito Sanitário, em que a garantia do núcleo dos direitos fundamentais dos cidadãos consiste em prestações estatais e no manejo de princípios vários como o da dignidade humana e da justiça social, há que se ter em mente que o postulado da legalidade deve ser revisado, nos termos em que expostos pela nova doutrina administrativista.

empresariais de eficiência, de modo que a predeterminação legislativa de toda a atuação administrativa inevitavelmente perde espaço. As leis, a partir de então, passam a permitir um mínimo de autonomia funcional da Administração, visto que apenas indicam tarefas e afetam a conduta da Administração para sua consecução, mas referida conduta possui limites imprecisos (ZAGREBELSKY, 1998, p. 34-35).

Diante dessa imprecisão de limites da atuação da Administração (decorrente da ausência de um grau de generalidade da lei como existia nos padrões novecentistas) e da inexistência de uma mais rígida separação entre sua autoridade e a liberdade dos administrados-cidadãos, cabe ao Poder Judiciário um importante papel moderador nessa dicotomia, (re)estabelecendo tal liame.

Modificado o parâmetro de legalidade, amplo espaço de atuação se abre ao Poder Público: este pode desenvolver diversas modalidades de políticas públicas. Todavia, e ao arrepio do ordenamento jurídico, estas podem não ser realizadas, sob o falso manto da discricionariedade, ensejando a negativa de vigência a diversos comandos constitucionais.

Este último quadro suscita ao Poder Judiciário, no exercício de suas funções constitucionais, zelar pelo efetivo cumprimento dos primados constitucionais, especialmente a dignidade humana, tutelando de forma adequada o direito à saúde e propiciando, se for o caso, a concessão de remédios e tratamentos médicos.

De outro lado, cumpre dizer que o *fator tecnológico* (evolução científica da tecnologia) é um dos fatores condicionantes da concretização dos direitos humanos (BIDART CAMPOS & HERRENDORF, 1991, p. 320), dentre eles o direito à saúde. Neste campo, inolvidável que a evolução tecnológica que nossa sociedade conhece dia após dia implique em novas e maiores demandas, dado que cotidianamente surgem novos e melhores tratamentos capazes de melhor dar vazão à necessidade de proteção à saúde dos cidadãos.

À medida que a tecnologia produz novas descobertas e inventos diariamente, impossível que se enquadre tal ritmo de produção científica nos rígidos moldes da legalidade novecentista, pois o legislador nunca terá condições de acompanhar um ritmo de desenvolvimento que lhe é alheio e radicalmente distinto. As denominadas *listas de medicamentos* (parâmetro regulamentar que indica quais os remédios e tratamentos médicos a serem dispensados ao cidadão), nesses termos, possuem uma eficácia bastante limitada e são fadadas a ficarem defasadas em relação às inovações científicas e às demandas sociais.

4. A questão orçamentária e seu impacto no processo judicial

Devemos abordar o argumento da *reserva do possível* e seu impacto nas ações judiciais em torno do direito fundamental à saúde, em que pese entendermos que o suposto déficit orçamentário que se alega existir nessa área possui razões decorrentes do *esvaziamento dos objetivos constitucionais* e da *desobediência às afetações constitucionais de receitas públicas* (SERAU, 2009; CALCIOLARI, 2009).

Resta, todavia, a problemática da demonstração, pelo Estado, da total inexistência de recursos, o que configuraria a impossibilidade material das decisões judiciais em torno da concessão de medicamentos ou tratamentos médicos (GARCIA, 2005, p. 129), matéria normalmente alegada nesse tipo de demanda.

Entretanto, é imperioso ressaltar que é muito raro que se encontrem, no processo judicial, todos os elementos probatórios relativos ao orçamento público. O juiz, ao decidir uma concreta demanda relativa a medicamentos/tratamentos médicos, não possui conhecimento de toda a realidade orçamentária do Estado relativa às políticas de saúde pública. As alegações normalmente vindas à baila não passam de mera retórica, desacompanhada da necessária prova/instrumentação, destoando das regras de ônus probatório constantes do Código de Processo Civil.

Por derradeiro, desnudando a inverdade que reside no argumento de que as ações judiciais em matéria de saúde prejudicam financeiramente o orçamento do Estado e as demais ações públicas em matéria de Direito Sanitário, cumpre revelar que no Brasil há um baixíssimo grau de litigiosidade na área dos direitos humanos, inclusive quanto à proteção à saúde (PIOVESAN, 2003, p. 412), sendo que a maior parte das ações judiciais se dão no âmbito dos planos privados de assistência médica (TRETTEL, 2009).

5. Aspectos eminentemente processuais das ações judiciais envolvendo direito à saúde

Neste tópico iremos delinear alguns aspectos essencialmente *processuais* a respeito da discussão travada.

Em primeiro lugar, registremos que a Fazenda Pública, na qualidade de gestora desse direito fundamental/serviço público, seja na esfera Federal, Estadual, Distrital ou Municipal, participa de todo o curso do processo judicial no qual se busque a obtenção de tratamento médico ou remédio a ser custeado/fornecido pelo Estado.

Assim participando do processo, possui toda a oportunidade de contestar a inicial apresentada pelo cidadão, apresentar informações e requerer a produção de provas, inclusive provas periciais, recorrer das decisões que lhe sejam desfavoráveis, fazer sustentações orais etc. Essa qualidade de sua participação legitima a decisão judicial que for proferida, visto que consagra os princípios do contraditório, da ampla defesa e do devido processo legal.

Dentro das devidas regras processuais, há plena possibilidade de discussão sobre a tutela judicial de concessão de remédios ou tratamentos médicos: a real necessidade dos medicamentos/tratamentos médicos requeridos; a existência de produtos similares ou genéricos; a ampla discussão pericial por meio de prova pericial médica etc.

Além disso, o Estado possui diversas prerrogativas processuais (prazo em dobro para recorrer e em quádruplo para contestar; reexame necessário das decisões que lhe forem contrárias; intimação pessoal, dentre outras), as quais também corroboram a tarefa de legitimação da decisão judicial que concede remédios ou tratamentos médicos.

Diante dessa *forma privilegiada* com que a Fazenda Pública participa do processo judicial, podendo defender-se adequadamente da concessão judicial de remédios e tratamentos médicos, não se pode considerar, como muitas vezes se afirma, serem tais decisões judiciais ilegítimas ou baseadas em mero subjetivismo dos magistrados.

Ainda em defesa da legitimidade das decisões que concedem remédios ou tratamentos médicos, é imprescindível anotar que esses julgamentos atendem e respeitam uma série de postulados da Teoria Geral do Processo.

Em primeiro lugar, tais demandas são movidas atrás de um *objeto de pedir específico*: as pessoas ingressam em juízo buscando o medicamento X ou o tratamento médico de tipo Y. Jamais se postula judicialmente para que o magistrado, a seu livre talante, escolha, decida ele próprio o tratamento ou medicamento a ser fornecido pelo Estado. Se assim fosse, seria o caso de extinção da demanda sem apreciação do mérito, em razão da inépcia da inicial, ou, conforme o caso, a determinação para sua emenda, em consonância à legislação processual.

Nestes termos, o *princípio da adstrição do juiz à causa de pedir* se encontra respeitado. A atuação do Poder Judiciário ocorre da mesma forma como ocorreria em relação a quaisquer outros pedidos que lhe sejam deduzidos, e o direito de defesa da Fazenda Pública é plenamente respeitado, pois sabe exatamente qual é o pedido que lhe foi direcionado.

Quanto ao *princípio da inércia judicial*, este se vê igualmente respeitado. Não é o Poder Judiciário quem dá início à ação judicial em matéria de direito à saúde. A magistratura apenas e tão somente decide conforme lhe foi pleiteado, com o que dá vazão à demanda social por acesso a remédios/tratamentos, nos termos das leis e da Constituição Federal. Não se trata, pois, de *ativismo judicial em um sentido pejorativo*, mas de prestação jurisdicional visando à efetivação de direitos fundamentais.

Por outro lado, as decisões judiciais nesse tema obedecem à necessidade de adequada fundamentação, a teor do que dispõe o art. 93, inciso IX, da Constituição Federal, permitindo controle social das decisões proferidas. Além da possibilidade de interposição de recursos, é possível obstar excessos e arbitrariedades por meio de órgãos de controle tais como as Corregedorias e o Conselho Nacional de Justiça.

Em relação ao manejo de conceitos juridicamente indeterminados no bojo das ações judiciais para obtenção de remédios/tratamentos, também há que se afastar alguns preconceitos e dogmas que comumente vêm à baila. Rotineiramente expressões como dignidade humana, justiça social e mesmo o conceito de *saúde*, manejados neste tipo de demanda judicial, são taxadas de imprecisas, o que, alega-se, impediria a prestação de uma adequada tutela judicial.

Contudo, a Teoria Geral do Direito já vem dando novos contornos ao problema, minimizando-o e possibilitando a plena aplicação e verificação judicial dos chamados *conceitos jurídicos indeterminados*, pois estes se fazem presentes também em outros diversos ramos do Direito. Veja-se como exemplo os conceitos de boa-fé, função social do contrato e da propriedade, dentre outros, previstos no Código Civil de 2002.

No Código de Processo Civil de 2015, verifica-se grande inovação neste tema. O art. 489 recém-vigente não impõe restrições à utilização de conceitos juridicamente indeterminados, exigindo apenas sua definição, na sentença, pelo magistrado que venha a deles fazer uso.

Na seara das demandas coletivas, deve-se fazer o registro de que há frequentes denúncias de que são propostas, muitas vezes, por associações ou entidades de caráter fraudulento, o que invalidaria sua legitimidade e a viabilidade dos pedidos de concessão de remédios ou tratamentos.

Entretanto, essa não é a regra, mas a exceção. E a eventualidade do intuito fraudulento de certas associações não pode infirmar a legitimidade das demandas autênticas nessa seara do direito à saúde, sendo mais adequada a realização de investigação e atuação por parte do Ministério Público (Estadual ou Federal, conforme o caso) para reprimir tais condutas ilícitas, contrárias às finalidades sociais que se espera desse tipo de associação.

Outrossim, de modo geral, assinale-se que muito mais eficazes seriam as demandas coletivas relativas à distribuição de medicamentos e prestação de tratamentos médicos, em especial por meio dos órgãos do Ministério Público e das Defensorias Públicas, evitando a atomização de conflitos (MANCUSO, 2008, p. 155-156)[10].

Registre-se, ademais, que as demandas coletivas são as mais adequadas à revisão/adequação das chamadas *listas de medicamentos*, dada a legitimidade e oposição *erga omnes* de que são dotadas (BARROSO, 2007, p. 57-58).

Ainda quanto às ações coletivas, pode-se aproveitar a experiência norte-americana em tema de *ações estruturais*, quais sejam aquelas voltadas à reforma de *estruturas públicas* (tal como o serviço público de saúde). Nestas hipóteses, os juízes norte-americanos podem nomear assessores técnicos especializados (*special masters*), os quais ficam responsáveis pela implementação/execução das reformas estruturais (FISS, 2004, p. 63-64).

Conclusões

No Brasil, mais do que a discussão sobre o controle judicial das políticas públicas de saúde, verifica-se a ausência ou insuficiência destas ações do Estado. Se os mecanismos ordinários de concreção do direito à saúde fossem mais expeditos ou, ao menos, mais comprometidos com o programa constitucional de desenvolvimento da dignidade humana nessa esfera, não se estaria a discutir as possibilidades e limites de atuação judicial.

Todo modo, verificada a necessidade dessa modalidade de atuação judicial, desenvolveu-se ao longo deste trabalho a superação (ou ao menos a crítica) de alguns dogmas jurídico-processuais atinentes ao tema das ações judiciais para obtenção de remédios/tratamentos médicos.

A partir da premissa de que a função jurisdicional consiste na concretização dos valores constitucionais (em especial os direitos sociais), discutiu-se os postulados propriamente processuais que lhe são pertinentes.

Nestes termos, identificou-se a inadequação do princípio da estrita legalidade na seara sanitária, assim como a possibilidade de discussão judicial da saúde como sendo serviço público, diante da tradição brasileira de controle dos atos administrativos.

Também se abordou o argumento orçamentário, sempre presente neste tipo de demanda, embora nunca, de nenhuma maneira venha ao bojo do processo judicial de modo transparente e integral. Além disso, demonstrou-se que as ações judiciais que tratam da obtenção de remédios e tratamentos médicos adequam-se aos postulados tradicionais do processo civil, os quais, apenas, demandam orientação para o fim de concretização dos direitos sociais.

Referências bibliográficas

BARROSO, Luis Roberto. Da falta de efetividade à judicialização excessiva: direito à saúde, fornecimento gratuito de medicamentos e parâmetros para a atuação judicial. *Interesse Público* n. 46, ano VIII. Belo Horizonte: Fórum, nov./dez. 2007. p. 31-62.

BIDART CAMPOS, German J.; HERRENDORF, Daniel E. *Principios de derechos humanos y garantias*. Buenos Aires: Ediar, 1991.

CALCIOLARI, Ricardo Pires. *Orçamento da Seguridade Social e efetividade dos direitos sociais*. Curitiba: Juruá, 2009.

CAPPELLETTI, Mauro (coord.). *Accès a la justice et État-Providence*. Paris: Economica, 1984.

DI PIETRO, Maria Sylvia Zanella. Discricionariedade técnica e discricionariedade administrativa. In: FIGUEIREDO, Marcelo (coord.). *Estudos de direito público em homenagem a Celso Antônio Bandeira de Mello*. São Paulo: Malheiros, 2006.

FARIA, José Eduardo (org.). *Direitos humanos, direitos sociais e justiça*. São Paulo: Malheiros, 1994.

FIGUEIREDO, Marcelo. A crise no entendimento clássico do princípio da legalidade administrativa e temas correlatos. In: FIGUEIREDO, Marcelo (coord.). *Estudos de direito público em homenagem a Celso Antônio Bandeira de Mello*. São Paulo: Malheiros, 2006.

FISS, Owen. *Um novo processo civil – estudos norte-americanos sobre jurisdição, constituição e sociedade*. Trad. Carlos Alberto de Salles. São Paulo: Revista dos Tribunais, 2004.

GABARDO, Emerson. *Princípio constitucional da eficiência administrativa*. São Paulo: Dialética, 2002.

_____. Princípio da separação dos poderes: os órgãos jurisdicionais e a concreção dos direitos sociais. In: *Revista Brasileira de Direito Constitucional*, vol. 5, janeiro-julho 2005, São Paulo: ESDC, 2005. p. 112-136.

HÄBERLE, Peter. *Hermenêutica constitucional – A sociedade aberta dos intérpretes da Constituição: contribuição para a interpretação pluralista e 'procedimental' da Constituição*. Trad. MENDES, Gilmar Ferreira. Porto Alegre: Sergio Fabris, 2002.

LEAL, Rogério Gesta. A efetivação do direito à saúde por uma jurisdição-serafim: limites e possibilidades. *Interesse Público* n. 38, ano VIII, julho-agosto/2006. Porto Alegre: Notadez, 2006. p. 63-76.

---

10. Todavia, não é isso que se verifica na práxis forense. Os órgãos do Ministério Público estão muito mais aparelhados e preparados para atuar na esfera de direitos coletivos e difusos quando estes dizem respeito aos interesses das classes mais privilegiadas, tais como quando se referem a direitos do consumidor ou os relativos ao meio ambiente (LIMA LOPES, 2006, p. 222).

LIMA LOPES, José Reinaldo de. *Direitos Sociais – teoria e prática*. São Paulo: Método, 2006.

MANCUSO, Rodolfo de Camargo. Contribuição esperada do Ministério Público e da Defensoria Pública na prevenção da atomização judicial dos megaconflitos. *Revista de Processo*, ano 33, v. 164. out./2008. São Paulo: Revista dos Tribunais, 2008. p. 152-169.

MORO, Sergio Fernando. *Desenvolvimento e efetivação judicial das normas constitucionais*. São Paulo: Max Limonad, 2001.

PIOVESAN, Flávia. *Temas de direitos humanos*, 2. ed., rev., ampl. e. atual., São Paulo: Max Limonad, 2003.

REDECKER, Ana Cláudia. *Art. 194*. In: BONAVIDES, Paulo; MIRANDA, Jorge; AGRA, Walber de Moura. *Comentários à Constituição Federal de 1988*. Rio de Janeiro: Forense, 2009.

SARLET, Ingo Wolfgang. *A eficácia dos Direitos Fundamentais*, 4. ed., rev., atual. e ampl., Porto Alegre: Livraria do Advogado, 2004.

SANTOS, Marisa Ferreira dos. *O princípio da Seletividade das Prestações de Seguridade Social*. São Paulo: LTr, 2004.

SCHWARTZ, Germano A. & GLOECKNER, Ricardo Jacobsen. *A tutela antecipada no Direito à Saúde – a aplicabilidade da Teoria Sistêmica (de acordo com a Lei 10.444/2002)*. Porto Alegre: Sergio Fabris, 2003.

SEABRA FAGUNDES, Miguel. *O controle dos atos administrativos pelo poder judiciário*. 2. ed., atual., Rio de Janeiro: José Konfino, 1950.

SERAU JR., Marco Aurélio. *Seguridade Social como direito fundamental material*. Curitiba: Juruá, 2009.

SIQUEIRA CASTRO, Carlos Roberto. Dignidade da pessoa humana: o princípio dos princípios constitucionais. In: FIGUEIREDO, Marcelo (coord.). *Estudos de direito público em homenagem a Celso Antônio Bandeira de Mello*. São Paulo: Malheiros, 2006.

TOJAL, Sebastião Botto de Barros. Constituição dirigente de 1988 e o direito à saúde. In: MORAES, Alexandre de (coord.). *Os dez anos da Constituição Federal – temas diversos*. São Paulo: Atlas, 1999.

TRETTEL, Daniela Batalha. *Planos de saúde na visão do STJ e do STF*. São Paulo: Verbatim, 2009.

ZAGREBELSKY, Gustavo. *El derecho dúctil*. Madrid: Trotta, 1998.

As Repercussões do Ativismo Judicial na judicialização contra Empresas do Sistema de Saúde Privada e suas Implicações no Mercado Privado da Saúde

Paulo Egídio Seabra Succar[*]
Camila Helena Alves Boschini[**]

Introdução

Assistiu-se nas últimas décadas ao crescimento da assistência privada à saúde, alternativa ao sistema público de saúde e que se revelou um grande negócio. Em que pese a Constituição Federal de 1988 ter sido a primogênita em tratar e regular de forma sistêmica o direito fundamental à Saúde, foi justamente neste contexto constitucional de 1988, da dignidade da pessoa humana, dentre elas o acesso à saúde, que o mercado de planos de saúde prosperou em atendimento, cifras e especialmente, conflitos. Conflitos entre usuários e operadoras do sistema, entre prestadores de serviços (médicos) e operadoras.

Esses conflitos têm gerado enormes despesas às operadoras do sistema, além de, muitas vezes, impingirem a elas procedimentos não cobertos inicialmente pelo contrato de prestação de serviços.

Esse tipo de desequilíbrio acarretado pelo excesso de judicialização das questões relacionadas à saúde privada tem provocado um injusto encarecimento dos serviços a todos os participantes do sistema de saúde privada.

1. Introdução histórica

As primeiras atividades privadas de prestação de serviços médicos surgiram nos anos de 1940 e 1950 e podem ser consideradas como o verdadeiro nascimento dos atuais planos de saúde. Surgiram, na verdade, como caixas assistenciais no setor público. Já na assistência privada, eram criados os primeiros sistemas assistenciais vinculados principalmente a empresas estrangeiras, a maioria montadoras de veículos.

Essa assistência privada à saúde funcionava com base na captação de recursos de empregadores e empregados a fim de proporcionar uma assistência médico-hospitalar adicional à já propiciada pelo Estado. Desde priscas eras o nosso Estado brasileiro não cumpre o mandamento constitucional de oferecer saúde

---

[*] Bacharel e mestre em direito pela Universidade Presbiteriana Mackenzie onde também é Professor de Direito Empresarial nos cursos de graduação e pós-graduação. É Professor associado da Universidade Rey Juan Carlos, Madrid, Espanha. É Especialista em didática do ensino superior, Especialista em processo civil, e Mestre em Direito Comunitário Europeu pela Facultad de Derecho da la Universidad de Valladolid/Espanha. É autor do livro "Contratos Mercantis", editado pela Editora Jurídica Brasileira e organizador do livro "Direito da Concorrência", editado pela Editora Mackenzie. Colaborou com artigos em diversas obras sendo a sua mais recente colaboração publicada no livro Temas essenciais de direito empresarial – Estudos em homenagem a Modesto Carvalhosa. Membro do Centro de Innovación, Desarollo y Investigación Jurídica para Latinoamerica Instituto Tecnológico de Monterrey, Membro do IASP, da Comissão de Direito Empresarial da OAB/SP e do Comitê de Ensino Jurídico e Relações com Faculdades do CESA (Centro de Estudos de Sociedades de Advogados). É titular do escritório Paulo Succar Advocacia Empresarial, o qual atua em direito societário, contratual e contencioso empresarial, tributário e trabalhista.

[**] Bacharel em Direito pela Universidade Federal de Ouro Preto (2013). Coordenadora discente e mediadora do Projeto Pacificar – Centro de Mediação e Cidadania da UFOP – Parceria com o Ministério da Justiça (2010- 2013); Pesquisadora do Núcleo de Estudos sobre Cooperação e Conflitos Internacionais da UFOP (2011 – 2012). Advogada de Paulo Succar Advocacia Empresarial.

da qualidade a todo cidadão. O atendimento dessa assistência privada ocorria, em regra, nos estabelecimentos próprios ou no ambiente de trabalho, ou ainda, simplesmente reembolsando o conveniado dos gastos que ele realizasse com despesas médico-hospitalares, em consultórios e nosocômios de sua escolha.

Somente na década de 60 assistiu-se ao fenômeno do empresariamento da medicina, ou especialização de empresas de saúde, quando então surgiram os convênios médicos entre empresas empregadoras e empresas médicas. Constituíram-se as primeiras sociedades empresariais que se dedicariam a atuar no mercado de medicina de grupo. Os sócios e investidores dessas sociedades empresariais, que surgiam então, eram oriundos principalmente de investidores e sócios ou acionistas de hospitais. Ou então eram médicos que constituíam as cooperativas médicas, ao modo das Unimeds atuais. Esse modelo assistencial abarca a prestação de serviços médicos não só em estabelecimentos próprios, como também por estabelecimentos credenciados (compra de serviços prestados por terceiros).[1]

Nas décadas de 60 e 70 consolidou-se a constituição de redes de serviços particulares contratadas não só pelos grupos privados como também pelo Estado para a prestação de serviços de saúde.

Alternativa ao sistema público de saúde, na década de 80 os planos de saúde se revelaram um grande negócio. Intensificou-se a entrada de novos usuários, principalmente com incremento de planos individuais, e as seguradoras de patrimônio definitivamente entraram no mercado, tais como a SulAmérica Seguros, a Porto Seguro, dentre outras. Foi nesta época que muitos planos deixaram de ter caráter de benefício empregatício e ganharam forma de assistência médica suplementar.

A expansão da saúde privada e de universalização às saúde públicas deram-se concomitantemente. A Constituição de 1988 formalizou a intenção de universalização da saúde pública com a criação do SUS (Sistema Único de Saúde), mas ao mesmo tempo, restrições fiscais e financeiras atrapalharam a consecução desse objetivo. Tais fatores, aliados a motivações políticas e ideológicas advindas do regime militar, não permitiram que o SUS tivesse forças para barrar a expansão dos planos privados de saúde. A um só tempo, o Estado estimulou a ampliação do plano de saúde e contribuiu para o desfinanciamento do sistema público de saúde, constituindo o fenômeno conhecido com universalização excludente. Coisas do Brasil...

Com a falta de efetividade dos serviços de saúde pelo Estado, surgiu a necessidade de o poder público apresentar alternativas capazes de superar as deficiências crônicas no atendimento. Um exemplo é a COOPERPAS – Cooperativa dos Profissionais Universitários, instituída pela prefeitura de São Paulo na década de 90. O modelo, claro, não deu certo, e até hoje sopitam nos tribunais ações dessas cooperativas médias contra a Prefeitura de São Paulo, e de muitos prestadores de serviços contra essas cooperativas.

Foi no contexto constitucional de 1988, da dignidade da pessoa humana, (que adviria de um conjunto de garantias sociais, dentre elas o acesso à saúde) que o mercado de planos de saúde prosperou em atendimento, cifras e especialmente, conflitos. Conflitos entre usuários e operadoras do sistema. Entre prestadores de serviços (médicos) e operadoras etc...

Assim, o país foi se afastando cada vez mais do modelo de Estado Social ao se afastar da prestação de serviços públicos, deixando isso a cargo da iniciativa privada.

É nesse contexto de expansão do mercado privado dos planos de saúde que cresceram os conflitos entre usuários e operadoras. E nessa dinâmica, alardeiam alguns, a judicialização é favorável ao conveniado-consumidor, num momento seguinte causa um efeito rebote extremamente prejudicial a toda a rede!

2. Denominações e classificações adotadas nos chamados planos de saúde

Na esteira da Constituição Federal, a Lei n. 9.656/1998 regulamentou os planos de saúde e os definiu como *"a prestação continuada de serviços ou cobertura de custos assistenciais a preço pré ou pós-estabelecido, por prazo indeterminado, com a finalidade de garantir, sem limite financeiro, a assistência à saúde, pela faculdade de acesso a atendimento por profissionais ou serviços de saúde, livremente escolhidos, integrantes ou não de rede credenciada, contratada ou referenciada, visando à assistência médica, hospitalar e odontológica, a ser paga integral ou parcialmente às expensas da operadora contratada, mediante reembolso ou pagamento direto ao prestador, por conta e ordem do consumidor"* (art. 1º, inciso I, da Lei n. 9.656/1998).

A regulamentação dos planos de saúde uniformizou o tratamento dado às diversas formas contratuais de socialização de riscos e custos em saúde. Segundo a ANS – Agência Nacional de Saúde Suplementar – reguladora do setor de planos de saúde, as modalidades de operadoras de planos de saúde na área de assistência médica são:

---

1. TRETTEL, Daniela Batalha. *Planos de Saúde na visão do STJ do STF*. 1. ed. São Paulo: Varbatim, 2010. p. 29.

Autogestão: entidades que operam serviços de assistência à saúde destinados a empregados ativos, aposentados, pensionistas ou ex-empregados, bem como a seus respectivos grupos familiares definidos, limitado ao terceiro grau de parentesco consanguíneo ou afim, de uma ou mais empresas ou, ainda, a participantes e dependentes de associações de pessoas físicas ou jurídicas, fundações, sindicatos, entidades de classes profissionais ou assemelhados.

Cooperativa médica: sociedades sem fins lucrativos, constituídas conforme o disposto no art. 3º da Lei n. 5.764, de 16 de dezembro de 1971: *"Art. 3º Celebram contrato de sociedade cooperativa as pessoas que reciprocamente se obrigam a contribuir com bens ou serviços para o exercício de uma atividade econômica, de proveito comum, sem objetivo de lucro"*.

Filantropia: entidades sem fins lucrativos que operam planos privados de assistência à saúde, certificadas como entidades filantrópicas junto ao Conselho Nacional de Assistência Social (CNAS) e declaradas de utilidade pública junto ao Ministério da Justiça ou aos órgãos dos Governos estaduais e municipais. **Exemplos**: Hospital Sírio-Libanês, Hospital Albert Einstein, as Santas Casas.

Administradora: empresas que administram planos de assistência à saúde financiados por outra operadora. Não assumem o risco decorrente da operação desses planos. Não possuem rede própria, credenciada ou referenciada de serviços médicos hospitalares ou odontológicos e não possuem beneficiários. Exemplos: SulAmérica Saúde, Porto Saúde (Porto Seguro).

Seguradora especializada em saúde: sociedades seguradoras autorizadas a operar planos de saúde, desde que estejam constituídas como seguradoras especializadas nesse seguro, devendo seu estatuto social vedar a atuação em quaisquer outros ramos ou modalidades.

Medicina em grupo: é conhecido por convênio médico, prestando serviços médico-hospitalares mediante recursos próprios e contratados, cobrando valor *per capita* fixo.

Todas são consideradas "operadoras de saúde" e estão sujeitas às mesmas obrigações, conforme o art. 1º da Lei n. 9.656/98, inciso II:

II – Operadora de plano de assistência à saúde: pessoa jurídica constituída sob a modalidade de sociedade civil ou comercial, cooperativa, ou entidade de autogestão, que opere produto, serviço ou contrato de que trata o inciso I deste artigo.

Era possível identificar, antes dessa regulação, diferenças mais nítidas entre tais formas contratuais, em especial os seguros-saúde, pois eram os únicos a realizar reembolsos.

Atualmente, essa modalidade também é oferecida por outros tipos de operadoras.

O reembolso consiste no ressarcimento total ou parcial de despesas realizadas em prestadores de serviço não pertencentes ao quadro próprio das operadoras de planos de saúde.

Quanto à população assistida pelos planos, pode-se distinguir algumas denominações. "Usuário" é a denominação utilizada por gestores, entidades e instâncias de controle social do SUS e tem o condão de não reforçar a distinção entre planos de saúde e sistema público.

A ANS optou pelo termo "beneficiário", definindo-o como "pessoa física, titular ou dependente, que possui direitos definidos em contrato assinado com a operadora de plano de saúde privado de assistência à saúde para garantia de assistência médico-hospitalar e/ou odontológica" (ANS, 2008, p. 6).

E ainda há a utilização do termo "consumidor", afinal o Código de Defesa do Consumidor tem entre seus alicerces normas de direitos fundamentais, dada a sua natureza principiológica e sobretudo por funcionar como fonte de igualdade material em uma relação de evidente vulnerabilidade do usuário do plano de saúde. Neste sentido, a utilização do termo consumidor pode se mostrar benéfica e reafirmadora de direitos fundamentais.

3. Do Introito constitucional à regulação do direito à saúde – individual e suplementar

A Constituição Federal de 1988, vale lembrar, foi a primogênita em tratar e regular de forma sistêmica o direito fundamental à Saúde.[2]

O art. 196[3] define que o direito público e subjetivo – individual e também coletivo – à saúde é um direito de todos; um dever do Estado; garantido por políticas sociais e econômicas; e regido pelo princípio do acesso universal e igualitário.

---

2. *A Constituição de 1988 é a primeira Carta brasileira a consagrar o direito fundamental à saúde. Textos constitucionais anteriores possuíam apenas disposições esparsas sobre a questão, como a Constituição de 1824, que fazia referência à garantia de "socorros públicos" (art. 179, XXXI).* MENDES, Gilmar Ferreira; BRANCO, Paulo Gustavo Gonet. *Curso de direito constitucional*. 9. ed. São Paulo: Saraiva, 2014. p. 642.

3. Art. 196. A saúde é direito de todos e dever do Estado, garantido mediante políticas sociais e econômicas que visem à redução do risco de doença e de outros agravos e ao acesso universal e igualitário às ações e serviços para sua promoção, proteção e recuperação.

Para dar efetividade a esse direito público fundamental, o constituinte estabeleceu como seu modelo de organização o SUS (Sistema Único de Saúde)[4], organizado numa rede regionalizada e hierarquizada seguindo o critério da subsidiariedade, ou seja, atentando-se aos aspectos peculiares de cada região (regionalizada) e de incumbência mútua de todos os entes políticos da federação, União, Estados, Municípios e Distrito Federal (descentralizada). Além disso, há a possibilidade também da participação de entes privados, por meio de contratos e convênios, no sistema público de saúde, atuando sempre de forma complementar[5] e suplementar.

Afora estas situações, de inegável envergadura e tratamento constitucional, notadamente porque, como consta do próprio texto máximo, o direito à saúde é *"um direito de todos e um dever do Estado"*, também é nicho de mercado que pode perfeitamente – leia-se, deve, especialmente em Estados em que não conseguem atender satisfatoriamente a tal necessidade básica e vital de todo e qualquer cidadão – ser explorado por entes e organismos privados[6], que ao contrário do Estado, têm como mola propulsora de sua atividade o lucro, a transferência e o acúmulo de capital. Porém, para aqueles que se aventuram a explorar tal nicho do ponto de vista econômico, o caminho não se mostra livre de regulação e regras, tal como se espera que deveria imperar em uma economia pautada no liberalismo econômico (muito por conta da formação de nosso sistema) e aos direitos fundamentais, aqui notadamente àqueles de *segunda geração*, marcados pela necessidade de intervenção do Estado para suprir a ausência dos direitos de *primeira geração* decorrente de sua característica absenteísta na tutela e na defesa dos direitos individuais.

A regulamentação deste específico – e importante – setor ficou a cargo da ANS – Agência Nacional de Saúde Suplementar, autarquia de natureza especial pertencente à administração indireta dotada de *autonomia administrativa, financeira, patrimonial e de gestão de recursos humanos e autonomia nas suas decisões técnicas*, para bem e fielmente executar sua incumbência de *promover a defesa do interesse público na assistência suplementar à saúde, regulando operadoras setoriais, inclusive quanto às suas relações com prestadores e consumidores, contribuindo para o desenvolvimento das ações de saúde no País*. Tarefa e função de notável interesse coletivo e por isso é que não poderia estar *ad latere* dos olhos vigilantes da Administração Pública.

"*Agência*", nada mais é do que a denominação atribuída àquelas autarquias de regime especial que desempenham função de controle sob os entes privados que prestam serviços públicos – por concessão ou permissão – e também sob algumas atividades econômicas privadas de considerável importância social, exatamente o caso da prestação de serviços suplementar de saúde.

A instituição das agências decorreu do denominado poder regulatório, pelo qual as entidades exercem controle basicamente sobre dois setores, ambos executados por pessoas da iniciativa privada: os serviços públicos, normalmente delegados por concessão (como, v. g., a energia elétrica), e algumas atividades econômicas privadas de relevância social (v. g., produção e comercialização de medicamentos)[7].

Desta breve análise podemos concluir que o direito fundamental à saúde é inalienável ao cidadão e de outro lado é atividade típica de Estado e de impossível omissão. Noutro quadrante, o fornecimento, por entes privados de saúde suplementar, visto o imanente caráter social que o reveste, não pode ficar à revelia da atuação regulatória fiscalizatória do Estado, sem, contudo, imiscuir-se além destes tênues limites, sob pena de uma intervenção indevida do *ius imperii* nas atividades econômicas, tornando diminuta a livre iniciativa que também é fundamento da República Federativa do Brasil[8].

4. Sobre o Código de Defesa do Consumidor e seus reflexos no mercado privado da saúde no Brasil

Dando efetividade ao preceito fundamental de proteção ao cidadão consumidor (art. 5º, inciso XXXII, Constituição Federal), e respeitando princípio geral da atividade econômica (art. 170, V, Constituição Federal), o legislador ordinário editou e promulgou o Código de Defesa do Consumidor que, sob esse fundamento, mostra seu interesse público e social.

Tal legislação tem como escopo maior a regulação entre o mercado privado de fornecimento de produtos

---

4. Art. 200 da Constituição Federal.
5. Art. 199, § 1º, da Constituição Federal: As instituições privadas poderão participar de forma complementar do sistema único de saúde, segundo diretrizes deste, mediante contrato de direito público ou convênio, tendo preferência as entidades filantrópicas e as sem fins lucrativos.
6. Art. 199, *caput*, da Constituição Federal: A assistência à saúde é livre à iniciativa privada.
7. CARVALHO FILHO, José dos Santos. Manual de Direito Administrativo, 27. ed. São Paulo: Atlas, 2014. p. 483.
8. Art. 1º A República Federativa do Brasil, formada pela união indissolúvel dos Estados e Municípios e do Distrito Federal, constitui-se em Estado Democrático de Direito e tem como fundamentos: (...). V – os valores sociais do trabalho e da livre iniciativa;

e serviços e seus destinatários finais, reconhecidamente a parte vulnerável dentro da ótica capitalista, preservando seus direitos fundamentais[9].

Mirando no objeto deste estudo, temos de um lado o interesse de agentes privados na exploração econômica do ramo da saúde suplementar, regulada pela ANS – Agência Nacional de Saúde Suplementar, e de outro, os direitos e interesses dos consumidores tutelados pelo Código de Defesa do Consumidor. A tarefa maior – e mais difícil – é a compatibilização e colmatação dos interesses e direitos envolvidos.

Um grande esforço demonstrado pela ANS nesse sentido – de compatibilizar os direitos – se dá pela Resolução Normativa RN n. 242/2010 que: *Dispõe sobre a participação da sociedade civil e dos agentes regulados no processo de edição de normas e tomada de decisão da Agência Nacional de Saúde Suplementar – ANS mediante a realização de consultas e audiências públicas, e câmaras técnicas.*

Vê-se, assim, que a regulação do setor pela ANS, leva em consideração os vários interesses e direitos em pauta de lado a lado. Conduta louvável dentro do espírito democrático, pluralista e social em que vivemos.

Porém, em que pese o trabalho desempenhado por tal autarquia regulatória do mercado privado da saúde, não afasta ou inibe a procura do Poder Judiciário em situações de conflito entre essas regulações e o próprio Código de Defesa do Consumidor ou até mesmo em caso de lacuna que eventualmente surja em situação específica levada à solução impositiva do *jurisdictio*.

Vale notar que a procura dos consumidores pelo Poder Judiciário contra as empresas de saúde privada se intensificou anos após a promulgação da Constituição Federal de 1988 que alçou a direito fundamental a inafastabilidade do Poder Judiciário de alguma lesão ou ameaça a direito (art. 5º, inciso XXXV).

Assim, o Estado brasileiro tem o dever de oferecer a todos o direito universal à saúde. Tal fator, aliado à maior longevidade do brasileiro com a evolução da medicina e o consequente aumento de custo com tratamentos cada vez mais modernos; a busca desenfreada por hospitais e postos de saúde com a criação do SUS, que extinguiu da cultura brasileira a figura do médico de família; e por fim, a crise econômica que levou ao aumento do desemprego e tem feito com que muitas famílias e empresas cortem custos com planos de saúde, faz com que o custo à prestação dos serviços de saúde encareça exorbitantemente, seja o oferecido pelo SUS, seja pelos planos de saúde, refletindo diretamente no aumento de gastos do consumidor.

Assim, inevitavelmente, o direito à saúde gera custos ao próprio consumidor. E mais, gera custo também a terceiros, que não participam diretamente da relação de consumo.

Um exemplo disso é a o aumento no número de tratamentos, que, por muitas vezes, por não estarem incluídos no rol fixado pela ANS, ou não fazerem parte do contrato dos planos de saúde, quando há a procura do Poder Judiciário para a resolução da controvérsia, o que geralmente acontece é a inclusão de tal tratamento ou procedimento como de oferecimento obrigatório pelo plano de saúde, em razão do direito fundamental à saúde, definido na Constituição de 1988.

Diante dessa situação, o custo do plano de saúde é encarecido a todos os contratantes, independentemente se necessitam ou não daquele tratamento no presente momento, pois o Judiciário impele que a empresa forneça o serviço requerido ao beneficiário. No entanto, a inclusão do serviço no rol de serviços prestados pelo plano implica em aumento de custo, que reverbera no aumento na mensalidade, refletindo em aumento de gastos do beneficiário. Assim, o terceiro, que não participa da relação principal com o Poder Judiciário, tem que arcar com os custos por um provável evento futuro. Ou seja, paga antecipadamente para que tenha o direito a tal tratamento caso necessite um dia, futuramente. Assim, pode-se dizer que o direito constitucional à saúde e sua crescente judicialização tem sido garantido a um custo alto o qual todos os beneficiários têm pagado.

Neste tipo de situação – de judicialização de questões que aumentam as responsabilidades de uma parte contratante em relação às obrigações outrora assumidas em relação à outra – essa parte supostamente beneficiada pelo favorecimento judicial sofrerá, num momento seguinte, as consequências dessa ampliação de responsabilidade da parte contratada. A atividade econômica é matemática, e mesmo no direito, no novíssimo ramo do *law and economics*, já se estuda o chamado direito-custo, isto é, quando, por ordem judicial, há um aumento de serviços que a parte contratada não tinha assumido na convecção das partes, haverá, consequentemente, um aumento no custo da

---

9. Art. 4º A Política Nacional das Relações de Consumo tem por objetivo o atendimento das necessidades dos consumidores, o respeito à sua dignidade, saúde e segurança, a proteção de seus interesses econômicos, a melhoria da sua qualidade de vida, bem como a transparência e harmonia das relações de consumo, atendidos os seguintes princípios: I – reconhecimento da vulnerabilidade do consumidor no mercado de consumo; (...).

contraprestação. Em outras palavras, se o Judiciário aumenta os procedimentos a serem cobertos pelas empresas de planos de saúde, certamente essa cobertura, não prevista na contratação, e tampouco no custo, vai repercutir num aumento de custo e, por via de consequência, num aumento de contraprestação.

5. Externalidades do direito

O direito custo vem há muito tempo sendo discutido pelos juristas. Dentre eles Richard Posner, jurista americano, formado em letras por Yale e em Direito por Harvard. Posner trabalhou no início de sua carreira na Corte Constitucional dos Estados Unidos da América do Norte. Foi professor em Stanford, Desembargador do Tribunal da 7ª Região, e atualmente leciona na Universidade de Chicago.

É um dos principais expoentes da chamada *law and economics*, uma corrente de pensamento jurídico segundo a qual os processos legais, mais do que assegurar direitos, devem produzir a mais eficiente alocação de recursos. A teoria de democracia de Posner inspira-se no trabalho do economista austríaco, de inspirações liberais, Joseph Schumpeter. Defensor de longa data da desregulamentação, passou a enfatizar a importância das regulamentações governamentais citando que é necessário mais regulação dos mercados financeiros, e condenando os liberais por estarem "preso em fantasias de igualdade." O livro fundamental de Posner é *Economic Analysis of Law* (1972), no qual lança as bases do programa de pesquisas de *Law & Economics*.

A chamada Análise Econômica do Direito seria o emprego dos instrumentais teóricos e empíricos econômicos e ciências afins para expandir a compreensão e o alcance do direito, aperfeiçoando o desenvolvimento, a aplicação e a avaliação de normas jurídicas, principalmente com relação às suas consequências. É possível fixar o começo da escola moderna de Análise Econômica do Direito no ano de 1961, com a publicação do artigo *The problem of social cost*.

Essa teoria ajuda a entender que o direito tem um custo. É por isso que parece que Schumpeter estava certo. E é, enfim, o que este artigo tenta demonstrar.

Ora, toda a atividade econômica insere-se necessariamente em um contexto social, e, assim, gera custos não apenas para o empresário que a explora, mas, em diferentes graus, também para a sociedade. São os chamados custos sociais que poderão ou não se compensar com os benefícios que a mesma atividade econômica propicia para a sociedade.

Note-se que a denominação "agentes econômicos" deve ser interpretada como um conjunto bastante amplo de pessoas, abrangendo empresários, consumidores, trabalhadores, o próprio Estado, e qualquer um que participar da relação existente.

A verdade é que os agentes econômicos, especialmente os empresários, lançam mão muito facilmente de mecanismos de compensação afetados pelos efeitos/custos (empresa e comunidade, empresários e vizinhos, fornecedor e consumidor). Tal processo é chamado pela economia de "internalização das externalidades".

Uma vez conferida importância a certos efeitos produzidos por um empreendimento econômico (como a pacificação de determinada jurisprudência que amplia as obrigações das empresas de saúde privada), cabe se discutir como se procederá a sua compensação. Assim, para internalizar as externalidades, isto é, para novamente equalizar a relação custos-benefícios sociais, o empresário vai criar algum mecanismo que reequilibre a relação contratual. Como? Aumentando a mensalidade dos seus clientes.

O empresário, a quem se impôs determinadas obrigações que não estavam previstas no contrato – e tampouco há previsibilidade nas decisões judiciais, para a lamúria dos jurimetristas – ele vai redefinir e redimensionar os custos que essas decisões jurisprudências lhe trouxeram. É o efeito rebote a que nos referimos no início deste artigo.

Em outras palavras, as externalidades dizem respeito ao reflexo que a imputação de obrigações às empresas de planos de saúde em todos os beneficiários, com o aumento das mensalidades.

A saúde é um direito fundamental consagrado pela Constituição da República de 1988, sendo direito de todo cidadão brasileiro. Contudo, como as externalidades do direito são inevitáveis, o direito à saúde gera custos, seja aos planos de saúde, seja ao Estado, gerando custos aos beneficiários imediatos ou não imediatos. Como acontece em algumas decisões judiciais, em que os planos são obrigados a prestar um serviço não incluído no contrato ou no rol da ANS. Assim, posteriormente, para poder oferecer a todos os beneficiários tal serviço, seus custos aumentarão, refletindo imediatamente no aumento da mensalidade de todos os beneficiários do plano, sem exceção.

A jurisprudência a seguir reproduzida exemplifica bem este tipo de situação comumente vivida pelos planos de saúde, na qual o beneficiário do plano foi dispensado do pagamento de caução para a realização de cirurgia com a justificativa de que o plano recebe "mensalidades" e, assim, já é pago por isso:

Agravo de Instrumento
Processo n. 2043672-68.2016.8.26.0000

Relator(a): JOSÉ CARLOS FERREIRA ALVES
Órgão Julgador: 2ª CÂMARA DE DIREITO PRIVADO
Nº de Origem: 1014417-09.2015.8.26.0068
Agravante:
Agravado: CARE PLUS MEDICINA ASSISTENCIAL LTDA.
Comarca: Barueri
MM. Juiz de 1ª Instancia: Maria Elizabeth de Oliveira Bortoloto
DECISÃO CONCESSIVA DE EFEITO SUSPENSIVO.

1. Trata-se de recurso de agravo de instrumento interposto contra a r. decisão digitalizada às fls. 104/105 que, nos autos da ação de obrigação de fazer, deferiu pedido de antecipação de tutela para determinar que a ré custeie todos os materiais cirúrgicos requisitados pelo cirurgião do autor em hospital da rede credenciada da ré, sob pena de multa diária de R$ 1.000,00 (mil reais) mediante a prestação de caução pelo autor diante do perigo de irreversibilidade da medida.

2. Irresignado, insurge-se o agravante, alegando, em síntese, que a caução somente deve ser aplicada apenas para medidas cautelares, sendo, ainda, que a exigência de prestação de caução se constitui em óbice à realização da cirurgia prescrita.

3. Ressalta que a operadora não pode restringir a cobertura de alguns materiais prescritos pelo médico, cuja autorização em sua totalidade não lhe trará qualquer prejuízo, posto que o material eventualmente não utilizado será devolvido à operadora de forma intocada após o procedimento cirúrgico.

4. Requer, em decorrência, a concessão de efeito suspensivo ao presente recurso para o fim isentar o agravante da obrigação de prestação de caução e, ao final, lhe seja dado total provimento, com a consequente reforma da r. decisão agravada.

5. Recebo o agravo na forma de instrumento, e CONCEDO fls. 161 O EFEITO SUSPENSIVO pretendido pela agravante, pelos motivos a seguir expostos.

6. Entendo que a prestação de caução não se justifica, tendo em vista que a agravada recebe o pagamento de mensalidades do agravante, seu segurado, que funciona como contraprestação pelos serviços por ela prestados.

7. Por fim, não vislumbro ter havido qualquer violação aos arts. 804 e 805 do Código de Processo que justifique a manutenção de sua fixação.

8. Além do mais, a caução é uma faculdade do juízo e o art. 461 do Código de Processo Civil não a exige para que seja concedida a tutela específica da obrigação. Nesse sentido, confira-se os seguintes julgados:

SEGURO SAÚDE – Autorização para cirurgia – Liminar concedida independente da caução – Agravo – Alegação de ausência de cobertura e de necessidade de caução – Recurso não provido." (Agravo de Instrumento n. 131.088-4 – Caraguatatuba

– 4ª Câmara de Direito Privado – Relator: Olavo Silveira – 16.03.2000 – V.U.) fls. 162 "MEDIDA CAUTELAR – Seguro-saúde – Liminar para submissão de paciente a cirurgia, com inclusão de cobertura relativa a prótese ligada ao procedimento cirúrgico – Configuração dos pressupostos legais da tutela de urgência – Dispensa de caução – Decisão fundamentada, embora de forma concisa – Preliminar rejeitada e agravo não provido." (Agravo de Instrumento n. 341.557-4/3 – São Paulo – 10ª Câmara de Direito Privado – Relator: Quaglia Barbosa – 27.04.04 – V.U.)

9. Portanto, pelos motivos acima declinados, concedo a liminar pretendida para que o agravante seja dispensado da prestação de caução idônea, conforme determinação do i. magistrado singular.

10. Comunique-se o teor da presente decisão ao MM. Juízo a quo e, na oportunidade, requisitem-se as informações judiciais de praxe, servindo este decisum como ofício.

11. Intime-se a parte adversa para, querendo, apresentar resposta ao presente recurso, no prazo legal.

12. Manifeste-se o agravante, em 5 (cinco) dias, e o agravado, no prazo da contraminuta, a respeito de fls. 163

PODER JUDICIÁRIO

TRIBUNAL DE JUSTIÇA DO ESTADO DE SÃO PAULO

eventual oposição ao julgamento virtual, nos termos do art. 1º da Resolução n. 549/2011 do Órgão Especial desde E. Tribunal, entendendo-se no silêncio como concordância.

13. Após, tornem os autos conclusos para novas deliberações ou prolação de voto.

São Paulo, 14 de março de 2016.

José Carlos Ferreira Alves, Relator

Vê-se, claramente, que a judicialização das questões em torno das empresas de saúde privada, ao invés de garantir e ampliar direitos dos consumidores face às empresas, na verdade não é real, posto que a judicialização – como, de regra, já vimos com Posner, todo direito gera custos aos prestadores desse tipo de serviço –, haja vista que amplia as obrigações de uma das partes, sem o correspondente equilíbrio contratual, isto é, sem a devida contraprestação, impondo à empresa de saúde privada custos não previstos, que por ela são suportados nesse primeiro momento, mas que são, sem demora, repassados aos demais atores do sistema, obrigando todos, inevitavelmente, a pagarem pelo "acesso à saúde".

Conclusão

A Constituição Federal de 1988 efetivou o dever do Estado brasileiro de oferecer a todos o direito universal à saúde e alçou a direito fundamental a inafastabilidade do Poder Judiciário de alguma lesão ou ameaça a direito (art. 5º, inciso XXXV). Nesse sentido, nas últimas duas décadas intensificou-se a procura dos beneficiários pelo Poder Judiciário contra as empresas de saúde privada.

A relação dos consumidores brasileiros com os planos de saúde tem sido tumultuada desde o início. Na década de 1990 os contratos eram extremamente leoninos, 90% deles eram individuais ou familiares e representavam 20 milhões de brasileiros.

Anos passados, fixada a jurisprudência segundo a qual as relações entre operadora e paciente são regidas pelo Código de Defesa do Consumidor, a judicialização das questões da saúde se intensificou.

Vieram as normas reguladoras do mercado mas, mesmo assim, o Judiciário foi – e continua sendo – responsável por um incrível aumento de custos para as operadoras do sistema. É a odiosa intervenção estatal na manifestação da vontade. *Pacta sunt servanda* senhores...!!!

A esperança talvez venha do Superior Tribunal de Justiça (STJ) que, em alguns acórdãos, mostra que o colegiado está se movimentando para criar critérios cada vez mais bem definidos sobre, por exemplo, indenizações de dano moral em matéria de direito do consumidor.

Em acórdão do dia 14 de março de 2016, um dos mais recentes sobre o tema, a ministra Maria Isabel Gallotti sinaliza que a multiplicação dos pedidos de indenização pode ser um problema. "A banalização do dano moral, em caso de mera cobrança indevida (...) aumentaria o custo da atividade econômica, o qual oneraria, em última análise, o próprio consumidor", afirma ela. Recurso Especial (REsp) 1.550.509.

O mesmo raciocínio deve ser aplicado à judicialização das questões da saúde, que onera, em última análise, o próprio beneficiário, o consumidor.

Com a judicialização o custo do plano de saúde é encarecido a todos os contratantes, independentemente se necessitam ou não daquele tratamento no presente momento, pois o Judiciário impele que a empresa forneça o serviço requerido ao beneficiário. No entanto, a inclusão do serviço no rol de serviços prestados pelo plano implica em aumento de custo, que reverbera no aumento na mensalidade, refletindo em aumento de gastos do beneficiário. A empresa que presta os serviços de saúde privada estima seus custos a partir da lei, da norma que regulamenta o setor. O que é e o que não é coberto para as coberturas mínimas. Quando o Poder Judiciário intervém no pacto particular e alarga o rol do marco regulatório do setor, isso implica num custo para a operadora que não tem como repassá-lo aos próprios consumidores. Assim, o terceiro, participante do sistema, mas que não participa da relação principal com o Poder Judiciário, tem que arcar com os custos por um provável evento futuro.

Os números confirmam essas distorções ora denunciadas. Em 2015 as operadores de planos de saúde gastaram R$ 1,2 bilhão. Em 2013 foram R$ 558 milhões! Do R$ 1,2 bilhão gasto em 2015 para responder à judicialização, R$ 320 milhões foram gastos com procedimentos não cobertos pelo arranjo original com o beneficiário[10].

Até a rede pública tem sofrido com a judicialização da saúde! É crescente o nível de demandas judiciais contra os agentes públicos. De fraldas geriátricas a medicamentos oncológicos inovadores ainda não registrados no Brasil, há pedidos de múltiplas naturezas. No Estado de São Paulo, a Secretaria Estadual da Saúde chegou à marca de R$ 1 bilhão gasto por ano com pedidos judiciais. A dinâmica é diferente, mas é certo que do lado privado, o custo sai do aumento das mensalidades dos conveniados. No caso da rede pública, do bolso dos contribuintes... Ambos os casos distorcem o sistema e oneram ainda mais os que se pautam pelas regras contratadas.

Referências bibliográficas

BRASIL. *Constituição (1988). Constituição da República Federativa do Brasil.* Texto constitucional promulgado em 5 de outubro de 1988, com as alterações adotadas pelas Emendas Constitucionais ns. 1/1992 a 76/2013, pelo Decreto Legislativo n. 186/2008 e pelas Emendas Constitucionais de Revisão ns. 1 a 6/1994. 40. ed. com índice. Brasília: Centro de Documentação e Informação (CEDI), 2013. 464 p. Disponível em: <http://www2.camara.leg.br/atividade-legislativa/legislacao/Constituicoes_Brasileiras/constituicao1988.html>. Acesso em: 01 mar. 2016.

BRASIL. Lei n. 5.764, de 16 de dezembro de 1971. Define a Política Nacional de Cooperativismo, institui o regime jurídico das sociedades cooperativas, e dá outras providências. Diário Oficial da União, Atos do Poder Legislativo, Brasília, DF, 16 dez. 1971. Disponível em: <http://www.planalto.gov.br/ccivil_03/leis/L5764.htm>.

BRASIL. Lei n. 9.656 de 03 de junho de 1998. Dispõe sobre os planos e seguros privados de assistência à saúde. Diário Oficial da União, Atos do Poder Legislativo, Brasília, DF, 04 jun. 1998. Disponível em: <http://pesquisa.in.gov.br/imprensa/jsp/visualiza/index.jsp?data=18/11/2011&jornal=1000&pagina=1&totalArquivos=12> <http://www.planalto.gov.br/ccivil_03/leis/L9656.htm>. Acesso em: 05 mar. 2016.

---

10. Fonte: Abramge – Associação Brasileira de Planos de Saúde.

BRASIL. Tribunal de Justiça do Estado de São Paulo. Agravo de Instrumento n. 2043672-68.2016.8.26.0000. Processo de origem n. 1014417-09.2015.8.26.0068. Agravada: CARE PLUS MEDICINA ASSISTENCIAL LTDA. Relator: José Carlos Ferreira Alves. São Paulo, 14 de março de 2016. Disponível em: <https://esaj.tjsp.jus.br/cpo/sg/search.do?conversationId=&paginaConsulta=1&localPesquisa.cdLocal=-1&cbPesquisa=NUMPROC&tipoNuProcesso=UNIFICADO&numeroDigitoAnoUnificado=2043672-68.2016&foroNumeroUnificado=0000&dePesquisaNuUnificado=2043672-68.2016.8.26.0000&dePesquisaNuAntigo=>.

CARVALHO FILHO, José dos Santos. *Manual de Direito Administrativo*. 27. ed. São Paulo: Atlas, 2014.

COELHO, Fábio Ulhôa. *Curso de direito comercial*, volume 1: direito de empresa/ Fábio Ulhôa Coelho. 16. ed. São Paulo: Saraiva, 2012.

MENDES, Gilmar Ferreira; BRANCO, Paulo Gustavo Gonet. *Curso de direito constitucional*. 9. ed. São Paulo: Saraiva, 2014.

TRETTEL, Daniela Batalha. *Planos de saúde na visão do STJ do STF*. 1. ed. São Paulo: Varbatim, 2010.

O Ativismo Judicial como Parte do Problema da Falta de Efetividade do Direito à Saúde: Um breve estudo sobre a utilização das audiências públicas e a perpetuação da lógica positivista do Direito (individualista e compensatória)

Ricardo Cesar Duarte[*]

1. Introdução

O propósito deste artigo consiste na análise da utilização das audiências públicas pelo Judiciário e os seus efeitos na aplicação dos direitos sociais, sobretudo, do direito à saúde. Pretendemos verificar, no contexto da expansão do chamado "ativismo judiciário", se a utilização das audiências públicas, numa perspectiva estruturalista dos direitos humanos[1], proporciona uma superação da lógica tradicional do direito (compensatória: "dar a cada um o que é seu") para um modelo capaz de ampliar a efetivação desses direitos, não só sob uma perspectiva coletivista, mas inclusiva, voltada para os mais pobres.

Assim, verificaremos se a audiência pública, como um instrumento de diálogo com a sociedade civil, é capaz de proporcionar ao Judiciário maior legitimidade para tratar (do controle) de políticas públicas num contexto de diálogo entre Poderes, principalmente entre o Supremo Tribunal Federal, como órgão de cúpula do Poder Judiciário, e o Poder Legislativo.

Para tanto, analisaremos os desafios hermenêuticos proporcionados pelos direitos sociais e, como reflexo a esses desafios, a institucionalização das audiências públicas. Escolhemos como objeto de análise a Audiência Pública da Saúde, convocada pelo Supremo Tribunal Federal em 2009. A razão dessa escolha é a sua importância, tanto pela magnitude das ações e dos gastos envolvidos[2] (e que portanto melhor representaria a expansão do ativismo judicial), e o fato de que a efetivação do direito à saúde é uma das temáticas que melhor representam a proposta estruturalista do direito, em contraponto à visão positivista[3]. O objetivo do artigo é verificar se a realização da audiência pública é satisfatória para criar uma sistemática (de modos e critérios) de atuação do Judiciário em casos que envolvem fornecimento de medicamentos, tratamentos de saúde, etc.

Já adiantamos que as conclusões das perguntas levantadas foram negativas. Entendemos, contudo, que isso não representa uma completa inadequação da audiência pública como instrumento capaz de

---

[*] Mestrando em Direitos Humanos pela Faculdade de Direito da Universidade de São Paulo.
1. Perspectiva estruturalista na medida em que se preocupa com as estruturas socioeconômicas e os interesses que as compõem, ou seja, trata-se de uma perspectiva que tenta afastar o direito da visão racionalista e intimista do direito positivo, afinal: "Se o direito não se propõe a tratar de estruturas, mas apenas se preocupa com esquemas lógicos e autointegrados, o máximo que se pode almejar são as compensações interindivíduos ou intergrupos. Da afirmação positiva dos direitos objetivos surgem pretensões, direitos subjetivos de uns perante outros. De início, parece ser possível fazê-lo ao nível individual. Fazer justiça na tradição civil do século XIX é fazer com que indivíduos desavantajados no processo de trocas ou na vida civil tenham acesso a compensações" (SALOMÃO FILHO, 2012, p. 538).
2. Nesse sentido: "União prevê gasto de R$ 3,9 bi com ações de medicamentos", Valor Econômico (15.04.2014). Disponível em: <http://www.idec.org.br/em-acao/noticia-consumidor/unio-preve-gasto-de-r-3-9-bi-com-aces-de-medicamentos>. Acesso em: 03 jun. 2014.
3. Vide nota 1.

superar a abordagem individualista dos direitos sociais. Trata-se, a nosso ver, de um subaproveitamento ou desvirtuamento do instituto, para que se perpetue um modelo de adjudicação de justiça (judiciária) cômoda – na medida em que as estruturas econômico-sociais continuam inalteradas – e pautada pela reafirmação do poder decisório dos juízes, no sentido de estes serem legítimos para decidirem sobre a aplicação de políticas públicas.

O que pretendemos, enfim, é que a forma de utilização das audiências públicas no Poder Judiciário seja repensada, de modo a possibilitar uma verdadeira e ampla superação da Justiça compensatória e individualista para abrir caminho a uma Justiça coletivizada e mais distributiva.

2. Estrutura dos direitos sociais

No que se refere às grandes etapas históricas na afirmação dos direitos humanos, os chamados "direitos econômico-sociais" (direitos fundamentais de 2ª geração), que visam proteger a saúde, a educação, o trabalho, ou seja o próprio bem-estar social, surgem após a consagração da igualdade formal e a proteção dos direitos civis e políticos (direitos fundamentais de 1ª geração). Esses direitos reconheciam uma isonomia de "pomposa inutilidade", igualando patrões e operários como contratantes perfeitamente iguais em direitos, no contexto da revolução industrial, e contra ela têm lugar a organização e a luta da classe trabalhadora, ou seja, da classe explorada).Como os direitos econômicos e sociais se contrapõem aos direitos civis e políticos, à medida que são uma resposta ao liberalismo clássico e ao capitalismo predatório que caracterizou o séc. XIX e início do séc. XX[4], sua realização pressupõe a existência de um Estado forte, capaz de intervir e planejar políticas públicas de saúde, educação etc.

Com os direitos sociais há, assim, uma mudança de paradigma e de visão do papel do Estado: de uma postura negativa, de não intervenção do Estado, passa a ser necessária uma postura positiva, planejadora e intervencionista da parte dele. Em consequência dessa mudança, há uma clara mudança de paradigma do próprio direito. Ele deve ir, então, além da racionalidade positivista tradicional, que reconhece e declara direitos (dentro de uma lógica bilateral – credor/devedor), para aproximar-se de um direito que deve ao menos fiscalizar a implementação de políticas públicas. É justamente nesse ponto que "o papel do direito é constantemente colocado à prova, visto que, na tradição liberal, a implementação de políticas públicas nunca foi matéria afeita aos profissionais do direito" (SILVA, 2008, p. 588).

Desse modo, o que acaba ocorrendo é a simples transposição da racionalidade tradicional do positivismo jurídico para a aplicação dos direitos sociais, ou seja, há apenas uma subsunção simplista da norma – no caso, a Constituição – ao fato, – a carência de um direito (medicamento, por exemplo) –, no seguinte sentido:

> ... visto que a constituição garante, por exemplo, um direito à saúde, se uma pessoa não tem acesso a determinado tratamento médico ou a um determinado medicamento, então é tarefa do Judiciário garantir que essa pessoa receba o tratamento e o medicamento necessários (SILVA, 2008, p. 588).

Diante desse "despreparo" por parte dos operadores do direito, sobretudo dos juízes, em vez de ocorrer um aprimoramento e uma fiscalização das políticas públicas implementadas pelo Estado por força da consagração dos direitos econômicos e sociais, a resposta judicial se limita a um mero voluntarismo, que perpetua um modelo que privilegia decisões casuísticas e compensatórias. Para se ter um alcance dos efeitos desse tipo de desarranjo institucional, é preciso ponderar que, como bem apontado por Calixto Salomão:

> Em uma realidade como essa, compensações levam a dois resultados paradoxais: (a) **políticas públicas dificilmente podem ser implementadas através do direito, pois as compensações são atribuídas pelas decisões judiciais de forma casuística e nem sempre coordenada e coerente**; (b) **é difícil conseguir através do direito a transformação econômica e social, pois compensações sempre serão insuficientes para fazer frente às desigualdades** (CALIXTO, 2012, p. 539 – grifos nossos)

Nesse cenário, fica evidente, portanto, a inefetividade dos direitos sociais.

---

4. E neste ponto discordamos de Fábio Konder Comparato, para quem os direitos humanos de proteção ao trabalhador são, em sua essência, anticapitalistas e "por isso mesmo, só puderam prosperar a partir do momento histórico em que os donos do capital foram obrigados a se compor com os trabalhadores" (2011, p. 67). De fato, os direitos econômicos e sociais só prosperaram quando houve a negociação entre os donos do capital e os empregados, contudo não se trata de direitos essencialmente anticapitalistas, mas sim de direitos que foram **cedidos** pela classe dominante para que o capitalismo sobrevivesse à ameaça comunista.

3. Respostas para a falta de efetividade: a judicialização (excessiva) e o ativismo judicial

Conforme apontado na seção anterior, é clara a falta de efetividade dos direitos sociais. Ocorre, contudo, que a sociedade civil, pelo menos neste nosso momento democrático, após a promulgação da Constituição Federal de 1988, tende a perceber que a causa dessa inefetividade é culpa quase que exclusiva da má execução das políticas públicas.

Diante dessa percepção, há uma tendência dos ativistas de direitos humanos e dos próprios cidadãos que necessitam dessas políticas públicas de se voltarem ao Poder Judiciário para que os direitos sociais sejam declarados formalmente, isto é, reconhecidos e efetivados.

Nesse sentido, partilhamos da visão de David Kennedy (2002, p. 110), que, numa crítica geral ao movimento internacional para efetivação dos direitos humanos, apontou para o "forte apego dos movimentos de direitos humanos à formalização e à necessidade do estabelecimento de mecanismos legais para a sua implementação(tradução livre)"[5], de tal modo que essa formalização se tornaria um fim em si mesmo.

Ocorre que, como apontamos, a resposta judiciária tradicional não dá conta de lidar com as questões levantadas pelos direitos sociais, o que significa dizer que ela é parte do problema, e não solução, da falta de efetividade deles.

Assim, diante desse clamor social, cabe ao Judiciário pensar em formas de se adequar às novas demandas da sociedade civil. Nesse sentido, há uma evidente expansão do ativismo judiciário em conjunto com e por meio da juridificação, que seria uma intensa expansão das regras do direito sobre as condutas humanas. Nas palavras de Antônio Rodrigues de Freitas Júnior:

> [...] a expansão, em proporções geométricas, e na diversificação e sofisticação, dos mecanismos jurídicos pelos quais o poder público passou a interferir em relações sociais, histórica e originalmente concebidas como pertinentes ao domínio do mercado e da tradição (FREITAS JÚNIOR, 2011).

Cabe, aqui, uma pequena digressão para destacar que esse ativismo jurídico – para alguns, um "neoconstitucionalismo"[6] –, mais do que uma resposta às novas demandas criadas pelos direitos sociais, seria de uma espécie de "absolutismo", no sentido de que há uma tendência de tentar impor a Justiça judiciária como a única possível, nas questões de Justiça alocativa.

Nesse sentido, parece-nos que o Judiciário tem pretensões de substituir a política e a economia como instrumentos capazes de, utilizando uma definição clássica, definir "quem recebe o quê, quando e como"[7]. Não se quer dizer, com isso, que o direito não tem papel nesse processo, afinal, como será visto adiante, essa é a consequência da própria perspectiva estruturalista.Ocorre apenas que, nesse atual cenário de ativismo judicial "despreparado", dá-se, na verdade, uma substituição, no que se refere a questões de Justiça alocativa, ou seja, de distribuição de bens escassos e de deveres, das instituições que promovem uma Justiça "local"[8], pelo voluntarismo da Justiça judiciária, pautada pela lógica compensatória e que muitas vezes ignora a existência de critérios técnicos (por exemplo) inerentes às políticas públicas.

Diante dessa perspectiva de que a racionalidade positivista ou compensatória continua sendo transposta sem maiores reflexões e questionamentos para o âmbito dos direitos sociais, entendemos que há uma intervenção excessiva do Poder Judiciário no âmbito de execução das políticas públicas. Essa intervenção é excessiva a ponto de inviabilizar o planejamento dessas políticas, o que é patente no caso da política de distribuição de remédios, mas mínima no que se refere à alteração das estruturas socioeconômicas, perpetuando a desigualdade e a exclusão dos mais pobres.

No que se refere aos tipos de respostas do Poder Judiciário para a ineficiência dos direitos sociais, entendemos que a institucionalização da audiência pública é a mais nova face do ativismo judicial e também o próprio reflexo das críticas daqueles que, ao contrário de celebrar o ativismo judicial, ousam

---

5. No original, em inglês: "... *strong attachment of the human rights movement to the legal formalization of rights and the establishment of legal machinery for their implementation*".
6. Ou "constitucionalismo democrático": "... **o constitucionalismo democrático é a utopia que nos restou**. Uma fé racional que ajuda a acreditar no bem e na justiça, ainda que não estejam ao alcance dos olhos" (BARROSO, Curso de Direito Constitucional Contemporâneo: *apud* SARMENTO, 2013, p. 84 – grifos nossos)
7. No original, por Harold D. Lasswell: "*Politics: who gets what, when, how*".
8. Definidas por Jon Elster como "alocações feitas por instituições relativamente autônomas (...) com o poder de conceder ou negar (ao cidadão) os bens escassos que ele procura" (1993, p. 2) – no original, em inglês: "... *allocations made by relatively autonomous institutions [...] with the power to accord or deny him (the citizen) the scarce goods that he seeks*".

apontar a inadequação e o despreparo dos operadores do direito em geral[9].

Desta forma, tem-se que a institucionalização da audiência pública acaba sendo realizada sem a crítica necessária aos limites do positivismo jurídico tradicional e acaba repetindo, por isso, os "erros" que o ativismo judiciário tem cometido em relação à efetivação dos direitos sociais. Isso significa que as audiências públicas têm se tornado instrumentos de legitimação da atuação voluntarista e despreparada, na medida em que são propagandeadas pelo Poder Judiciário como um canal de comunicação direta com a sociedade civil e, portanto, capazes de mitigar a crítica de que ele carece de legitimidade democrática necessária para decidir questões de políticas públicas, mas que **não produzem efeitos sensíveis na forma de decidir a aplicação desses direitos sociais**.

Para comprovar essa nossa percepção, analisaremos a Audiência Pública – Saúde, realizada pelo Supremo Tribunal Federal em 2009, e seus efeitos nas decisões sobre questões de distribuição de medicamentos.

4. A institucionalização das audiências públicas no STF: a Audiência Pública – Saúde

À primeira vista, parece-nos que a "Audiência Pública – Saúde" foi uma resposta aos grandes problemas causados pelo ativismo judicial excessivo. Para tanto, basta analisar a fala do Ministro Gilmar Mendes, que organizou e convocou a audiência:

[...] outra circunstância marcante [da audiência] foi a **atitude de humildade do Poder Judiciário ao reconhecer os embaraços que permeiam as soluções judiciais** – sobretudo quando abrangem aspectos e temas inerentes à área técnica –, decisões cuja repercussão muitas vezes afeta, por vias transversas, o bem-estar de toda a comunidade.[10]

Nesse sentido, a referida audiência foi organizada com a finalidade especial de promover a participação social por meio de depoimentos de pessoas com experiência e autoridade no que concerne ao Sistema Único de Saúde – SUS, em suas várias vertentes. Assim, em tese, o objetivo específico da audiência pública seria esclarecer as questões técnicas, científicas, administrativas, políticas e econômicas envolvidas nas decisões judiciais sobre a saúde.

Contudo, diante da perspectiva crítica proposta no artigo, devemos fazer algumas perguntas sobre os efeitos práticos da audiência, ou seja, devemos refletir se de fato ocorrera uma mudança de mentalidade dos operadores do direito, a torná-los aptos a "analisar todas as implicações das decisões judiciais". Mais especificamente, devemos refletir se a audiência pública, como um instrumento de diálogo (com a sociedade civil e demais poderes), foi capaz de superar a lógica compensatória positivista.

Infelizmente, entendemos que as respostas para ambos os questionamentos são negativas. Para tanto, basta analisar a jurisprudência mais recente do STF[11][12][13], ou seja, decisões proferidas após a rea-

---

9. Neste ponto, vale conferir a crítica de Niels Petersen (2011, p. 24), para quem em questões de: "... interpretação constitucional, os juízes não podem ignorar completamente ciências sociais. Interpretação constitucional e sopesamento de valores constitucionais são muitas vezes baseadas em premissas empíricas. – no original: *"In constitutional adjudication, judges cannot completely ignore social sciences. Constitutional interpretation and the balancing of competing constitutional values are often based on empirical assumptions. However, even if we agree that constitutional adjudication has to take social sciences into account, the question of what this taking into account may look like is a complex one. Lawyers are usually trained in textual interpretation, in normative comparisons, in making coherent value judgments. In contrast, they are no masters of inferring causality, of determining abstract regularities from a number of factual observations"* (grifos nossos).

10. Ver: Introdução: Audiência Pública – Saúde, p. 5. Em tempo, na referida introdução o Ministro Gilmar Mendes continua: "satisfazer necessidades individuais das pessoas portadoras de doenças graves e que precisam de tratamentos específicos resulta, indiretamente, no sacrifício do direito de muitos outros cidadãos igualmente dependentes do sistema político de saúde. Sob tal circunstância é **imperioso alcançar uma posição equilibrada, a partir da qual seja possível analisar todas as implicações das decisões judiciais**, sem comprometer os direitos fundamentais dos cidadãos e, em especial, o direito à saúde. **Tal desiderato norteou a realização da audiência**, com a qual se buscou reunir informações técnicas, aptas a instruir os processos do Tribunal, e colher subsídios para um amplo e pluralista debate público em prol do **aprimoramento das políticas de saúde**" (p. 6, grifos nossos).

11. "Mantidas liminares que obrigam município paulista a custear tratamentos", destaco a afirmação do Min. Joaquim Barbosa: "a mera menção abstrata ao risco representado pelo cumprimento das ordens judiciais impugnadas não é suficiente para autorizar a sua suspensão, uma vez que, **tratando-se de prestações relacionadas ao direito fundamental à saúde**, a impugnação estatal à sua satisfação imediata **deve levar em conta**, na grande maioria dos casos, **o perigo de que a demora no julgamento final da causa venha a comprometer o direito à vida** dos cidadãos beneficiados pela tutela liminar" (grifos nossos). Disponível em: <http://www.stf.jus.br/portal/cms/verNoticiaDetalhe.asp?idConteudo=241165&caixaBusca=N>. Acesso: 26 jun. 2015.

12. "Presidente do STF mantém decisão que garante medicamentos para portadores de doença rara", destaco o seguinte trecho da decisão: "A **suspensão dos efeitos da decisão poderia causar situação extremamente mais grave (sofrimento** contínuo e diário, com redução da qualidade e expectativa de vida dos **pacientes**) do que aquela que se pretende combater" (grifos nossos). Disponível em: <http://www.stf.jus.br/portal/cms/verNoticiaDetalhe.asp?idConteudo=188964&caixaBusca=N>. Acesso em: 26 jun. 2015.

13. "Ministro Peluso mantém fornecimento de medicamentos para pacientes com doenças graves em Goiás" Disponível em: <http://www.stf.jus.br/portal/cms/verNoticiaDetalhe.asp?idConteudo=157474&caixaBusca=N>.

lização da audiência pública, para percebermos que as decisões referentes ao fornecimento de medicamentos são justificadas por meio de uma argumentação muitas vezes vaga, pouco objetiva, na qual há um sopesamento de princípios "abertos" (direito à vida, dignidade da pessoa humana), cujo real significado e alcance é difícil de ser mensurado.

No mesmo sentido conclui Danilo Alves de Souza, que, ao "analisar os argumentos levados ao STF em questões de Direito à saúde [...] no caso de solicitação de medicamentos e tratamentos de forma qualitativa", constatou que:

> Pode-se dividir a Corte em 3 momentos quanto à litigância no direito à saúde. Em um primeiro momento a Corte agiu de modo a tentar ampliar a sua atuação de diversas maneiras, buscando positivar os direitos sociais sem uma real preocupação a respeito de eventuais consequências de seus feitos. Isso culmina no ano de 2007 com a quebra do limite máximo e mínimo de custo de medicamentos e tratamentos que poderiam ser solicitados.
>
> [...]
>
> A Corte então passa por seu brevíssimo segundo momento, onde a Audiência Pública sobre a Judicialização do direito à saúde é convocada e um movimento encabeçado pelo ministro Gilmar Mendes tenta criar métodos para a aplicação de decisões judiciais nos casos de direito à saúde. Depois da Audiência e das decisões que a sucederam de modo imediato, é possível notar uma queda no número de demandas e, como demonstrado nos casos analisados, a utilização dos métodos de análise criados por Gilmar Mendes. Porém, nos anos mais recentes, é possível ver um terceiro momento da Corte.
>
> Tragicamente, o que apontam os dados estudados é uma continuação do quadro apresentado no primeiro momento ...
>
> [...]
>
> **A tentativa do Ministro Gilmar Mendes por meio da Audiência Pública, não surtiu os efeitos desejados. E embora seus colegas tenham, ao menos tacitamente, concordado com sua metodologia (por terem seguido, por unanimidade, seu voto nos casos em que ele aplicou sua ideia) não parecem ter levado tão a sério a necessidade de seu uso.**
>
> **Não vejo,** ao menos em um curto espaço de tempo, **uma tendência de autorrestrição da Corte,** principalmente pela manutenção do quadro geral de provimento e pela dificuldade de se superar Jurisprudência tão consolidada. (grifos nossos)

Como consequência, além do imenso gasto que essas decisões individualistas e compensatórias acarretam[14], a estrutura dos direitos sociais continua não sendo compreendida e a possibilidade de mudança no eixo econômico-social fica severamente comprometida.

Frente à realidade apontada, se as audiências públicas aparentemente não são capazes de modificar a atuação do direito para que ocorram mudanças estruturais, resta-nos fazer a seguinte pergunta: efetividade para quem?

5. Efetividade (e legitimidade) para quem?

Considerando esse quadro, fica evidente que a instrumentalização das audiências públicas (apontada brevemente pela análise da "Audiência Pública – Saúde" e seus efeitos, ou mais precisamente a falta de efeitos delas) visa legitimar a atuação do Judiciário, em um contexto de "juridificação" e expansão do ativismo judicial[15].

Sobre a legitimidade da atuação do Judiciário, convém apontar os questionamentos feitos por Michelle Souza Dias, para quem:

> [...] seria exagero afirmar a existência de uma sistemática de procedimentos diversos para o processamento de matérias controvertidas, em razão do seu grande conteúdo axiológico? [...] **A abertura em tela seria estratégica para revestir o Supremo Tribunal Federal de legitimidade e conformá-lo como catalisador deliberativo da sociedade?** Se se pressupõe que, por intermédio de mecanismos de seleção, que constituem um sistema de filtros expresso em atos e processos político-administrativos, vinculado a interesses racionalizados de forma estratégica objetiva, assegurada ainda pela estrutura interna do sistema institucional do STF, talvez a resposta seja positiva. (DIAS, 2013, p. 167)

---

14. Vide nota 2.
15. Isso fica evidente no tom, até mesmo festivo, de verdadeira conquista social verificado em notícias como esta: "Audiências Públicas abrem os microfones do Supremo à sociedade", Disponível em: <http://www.stf.jus.br/portal/cms/verNoticiaDetalhe.asp?idConteudo=124643&caixaBusca=N>. Acesso em: 26 jun. 2015.

Contudo, mais do que um instrumento de legitimação, parece-nos que o atual modelo de audiência pública reflete um comodismo por parte dos juízes, na medida em que persiste a lógica de subsunção simplista do fato à norma, reforçando a lógica bilateral apresentada anteriormente: credor/devedor. Enfim, a nosso ver, apresentar essa institucionalização como uma história de "sucesso" é, em verdade, celebrar um dos nossos maiores atrasos socioculturais: o patrimonialismo.

Nesse ponto, é muito acertada a análise de Carlos Portugal Gouvêa, que, no contexto do fornecimento de medicamentos pelo Poder Judiciário, apontou:

> Juízes, confrontados com a possibilidade de que a pessoa implorando a concessão poderia morrer, preferem realizar atos de caridade com dinheiro público ao invés de assumirem o ônus de tais decisões difíceis. **Por trás dessas decisões não há qualquer 'novo', moderno, cosmopolita e democrático constitucionalismo, mas o mesmo notável patrimonialismo da sociedade brasileira, para quem o governo não é considerado o principal instrumento de redistribuição de recursos,** mas sim como o motor principal para preservação da desigualdade social (2013, p. 474, tradução livre – grifos nossos)[16].

E, mais, identificar essa característica patrimonialista de nossa Justiça desmascara a falácia da análise econômica do direito, uma vez que nossas cortes, pelo menos no que tange aos direitos sociais, não procuram "racionalmente" a maximização da riqueza, no sentido de satisfação geral. Pelo contrário, elas optam por um modelo cômodo de resolução de conflitos (positivismo jurídico), que, na melhor das hipóteses, impede a visualização do mundo fora dos autos processuais (mesmo para aqueles juízes verdadeiramente preocupados com questões sociais).

Portanto, não podemos permitir que a legitimação proporcionada pela utilização das audiências públicas sedimente um modelo de direito que continue alheio às assimetrias de instrumentos de acesso à Justiça, acesso à informação e que, desse modo, sedimente a desigualdade e a pobreza.

Devemos procurar modelos que busquem a efetivação dos direitos sociais, principalmente em questões de direito à saúde, por meio de um enfrentamento sério das chamadas "decisões trágicas"[17], para que essas decisões não sejam tomadas unicamente num ambiente entre "iguais", no caso, entre os juízes e aqueles com maior acesso à Justiça, ambos os grupos atores sociais privilegiados.

6. Conclusões

Como base no exposto, parece-nos que a atual utilização das audiências públicas tende a atender interesses específicos do Poder Judiciário, ou seja, buscam legitimar seu ativismo judicial voluntarista e incapaz de discutir as políticas públicas para aprimorá-las.

Isso não quer dizer, todavia, que não possamos defender uma forma de ativismo judicial, pois, como apontado por Virgílio Afonso da Silva:

> [...] é possível defender uma forma de ativismo judicial – ou seja, defender que os juízes são legítimos para discutir políticas públicas – e mesmo assim, sustentar que esse ativismo é limitado por uma série de razões estruturais. Isso significa que, embora o ativismo judicial seja uma possibilidade, ele depende de diversas mudanças estruturais na educação jurídica, na organização dos tribunais e, sobretudo, nos procedimentos judiciais, para que passe a ser possível tratar os direitos sociais (2008, p. 596).

Para tanto, ousamos pensar, com base na perspectiva estruturalista do direito, ou seja, de uma perspectiva realmente transformadora do direito em relação às estruturas socioeconômicas vigentes em algumas soluções para o problema da efetividade dos direitos sociais (principalmente em relação ao direito à saúde) e, sobretudo, das audiências públicas.

Parece-nos possível defender uma mudança na dinâmica que está instalada, qual seja, daquela em que as audiências públicas legitimam o ativismo judicial para uma dinâmica em que o Poder Judiciário seja capaz de legitimar as audiências públicas. Nesse contexto de busca de maior efetividade ao direito à saúde, o Poder Judiciário poderia, de fato, ser um "fórum" plural e agregador das reivindicações da sociedade civil, com uma estrutura capaz de identificar os interesses obscuros (como, por exemplo, *lobbys* etc.) que outros poderes, como o Legislativo, teriam mais dificuldade de combater.

Um primeiro passo nesse sentido seria o reconhecimento das limitações metodológicas do positivismo

---

16. No original: "*Judges, confronted with the possibility that the person imploring concession might die, prefer performing charitable acts with goverment money over assuming the burden of such difficult decisions. Behind these decisions is not any 'new', modern, cosmopolitan, and democratic constitucionalism, but instead the same remarkble patrimonialism of Brazilian society for whom government is not considered the principal instrument for resource redistribution, but rather as the primary motor to preserve social inequality*".
17. No original, cf. Guido Calabresi e Philip Bobbitt: "*scarcities wich make particularly painful choices necessary*".

jurídico tradicional e do mal que essas limitações causam, por concorrerem para perpetuar a desigualdade social. Depois, poder-se-ia propugnar pela superação dessa lógica de poder – de decidir – incrustada em nossos juízes, que no nosso entender é mesquinha, porque reafirma a necessidade de o Judiciário "dar a última palavra", mesmo em casos que envolvam o planejamento de políticas públicas.

Entendemos, enfim, que as audiências públicas realizadas pelo Poder Judiciário, se pensadas dessa maneira "desestruturante", poderiam ajudar a realizar um novo e amplo diálogo entre sociedade, instituições e Poderes.

7. Referências bibliográficas

BRASIL. *Audiência Pública – Saúde*. Brasília: Supremo Tribunal Federal – Secretaria de Documentação, Coordenadoria e Divulgação de Jurisprudência, 2009.

CALABRESI, Guido; BOBBITT, Philip. *Tragic choices*. W.W. Norton, 1978.

COMPARATO, Fábio Konder. *A afirmação histórica dos direitos humanos*. 7. ed. São Paulo: Saraiva, 2011.

DIAS, Michelle Souza. *Supremo Tribunal Federal e Seletividade decisória – prática política e (re)desenho institucional?*. Rio de Janeiro: Lumen Juris, 2013.

ELSTER. Jon. *Local justice*. New York: Russell Sage Foundation, 1993.

FREITAS JÚNIOR, Antonio Rodrigues de. Conflitos intersubjetivos e apropriações sobre o justo. In: *Mediação de conflitos*. São Paulo: Atlas, 2013.

GOUVÊA, Carlos Portugal. *Social rights against the poor*. Disponível em: <http://papers.ssrn.com/sol3/papers.cfm?abstract_id=2219890>. Acesso em: 26 jun. 2015.

KENNEDY, David. *The international human rights movement: part of the problem?* HeinOnline, 2002. Disponível em: <http://www.law.harvard.edu/faculty/dkennedy/publications/humanrights.pdf>. Acesso em: 26 jun. 2015.

PETERSEN, Niels. *Avoiding the common-wisdom fallacy: the role of social sciences in constitutional adjucation*. Max Plank Institute, 2011. Disponível em: <http://papers.ssrn.com/sol3/papers.cfm?abstract_id=1923012>. Acesso em: 26 jun. 2015.

POSNER, Richard A. *Problemas de filosofia do direito*. Trad. Jefferson Luiz Camargo. São Paulo: Martins Fontes, 2007.

SALOMÃO FILHO, Calixto. *Novo estruturalismo jurídico*: Uma Alternativa para o direito? *In*: Revista dos Tribunais. Vol. 926, 2012.

SARMENTO, Daniel. O neoconstitucionalismo no Brasil: Riscos e Possibilidades. In: *As novas faces do Ativismo Judicial*. 1. ed. Salvador: Podivm, 2013.

SILVA, Virgílio Afonso da. O judiciário e as políticas públicas: entre transformação social e obstáculo à realização dos direitos sociais. In: *Direitos Sociais*: fundamentação, judicialização e direitos sociais em espécies. Rio de Janeiro: Lumen Juris, 2008.

SOUZA, Danilo Alves de. *O supremo provedor: uma análise dos argumentos utilizados em litígios de saúde*. Monografia apresentada na Sociedade Brasileira de Direito Público (SBDP), 2014. Disponível em: <http://www.sbdp.org.br/ver_monografia.php?idMono=249>, acessado em: 26 jun. 2015.

Judicialização da Saúde: por que para se Levar o Direito à Saúde a Sério Deve-se Também Levar o Sistema Único de Saúde a Sério?

Rodrigo Flores*

Introdução

A Constituição de 1988 consagrou a cidadania e a dignidade humana como fundamentos da nossa República (CF, art. 1º, III, IV) e o direito à saúde foi elencado dentre os direitos sociais (CF, art. 6º).

Como princípio geral, a efetivação dos direitos fundamentais ocorre por meio de políticas públicas estatais. Por outro lado, o Supremo Tribunal Federal na ADPF n. 45 MC/DF entendeu que embora decisões de políticas públicas sejam da discricionariedade exclusiva do Poder Executivo, o Poder Judiciário poderá intervir quando entender que essas políticas violam os direitos fundamentais. Como consequência da decisão, o país observa o que se chamou de "judicialização da saúde", ou seja, o expressivo número de demandas, das mais variadas, que tem em comum requerer perante o Poder Judiciário alguma prestação referente à saúde. Nesse sentido, na esteira da "judicialização da saúde", o Supremo Tribunal Federal consagrou a tese da solidariedade dos entes federados para fornecer as prestações da saúde.

Portanto, este artigo, a partir de uma revisão bibliográfica e, posteriormente, da análise jurisprudencial, examinará a demanda histórica pelo direito à saúde, que resultou na criação de um sistema de saúde de acesso universal no Brasil, adentrando depois nos princípios, diretrizes e a organização legal do Sistema Único de Saúde. Após, analisará a dificuldade de conciliar o dever constitucional de efetivar o direito à saúde com a realidade, uma difícil obrigação de cumprir na era dos direitos. Posteriormente, enfocará a judicialização da saúde, consequência da lacuna que existe entre o direito e a realidade. Por fim, adentrará nas consequências da aplicação do princípio da solidariedade criado pela jurisprudência e o resultado no orçamento dos entes públicos na efetivação das políticas públicas.

1. Histórico da saúde pública no Brasil

As primeiras ações de saúde pública implementadas pelos governantes foram executadas no período do Brasil-colônia com a vinda da família real para o Brasil em 1808. A vinda da família real ao Brasil possibilitou a chegada de mais médicos e o aumento da preocupação com as condições de vida da população local, possibilitando o início de um projeto de institucionalização do setor da saúde no Brasil e a regulamentação da prática médica profissional. No mesmo ano foi inaugurada a primeira faculdade de medicina no Brasil, a Escola médico-cirúrgica, localizada em Salvador, na Bahia, com vistas à institucionalização de programas de ensino e à normalização da medicina em conformidade aos moldes europeus. A regulamentação do ensino e da prática médica resultou em um maior controle das práticas populares e na substituição gradativa dos religiosos das direções dos hospitais gerais, especialmente a partir da República.

---

* Procurador do Município de Pelotas, RGS. Mestrando em Direito e Justiça Social na FADIR/FURG.

Na Primeira República, o movimento sanitarista demonstrou a situação da saúde como uma questão social e política e era o maior obstáculo à integração do Brasil ao mundo civilizado. Como consequência, ocorreu a expansão da autoridade estatal sobre o território, ao mesmo tempo em que se criavam os fundamentos para a formação da burocracia da saúde pública. A agitação política e social na época ainda pressionava por ações mais efetivas do Estado na atenção à saúde. Foi quando, em 1923, Eloy Chaves propôs uma lei que regulamentasse a formação de Caixas de Aposentadorias e Pensões (CAPs) para algumas categorias profissionais como os ferroviários e os marítimos.

As CAPs, limitadas às empresas de maior porte, constituíram uma espécie de seguro social. O Estado em nada contribuía financeiramente e não possuía responsabilidade na administração, se limitando ao reconhecimento legal da organização, o que já vinha ocorrendo de maneira informal desde os idos de 1910. Os benefícios das CAPs eram socorros médicos, fornecimento de medicamentos, aposentadorias e pensões para o trabalhador e a família.

Anotem-se duas características deste período. Primeiro, a assistência à saúde era vinculada ao seguro social fornecido pelas empresas, sendo apenas um dos serviços de seguridade prestados, dentre aposentadorias e pensões. Segundo, a limitação do alcance dos benefícios, eis que abrangia uma pequena parcela da população, pois era restrito aos funcionários das empresas e dependentes.

Getúlio Vargas implementou uma série de reformas na legislação do trabalho que integraram uma política de proteção ao trabalhador, formulando um projeto de Estado, por meio de uma base decisória na estrutura estatal centralizada e atendendo aos seus interesses econômicos. Nessa fase são criados os Institutos de Aposentadorias e Pensões (IAPs), ampliando o papel das CAPs, constituindo o primeiro esboço da seguridade social no Brasil. Os IAPs passaram a incluir em um mesmo instituto toda uma categoria profissional, não mais apenas empresas, criando o instituto dos marítimos (IAPM), dos comerciários (IAPC), dos industriais (IAPI) e outros, contando com a participação do Estado na sua administração, controle e financiamento.

Após a segunda guerra mundial, os países da Europa constituíram o Estado do Bem-Estar Social com o objetivo de reerguer as economias devastadas no pós-guerra e construir estados fortes e compromissados com a democracia e a justiça social, numa maneira de combater a expansão comunista e manter as economias europeias no padrão competitivo internacional.

O regime militar, a partir de 1964, e a nova organização do Estado, trouxeram mudanças para o sistema sanitário brasileiro, dentre elas a ênfase na assistência médica, o crescimento progressivo do setor privado e maior abrangência de parcelas sociais no sistema previdenciário.

Nesse sentido, a primeira ação significativa no sistema previdenciário brasileiro ocorreu em 1966 com a unificação dos IAPs e a constituição do Instituto Nacional da Previdência Social (INPS). No início da década de 1970, a política do INPS levou à inclusão de novas categorias profissionais no sistema: trabalhadores rurais, empregadas domésticas e autônomos e com a inclusão de novas categorias, aumentava a procura por serviços e os gastos no setor de saúde. Com o fim de atender à demanda foram contratados serviços privados, permitindo a formação do que ficou conhecido como "complexo médico-empresarial".

O INPS manteve a estrutura de funcionamento anteriormente proposta pelos IAPs e oferecia os serviços apenas para aqueles que comprovavam o vínculo com a instituição, de modo que "as pessoas levavam suas carteiras de trabalho ou carnê de contribuição previdenciária quando procuravam os hospitais ou qualquer outro tipo de assistência, a fim de comprovar sua inclusão no sistema (BAPTISTA, 2007, p. 41)".

No ano de 1986, o Ministério da Saúde convocou a VIII Conferência Nacional de Saúde, constituindo um marco histórico da política de saúde brasileira, eis que, pela primeira vez, contava-se com a participação da comunidade e dos técnicos na discussão de uma política setorial. O relatório da VIII Conferência Nacional de Saúde chegou às seguintes conclusões:

> Saúde como Direito: em seu sentido mais abrangente, a saúde é a resultante das condições de alimentação, habitação, educação, renda, meio ambiente, trabalho, transporte, emprego, lazer, liberdade, acesso e posse da terra e acesso a serviços de saúde. É, assim, antes de tudo, o resultado das formas de organização social da produção, as quais podem gerar grandes desigualdades nos níveis de vida.
>
> Direito à saúde significa a garantia, pelo Estado, de condições dignas de vida e de acesso universal e igualitário às ações e serviços de promoção, proteção e recuperação de saúde, em todos os seus níveis, a todos os habitantes do território nacional, levando ao desenvolvimento pleno do ser humano em sua individualidade (CONFERÊNCIA NACIONAL DE SAÚDE, 2007, p. 49).

Esse relatório, com todas as afirmações nele contidas, serviu como instrumento de pressão política no contexto da Nova República e serviu de referência na discussão da Assembleia Nacional Constituinte, sendo reconhecido como um documento de expressão social. Após a conferência foi constituído o Sistema Unificado e Descentralizado de Saúde (SUDS), que se apresentou como estratégia na construção do SUS em 1987.

O SUDS aprofundou a política de descentralização da saúde, principalmente na parte do orçamento, permitindo maior autonomia dos Estados na programação das atividades do setor, deu seguimento às estratégias de hierarquização, regionalização e programação das atividades do setor e ao mesmo tempo em que o SUDS era implementado ocorria a discussão da Assembleia Nacional Constituinte, na qual o relatório da VIII CNS foi o fundamento da discussão da reforma do setor saúde, e o SUS foi finalmente implantado (2007, p. 29-51).

Assim, verifica-se como a sociedade evoluiu considerando que no princípio nenhuma assistência era prestada ao indivíduo; numa fase intermediária limitava-se à proteção dos beneficiários das caixas de assistência, mantidas pelas empresas e governo e finalmente passou a assegurar um regime efetivamente público a todas as pessoas, independentemente de contribuição, sem distinção de idade, raça ou classe social. Portanto, hoje basta ser cidadão brasileiro e a filiação é automática, dentro das possibilidades do sistema.

2. O Sistema Único de Saúde: seus princípios, diretrizes e organização legal

Com a Constituição de 1988, o Sistema Único de Saúde foi inserido dentro do contexto da seguridade social, que abrange a previdência e a assistência social. O modelo adotado na Constituição de 1988 consagrou uma proteção social à saúde abrangente, fundada na universalidade e igualdade da cobertura e do atendimento como um "direito de todos e dever do Estado, garantido mediante políticas sociais e econômicas que visem à redução do risco de doença e de outros agravos e ao acesso universal e igualitário às ações e serviços para sua promoção, proteção e recuperação (CF, art. 196)".

A universalidade e igualdade do acesso às ações e serviços do Sistema Único de Saúde consistem na garantia de que todos os cidadãos, sem privilégios ou impedimentos, devem ter acesso aos serviços de saúde públicos e privados conveniados, em todos os níveis do sistema. O acesso aos serviços será garantido por uma rede de serviços hierarquizada (do menor nível de complexidade para o maior) e com tecnologia apropriada para cada nível. Todo cidadão é igual perante o SUS e será atendido conforme suas necessidades até o limite que o sistema pode oferecer para todos.

O SUS é regido pela descentralização que apresenta-se no contexto com o propósito de promover uma maior democratização do processo decisório na saúde, já que até então se estabeleciam práticas centralizadoras de poder no âmbito federal de governo. Trata-se de uma estratégia de democratização porque possibilitaria à população um maior controle e acompanhamento das ações públicas. Desse modo, a população poderia interferir de forma mais efetiva no processo de formulação da política. Por trás dessa concepção há uma lógica de organização do sistema de saúde que tem como pressuposto que quanto mais perto o gestor está dos problemas de uma comunidade, mais chance tem de acertar na resolução dos mesmos.

A hierarquização dos serviços segue o mesmo princípio, estruturando a rede de saúde a partir dos diferentes níveis de complexidade dos serviços e de acordo com as realidades local e regional. Assim, a referência e a contrarreferência funcionam como elos de ligação da rede. Se um município ou serviço de saúde não possui condições para atender a determinado problema de saúde, individual ou coletivo, deve remetê-lo a outra unidade referenciada com capacidade de resolver o problema apresentado. A contrarreferência significa o retorno do paciente ao estabelecimento de origem após a resolução da causa responsável pela referência.

Com esse modelo foi rompido, em definitivo, o padrão político anterior excludente e fundado no mérito e afirma-se o compromisso com a democracia (BAPTISTA, 2007, p. 29-60).

Portanto, o modelo descentralizado adotado pelo nosso ordenamento jurídico rompeu com a tradição autoritária, burocrática e centralizadora do regime anterior, aumentando a responsabilidade dos gestores locais, fiscalizados pelas pessoas da comunidade que é destinatária dos serviços de saúde.

Com o fim de disciplinar o Sistema Único de Saúde sob os princípios constitucionais foi promulgada a Lei n. 8.080, de 19 de setembro de 1990, que dispõe sobre as condições para a promoção, proteção e recuperação da saúde, a organização e o funcionamento dos serviços correspondentes[1] e as competências de cada

---

1. Lei n. 8.080/90, art. 7º As ações e serviços públicos de saúde e os serviços privados contratados ou conveniados que integram o Sistema Único de Saúde (SUS), são desenvolvidos de acordo com as diretrizes previstas no art. 198 da Constituição Federal, obedecendo ainda aos seguintes princípios:

ente federado. Assim, compete à direção nacional do Sistema Único de Saúde, dentre várias atribuições, participar e formular políticas públicas (art. 16, II), definir e coordenar os sistemas de redes integradas de assistências de alta complexidade e de rede de laboratórios de saúde pública (art. 16, III, *a*, *b*), identificar os serviços estaduais e municipais de referência nacional para o estabelecimento de padrões técnicos e de assistência à saúde (art. 16, XI), prestar cooperação técnica e financeira aos Estados, ao Distrito Federal e aos Municípios para o aperfeiçoamento da sua atuação institucional (art. 16, XIII), promover a descentralização para as Unidades Federadas e para os Municípios, dos serviços e ações de saúde, respectivamente, de abrangência estadual e municipal (art. 16, XV), acompanhar, controlar e avaliar as ações e os serviços de saúde, respeitadas as competências estaduais e municipais (art. 16, XVII) e elaborar o Planejamento Estratégico Nacional no âmbito do SUS, em cooperação técnica com os Estados, Municípios e Distrito Federal (art. 16, XVIII). A direção estadual do Sistema Único de Saúde compete promover a descentralização para os Municípios dos serviços e das ações de saúde (art. 17, I), acompanhar, controlar e avaliar as redes hierarquizadas do Sistema Único de Saúde (art. 17, II), prestar apoio técnico e financeiro aos Municípios e executar supletivamente ações e serviços de saúde (art. 17, III), identificar estabelecimentos hospitalares de referência e gerir sistemas públicos de alta complexidade, de referência estadual e regional (art. 17, IX), coordenar a rede estadual de laboratórios de saúde pública e hemocentros, e gerir as unidades que permaneçam em sua organização administrativa; estabelecer normas, em caráter suplementar, para o controle e avaliação das ações e serviços de saúde (art. 17, XI). Por fim, compete à direção municipal do Sistema Único de Saúde planejar, organizar, controlar e avaliar as ações e os serviços de saúde e gerir e executar os serviços públicos de saúde (art. 18, I) e participar do planejamento, programação e organização da rede regionalizada e hierarquizada do Sistema Único de Saúde (SUS), em articulação com sua direção estadual (art. 18, II).

Portanto, a Lei n. 8.080/1990 estabelece uma hierarquização entre os entes públicos visando à descentralização dos serviços de saúde que, em síntese, compete à direção nacional do SUS formular e implementar as políticas públicas de saúde, prestar cooperação técnica e financeira aos Estados, Distrito Federal e aos Municípios para o aperfeiçoamento da sua atuação institucional; compete à direção estadual do SUS promover a descentralização para os Municípios dos serviços e das ações de saúde e prestar apoio técnico e financeiro aos Municípios e executar supletivamente ações e serviços de saúde; e aos Municípios planejar, organizar, controlar e avaliar as ações e os serviços de saúde e gerir e executar os serviços públicos de saúde.

O Decreto n. 7.508, de 28 de junho de 2011, dispõe sobre o acesso ao Sistema Único de Saúde – SUS, o planejamento, a assistência à saúde e a articulação interfederativa e dá outras providências. Neste sentido, o acesso ao Sistema Único de Saúde é objeto de expressa disposição legal, nos termos do Decreto n. 7.508:

> Art. 9º São Portas de Entrada às ações e aos serviços de saúde nas Redes de Atenção à Saúde os serviços:
>
> I – de atenção primária;
>
> II – de atenção de urgência e emergência;
>
> III – de atenção psicossocial; e
>
> IV – especiais de acesso aberto. (...)

Portanto, a Lei n. 8.080/1990 e o Decreto n. 7.508 preveem os princípios, a hierarquização dos serviços e a forma de acesso ao Sistema Único de Saúde. Trata-se de um método fundado na racionalidade com o objetivo de atingir o número máximo de beneficiários, no qual a União formula as políticas públicas conjuntamente com os entes da Federação e fornece assistência financeira aos Estados-membros e MunicÍPios. Compete aos Estados fornecer assistência financeira aos MunicÍPios e promover a descentralização. E aos MunicÍPios gerir e executar os programas do Sistema Único de Saúde.

3. Entre a obrigação legal de assegurar o direito à saúde e a realidade

Nosso país é constituído por uma sociedade complexa, extremamente desigual, em que uma parcela importante da população depende do funcionamento dos serviços públicos. Conforme FARIA, numa situação limite, as contradições socioeconômicas, que geram demandas para as quais as instituições não têm condições de oferecer respostas imediatas e eficazes, resultam em afetar a própria estrutura organizacional do Estado. Portanto, ao ficar dividido entre tarefas e exigências inconciliáveis, ele não só se vê impossibilitado de formular políticas públicas segundo as regras formais, como ainda se revela incapaz de expressar a "razão histórica" da própria sociedade, eis que sua práxis decisória não consegue mais expressar a vontade coletiva em torno de um projeto comum (FARIA, 2005, p. 13).

Estas dificuldades se refletem no campo da assistência à saúde, conforme lembra BAPTISTA:

O Brasil é um país de grande heterogeneidade: convivem estados ricos e pobres, municípios de grande e também de pequena extensão territorial, tem secretário de saúde que vira ministro e secretário de saúde que mal escreve o próprio nome, tem cidade com mais de 1.000 unidades de saúde e cidade sem médico. Por trás da disparidade entre regiões e até mesmo entre municípios de um mesmo estado está a trajetória de organização política e dos interesses daqueles que se mantiveram no poder (2007, p. 56).

Com efeito, conforme lembra Norberto Bobbio, a realização dos direitos fundamentais não depende apenas de justificativas e boa vontade. É preciso haver condições para que aconteçam. O grande problema do nosso tempo com relação aos direitos do homem não se trata de fundamentá-los e sim o de protegê-los. O problema não é filosófico, mas jurídico, num sentido mais amplo, político, isto é, o modo mais seguro para garanti-los, para impedir que, apesar das solenes declarações, eles sejam continuamente violados. Anote-se que nem tudo o que é desejável e merecedor de ser perseguido é realizável. Para a realização dos direitos do homem são frequentemente necessárias condições objetivas que não dependem da boa vontade dos que proclamam, nem das boas disposições dos que possuem os meios para protegê-los. Sabe-se que o tremendo problema diante do qual estão hoje os países em desenvolvimento é o de se encontrarem em condições econômicas que, apesar dos programas ideais, não permitem desenvolver a proteção da maioria dos direitos sociais. Assim, uma discussão sobre os direitos humanos deve hoje levar em conta, para não correr o risco de se tornar acadêmica, todas as dificuldades procedimentais e substantivas. A efetivação de uma maior proteção dos direitos do homem está ligada ao desenvolvimento global da civilização humana. É um problema que não pode ser isolado, sob pena de sequer compreendê-lo em sua real dimensão. Quem o isola já perdeu (BOBBIO, 2004).

Da lição de Norberto Bobbio, o primeiro exemplo desta situação é o da realidade brasileira, na medida em que a Constituição e as leis consagram inúmeros direitos, ao passo que na prática eles não são efetivamente assegurados em favor da maioria da população.

4. Da judicialização da saúde

Como reflexo da dificuldade do Sistema Único de Saúde em atender à população o Poder Judiciário passou a ser acionado para fornecer prestações referentes à saúde.

De uma maneira geral, a doutrina admite o princípio de que os direitos fundamentais prestacionais não podem ser fornecidos pelos Poder Judiciário, eis que dependem da implantação de políticas públicas, promulgação de lei e se submetem ao princípio da reserva do possível, não como elemento integrante dos direitos fundamentais, como se fizesse parte do núcleo essencial, e sim uma espécie de limite jurídico e fático dos direitos fundamentais, podendo atuar em determinadas circunstâncias como garantia dos direitos fundamentais, na hipótese de colisão de direitos por exemplo, observados os critérios de proporcionalidade e de garantia de um mínimo essencial visando à salvaguarda do núcleo essencial de outros direitos fundamentais (SARLET, 2010).

Contudo, no que diz respeito à possibilidade de o Poder Judiciário fornecer prestações referente ao tema do direito à saúde, de modo que

> Por mais que os Poderes Públicos, como destinatários específicos de um direito à saúde, venham a opor – além da já clássica alegação de que o direito à saúde (a exemplo dos direitos sociais prestacionais em geral) foi positivado como norma de eficácia limitada – os habituais argumentos da ausência de recursos e da incompetência dos órgãos judiciários para decidirem sobre a alocação e destinação de recursos públicos, não nos parece que esta solução possa prevalecer, ainda mais nas hipóteses em que está em jogo a preservação do bem maior da vida humana. Não nos esqueçamos de que a mesma Constituição que consagrou o direito à saúde estabeleceu – evidenciando, assim, o lugar de destaque outorgado ao direito à vida – uma vedação praticamente absoluta (salvo no caso de guerra regularmente declarada) no sentido da aplicação da pena de morte (art. 5º, inc. XLVII, alínea *a*). Cumpre relembrar, mais uma vez, que a denegação dos serviços essenciais de saúde acaba – como sói acontecer – por se equiparar à aplicação da pena de morte para alguém cujo único crime foi o de não ter condições de obter com seus próprios recursos o atendimento necessário, tudo isto, habitualmente sem qualquer processo e, na maioria das vezes, sem possibilidade de defesa, isto sem falar na virtual ausência de responsabilização dos algozes, abrigados pelo anonimato dos poderes públicos (SARLET, 2010, 325).

A ideia consagra um individualismo extremo, concretizado numa espécie de tudo ou nada na área da saúde, e não leva a sério a ideia a característica essencial do Estado Democrático de Direito que é a submissão de todos às leis. Lamentavelmente o Poder Judiciário brasileiro insiste em várias oportunidades e decisões entendendo que não está limitado ao ordenamento jurídico, consagrando a ideia de um governo de homens e não lei de leis. O voto do Ministro Humberto Gomes de Barros no RESP n. 279.889/AL resume este pensamento:

> Não me importa o que pensam os doutrinadores. Enquanto for Ministro do Superior Tribunal de Justiça, assumo a autoridade da minha jurisdição (...). Decido, porém, conforme minha consciência. Precisamos estabelecer nossa autonomia intelectual, para que este Tribunal seja respeitado. É preciso consolidar o entendimento de que os Srs. Ministros Francisco Peçanha Martins e Humberto Gomes de Barros decidem assim, porque pensam assim. E o STJ decide assim, porque a maioria dos seus integrantes pensa como esses Ministros. Esse é o pensamento do Superior Tribunal de Justiça, e a doutrina que se amolde a ele. É fundamental expressarmos o que somos. Ninguém nos dá lições. Não somos aprendizes de ninguém.

Ocorre que a lei, por meio do uso da linguagem, despida de rituais enigmáticos e de índole religiosa, é a forma do exercício do direito, resultado, antes de tudo, da evolução da sociedade, que antes encontrava a legitimidade do exercício do poder por meio da autoridade do sobrenatural e da religião. Após este período, a sociedade confiou ao Estado, por meio das leis, a promoção da justiça e da organização social.

A ideia de o juiz contrariar a lei e decidir conforme suas ideias individuais, nasce da ideia da independência do Poder Judiciário e de uma suposta superioridade moral subjetiva do juiz; contudo é preciso lembrar que da mesma forma que a Constituição assegura independência ao Poder Judiciário, a Carta Magna igualmente dispõe sobre os princípios da estrutura e a organização do Sistema Único de Saúde, fundado na universalidade e igualdade.

Portanto, reduzir o problema complexo da saúde à ideia de que negar um pedido judicial equivale a condenar o usuário à pena de morte, consagrando ao princípio do "pediu-levou" sugere uma contradição entre os princípios constitucionais do Estado de Direito e também aos princípios que são relacionados ao direito à saúde, o que não contribui para a racionalidade de um sistema jurídico que pretende regular uma sociedade cada vez mais complexa na qual vivemos.

Conforme lembra Luis Roberto Barroso, a ideia da dignidade da pessoa é fundada em valores comunitários, eis que: "O indivíduo, portanto, vive dentro de si mesmo, de uma comunidade e de um Estado. Sua autonomia pessoal é restringida por valores, costumes e direitos de outras pessoas tão livres e iguais quanto ele, assim como pela regulação estatal coercitiva (BARROSO, 2013, p. 87)".

Portanto, no próprio princípio da dignidade da pessoa humana, tão citado nas decisões judiciais em que se demandam direitos referentes à saúde, estão intrínsecas restrições de ordem comunitária, que desde que legítimas, limitam direitos e liberdades individuais em favor da coletividade.

5. Do princípio da solidariedade entre os entes federados erigido pela jurisprudência

Como se sabe, nosso país adotou o princípio herdado do presidencialismo norte-americano fundado na separação dos poderes, o que significa que nos conflitos entre a Administração e o particular o Poder Judiciário dará a palavra final. Nosso sistema difere dos países europeus, em que se adotou o regime do contencioso administrativo, no qual a Administração decide os conflitos entre cidadãos e Estado. Não deixa de ser notável o fato de que no Velho Continente, onde a Constituição de Weimar ficou conhecida por reconhecer os direitos sociais logo no início do século passado, não deferiu a um poder independente a incumbência de julgar os conflitos entre o particular e a Administração.

No Brasil, por outro lado, na ADPF n. 45, quando se discutia a alocação do orçamento para o atendimento à saúde na Lei n. 10.707/2003 (LDO) o Supremo Tribunal Federal decidiu que:

> É certo que não se inclui, ordinariamente, no âmbito das funções institucionais do Poder Judiciário – e nas desta Suprema Corte, em especial – a atribuição de formular e de implementar políticas públicas (JOSÉ CARLOS VIEIRA DE ANDRADE, "Os Direitos Fundamentais na Constituição Portuguesa de 1976", p. 207, item n. 05, 1987, Coimbra: Almedina), pois, nesse domínio, o encargo reside, primariamente, nos Poderes Legislativo e Executivo. Tal incumbência, no entanto, embora em bases excepcionais, poderá atribuir-se ao Poder Judiciário, se e quando os órgãos estatais competentes, por descumprirem os encargos político-jurídicos que sobre eles incidem, vierem a comprometer, com tal comportamento, a eficácia e a integridade de direitos individuais e/ou coletivos impregnados de estatura constitucional, ainda que derivados de cláusulas revestidas de conteúdo programático.

Assim, o Poder Judiciário brasileiro entende que poderá intervir nas políticas públicas se forem descumpridos os encargos políticos-jurídicos, vindo a comprometer a eficácia dos direitos fundamentais. Com este precedente foi consagrado no Supremo Tribunal Federal e nas cortes inferiores o entendimento de que nos pedidos judiciais referentes às prestações à saúde pelo particular existe um "dever solidário" dos entes federados em atender o interessado:

> Consolidou-se a jurisprudência desta Corte no sentido de que, embora o art. 196 da Constituição de 1988 traga norma de caráter programático, o Município não pode furtar-se do dever de propiciar os meios necessários ao gozo do direito à saúde por todos os cidadãos. Se uma pessoa necessita, para garantir o seu direito à saúde, de tratamento médico adequado, é dever solidário da União, do Estado e do Município providenciá-lo." (AI 550.530-AgR, rel. min. Joaquim Barbosa, julgamento em 26.06.2012, Segunda Turma, DJE de 16.08.2012.).

Neste sentido, embora não previsto na Constituição, nem na Lei n. 8.080, de 19 de setembro de 1990, que dispõem sobre a organização do Sistema Único de Saúde, o Poder Judiciário, por criação da jurisprudência, entendeu que há um dever de solidariedade entre os entes federados para atender a todo e qualquer pedido referente à saúde quando demandada em juízo. Peremptoriamente, o Tribunal de Justiça do Estado do Rio Grande do Sul afirma que:

> (...) A Constituição da República prevê o dever de prestar os serviços de saúde de forma solidária aos entes federativos, de modo que qualquer deles tem legitimidade para responder às demandas que visam ao fornecimento gratuito de medicamento, exame ou procedimento. *A divisão de competências no âmbito da gestão interna do Sistema Único de Saúde não é oponível ao particular.* (Apelação e Reexame Necessário N. 70063233084, Vigésima Segunda Câmara Cível, Tribunal de Justiça do RS, Relator: Denise Oliveira Cezar, Julgado em 30/01/2015).

Portanto, nas ações em que demandam serviços relativos à saúde o Poder Judiciário julga exclusivamente sob a ótica individualista ao afirmar que "a divisão de competências no âmbito da gestão interna do Sistema Único de Saúde não é oponível ao particular". Segundo o entendimento do Poder Judiciário, cada vara, cada juiz passa a ter poderes para condenar qualquer um dos entes federados a qualquer espécie de prestação da saúde, o que se pode denominar o princípio do "pediu-levou". Contudo, o certo é que a Constituição na parte que disciplina o direito à saúde e instituiu o sistema de saúde em momento algum afirma que todos os entes federados são solidários para fornecer quaisquer prestações referente à saúde.

Por outro lado, o direito à saúde e o princípio de um sistema universal é fruto de um processo histórico de quase duzentos que resultou na criação do Sistema Único de Saúde, que assim como todo o sistema, deve ser organizado baseado na racionalidade. Sendo o SUS regido pelos princípios da universalidade e igualdade, é a missão do Poder Judiciário promovê-lo, defendê-lo e fortalecê-lo, sendo totalmente sem sentido as decisões do modelo "pediu-levou", nas quais todo e qualquer pedido deve ser atendido independentemente da repartição das competências dos entes federados. Decisões desta natureza são fundadas no interesse individualista, baseado em informações tendenciosas da parte. Decisões do modelo "pediu-levou" inauguram um sistema de saúde paralelo, que funciona na base do individualismo e do patrimonialismo, transformando-se numa luta selvagem pelo dinheiro público, num autêntico retorno de uma luta de todos contra todos, reduzindo a sociedade ao retorno do estado de natureza de Rousseau. Assim, o Poder Judiciário se transforma num palco onde todos disputam tratamento diferenciado que o orçamento público destinado à saúde é capaz de proporcionar.

Considerando que estamos discutindo um sistema, acrescente-se que na teoria do sistema, a argumentação jurídica detém um valor posicional central na teoria discursiva do direito. É pela troca de argumentos que se atribuirão valores "jurídicos" e "injurídicos". Só contam com efeitos convincentes aqueles que podem ser considerados argumentos: são os meios pelos quais o sistema jurídico se convence das próprias decisões (HABERMAS, 2013, p. 75). Contudo, se o meio de convencimento não é justificado pela argumentação, a decisão torna-se um enigma. Resultando num enigma, a decisão deixa de atender à racionalidade, retornando a um estado anterior ao direito moderno, quando a autoridade da decisão era justificada pelo sobrenatural, como acontecia na antiguidade (HABERMAS, 2013, p. 54-55).

Precisa-se, portanto, de uma jurisprudência que interprete o sistema jurídico de forma coerente com os valores contidos na Constituição, em especial aos princípios específicos da saúde pública, no caso brasileiro, o Sistema Único de Saúde.

6. Uma verdade inconveniente: "direitos custam dinheiro"

Com o advento do *Welfare State*, os Estados ampliaram os direitos dos cidadãos, se comparado às Constituições do século XVIII, quando foi consagrado aquilo que parte da doutrina denomina os "direitos negativos", os quais, segundo a doutrina, se concretizam por meio de uma mera "abstenção" do Estado. Assim, por exemplo, para exercer meu direito de ir e vir, é suficiente ao Estado não atrapalhar minha liberdade de locomoção e deixar eu ir para onde eu quiser.

Ocorre que na verdade não existe direito que se exerce gratuitamente. Mesmo naqueles casos em que a doutrina afirma que são "direitos negativos", isto é, o Estado se mantém passivamente enquanto o cidadão usufrui do direito, sempre haverá um custo para a sociedade. Cite-se o exemplo do direito de ir e vir citado acima. Para o cidadão exercer seu direito de ir e vir o Estado tem o dever de efetuar a manutenção das ruas, suas agências devem fiscalizar o funcionamento das concessionárias privadas das rodovias, o governo deve manter o aparato policial para garantir a segurança, incluindo polícia civil, federal, rodoviária, ferroviária etc. Para assegurar que a lei será aplicada adequadamente, com todos os direitos e garantias constitucionais, deve ainda ser reservada a proposta orçamentária apresentada pelo Poder Judiciário. Trata-se de um singelo exemplo do quanto hoje em dia a sociedade tornou-se complexa, interligada e dependente de recursos financeiros vultosos para atingir os seus fins de bem comum, que sem um planejamento racional torna-se impossível cumprir os seus objetivos.

Assim, a verdade é: direitos custam dinheiro.

É simples de se perceber que se trata de uma discussão que não é bem-vinda, visto que o Poder Judiciário autoproclama-se por si mesmo insulado do processo político, seguindo o princípio de que o problema do orçamento compete aos Poderes Legislativo e Executivo (SUNSTEIN; HOLMES, 2000). O Tribunal de Justiça do Estado do Rio Grande do Sul é peremptório ao afirmar que "alegar a escassez de recursos para se eximir de fornecer o tratamento solicitado pela autora sobrepõe o interesse financeiro da administração ao direito à vida e à saúde daquele que necessita ser assistido" (Apelação Cível n. 70063192025, julgado em 26.01.2015).

Seguindo esta lógica da jurisprudência, apenas para mencionar um exemplo dentre quase 5600 municípios da Federação, citemos o caso de Tubarão – SC, município com menos de cem mil habitantes que requereu ingresso no Recurso Extraordinário n. 566.471 ao afirmar que no ano de 2011 respondia a 1120 ações judiciais relativas ao fornecimento de medicamentos e no mesmo ano, o gasto com a farmácia básica para o atendimento de toda a população foi de R$ 971.087,35 enquanto a despesa com o cumprimento de decisões judiciais chegou a R$ 975.178,53.

Assim, a cidade gasta mais na saúde com ordens judiciais do que mediante formulação de políticas públicas.

Esta questão pode assim ser colocada:

> Os direitos que são financiados pelo esforço de terceiros não combinam com as imagens projetadas pelo Judiciário. O problema é sério. Os juízes consideram as consequências incorporadas nas contas? E como um juiz, considerando a escassez de informações à sua disposição (informações que também têm custos) e a sua imunidade política, razoavelmente e de forma responsável decide sobre a melhor alocação dos recursos públicos escassos? Um juiz pode determinar que uma rua seja aberta para manter uma atividade ou uma atividade na prisão para melhorar as condições de vida dos apenados, mas pode um juiz ter certeza de que o dinheiro que ele ou ela ordena para estes fins não seria usado de forma mais eficiente para vacinar um bairro contra difteria? (SUSTEIN; HOLMES, 2000, p. 29-30).

Os juízes não têm a função constitucional nem treinamento específico para alocar orçamentos nos quais irá repercutir inevitavelmente o conteúdo de suas decisões. Ao contrário do administrador, os juízes trabalham com informações não só incompletas (porque via de regra só decidem o caso individual) como também com informações tendenciosas, não raro subjacentes ao interesse patrimonial de particulares. De acordo ainda com Sunstein e Holmes

> Em frente a estes problemas, como um juiz mede a urgência comparada a outros problemas sociais que competem pela atenção do governo e sobre os quais ele não sabe virtualmente nada? Como podem juízes, decidindo um caso individual, levar em conta o teto do orçamento do gasto do governo? (SUNSTEIN; HOLMES, 2000, p. 95).

A Constituição erigiu um sistema público de saúde fundado no acesso universal e igualitário, com uma repartição racional das competências cuja alocação dos recursos escassos é destinada a atender justamente as atribuições de cada ente federado. Assim, a descentralização do Sistema Único de Saúde determina que a direção nacional preste assistência financeira e técnica aos entes federados (Lei n. 8.080, art. 16, inciso XIII), compete à direção estadual do SUS "promover a descentralização para os municípios dos serviços e das ações de saúde" (art. 17, inciso I) e "prestar apoio técnico e financeiro aos municípios e executar supletivamente ações e serviços de saúde" (art. 17, III) e compete às municipalidades planejar, organizar, gerir e executar os serviços públicos de saúde (art. 18, I).

Atento ao expressivo número de ações que pedem uma prestação referente à saúde no Poder Judiciário, o Conselho Nacional de Justiça, nos dias 14 e 15 de maio do ano passado, promoveu a "I Jornada de Direito da Saúde", com o fim de monitoramento e resolução das demandas judiciais que visam à assistência à saúde, sendo aprovadas várias súmulas referentes ao tema, tanto no que diz respeito à saúde pública ou particular. No tocante ao tema deste artigo, o CNJ aprovou duas súmulas:

> *Súmula n. 8* – Nas condenações judiciais sobre ações e serviços de saúde devem ser observadas, quando possível, as regras administrativas de repartição de competência entre os gestores.
>
> *Súmula n. 13* – Nas ações de saúde, que pleiteiam do poder público o fornecimento de medicamentos, produtos ou tratamentos, recomenda-se, sempre que possível, a prévia oitiva do gestor do Sistema Único de Saúde (SUS), com vistas a, inclusive, identificar solicitação prévia do requerente à Administração, competência do ente federado e alternativas terapêuticas.

As súmulas da "I Jornada de Direito da Saúde" estabelecem um compromisso do Conselho Nacional de Justiça com um Sistema Único de Saúde realmente voltado para a saúde pública, na qual a primeira atitude para atender ao direito à saúde é justamente acessar o sistema público (Súmula n. 8). A Jornada reconheceu ainda a deficiência de informações dos juízes nas demandas da saúde, não só deficientes, mas também tendenciosas, e na Súmula n. 13 recomendou a prévia oitiva do gestor do Sistema Único de Saúde sobre a competência do ente federado e alternativas terapêuticas.

No entanto, o efeito dessas súmulas ainda não chegou à jurisprudência; salvo as decisões da Justiça Federal, a jurisprudência é maciça em julgar as ações da saúde fundada na ideia puramente individualista de que a divisão de competências no âmbito da gestão interna do Sistema Único de Saúde não é oponível ao particular, invertendo a ordem das coisas, na medida de que o que se pretende é justamente o fortalecimento das políticas públicas de saúde por meio de um sistema racional.

Conclusão

A disciplina do direito à saúde previsto na Constituição não está de acordo com o entendimento da jurisprudência de que existe uma solidariedade entre os entes federados, autorizando o particular a pedir qualquer prestação referente à saúde à União, Estado ou Município. Na realidade, a Constituição dispõe diferente, uma vez que afirma que os princípios do Sistema Público de Saúde são baseados na igualdade e universalidade.

Fundado nesses princípios, não cabe ao Poder Judiciário, baseado num suposto pensamento de que "decido conforme minha consciência" fazer leituras da Constituição que são contrárias ao seu próprio texto. Agindo assim estará criando uma discriminação às avessas, na medida que por meio de decisões individuais exclui o direito do restante da população, inobstante o princípio da igualdade e universalidade do sistema.

Ao decidir com base do modelo "pediu-levou" o Poder Judiciário constrói um sistema de saúde que funciona paralelo ao da rede oficial, mas cujos custos, ao final, serão suportados pelo sistema público. A incongruência é óbvia: as decisões do Poder Judiciário não são tomadas por quem tem a difícil responsabilidade política em gerir o sistema, baseado em informações tendenciosas, não raro com interesses patrimonialistas, o que contraria os princípios da igualdade e universalidade do Sistema Único de Saúde.

Anote-se que não se trata da questão de se discutir se o cidadão brasileiro tem o direito à saúde, tampouco se o Poder Judiciário pode intervir nas políticas públicas. Para essas duas questões é inegável que a Constituição determinou que "saúde é direito de todos e dever do Estado", que deve ser assegurado por políticas públicas estatais. Após quase 200 anos de luta pela inclusão de todos os cidadãos brasileiros ao sistema público de saúde seria um retrocesso cogitar-se o contrário.

Ocorre que as decisões do Poder Judiciário, sobretudo em medidas liminares, que não reconhecem a repartição administrativa das atribuições referente à organização do Sistema Único de Saúde acarretam custos além daqueles que os entes públicos estão capacitados e programados para atender, criando um sistema baseado no individualismo, em detrimento daqueles que legalmente seriam beneficiados.

A conta é simples. Por exemplo, se o município é condenado a fornecer medicamentos de alto custo para um paciente oncológico, mesmo sabendo-se que o tratamento deste tipo de enfermidade é atribuição dos CACONs – Centro de Alta Complexidade em Oncologia, acabará faltando dinheiro para a municipalidade adquirir os medicamentos da lista da relação de medicamentos essenciais à rede pública. A falta de medicamentos da rede municipal fará com que outras pessoas ingressem com ação na Justiça e começará a faltar dinheiro também para as obrigações previstas na organização administrativa do Sistema Único de Saúde. Esta é a consequência perversa da intervenção do Poder Judiciário nas políticas públicas de forma indiscriminada, fundado no individualismo.

Portanto, para se levar o direito à saúde a sério é preciso antes de tudo levar o Sistema Único de Saúde a sério. Decisões peremptórias, injustificadas, ou com justificativas questionáveis, afirmando que "a divisão de competências no âmbito da gestão interna do Sistema Único de Saúde não é oponível ao particular", utilizando modelos pré-confeccionados no computador podem parecer cômodas para agilizar o número enorme de demandas desta natureza, mas contribuem para solapar a organização administrativa da saúde pública.

Por sua vez, no país onde as leis não "pegam", cumpre lembrar que Poder Judiciário igualmente faz parte da organização do governo, assim como os Poderes Executivo e Legislativo estão tão submetidos às leis quanto os outros poderes. É o que consta na Constituição ao dispor da harmonia e independência dos poderes. Independência dos Poderes não significa uma autorização para decidir questões fora daquilo que faz parte do sistema jurídico-constitucional e sim uma garantia democrática de que o juiz não poderá sofrer sanções em razão do exercício legítimo do seu poder.

A peculiaridade da organização da nossa República, que adotou um regime presidencialista, um Poder Judiciário independente, com uma Constituição analítica quanto a sua extensão sugere uma maior responsabilidade das decisões do Poder Judiciário, eis que termos como "dignidade humana" e "saúde" são conceitos jurídicos indeterminados, havendo diversas formas de se atendê-las, que nem sempre podem ser atendidas imediatamente por um decreto executivo ou uma sentença judicial na forma com que os particulares desejam.

Definitivamente, os modelos pré-confeccionados das decisões judiciais que remetem aos conceitos da pobreza/necessidade, "superdireito" à saúde e "princípio da dignidade da pessoa humana" nas ações da saúde retratam o que os advogados dizem aos seus clientes como "causa ganha", embora isto seja parcial verdade, eis que neste modelo do "pediu-levou" nas ações da saúde quem perde é o Sistema Único de Saúde se for levado em conta que se trata de uma estrutura baseada na racionalidade.

Referências bibliográficas

AARON, H.; SCHWARTZ, W. *The painful prescription: rationing hospital care*. Washington, DC: The Bookings Institution, 1984.

AMARAL, G. *Direito, escassez e escolha. Critérios jurídicos para lidar com a escassez de recursos e as decisões trágicas*. 2. ed. Rio de Janeiro: Lumen Juris, 2010.

BAPTISTA, T. História das políticas de saúde no Brasil. *In*: MATTA, G; PONTES A. (Org.). *Políticas de Saúde*: organização e operacionalização do Sistema Único de Saúde. Rio de Janeiro: Fiocruz. 2007. Disponível em: <http://www.epsjv.fiocruz.br/index.php?Area=Material&MNU=&Tipo=8&Num=25>. Acesso em: 05 ago. 2015.

BARROSO, L. R. *A dignidade da pessoa humana no direito constitucional contemporâneo*. Belo Horizonte: Fórum, 2013.

BLIACHERIENE, A.; Santos, J. *Direito à vida e à saúde*. São Paulo: Atlas. 2010.

BOBBIO, N. *A era dos direitos*. 9. ed. Rio de Janeiro: Elsevier, 2004.

COMPARATO, F. *A afirmação histórica dos direitos humanos*. 7. ed. São Paulo: Saraiva, 2010.

DANIELS, N. *Just health care*. New York: Cambridge University Press, 1995.

DWORKIN, R. *Levando os direitos a sério*. São Paulo: Martins Fontes, 2010.

FARIA, J. *Direitos humanos, direitos sociais e justiça*. São Paulo: Malheiros, 2005.

HABERMAS, J. *Direito e democracia entre facticidade e validade*. Vol. I. 2. ed. Rio de Janeiro: Tempo Brasileiro, 2012.

LOPES, J. R. *Direitos sociais. Teoria e prática*. São Paulo: Método, 2006.

ROSSEAU, J. J. *O contrato social*. São Paulo: Martins Fontes, 1989.

SARLET, I. *A eficácia dos direitos fundamentais*. 10. ed. Porto Alegre: Livraria do Advogado, 2010.

_____. *Dignidade da pessoa humana e direitos fundamentais*. 9. ed. Porto Alegre: Livraria do Advogado, 2012.

SUNSTEIN, C; HOLMES, S. *The cost of rights. Why liberty depends on taxes*. New York: W.W. Norton & Company, 2000.

PARTE III
Regulação, Terceiro Setor e Saúde Privada

O Funcionamento do Setor de Planos de Saúde no Brasil: uma Relação Complicada entre o Público e o Privado[*]

Daniela Batalha Trettel[**]

Introdução

Os planos de saúde são atualmente responsáveis pela atenção à saúde de mais de 72 milhões de indivíduos no Brasil (34,5% da população). Destes, 50,9 milhões são planos com assistência médica (26,3% da população)[1]. O número de pessoas vinculadas ao setor cresce a cada ano: em dezembro de 2.000 eram 31.161.481 usuários de planos de assistência médica e 2.603.001 de assistência exclusivamente odontológica. Os valores movimentados também são astronômicos: no primeiro bimestre de 2014, a receita de contraprestações de operadoras médico-hospitalares ultrapassou R$58,6 bilhões. Trata-se, portanto, de uma grande força assistencial e financeira no país, cuja atuação impacta diretamente nos serviços de saúde (BRASIL, 2014c, p. 17, 21, 24, 36).

Essa é a realidade vivida hoje. Mas como se chegou a ela? Como surgiram, como funcionam, qual a sua interação com o Estado?

1. O nascimento do modelo dos planos de saúde no Brasil

No estudo da formação do setor de planos de saúde no Brasil, a primeira informação que salta aos olhos é a de que este sempre funcionou, desde a sua implantação embrionária na década de 1960 do século XX, com o apoio e o incentivo do Estado, tanto legal quanto financeiro[2]. Desde então a situação se mantém a mesma.

O setor privado de saúde teve sua origem na medicina liberal e nas entidades beneficentes e filantrópicas. Sua força sempre foi muito grande no Brasil,

---

[*] Capítulo inicial da tese de doutorado intitulada "Planos de saúde e envelhecimento populacional: um modelo viável?", elaborada sob a orientação da Professora Elza Boiteux e defendida em 6 de março de 2015 na Faculdade de Direito da Universidade de São Paulo. A autora foi bolsista do CNPq no decorrer do seu Doutorado.

[**] Doutora (2015) e Mestre (2009) em Direitos Humanos pela Faculdade de Direito da Universidade de São Paulo. Graduada em Direito pela mesma Universidade (2004). Pesquisadora no projeto "Judicialização da Assistência Médica na Saúde Suplementar" do Departamento de Medicina Preventiva da Faculdade de Medicina da Universidade de São Paulo. Professora Orientadora dos Trabalhos de Conclusão de Curso em Direito do Consumidor da Especialização em Direito Empresarial da GVLaw. Foi Consultora da Unesco para desenvolvimento de estudo sobre regulação no setor de planos de saúde, no âmbito do projeto "Gestão do Conhecimento para a Defesa do Consumidor" da Secretaria Nacional do Consumidor do Ministério da Justiça (2011-2012). Foi advogada, assessora de representação e membro do Grupo de Gestão do Idec – Instituto Brasileiro de Defesa do Consumidor (2005-2011). Foi membro do Conselho Curador da Fundação Procon de São Paulo (2010-2011) e do Conselho Nacional de Saúde (2006-2009).

1. Os demais planos são de cobertura exclusivamente odontológica. Entre os planos de saúde com assistência médica, a grande maioria é usuários de contratos coletivos (40,2 milhões).
2. Conforme indica André Médici, o Estado pode atuar no mercado de planos de saúde de diferentes formas: (a) como comprador de serviços, (b) como normatizador da prestação dos serviços e (c) "através da concessão de benefícios, ou seja, reduzindo o preço como forma de ampliar a demanda para segmentos carentes e não cobertos" (1992, p. 80).

tanto que já na década de 1950 se constatava que os hospitais privados tinham maior participação na atenção à saúde do que os públicos, contemplando 62,1% do total de leitos existentes no país (MÉDICI, 1992, p. 81).

À época, a atenção pública à saúde tinha caráter previdenciário e se dava por meio dos Institutos de Aposentadorias e Pensões (IAPs) – relacionados a categoriais profissionais –, além de hospitais do Ministério da Saúde, dos Estados e dos Municípios. Muitos dos hospitais privados eram prestadores de serviços ao Poder Público – como ainda hoje acontece – e dependiam cada vez mais de recursos públicos. Diante dessa situação, o objetivo do Governo João Goulart, explanado no Plano Trienal de Desenvolvimento Econômico e Social 1963/1965, era o de construir e ampliar a infraestrutura pública no setor saúde, reduzindo o papel do setor privado. Entendia-se que a continuidade do financiamento de caridade e filantropia com dinheiro público era contrária aos princípios da organização democrática (MÉDICI, 1992, p. 81-82).

Todavia, com o golpe militar em 1964, os planos de fortalecimento da rede pública própria foram abandonados: unificaram-se os institutos de pensão e aposentadoria, criou-se o Instituto Nacional da Previdência Social (INPS)[3] e optou-se pelo aumento da contratação de prestadores privados, a fim de sustentar o crescimento de demanda decorrente da extensão da atenção à saúde a todos os trabalhadores formais (MÉDICI, 1992, p. 81-82).

O crescimento da rede hospitalar privada e da força da classe médica (profissionais liberais) são fenômenos que coincidem com o próprio surgimento dos planos de saúde. Tanto que as primeiras operadoras de planos de saúde, não necessariamente com esse nome e nível atual de organização, são iniciativas de hospitais privados – medicinas de grupo e empresas filantrópicas – ou do cooperativismo médico (BAHIA, 1999, p. 30).

No avanço do papel dos planos de saúde na prestação particular de serviços de saúde também merece destaque a instituição do Plano de Pronta Ação (PPA) pela Portaria do Ministério da Previdência e Assistência Social n. 39, de 1974, por meio da qual o governo ditatorial fixou aos empregadores a obrigação de prestar assistência à saúde de seus funcionários em caso de doenças. Nesse novo arranjo, às entidades previdenciárias permitiu-se o credenciamento de instituições de seguro-saúde, sistemas próprios de pré-pagamento de serviços médicos e/ou hospitalares, cooperativas médicas e empresas de medicina de grupo (MÉDICI, 1992, p. 83)[4]. O Plano de Pronta Ação reverteu a tendência do Inamps de absorver as consultas ambulatoriais para a sua rede própria, ampliando o espaço da rede privada (PUGIN; NASCIMENTO, 1996, p. 4-5).

O arranjo público-privado absorveu em grande parte as demandas por assistência à saúde da classe trabalhadora formal por alguns anos, mas, na década de 1980, em especial na sua segunda metade, as fissuras começaram a aparecer e, junto delas, os descontentamentos. Os usuários dos serviços geridos pelo Inamps eram formados, em grande parte, pela classe média, um grupo social sabidamente forte na reivindicação de seus interesses. Por um lado, havia a demanda por atendimento médico diferenciado em relação ao provido pelo Estado, com a possibilidade de uso de quartos privados e prestação do serviço com maior celeridade; por outro, com relação ao setor empresarial, havia o interesse em garantir, por intermédio da melhora dos serviços de atenção à saúde prestados, a satisfação dos seus trabalhadores – fator importante para diminuição do absenteísmo e aumento do sentimento de solidariedade em relação ao empregador (MÉDICI, 1992, p. 80-81, 84; BAHIA, 1999, p. 38; OCKÉ-REIS, 2012, p. 157; FARIAS; MELAMED, 2003, p. 590).

Todos os fatores até agora apresentados fizeram com que, na década de 1990, os planos de saúde consolidassem a sua atividade econômica e sofressem forte expansão. A existência de incentivos governamentais desde a sua criação foi motivo determinante para tanto. Ocké-Reis bem resume tais estímulos, dividindo-os em diretos – financiamentos com condições de prazo e de juros muito vantajosas para construção de hospitais[5]; tratamento filantrópico a ope-

---

3. Em 1977, por meio da Lei n. 6.439, instituiu-se o Instituto Nacional de Assistência Médica da Previdência Social (Inamps), desmembrando-se previdência e assistência médica e passando o INPS a cuidar apenas da primeira.

4. Os planos de saúde, portanto, inicialmente concentraram suas atividades na prestação de serviços aos trabalhadores, na qualidade de terceirizados contratados pelo empregador. Estabeleceram-se em um "território de desigualdade", pois eram ofertados apenas aos trabalhadores formais, alijando-se do atendimento à saúde os trabalhadores informais e os desempregados. Lembre-se que, antes da Constituição Federal de 1988, a saúde não era um direito reconhecido como universal no Brasil, e tinham acesso aos serviços públicos somente os trabalhadores contribuintes da previdência social, e aos serviços privados aqueles que contavam com planos de saúde ofertados por seus empregadores (ACIOLE, 2006, p. 170-171). Analisados os dados que serão apresentados ainda neste capítulo, é possível verificar que a relação próxima entre emprego e plano de saúde permanece, mesmo nos dias atuais: a grande maioria das contratações decorre das relações de trabalho e, nas negociações sindicais, o pleito por planos de saúde é frequente.

5. Ainda neste capítulo serão apresentados dados referentes ao uso de recursos públicos para financiamento da rede privada hospitalar, em especial os provenientes do Fundo de Apoio ao Desenvolvimento Social (FAS).

radoras com fins lucrativos, conferindo-se benefícios de ordem fiscal e previdenciária[6] – e indiretos – permissão para que empregadores descontassem parte da contribuição previdenciária por meio de convênios empresa/INPS-Inamps (permanecendo com o Estado a incumbência de prestar os atendimentos de saúde mais caros); e normas jurídicas favoráveis (2012, p. 157-158).

Com a expansão dos planos de saúde, extrapolando as contratações empresariais e atingindo também as famílias, os problemas relacionados à prestação dos seus serviços começam a se evidenciar. Tal fenômeno, associado à omissão do Estado na fixação de regras claras para o funcionamento do setor, criou o ambiente propício para o acirramento dos conflitos: reclamações crescentes de usuários, "quebras" de empresas, negativas constantes de atendimentos, insatisfação dos médicos por terem sua autonomia profissional cerceada, judicialização[7] (TRETTEL, 2010, p. 33-37; ALMEIDA, 1998, p. 13 e 39-40; LOPES, 1998, p. 139-140; SCHEFFER, 2006, p. 18-20).

A regulamentação ocorreu apenas em 1998, quando publicada a Lei n. 9.656. O processo de aprovação da lei foi truncado, assim como de seu início de vigência – foram, no total, 44 Medidas Provisórias que a modificaram. Grupos sociais se uniram a favor da aprovação da lei, em especial grupos de luta contra a AIDS – que também foram pioneiros nas ações judiciais contra exclusões de cobertura –, de defesa do consumidor e entidades de classe médicas (SCHEFFER, 2006, p. 18-20; TRETTEL, 2010, p. 34-37). Em 2000, criou-se agência reguladora específica para cuidar do setor de planos de saúde, a Agência Nacional de Saúde Suplementar (ANS), por meio da Lei n. 9.961.

Mesmo regulamentado e regulado, o setor de planos de saúde ainda é muito conflituoso. As demandas aumentam ano a ano, e se concentram principalmente em questões relacionadas a coberturas e reajustes (TRETTEL, 2012, p. 34-37). O Conselho Nacional de Justiça (CNJ) monitora-o desde 2011 por meio do Fórum Nacional do Judiciário para Monitoramento e Resolução das Demandas de Assistência à Saúde (Fórum da Saúde), tamanho o número de ações, e editou recomendação que trata especificamente do tema – assim como o fez com relação à judicialização de medicamentos e procedimentos no âmbito do SUS[8]. O tema foi objeto da I Jornada do Fórum da Saúde, ocorrida em 14 e 15 de maio de 2014, sendo aprovados 16 enunciados específicos[9]. O Tribunal de Justiça de São Paulo, por sua vez, exarou 14 súmulas sobre o tema[10], e o STJ outras duas, sendo obrigado até mesmo a dizer o óbvio diante da resistência das operadoras e da própria ANS: "O Código de Defesa do Consumidor (CDC) se aplica aos contratos de planos privados de saúde"[11] (TRETTEL; OCKÉ-REIS; DIAS FILHO, 2014, p. 13).

Além de o setor de planos de saúde ser, por si só, fonte de muitos problemas, também é necessário reconhecer que a existência no país de sistemas paralelos e duais, aliada ao subfinanciamento e à falta de sua estruturação completa, desorganiza a prestação dos serviços de saúde. Essa coexistência cria uma tensão entre as diferentes vias de financiamento da saúde, que cindem os esforços para prestação desses serviços no país e, consequentemente, para consolidação do [teoricamente único] sistema de saúde. Por outro lado, a codependência desses dois sistemas parece se intensificar com o passar dos anos, repetindo-se os financiamentos cruzados e os incentivos governamentais que estão na base do próprio surgimento dos planos de saúde: a fonte de financiamento do sistema privado nem sempre foi e nem sempre é somente privada.

2. Tensão público-privado nos conceitos de direito à saúde e de assistência à saúde

A coexistência dos serviços públicos e particulares de saúde não é fenômeno recente e não decorre da

---

6. A questão da concessão de título de filantropia a estabelecimentos de saúde que nada têm de filantrópicos, como famosos hospitais nos quais artistas e políticos costumam se tratar, merece menção, embora não seja objeto deste trabalho, por ainda ser uma das representações da prática do subsídio público à expansão hospitalar privada no país.
7. Diante da inexistência de legislação específica, as ações judiciais sobre planos de saúde, assim como as decisões proferidas pelo Poder Judiciário, tomaram como base legal as disposições do Código de Defesa do Consumidor (Lei n. 8.078/90) sobre boa-fé contratual e controle de cláusulas e práticas abusivas. Tal lei mostrou-se tão adequada para a tutela dos direitos dos usuários de planos de saúde que, mesmo após a regulamentação setorial, continua a ser a que mais baliza as decisões judiciais referentes aos conflitos entre consumidores e operadoras de planos de saúde (TRETTEL, 2010, p. 34 e 97).
8. A Recomendação n. 36 "recomenda aos Tribunais a adoção de medidas visando a melhor subsidiar os magistrados e demais operadores do direito, com vistas a assegurar maior eficiência na solução das demandas judiciais envolvendo a assistência à saúde suplementar".
9. Enunciados disponíveis em: <http://www.cnj.jus.br/images/ENUNCIADOS_APROVADOS_NA_JORNADA_DE_DIREITO_DA_SAUDE_PLENARIA_15_5_14.pdf>. Acesso em: 20 maio 2014.
10. V. Súmulas 90 a 105. Disponíveis em: <http://www.tjsp.jus.br/Download/SecaoDireitoPrivado/Sumulas.pdf>. Acesso em: 20 maio 2014.
11. Súmula n. 469. A outra súmula do STJ sobre plano de saúde é a Súmula n. 302: "É abusiva a cláusula contratual de plano de saúde que limita no tempo a internação hospitalar do segurado".

Constituição de 1988. Como já visto, encontra raízes na própria estruturação da saúde no Brasil e, por consequência, do setor de planos de saúde. As tensões entre as dimensões individual/privada e coletiva/pública são tão presentes em se tratando de saúde que se pode dizer que estão na gênese da própria apreensão do conceito de direito à saúde.

Historicamente, o direito à saúde foi formalmente reconhecido pelos Estados na primeira metade do século XX, começando pela sua constitucionalização e, posteriormente – na esteira da universalização dos direitos humanos –, integrando diplomas internacionais[12].

A Constituição Italiana de 1948 foi a primeira a tratar expressamente desse direito (SCHWARTZ, 2000, p. 117). Em seu art. 32 conceitua o direito à saúde como direito fundamental do indivíduo e interesse da coletividade. Note-se que nesse texto normativo a dualidade da saúde enquanto direito subjetivo e, ao mesmo tempo, direito coletivo, faz-se presente.

Em sede internacional, a Declaração Universal dos Direitos do Homem (1948) afirmou a saúde como direito humano (art. 25-1), sendo os deveres do Estado na prestação dos serviços de saúde assegurados pelas disposições do art. 12 do Pacto Internacional de Direitos Econômicos, Sociais e Culturais (1966).

A forma como o direito humano à saúde é apresentado nesses diplomas normativos evidencia a sua duplicidade; há um viés subjetivo e um social, ou seja, um privado e um público.

Por um lado, a saúde é direito individual, subjetivo, sob a ótica do paciente – que escolhe se deseja ou não se submeter a determinado tratamento – e sob a ótica do profissional de saúde – que, no exercício da sua profissão, pode escolher, entre as alternativas de tratamento existentes, a que julga mais adequada. Por outro lado, a saúde é direito social, coletivo, se tomadas em perspectiva a necessidade de construção de um sistema público de atenção à saúde, as ações de caráter ambiental e de intervenção nas relações de trabalho, a obrigatoriedade de submissão à fiscalização da vigilância sanitária ou, ainda, a compulsoriedade das campanhas de vacinação e de isolamento em caso de determinadas doenças infectocontagiosas (DALLARI, 1988, p. 59; SANTOS, 1977, p. 245-246; AITH, 2007, p. 43; DALLARI; NUNES JÚNIOR, 2010, p. 9).

A difícil coexistência das dimensões coletiva e individual do direito à saúde reverbera quando da sua materialização na prestação de serviços de atenção à saúde. Como a saúde é compreendida pelos indivíduos? O que se espera na prestação dos serviços de atenção à saúde?

Para responder a essas questões, as lições de Giovanni Gurgel Aciole são esclarecedoras (2006, p. 90-118). O autor, ao apresentar interessante construção histórico-filosófica acerca da relação da saúde pública com a medicina, demonstra que os ideais iluministas contribuíram para a cientifização da atenção à saúde, que adquire fortes contornos de prática médico-hegemônica – centralização na figura do médico (medicalização)[13] [14].

Esse movimento de ascensão da medicina científica provocou a sobredeterminação da dimensão individual sobre a coletiva na saúde, com forte foco na doença e emersão exponencial de um grande mercado de insumos, equipamentos e até mesmo de prestação de serviços. O modelo de medicina que prevaleceu – e ainda prevalece – é o de prática autônoma, inserida na tradição liberal (profissional liberal) e de liberdade: liberdade de escolha do paciente associada à autonomia do médico (ACIOLE, 2006, p. 90-118).

A prevalência dessa dimensão subjetiva do direito à saúde mostrou-se historicamente insuficiente. Primeiramente, em razão da prevalência do modelo de atenção à saúde focado na doença e na assistência exclusivamente médica. Segundo, por tal modelo científico tender à atomização do indivíduo e à sua fragmentação por meio das diversas especializações médicas, desprezando-se uma abordagem de saúde que considere o ser humano como um ser complexo inserido em um ambiente. Além disso, tal visão privada da saúde parte do pressuposto de que os indivíduos são igualmente livres na escolha da atenção à saúde e no acesso a ela, o que historicamente se mostrou um engodo (ACIOLE, 2006, p. 90-118).

É nesse cenário que a saúde adquire dimensão de direito social, que exige do Estado uma atuação positiva, prestacional e interventiva, não só na organização de serviços de saúde pública como também na

---

12. Adota-se aqui concepção dos Direitos Humanos como direitos imanentes, decorrentes da própria natureza humana. Todavia, não se pode escapar ao fato de que a sua fundamentalização pelos Estados, ou ao menos o seu reconhecimento em sede de tratados internacionais, confere-lhe o mínimo de coercitividade e exigibilidade tanto interna quanto externa. Nesse sentido, localiza-se a afirmação histórica do direito à saúde, assim como de outros direitos sociais, na primeira metade do século XX. Sobre o tema, v. Comparato (2001) e Sarlet (2001).

13. No mesmo sentido, Fernando Aith (2007, p. 44) indica que a prevalência do discurso médico como o único legítimo sobre saúde e doença vigorou de maneira acentuada até a segunda metade do século XX, sendo o foco científico e ligado às ciências biológicas. Somente ao longo dos anos 60 e 70 as ciências sociais passaram a questionar tal autoridade dos médicos.

14. Sobre a cientifização da medicina e o deslocamento histórico da medicina clássica para a medicina clínica, na qual o indivíduo é visto como um corpo doente que exige intervenção individualizada, vide também Michel Focault (2011).

normatização dos produtos e serviços de saúde.

Conclui-se aqui que, assim como na própria concepção de direito à saúde, na prestação desses serviços a dicotomia público-privado se faz presente. Todavia, ao se estudar o funcionamento do setor de planos de saúde no Brasil, assim como o seu histórico de formação, nota-se que a dimensão individual sempre prevaleceu, não só na organização do setor como também na mentalidade de todos os atores envolvidos: usuários, prestadores de serviço e operadoras de planos de saúde.

A lógica que prevalece é a da assistência medicalizada à saúde, focada na tecnologia e no entendimento da saúde simplesmente como o oposto de doença. Muitas operadoras se organizaram como grupos ou cooperativas de médicos, na tentativa de fortalecimento da atividade desses profissionais liberais em razão da demanda do mercado e do aumento de custos advindos da incorporação de tecnologia.

A mentalidade de quem contrata os planos de saúde, pela natureza da relação estabelecida (contratual), pela forma como os planos de saúde se anunciam e se comercializam, e pela própria concepção de saúde prevalente socialmente, tende a ser individualista e focada na doença, sem preocupação com solidariedade ou com o viés coletivo da saúde. O usuário é visto como um consumidor que busca atendimento para si e sua família caso uma doença se manifeste (MARQUES, 2011, p. 514)[15], sendo forte a presença de sentimento de fuga do sistema público de saúde, seja dos estratos superiores de renda – que não compraram, desde o início, a ideia de um sistema público universal de saúde –, seja dos estratos intermediários e inferiores de renda – que enxergam a "compra" de um plano de saúde como símbolo de ascensão social (BAHIA, 1999, p. 38; BAHIA, 2011; OCKÉ-REIS, 2012, p. 57-58).

Na seara dos planos de saúde, a coletivização parece acontecer somente quando da socialização dos custos da assistência – subsídios e incentivos fiscais, prática de dupla porta em hospitais públicos, resistência de ressarcimento ao SUS pelo atendimento a usuários de planos de saúde e outros temas que ainda serão explorados neste trabalho.

Um dos desafios para a sustentabilidade da atenção à saúde, se mantido o sistema de planos de saúde, passa pelo repensar do próprio modelo, que precisa se abrir para uma visão coletiva e preventiva de saúde, atuando como parte de uma grande e única política pública de saúde, interagindo de maneira colaborativa com o SUS – e não espoliativa, como o faz atualmente –, e reforçando-se a solidariedade intergeracional entre os seus usuários.

3. Duplicidade mitigada e complementaridade invertida: o arranjo brasileiro no financiamento e na prestação dos serviços de saúde

O constituinte de 1988 afirmou pela primeira vez internamente o direito à saúde como direito fundamental, a ser universal e integralmente prestado a todos. Ao detalhá-lo, determinou ao Estado a obrigação de lhe dar concretude por meio do estabelecimento de "políticas sociais e econômicas que visem à redução do risco de doença e de outros agravos e ao acesso universal e igualitário às ações e serviços para a sua promoção, proteção e recuperação" (art. 196, CF).

A Constituição também especificou as ações e os serviços de saúde como serviços de relevância pública, cabendo ao Poder Público o dever de regulamentá-los, fiscalizá-los e controlá-los, mesmo que prestados

---

15. Evidenciando a visão individual de atenção à saúde, focada na doença, que prevalece nas relações entabuladas entre usuários e operadoras de planos de saúde, Claudia Lima Marques conceitua os *contratos* de planos de saúde como "contratos cativos de longa duração, a envolver por muitos anos um *fornecedor* e um *consumidor*, com uma finalidade em comum, que é assegurar para o consumidor o *tratamento* e ajudá-lo a suportar os riscos futuros envolvendo a *sua* saúde, de *sua* família, dependentes ou beneficiários" (grifos nossos). No mesmo sentido o REsp 1053810/SP, rel. Ministra Nancy Andrighi, 3ª Turma, j. 17.12.2009, que pode ser visto como um resumo do entendimento do Superior Tribunal de Justiça acerca da natureza do *contrato* de plano de saúde – focado (1) na doença, (2) na promessa de atenção à doença [e não à saúde], evento futuro e incerto, do consumidor e dos seus, (3) na necessidade de cumprimento desta promessa pela operadora de plano de saúde, adimplindo o contrato firmado, (4) no usuário entendido como consumidor contratante de um serviço, e (5) na defesa da autonomia médica: "O objetivo do *contrato* de seguro de assistência médico-hospitalar é o de *garantir a saúde do segurado* contra evento futuro e incerto, desde que esteja prevista *contratualmente* a cobertura referente a determinada *patologia*; a seguradora se obriga a indenizar o segurado pelos custos com o *tratamento* adequado desde que sobrevenha a *doença*, sendo esta a finalidade fundamental do seguro-saúde. *Somente ao médico que acompanha o caso é dado estabelecer qual o tratamento adequado para alcançar a cura ou amenizar os efeitos da enfermidade que acometeu o paciente*; a seguradora não está habilitada, tampouco autorizada a limitar as alternativas possíveis para o restabelecimento da saúde do segurado, sob pena de colocar em risco a vida do consumidor. Além de ferir o fim primordial do *contrato* de seguro-saúde, a cláusula restritiva de cobertura de transplante de órgãos acarreta desvantagem exagerada ao segurado, que celebra o pacto justamente ante a imprevisibilidade da *doença* que poderá acometê-lo e, por recear não ter acesso ao procedimento médico necessário para *curar-se*, assegura-se contra tais riscos. Cercear o limite da evolução de uma *doença* é o mesmo que afrontar a natureza e ferir, de morte, a pessoa que imaginou estar segura com seu *contrato* de 'seguro-saúde': se a ninguém é dado prever se um dia será acometido de grave *enfermidade*, muito menos é permitido saber se a *doença*, já instalada e galopante, deixará de avançar para o momento em que se torna necessário procedimento médico ou cirúrgico que não é coberto pelo seguro médico-hospitalar *contratado*" (grifos nossos).

pela iniciativa privada, e traçou as diretrizes e competências do SUS: universalidade, unicidade, regionalização e hierarquização de rede, descentralização na prestação dos serviços, integralidade e participação social.

Ao mesmo tempo em que criou um sistema único e universal de saúde, a Constituição manteve, com o disposto no art. 199[16], o modelo dual anteriormente vigente de financiamento e prestação de serviços de saúde, incorporando a tensão entre o público e o privado que historicamente permeou o setor saúde no país. Tal modelo permite às instituições privadas "participar de forma complementar do sistema único de saúde, mediante contrato de direito público ou convênio" (art. 199, § 1º), assim como a prestação direta de serviços à população.

São, portanto, duas as formas de participação da iniciativa privada na saúde: complementando a estrutura do SUS, como prestadores de serviços contratados pelo Poder Público ou com ele conveniados; ou concorrendo com o sistema público por meio da oferta aos indivíduos de um aparato paralelo de atenção à saúde formado tanto pela venda direta de serviços de saúde[17] quanto pelos planos de saúde.

Assim como a Constituição reconheceu e perpetuou a simbiose do público e do privado na concepção da política pública de saúde e na prestação dos serviços, abrindo espaço para a continuidade da atuação privada na saúde[18], a legislação infraconstitucional corroborou o modelo, em especial através das Leis n. 9.656/1998 – regulamentação dos planos de saúde – e n. 9.961/00 – criação da Agência Nacional de Saúde Suplementar (ANS).

Chamam a atenção o modelo e a nomenclatura adotados pela legislação setorial de planos de saúde. Estes são denominados de "saúde suplementar" em ambas as leis citadas, e a própria agência reguladora tem o nome de Agência Nacional de *Saúde Suplementar*. As regras referentes ao setor, portanto, partem do pressuposto de que os planos de saúde suplementam algo, ou seja, "suprem o que falta, complementam, adicionam"[19]. O que suplementariam? Em tese, a saúde pública.

Mas seriam os planos de saúde efetivamente suplementares ao SUS, ou seja, a eles caberia adicionar algo que falta aos serviços prestados pelo Sistema Único de Saúde?

Na tentativa de compreender o papel dos planos de saúde em relação à saúde pública, a Organização para a Cooperação e Desenvolvimento Econômico (OCDE) produziu em 2004 uma proposta de taxonomia. O objetivo da construção de tal nomenclatura era o de subsidiar a análise das alternativas de financiamento público e privado de saúde em sistemas mistos – nos quais coexistem serviços públicos e privados, como o do Brasil – e a coleta de dados nesse tema.

O documento considera, para a classificação dos planos de saúde, quatro critérios: se os recursos de financiamento do plano de saúde são públicos ou privados; o nível de compulsoriedade na adesão ao plano; se a adesão é grupal ou individual; e o método de cálculo do valor do prêmio (p. 2). As coberturas dos planos de saúde (*Private Health Insurance-PHI*) existentes no mundo são classificadas em: primárias (substitutivas ou principais), duplicadas, complementares ou suplementares[20].

Segundo tal classificação, são consideradas primárias as coberturas em que o plano de saúde repre-

---

16. "A assistência à saúde é livre à iniciativa privada."
17. Médicos e outros profissionais de saúde, laboratórios, hospitais etc. contratados e remunerados diretamente pelos usuários dos seus serviços.
18. Tanto o SUS quanto a previsão referente à liberdade da iniciativa privada na prestação dos serviços de saúde são frutos de emenda popular, ou seja, decorrem de participação popular na Constituinte (LOPES, 2008, p. 28), evidenciando-se como são diferentes e antagônicos as forças e os interesses que se contrapõem na discussão sobre o modelo ideal de atenção à saúde no Brasil. Sobre o tema, Ligia Bahia e Mario Scheffer consideram: "Durante a redemocratização do país, no processo constituinte, a plataforma conservadora dos grupos empresariais privados foi confrontada com a agenda reformista do movimento sanitário. Prevaleceu a concepção da relevância pública da saúde, mas o rótulo do privado complementar passou a abrigar segmentos empresariais de distintas naturezas e competências, que agem fortemente na regulação do sistema de saúde, com impacto no financiamento, na gestão, no acesso e na assistência a saúde". (BAHIA; SCHEFFER, 2013, p. 97).
19. V. definição de "suplementar" no Dicionário Houaiss.
20. Nas palavras dos técnicos da OCDE (2004, p. 18): "**Primary PHI**: private insurance that represents the only available access to basic health cover because individuals do not have public health insurance. This could be because there is no public health insurance, individuals are not eligible to cover under public health insurance, or they are entitled to public coverage but have chosen to opt out of such coverage: – **Substitute**: private insurance for health costs, which *substitutes for cover which would otherwise be available* from a social insurance or publicly financed insurance or employer's scheme. – **Principal**: private insurance for health costs, which for the insured individual represents the *only available access* to cover where a social security scheme does not apply. This includes employer's compulsory schemes if cover is privately insured or self-insured. **Duplicate PHI**: private insurance that offers cover for *health services* already included under public health insurance. Duplicate health insurance can be marketed as an option to the public sector because, while it offers access to the same medical services as the public scheme, it also offers access to different providers or levels of service, such as: i) access to private health facilities that are not accessible through public insurance when the full cost of the service is paid by private insurance; ii) access to fast/privileged cover by bypassing queues in public system; iii) Access to care independent from referral and gatekeeper systems; iv) choice of doctor, hospital,

senta a única forma de garantia da saúde básica pelo indivíduo, pois ele não tem acesso a um seguro de saúde público – seja pela sua inexistência (cobertura principal) ou, em caso de existência, por ser o indivíduo inelegível ou ter se excluído por opção (cobertura substitutiva). As coberturas duplicadas dos planos de saúde se dão nos casos em que o plano de saúde cobre aquilo que já é coberto pelo seguro de saúde público. Nesses casos, os usuários são atraídos pela possibilidade de acesso a prestadores de serviço diferenciados, por facilidades, como a escolha do médico e do hospital, ou pela maior rapidez no atendimento. O plano de saúde complementar, por sua vez, é aquele que complementa coberturas oferecidas pelo serviço público de saúde, nos países em que o cidadão é chamado ao copagamento ou não é totalmente reembolsado pelo governo dos gastos que teve com saúde. Ou seja, é um modelo que se aplica aos países em que não vigora o princípio da integralidade, havendo um limite financeiro na cobertura oferecida pelo Estado. Por fim, os planos de saúde no modelo suplementar proveem cobertura para serviços adicionais não cobertos pelo sistema público.

Nessa taxonomia, a suplementação da atenção à saúde pública incluiria, por exemplo, *upgrade* na qualidade das acomodações hospitalares, escolha de prestadores de serviços, cuidados em longo prazo, reabilitação, coberturas de medicamentos ou de tratamentos odontológicos etc.

Embora alguns dos elementos da classificação da OCDE estejam presentes nos planos de saúde brasileiros, não é possível realizar um enquadramento perfeito da estrutura de saúde brasileira em nenhuma das nomenclaturas propostas. A maior proximidade se dá com a cobertura em duplicidade, não havendo correlação, na essência, com o que a OCDE chama de cobertura suplementar.

É bem verdade que interessantes estudos sobre o mix público-privado na saúde do Brasil foram realizados, não sem apresentação de críticas, tomando como base a classificação proposta pela OCDE, merecendo menção os trabalhos de Isabela Soares Santos (SANTOS, 2011; SANTOS, 2009; SANTOS; UGÁ; PORTO, 2008). Mas tal classificação mostra-se insuficiente se consideradas as particularidades da realidade brasileira, motivo pelo qual será tomada apenas como elemento de partida para a construção de considerações sobre a forma como política, econômica e normativamente os planos de saúde são regulamentados e regulados no Brasil.

Nota-se no país, desde o nascimento do setor de planos de saúde, que o seu objetivo sempre foi oferecer uma alternativa aos serviços de saúde prestados pelo Poder Público – mesmo quando a cobertura do Inamps e dos modelos que o antecederam restringia-se aos trabalhadores beneficiários da Previdência Social. Essa característica fica ainda mais evidenciada após a Constituição de 1988, quando a saúde passou a ser universal, ou seja, acessível a todo e qualquer indivíduo que se encontre em território brasileiro – mesmo não sendo cidadão brasileiro.

Nesse ponto, é evidente a aproximação do modelo brasileiro, ao menos em tese, daquele que a OCDE entende como duplicado, ou seja, planos de saúde e sistema público oferecem as mesmas coberturas, sendo que o primeiro se vende no mercado como uma alternativa de atendimento rápido e de qualidade ante as dificuldades enfrentadas pelo sistema público.

Todavia, o enquadramento dos planos de saúde brasileiros como de cobertura duplicada, tomando como base a classificação da OCDE, cai por terra se consideradas as peculiaridades locais, a começar pelo fato de que a opção pelo sistema de planos de saúde nem sempre é uma escolha do indivíduo, sendo uma necessidade em razão das deficiências do SUS na localidade (OCKÉ-REIS, 2012, p. 58) ou compulsória em decorrência do seu contrato de trabalho (art. 5º, Resolução Normativa da ANS 195/2009).

Além disso, diante de alguns elementos estruturantes do setor e da própria classificação construída, a duplicidade de cobertura se relativiza: (1) a cobertura dos planos de saúde não é integral, como a do SUS, sendo regida por um rol restritivo de procedimentos cobertos, com tendência à exclusão daqueles mais custosos, como diversos transplantes cobertos pelo sistema público (coração, fígado e pulmão, por exemplo)[21]; (2) mesmo com relação aos procedimentos

---

or other health provider. It does not exempt individuals from contributing to public health insurance. **Complementary PHI**: private insurance that complements coverage of publicly insured services or services within principal/substitute health insurance, which is intended to pay only a proportion of qualifying care costs, by covering all or part of the residual costs not otherwise reimbursed (*e. g.,* co-payments). **Supplementary PHI**: private health insurance that provides cover for additional health services not covered by the public scheme. Depending on the country, it may include services that are uncovered by the public system such as luxury care, elective care, long-term care, dental care, pharmaceuticals, rehabilitation, alternative or complementary medicine, etc., or superior hotel and amenity hospital services (even when other portions of the service (*i.e.* medical component) are covered by the public system)".

21. O rol de coberturas obrigatórias (Resolução Normativa 338/13) é aplicável somente aos contratos celebrados a partir de janeiro de 1999 (contratos novos). Os chamados contratos antigos, celebrados anteriormente a essa data e não adaptados, têm coberturas contratuais restritivas, cuja abusividade já foi exaustivamente reconhecida pela jurisprudência (TRETTEL, 2010, p. 87 e ss.). Apesar disso, as operadoras de planos de saúde insistem em impô-las ao usuário, sob as bênçãos da ANS. Nesse ponto, a suposta cobertura dupla fica ainda mais questionável.

cobertos, os planos de saúde tendem a "empurrar" os seus usuários para os sistemas públicos de saúde mediante negativas de cobertura expressas ou tácitas (que se dão por meio das exigências burocráticas extremas, demora na autorização de procedimentos, liberações parciais de procedimentos etc.), em especial nos tratamentos de alta complexidade (custosos), fazendo com que o SUS desempenhe o papel de assistência complementar aos planos de saúde.

Há, portanto, pelo menos com relação à parte das coberturas – especialmente as mais custosas –, uma falsa duplicidade de cobertura em relação à saúde pública por parte dos planos de saúde. Nesse sentido, pode-se dizer que no Brasil a relação entre planos de saúde e saúde pública é de **duplicidade mitigada**.

Depreende-se da análise dos fatos, ainda, que o setor de planos de saúde age como se o SUS e os recursos advindos dos cofres públicos fossem complementares à sua atividade, em total inversão de papéis. Há no país, portanto, uma relação entre planos de saúde e Estado de **complementaridade invertida**.

A regulamentação e regulação caminham no mesmo sentido, podendo-se classificar a complementação invertida em (1) complementação na atenção à saúde do usuário de planos de saúde e (2) complementação no financiamento.

No primeiro caso indicam-se como evidências: (a) em interpretação diminuidora da abrangência do art. 10 da Lei n. 9.656/1998, a ANS elenca quais são os procedimentos a serem cobertos pelas operadoras de planos de saúde, cria um rol excludente de procedimentos, com cobertura diminuída em relação ao SUS, fazendo com que o usuário de plano de saúde seja obrigado a buscar o SUS a depender da patologia desenvolvida e do tratamento necessário; (b) a arrecadação dos valores relacionados ao ressarcimento ao SUS são irrisórios, demonstrando-se que, mesmo nos procedimentos pelos quais os planos de saúde foram indiscutivelmente remunerados por seus contratantes, a rede pública é utilizada e, na prática, os cofres públicos não são ressarcidos[22]; (c) a rede pública de hospitais e ambulatórios é utilizada como parte da rede credenciada de planos de saúde por meio da prática da dupla-porta.

Com relação à complementação financeira, (a) a legislação cria uma série de "benefícios" fiscais às operadoras que geram a renúncia pelo Estado a recursos que poderiam ser investidos na melhoria da saúde pública; (b) o Poder Público é um dos maiores contratantes de planos de saúde para atendimento de seus servidores, fato que não só causa uma grande injeção de recursos públicos nesta atividade econômica como também beira à imoralidade administrativa.

Isso posto, pode-se afirmar que a legislação regulamentadora do setor de planos de saúde equivoca-se ao chamá-lo de suplementar. E não se trata apenas de questão terminológica, mas sim de uma constatação decorrente da observação de toda a base sustentadora da regulação e da regulamentação setoriais – que parece partir da premissa de que os planos de saúde apenas suplementam o SUS.

A realidade não é essa. A relação da saúde privada com a pública, ao menos em termos de planos de saúde, nada tem de suplementar – apesar do nome que a legislação lhe dá e das políticas construídas como se a suplementaridade existisse –, mas, como já visto, também não se enquadra em qualquer das classificações da OCDE.

A dualidade, mesmo que mitigada, associada ao que aqui se convencionou chamar de complementaridade invertida trazem consequências danosas à estruturação da saúde brasileira. Ao mesmo tempo em que sustentam um sistema que depende fortemente de recursos públicos e espolia o SUS, também trazem outro problema: a política pública de saúde brasileira, que para funcionar adequadamente deveria ser tratada como una no estabelecimento de metas, diretrizes, objetivos e protocolos, é gerida de maneira cindida, como se existissem duas políticas completamente distintas – aquela que se refere ao SUS, gestada pelo Ministério da Saúde, e a referente aos planos de saúde, regulados pela ANS.

O abismo regulatório entre essas "políticas" é enorme, não se verificando uma sincronia entre os atos da agência reguladora e do Ministério, embora teoricamente aquela esteja vinculada a este[23]. O modelo de agências – autarquias especiais com independência – aprofunda a dissonância entre os órgãos, não sendo muitas as notícias de que estes buscam uma atuação conjunta. Um exemplo gritante reside na elaboração de rol de coberturas obrigatórias e protocolos

---

22. O ressarcimento ao SUS, sobre o qual se tratará à frente, consiste no dever dos planos de saúde de reembolsar ao SUS os gastos com atendimento à saúde de seus usuários. Funda-se na vedação do enriquecimento sem causa, considerando-se que os planos de saúde receberam para atender os seus usuários, mas, por motivos diversos – muitos deles relacionados à negativa expressa ou indireta de cobertura – não o fizeram. A legislação relacionada ao ressarcimento ao SUS incorpora, em parte, a ideia de duplicidade mitigada, pois somente considera ressarcíveis as coberturas contratualmente cobertas.

23. As duas estruturas sequer se encontram geograficamente próximas, sendo a ANS a única agência reguladora federal cuja sede se encontra no Rio de Janeiro, e não em Brasília.

de atendimento: ANS e Ministério da Saúde discutem o tema apartadamente e têm diretrizes diferentes[24].

Em conclusão: quando se trata de financiamento e atenção à saúde, recursos públicos acabam por subsidiar a atuação dos planos de saúde, muitas vezes de maneira não transparente; mas, na estruturação da política de saúde do país, que para ter sucesso precisa de apontamentos únicos e claros, planos de saúde e SUS são encarados como realidades completamente diversas e apartadas.

A perpetuação desse relacionamento promíscuo entre o público e o privado na política de saúde brasileira tem como consequência o aprofundamento das desigualdades sociais. É notório que os recursos públicos são limitados, e não há interesse público em utilizá-los para financiar uma prestação de serviço que somente um quarto privilegiado da população acessa[25]. Quem forma esse grupo populacional? Principalmente os mais abastados e inseridos no mercado formal de trabalho[26]. Além disso, a própria subsistência do SUS fica ameaçada na medida em que se reforça a atuação paralela entre dois sistemas distintos de atenção à saúde.

A fim de detalhar as relações entre o privado e o público e suas implicações para a sustentabilidade da política de saúde brasileira, passa-se a apresentar nos tópicos seguintes alguns dos principais temas nos quais a discussão se dá.

4. Ressarcimento ao Sistema Único de Saúde

Como já visto, embora em um momento inicial o estudo da saúde no Brasil cause uma sensação de falta de sintonia entre os planos de saúde e o SUS, essa não é uma verdade quando se trata de financiamento. Nesse ponto, ainda subsistem mecanismos de subsídio do setor privado com recursos públicos, repetindo-se o modelo de saúde historicamente adotado. Um exemplo é a utilização da rede pública para a prestação de serviços para os usuários de planos de saúde.

Obrigados pela legislação ao atendimento de todas as doenças listadas pela Organização Mundial da Saúde[27] e submetidos a um extenso, mas não exaustivo, rol de coberturas obrigatórias da ANS[28], os planos de saúde por vezes falham no provimento desses serviços, principalmente se o paciente necessita de procedimentos custosos, como tratamentos de câncer, transplantes e hemodiálises. Seus usuários buscam o SUS para o suprimento de tal omissão. Há, ainda, procedimentos não cobertos pelos planos de saúde, seja por sua ausência no rol de coberturas obrigatórias (como transplantes de coração, fígado e pulmão), seja pelo contrato possuir limitações de cobertura – caso dos contratos antigos[29]. Mais uma vez, o usuário de plano de saúde busca a estrutura do SUS, desta vez para que este complemente a cobertura do seu plano.

---

24. Em relatório de 2009, decorrente de auditoria realizada na ANS, o TCU constata, no que diz respeito ao ressarcimento ao SUS, "a inexistência de acompanhamento efetivo pelo Ministério da Saúde. Como a ANS firmou Contrato de Gestão com o Ministério da Saúde, no qual são pactuadas metas de desempenho, deveria haver parecer do Ministério da Saúde avaliando o desempenho da ANS e este inexiste". (BRASIL, 2009).
25. Leia-se essa afirmação considerando que aqui não se está tratando de políticas afirmativas ou políticas de saúde específicas para determinados grupos sociais, como mulheres, idosos ou negros. Obviamente, se aqui se estivesse falando de financiamento público de políticas inclusivas, promotoras de igualdade material, a conclusão seria outra com relação à pertinência de se efetuar gastos públicos expressivos para atendimento a grupos populacionais específicos. Não é o caso do financiamento público de planos de saúde – que é perpetrador de desigualdades.
26. Com relação aos potenciais beneficiários dos subsídios governamentais à atividade dos planos de saúde, em se tratando de pessoas físicas, pode-se indicar os funcionários públicos e, no âmbito privado, aqueles que auferem renda em patamar que exige declaração de imposto de renda (na qual se realizam as deduções referentes a gastos com planos de saúde).
27. Art. 10. É instituído o plano-referência de assistência à saúde, com cobertura assistencial médico-ambulatorial e hospitalar, compreendendo partos e tratamentos, realizados exclusivamente no Brasil, com padrão de enfermaria, centro de terapia intensiva, ou similar, quando necessária a internação hospitalar, das doenças listadas na Classificação Estatística Internacional de Doenças e Problemas Relacionados com a Saúde, da Organização Mundial de Saúde, respeitadas as exigências mínimas estabelecidas no art. 12 desta Lei, exceto:

    I – tratamento clínico ou cirúrgico experimental;

    II – procedimentos clínicos ou cirúrgicos para fins estéticos, bem como órteses e próteses para o mesmo fim;

    III – inseminação artificial;

    IV – tratamento de rejuvenescimento ou de emagrecimento com finalidade estética;

    V – fornecimento de medicamentos importados não nacionalizados;

    VI – fornecimento de medicamentos para tratamento domiciliar;

    VII – fornecimento de próteses, órteses e seus acessórios não ligados ao ato cirúrgico;

    VIII – [revogado];

    IX – tratamentos ilícitos ou antiéticos, assim definidos sob o aspecto médico, ou não reconhecidos pelas autoridades competentes;

    X – casos de cataclismos, guerras e comoções internas, quando declarados pela autoridade competente.
28. Resolução Normativa 338/13 da ANS. Disponível em: <http://www.ans.gov.br/index2.php?option=com_legislacao&view=legislacao&task=TextoLei&format=raw&id=2591>. Acesso em: 13 mar. 2014.
29. São chamados de contratos antigos aqueles que foram assinados até 31 de dezembro de 1998, ficando fora da regulamentação da Lei n. 9.656/98, inclusive quanto às coberturas mínimas. Aplica-se a esses contratos outras legislações, em especial o Código de Defesa do Consumidor (Lei n. 8.078/1990).

Com relação às cláusulas contratuais dos planos de saúde que excluem coberturas, frise-se que é larga e consolidada a jurisprudência que as considera abusivas e, portanto, nulas, determinando que o plano de saúde proceda à cobertura anteriormente negada (TRETTEL, 2010, p. 87 e ss.). Todavia, não são todos os usuários que conhecem seus direitos e, mesmo que os conheçam, que optam pela judicialização do conflito. Muitos, diante das negativas, por medo, impossibilidade ou dificuldade de acesso à Justiça, e até mesmo levando em consideração a quebra da confiança na relação com o plano de saúde, optam por se tratarem no SUS.

Quanto à edição pela ANS de um rol de coberturas obrigatórias, determina o art. 10 da Lei n. 9.656/98 que os contratos devem garantir a cobertura de todas as doenças listadas na Classificação Estatística Internacional de Doenças e Problemas Relacionados com a Saúde, da Organização Mundial da Saúde (OMS), de acordo com a segmentação de cobertura contratada. Determina ainda a lei (art. 10, § 4º) que cabe à ANS definir a amplitude das coberturas, inclusive de transplantes e de procedimentos de alta complexidade. Neste ponto há uma grande discrepância interpretativa. Enquanto a agência entende que essa disposição lhe permite editar um rol exaustivo de procedimentos de cobertura obrigatória, os órgãos de defesa do consumidor compreendem que o rol de procedimentos de competência da ANS deve ser entendido como referência básica para cobertura dos procedimentos por parte das operadoras, em consonância aos princípios do Código de Defesa do Consumidor (BRASIL, 2010a, p. 2). Ou seja, caberia à ANS editar protocolos e diretrizes clínicas, nos moldes do que define a Lei n. 12.401/2011 para o SUS – papel que cabe à Comissão Nacional de Incorporação de Tecnologias (Conitec) –, sendo ilegais todas as suas resoluções que editaram rol restritivo de procedimentos cobertos.

Há, portanto, usuários de planos de saúde que são "empurrados" para o sistema público de saúde em razão de negativas ou ausências (contratuais ou regulamentares) de coberturas. Além disso, usuários dos planos de saúde não deixam de ter o direito subjetivo à saúde, nos termos do art. 196 da Constituição Federal, e podem optar por serem atendidos pelo SUS – que em muitos atendimentos, em especial os de média e alta complexidades, tem maior qualidade e é referência[30].

Para reequilibrar essa balança do financiamento, fazendo com que os custos do tratamento dos usuários de planos de saúde sejam por eles assumidos, a legislação infraconstitucional instituiu o ressarcimento ao SUS, previsto no art. 32 da Lei n. 9.656/1998[31].

A cobrança do ressarcimento embasa-se na vedação do enriquecimento sem causa, e tem encontrado barreiras até mesmo do ponto de vista jurídico. Na Ação Direta de Inconstitucionalidade (ADI) 1.931, ajuizada pela Confederação Nacional de Saúde – Hospitais, Estabelecimentos e Serviços (CNS), dispositivos da Lei n. 9.656/1998 são questionados, entre eles o já referido art. 32[32].

Na ADI n. 1.931 são diversas as alegações de inconstitucionalidades supostamente presentes na lei que regulamenta os planos de saúde, sendo que nem todas interessam ao objeto deste trabalho. Além do que diz respeito especificamente ao art. 32, merece menção a tese construída pela CNS para sustentar que a aprovação da Lei n. 9.656/98 feriu o devido processo legal substantivo.

O devido processo legal, constitucionalmente previsto no art. 5º, LIV, da Constituição Federal, há muito deixou de ser entendido pela doutrina e pela jurisprudência como a mera necessidade de respeito às normas procedimentais formais, sendo necessária concomitantemente a verificação da justeza de todo o processo, assim como do seu produto. Assim, com relação ao processo legislativo ao qual se submeteu uma norma, cabe não só a verificação do cumprimento dos requisitos formais para sua edição, como também da

---

30. Em geral, as insatisfações dos usuários do SUS quanto ao sistema concentram-se em questões relacionadas à dificuldade de acesso ao atendimento, em especial de média e alta complexidades (demoras, falta de médicos), e não à qualidade do serviço depois de superada a barreira do acesso (CONASS, 2003, p. 15; BRASIL, 2007, p. 59). Na última Pesquisa Nacional de Avaliação dos Serviços de Saúde divulgada (período 2004-2006), 93,7% dos usuários manifestaram aprovação quanto ao atendimento recebido, mas reclamaram das questões de acesso, assim como do tempo de visita (BRASIL, 2007, p. 59). Em 2011, pesquisa conduzida pela Ouvidoria do SUS de satisfação com relação à atenção básica e urgências/emergências indicou o mesmo: na maioria dos casos o atendimento foi considerado bom ou muito bom, e os dados coletados mais negativos referem-se à continuidade do tratamento, quando há encaminhamentos de média e alta complexidades (exames complementares, consultas com especialistas) (BRASIL, 2011, *passim*).

31. O art. 32 da Lei n. 9.656/1998 determina que "serão ressarcidos pelas operadoras dos produtos de que tratam o inciso I e o § 1º do art. 1º desta Lei [planos de saúde], de acordo com normas a serem definidas pela ANS, os serviços de atendimento à saúde previstos nos respectivos contratos, prestados a seus consumidores e respectivos dependentes, em instituições públicas ou privadas, conveniadas ou contratadas, integrantes do Sistema Único de Saúde – SUS".

32. Ainda sobre a judicialização do ressarcimento ao SUS, em dezembro de 2010 o STF reconheceu por unanimidade a repercussão geral do Recurso Extraordinário 597.064, que trata do tema. O relator é o ministro Gilmar Mendes e não há notícias de quando ocorrerá o julgamento. Já são muitos os pedidos de ingresso no feito na qualidade de *amicus curiae*, dada a relevância social e jurídica da questão discutida.

sua razoabilidade e proporcionalidade – como, aliás, tem decidido reiteradamente o Supremo Tribunal Federal. Cite-se, exemplificativamente, o acórdão proferido na concessão de antecipação de tutela em caráter liminar na ADI 1.158, no qual o ministro relator Celso de Melo frisou que, em essência, o *due process of law* exige a proteção dos direitos e liberdades do indivíduo de qualquer modalidade de legislação que se revele opressiva ou destituída de razoabilidade, ou seja, que o Estado não pode legislar de maneira imoderada ou irresponsável, sob pena de subverter os "fins que regem o desempenho da função estatal".

Não há dúvidas da importância do devido processo legal substantivo, mas nesse ponto chama atenção a argumentação apresentada pela CNS na petição inicial para sustentar as alegadas irrazoabilidade e desproporcionalidade da Lei n. 9.656/1998: haveria uma "absurda transferência do dever do Estado de prover a saúde para a iniciativa privada [...]" porque a lei "determinou tamanha abrangência de cobertura obrigatória por parte das operadoras de planos de saúde que vai culminar por, em uma só tacada, inviabilizar o segmento e prejudicar seriamente o consumidor".

O discurso carregado de valores liberais da confederação representante das operadoras de planos de saúde na ação judicial – liberalismo aqui entendido como aquele da origem do conceito, no século XVIII, no qual se rechaçava completamente a intervenção estatal – evidencia que o setor interpreta ser o seu papel operar na lógica da duplicidade amplamente mitigada em relação ao sistema público de saúde, entendendo a regulação estatal como ingerência na sua atividade negocial. Além disso, as palavras das operadoras mostram-se dissonantes com a história da regulamentação: foram os constantes abusos das empresas, muitos deles judicializados, que levaram à edição da referida lei, pleito antigo de diversos movimentos de defesa de direitos, inclusive de consumidores (SCHEFFER, 2006, p. 18 e ss.; TRETTEL, 2010, p. 29 e ss.).

No que diz respeito especificamente ao ressarcimento ao SUS, a CNS repete o argumento do devido processo legal substantivo e acrescenta a alegação de que o ressarcimento teria caráter tributário – fato que geraria inconstitucionalidade formal por ser a Lei n. 9.656/1998 uma lei ordinária, e não lei complementar conforme exigem os arts. 154, I, e 195, § 4º, da Constituição Federal.

Entendeu o STF, unanimemente, quando do julgamento em 2003 do pedido de antecipação de tutela na ADI 1.931 – a ação, passados mais de quinze anos de seu ajuizamento, ainda não teve seu mérito apreciado –, que o ressarcimento ao SUS não ofende a proporcionalidade, posto que os valores restituídos referem-se a serviços que o plano de saúde se obrigou contratualmente a prestar ao seu usuário, o que não fez – restando ao SUS esse papel. Ressaltou o Tribunal que não há atentado ao devido processo legal e que a argumentação acerca do caráter tributário da cobrança não tem "nenhuma consistência"[33].

Embora a decisão do Supremo não tenha tratado textualmente da natureza do ressarcimento ao SUS, aponta para a vedação do enriquecimento sem causa por parte das operadoras como um dos fundamentos do art. 32 da Lei n. 9.656/1998[34].

A teoria da vedação do enriquecimento sem causa parte do pressuposto de que, para um enriquecimento ser considerado legítimo, deve se embasar em justa causa. Assim, se uma pessoa, física ou jurídica, enriquece em detrimento de outra, há injustiça, imoralidade e comportamento contrário ao Direito sob o aspecto da equidade e dos princípios gerais do Direito, motivos pelos quais os valores recebidos indevidamente devem ser devolvidos (REIS, 2005, p. 54-55). A jurisprudência e a doutrina já aceitavam a vedação do enriquecimento sem causa sob a égide do Código Civil de 1916, considerando-o princípio implícito (BDINE JR., 2008, p. 888); o art. 884 do Código Civil de 2012 incorporou-a expressamente à legislação.

No caso das operadoras de planos de saúde cujos usuários são atendidos pelo SUS, a existência de um contrato lícito garante a existência de uma causa, mas não necessariamente uma justa causa. A operadora recebe as mensalidades para prestar serviços quando o contratante deles necessitar. Se, havendo tal necessidade, a operadora não os presta, cabendo ao SUS fazê-lo, a empresa privada enriquece injustamente, incorpora os valores auferidos com as mensalidades ao seu patrimônio, em detrimento do SUS e de toda a coletividade. Assim, também restariam feridos os princípios constitucionais da solidariedade (art. 3º, I) e da igualdade (art. 5º *caput*).

---

33. Também se manifestou definitivamente sobre o ressarcimento ao SUS o Tribunal Regional Federal da 2ª Região, editando a súmula n. 51: "O art. 32 da Lei n. 9.656/98, que trata do ressarcimento ao Sistema Único de Saúde (SUS), é constitucional. O ressarcimento ao Sistema Único de Saúde é obrigação legal de natureza não tributária, e a operadora de plano de saúde tem o dever legal de indenizar o Erário pelos valores despendidos com os seus consumidores quando estes forem atendidos em estabelecimentos hospitalares com financiamento público, ocorrendo, assim, a recomposição patrimonial devida em consequência de enriquecimento sem causa".

34. Nesse sentido, Claudia Lima Marques, José Reinaldo Lima Lopes e Roberto Pfeiffer: "O Ressarcimento ao Sistema Único de Saúde-SUS, exigido das operadoras para custear os serviços prestados aos seus consumidores e dependentes, não é inconstitucional, pois objetiva, apenas, evitar o enriquecimento sem causa das mesmas" (1999, p. 61).

Quanto à operacionalização do ressarcimento ao SUS, há um sistema eletrônico de cobrança administrado pela ANS, conforme disposições das Resoluções Normativas ns. 251/11 e 253/11 da ANS[35]. A cobrança ocorre quando se verifica a utilização de serviços de atendimento à saúde por usuário de plano de saúde em prestador público ou privado, conveniado ou contratado, integrante do SUS. O levantamento dos atendimentos realizados é feito pela agência mediante o cruzamento de bancos de dados das unidades prestadoras de serviços vinculadas ao SUS com as informações cadastrais das operadoras de planos de saúde. Consideram-se as coberturas contratadas no plano de saúde, e não são realizadas cobranças se o contrato exclui a cobertura – mesmo quando a exclusão é considerada abusiva, o que ocorre muito em contratos celebrados antes de janeiro de 1999, quando entrou em vigor a disposição que estabelece coberturas mínimas da lei que regulamentou o setor (Lei n. 9.656/1998)[36].

Os valores cobrados eram, até dezembro de 2007, baseados em uma tabela criada pela ANS, a Tabela Única Nacional de Equivalência de Procedimentos (Tunep). A partir de janeiro de 2008 os valores cobrados são os praticados pelo SUS multiplicados por um Índice de Valoração do Ressarcimento (IVR), de 1,5[37].

Há, contudo, sérios indícios de que a ANS, responsável pela cobrança e arrecadação dos valores a serem ressarcidos, não o faz satisfatoriamente[38].

O Acórdão da última auditoria realizada pelo Tribunal de Contas da União na ANS, aprovado em 25 de março de 2009, demonstra a extensão do problema: no período avaliado, entre 25 de agosto de 2008 e 5 de setembro de 2008, a principal constatação foi a de que a agência sequer fazia a cobrança, para fins de ressarcimento, dos procedimentos ambulatoriais (Apac) realizados pelo SUS em pacientes usuários de planos de saúde, fazendo-o tão somente com relação às internações hospitalares (AIH). Os valores despendidos, de 2003 a 2007, para pagamento dos atendimentos ambulatoriais de alto custo superaram os das internações hospitalares em mais de R$ 10 bilhões. Consta do relatório de auditoria que a justificativa da agência para não realização da cobrança dos procedimentos ambulatoriais foi a de existência de limitações funcionais e materiais. Todavia, considerou o TCU que, mesmo levadas em conta tais limitações, a ANS optou por processar as AIH em detrimento das Apac, deixando de cobrar aquilo que era mais custoso ao SUS. Concluiu o Tribunal que a situação era injustificável e desrespeitava os princípios da razoabilidade, da moralidade e da eficiência.

As determinações do Tribunal de Contas da União à agência foram de que se passasse a processar e cobrar todos os procedimentos realizados pelo SUS, cumprindo-se o que determina a lei, e que se construísse um cronograma para que o mesmo acontecesse em relação aos procedimentos anteriormente não cobrados.

O TCU constatou que o sistema da ANS era moroso e ineficiente, fazendo com que o ressarcimento, mesmo das internações hospitalares, não acontecesse. Não havia prioridade para essa atividade dentro da agência e os valores cobrados estavam defasados.

Anunciou-se em agosto de 2011, por intermédio do Ministro da Saúde, o início das cobranças pelos procedimentos ambulatoriais de alta complexidade, cumprindo as determinações do TCU com dois anos de atraso[39]. Todavia, a ANS, ao ser questionada para a presente pesquisa sobre dados de ressarcimento ao SUS, informou que "ainda não iniciou o processamento, para fins de ressarcimento, dos atendimentos realizados no Sistema Único de Saúde (SUS) e registrados por meio de Autorização de Procedimento Ambulatorial (Apac) a beneficiários da saúde suplementar".

A agência forneceu os seguintes dados acerca das AIHs cobradas e dos valores efetivamente arrecadados (em quantidade e valores nominais das Guias de Recolhimento da União-GRUs):

---

35. Disponíveis em: <http://www.ans.gov.br/index2.php?option=com_legislacao&view=legislacao&task=PDFAtualizado&format=raw&id=1739> e <http://www.ans.gov.br/index2.php?option=com_legislacao&view=legislacao&task=PDFAtualizado&format=raw&id=1721>. Acesso em: 13 mar. 2014.
36. É o que afirma a ANS em resposta a questionamentos sobre o ressarcimento enviados a fim de coletar dados para a presente pesquisa por meio do Sistema de Acesso à Informação da Controladoria-Geral da União (CGU), nos termos da Lei n. 12.527/2011 (Lei de Acesso à Informação) (protocolo 25820.000864/2014-11). A resposta da ANS data de 2.4.2014 (BRASIL, 2014b).
37. Nota-se que o valor cobrado dos planos de saúde é 50% maior do que o valor pago pelo SUS aos seus prestadores, em uma evidente tentativa de desestimular que operadoras de planos de saúde passem a sistematicamente utilizar a estrutura do SUS para atendimento aos seus contratantes, por ser mais barato do que realizar a contratação de rede de atendimento adequada para prestação de atendimento condizente com o contratado. Reflexões sobre a legalidade dessa diferenciação, todavia, são necessárias.
38. Manifestando-se acerca da questão, a Plenária Final da 14ª Conferência Nacional de Saúde, em sua Diretriz 15, ressalta a necessidade de realização do ressarcimento e da otimização do repasse dos recursos recolhidos aos Estados e Municípios, sugerindo que para tanto se adote como modelo o Cartão SUS. "Diretriz 15 – Ressarcimento ao SUS pelo atendimento a clientes de planos de saúde privados, tendo o cartão SUS como estratégia para sua efetivação, e proibir o uso exclusivo de leitos públicos por esses(as) usuários(as).
39. *Folha de S. Paulo*, p. C1, 30.8.11. Disponível em: <http://acervo.folha.com.br/fsp/2011/08/30/15>. Acesso em: 09 out. 2011.

TABELA 1: AIHs notificadas (em quantidade e valor nominal), cobradas (em quantidade e valor nominal) e recebidas (valor nominal) (2001-2013)

Ano	AIHs notificadas (n.)	AIHs notificadas (R$ milhões)	AIHs cobradas (n.)	AIHs cobradas (R$ milhões)*	AIHs recebidas (R$ milhões)*
2001	82.423	116.64	33.038	41.84	13.54
2002	80.466	116.57	62.538	84.04	25.85
2003	90.249	136.48	34.877	49.16	12.99
2004	162.533	235.60	37.318	52.72	12.88
2005	167.018	240.81	44.885	62.38	14.31
2006	81.645	117.83	52.006	72.45	17.79
2007	91.684	130.46	42.517	58.90	11.07
2008	38.867	57.28	16.423	22.78	7.76
2009	-	-	8.129	11.53	1.20
2010	278.300	478.08	18.474	27.88	9.10
2011	342.163	585.39	127.088	198.67	71.74
2012	394.824	760.40	117.501	183.46	43.79
2013	379.848	832.27	230.432	366.35	118.60
Total	2.190.020	3.804.46	828.808	1.232.16	360.62

* Quantidades e valores nominais das Guias de Recolhimento da União (GRUs), sem acréscimos de juros e multa, de acordo com sua data de vencimento, independentemente da data de pagamento.
Fonte: ANS.

No mesmo questionamento enviado à agência perguntou-se acerca dos valores não pagos e lançados na dívida ativa. Segundo a Procuradoria-Geral da União junto à ANS (Proge), o quadro em abril de 2014 era o seguinte: de 2005 a 2014, aproximadamente 526,5 milhões de reais haviam sido lançados na dívida ativa – quase metade desse valor em 2013; de 2003 a 2014, 1.627 casos de inscrição de operadoras de planos de saúde no Cadastro Informativo dos Créditos não Quitados de Órgãos e Entidades Federais (Cadin).

Note-se que a quantidade de procedimentos cobrados e os valores sofreram modificação substancial após o relatório do Tribunal de Contas da União, provavelmente em razão da forte pressão sofrida pela ANS para aperfeiçoamento dos seus mecanismos de cobrança, que desde então passaram a ser eletrônicos.

Mesmo assim, considerados restritamente os valores que a ANS cobrou, verifica-se que somente 29,26% foram efetivamente arrecadados.

Dos dados apresentados pela Agência não é possível concluir como estão as cobranças de AIHs – se todas as consideradas devidas foram processadas ou não. Considerando-se os números referentes a notificações – que correspondem aos procedimentos identificados como prestados pelo SUS a usuários de planos de saúde, sem as filtragens referentes a cobertura[40] –, pouco mais de 37% gerou cobrança.

Em valores nominais, dos mais de 3,8 bilhões de reais gastos de 2001 a 2013 pelo SUS para atender usuários de planos de saúde apenas em Autorizações de Internação Hospitalar (AIHs), somente 1,23 bilhão de reais foram cobrados e assustadores 360 milhões de reais de fato recolhidos aos cofres públicos, o que não chega nem a 10% do valor inicial. Lembre-se que há a discussão acerca de serem devidos ou não valores referentes a procedimentos não cobertos pelo contrato do consumidor, e também que não estão aqui considerados os valores referentes a Autorizações de Procedimentos Ambulatoriais (Apacs), que o próprio TCU indicou como superiores aos valores de AIHs.

Em resumo: além das difíceis discussões jurídicas acerca da legitimidade da cobrança de ressarcimento ao SUS, ainda não superadas judicialmente, na prática os procedimentos realizados não são todos cobrados e, mesmo os que o sejam, em sua maioria não são pagos.

Há, em todo esse imbróglio, o risco da prescrição. Enquanto o TCU considera que os valores referentes ao ressarcimento não prescrevem, a Advocacia-Geral da União (AGU) – responsável pela Procuradoria que atua junto à ANS, realizando as cobranças judiciais e as inscrições na dívida ativa e no Cadin (cadastro informativo de créditos não quitados do setor público federal) – sustenta que há prescrição quinquenal (BRASIL, 2012a, p.1-3). As operadoras, alicerçadas em parecer elaborado pelo ex-ministro do STF Carlos Velloso, defendem a tese de que a prescrição, nesse caso, é trienal[41].

---

40. Lembre-se que, caso o contrato não cubra o procedimento, a ANS não entende o valor como devido pelo plano de saúde a título de ressarcimento ao SUS, mesmo que muitas cláusulas excludentes já tenham sido exaustivamente consideradas nulas pelo Poder Judiciário.

41. Quanto à divergência entre TCU e AGU, ambas as posições partem da interpretação do art. 37, § 5º, da Constituição Federal ("A lei estabelecerá os prazos de prescrição para ilícitos praticados por qualquer agente, servidor ou não, que causem prejuízos ao Erário, ressalvadas as respectivas ações de ressarcimento") no que tange às ações de ressarcimento decorrentes de prejuízo ao Erário. A AGU interpreta a referida norma concluindo pela prescritibilidade da pretensão de ressarcimento, da mesma forma como ocorre com a prescrição punitiva, aplicando-se o prazo quinquenal do Código Tributário Nacional (AGU, 2012, p. 1-3). Já o TCU interpreta a norma constitucional considerando que, ao seu final, institui-se a imprescritibilidade das ações de ressarcimento do Erário (2009, p. 18-22). As operadoras de planos de saúde, alicerçadas em parecer elaborado pelo ex-ministro do STF Carlos Velloso, defendem que se aplica o artigo 206, § 3º, do Código Civil, segundo o qual a prescrição em casos de enriquecimento sem causa seria trienal, por se tratar de obrigação de caráter indenizatório (VELLOSO, 2010, p. 15-22).

Ora, se as Apacs desde 2000 ainda não foram processadas, muitas delas, segundo tese da Procuradoria que atua na ANS, já estão prescritas.

5. Dupla porta em estabelecimentos públicos de saúde

A utilização da rede do SUS para atendimento dos usuários de planos de saúde, muitas vezes suprindo a sua debilidade de atendimento, é um dos exemplos da inversão de papéis entre o SUS e as operadoras de planos de saúde. Mas não o único. Outra situação a ser considerada, e que também envolve a complementação da estrutura dos planos de saúde pela estrutura financiada pelo SUS, é utilização de hospitais e outros estabelecimentos de saúde públicos pelos planos de saúde para prestação de serviços aos seus usuários, ou seja, como integrantes de sua rede credenciada/referenciada.

A esse fenômeno se dá o nome de "dupla porta", em alusão explícita à criação de entrada diferenciada no estabelecimento de saúde para aqueles que têm planos de saúde. Nessas, o atendimento é mais luxuoso e rápido. As acomodações (quartos) e as filas para acesso aos procedimentos também são diferentes, fazendo-se com que os usuários de planos de saúde sejam atendidos com prioridade em relação aos pacientes do SUS. Mas a estrutura interna utilizada – centros cirúrgicos, equipamentos etc. – é a mesma. A estrutura mais cara, portanto, é custeada pelo SUS. Trata-se de evidente prática discriminatória e atentatória contra os princípios da administração pública.

As condutas adotadas no ressarcimento e na dupla porta não coincidem. Nesse segundo caso, os estabelecimentos de saúde celebram contratos com as operadoras de planos de saúde, passando a fazer parte da sua rede credenciada/referenciada.

Esse modelo tem forte presença no Estado de São Paulo, sendo adotado desde 1992 pelo Hospital das Clínicas da Faculdade de Medicina da Universidade de São Paulo (HC-FMU)[42]. Em 1999, o Ministério Público de São Paulo ajuizou ação contra o HC-FMU, a fim de debelar a prática da porta dupla – que à época se consolidava. A ação, todavia, foi julgada improcedente em 1ª e 2ª instâncias, considerando o relator, o desembargador Eduardo Braga, inexistir violação ao princípio da igualdade, e que "o atendimento mais rápido aos que pagam ou se dispõem a pagar, na verdade, existe, porque a fila é induvidosamente menor, levando-se em conta os demais atendimentos. Ou, como está explicitado, o atendimento pelo Sistema de Saúde é incomparavelmente maior que o atendimento em regime particular". Os julgadores do Tribunal de Justiça de São Paulo, naquele momento (2001), entenderam por unanimidade que a conduta de segregação do atendimento a pessoas em duas vias, a depender da forma de remuneração, não feria a isonomia e seria a premissa para aceitar que uns recebessem atendimento antes de outros – porque a fila do atendimento particular andou mais rápido do que a do SUS[43].

Em 2010, o Governo Estadual propôs lei para extensão da prática da dupla entrada aos estabelecimentos públicos de saúde administrados pelas Organizações Sociais (OSs). Foram então aprovados a Lei Complementar n. 1.131/2010 e o Decreto n. 57.108/2011. A intenção da lei era a de permitir a reserva de 25% dos leitos dos hospitais aos usuários de planos de saúde, e sua aplicação encontra-se suspensa por decisão liminar de antecipação de tutela desde 1º de setembro de 2011, concedida em ação civil pública também movida pelo Ministério Público de São Paulo[44].

Segundo justificou o governo do Estado de São Paulo, a reserva de leitos nos hospitais públicos visava garantir a pronta remuneração pelos planos de saúde a esses estabelecimentos, que passariam a fazer parte da sua rede credenciada. Seria, assim, um mecanismo diverso do existente na Lei n. 9.656/1998, art. 32, segundo a qual os valores despendidos pelo SUS na atenção ao usuário de plano de saúde devem ser reavidos mediante ressarcimento realizado pela ANS – e posteriormente repassados aos Estados e Municípios.

É bem verdade que o ressarcimento ao SUS operado pela agência reguladora é deficiente e precisa de muitos reparos. Mas há entre o mecanismo da Lei de Planos de Saúde e o sistema proposto pelo Estado de São Paulo uma diferença primordial: este, a fim de atrair os usuários de planos de saúde, trata-os como clientela e oferece vantagens de acesso à estrutura da saúde pública em detrimento da pessoa que usa exclusivamente o SUS. Se a estrutura é a mesma e tem as limitações conhecidas de todos, para que al-

---

42. Conforme informa a petição inicial da Ação Civil Pública movida pelo Ministério Público de São Paulo contra a prática da dupla porta no Hospital das Clínicas. Processo n. 0086760-55.2000.8.26.00000. Disponível em: <http://www.mpsp.mp.br/portal/page/portal/cao_consumidor/acp/acp_mp/acpmp_saude_privado/acpmp_priv_hospitais/99-877.htm>. Acesso em: 10 abr. 2014.
43. V. Apelação Cível 168.840-5/8-00, julgamento em 23.08.2001, Relator Desembargador Eduardo Braga.
44. Processo n. 0029127-38.2011.8.26.0053. No julgamento do recurso contra a liminar o Tribunal de Justiça de São Paulo manteve a decisão de primeira instância (Agravo de Instrumento 0.241.892-22.2011.8.26.0000).

guém tenha atendimento privilegiado outro alguém é tratado como ninguém.

Contra a prática da dupla porta já se manifestaram expressamente as plenárias da 12ª[45] e 14ª[46] Conferências Nacionais de Saúde, além do próprio Conselho Nacional de Saúde por meio da Resolução n. 445/2011[47] e da Recomendação n. 7/2012[48].

A existência de tratamentos diferenciados dentro da estrutura pública de saúde é discriminatória, fere frontalmente o princípio da igualdade (art. 1º, III; art. 3º, IV; art. 5º, *caput*, todos da Constituição Federal), o próprio direito à saúde e a dignidade da pessoa humana. Embora a estrutura pública de saúde esteja aberta ao acesso de toda e qualquer pessoa, são aqueles que não podem pagar por atendimento particular que dela mais dependem. Portanto, não bastasse a desigualdade social, essas pessoas são novamente penalizadas por terem o tratamento adiado em razão de sua condição social – mesmo que a sua condição de saúde e a sua urgência em ser atendido sejam as mesmas que as daqueles que têm plano de saúde ou pagam o tratamento diretamente.

A saúde pública é estruturada para o atendimento de toda e qualquer pessoa que a ela recorrer. Qualquer tratamento diferenciado em razão de pagamento por esses serviços também fere o princípio da universalidade (art. 196, CF e art. 2º, § 1º, Lei n. 8.080/1990), além de atentar contra o princípio administrativo da impessoalidade[49].

Por esses motivos, quando do ajuizamento da segunda ação civil pública pelo Ministério Público Estadual de São Paulo sobre a prática da dupla porta, os entendimentos da 1ª instância, assim como do Tribunal de Justiça, foram diversos – ao menos no julgamento do pedido de antecipação de tutela em caráter liminar.

Conforme o voto do relator do Agravo de Instrumento interposto contra a decisão liminar de 1ª instância, desembargador José Luiz Germano, permitir o atendimento reservado a pacientes portadores de planos de saúde na estrutura pública representa risco para o sistema público de saúde. Há iniquidade caso as operadoras de planos de saúde "recebam as prestações de seus clientes, mas na hora dos gastos, em especial os mais elevados (alta complexidade), a conta seja debitada ao setor público, que é mantido com o dinheiro dos contribuintes, inclusive daqueles contribuintes que não podem pagar pela medicina particular". Ressaltou o desembargador que a cobrança deve se dar contra as operadoras de planos de saúde, conforme as leis já existentes[50].

As lesões aos direitos fundamentais perpetradas em razão da dupla porta extrapolam o campo teórico. Para constatar a discriminação existente, basta uma rápida visita a qualquer dos hospitais universitários ou hospitais ditos filantrópicos que a adotam – entre eles as Santas Casas, Beneficências e equivalentes.

Evidências empíricas foram coletadas em auditoria realizada em outubro de 2010 no Instituto do Coração (Incor) – que faz parte da estrutura da Faculdade de Medicina da Universidade de São Paulo e é administrado pela Fundação Zerbini – pelo Departamento Nacional de Auditoria do SUS (Denasus), do Ministério da Saúde, atendendo a pedido do Ministério Público Federal.

O objetivo da auditoria foi o de verificar, na parte assistencial e organizacional, a "situação do atendimento a pacientes do SUS nos últimos 12 meses, se

---

45. Proposta aprovada 106: "Proibir o atendimento diferenciado aos beneficiários de planos de saúde e particulares nas unidades do SUS e hospitais universitários".
46. Diretriz 15, anteriormente citada.
47. Por meio da Resolução n. 445, de agosto de 2011, o Conselho Nacional de Saúde se posiciona "contrariamente à Lei Complementar n. 1.131/2010, ao Decreto n. 57.108/2011 e à Resolução n. 81/2011, do governo do Estado de São Paulo, que permitem direcionar até 25% dos leitos e outros serviços hospitalares do SUS que têm contrato de gestão com Organizações Sociais, para atendimento a 'pacientes particulares ou usuários de planos de saúde privados'".
48. Na Recomendação n. 7/2012, o Plenário do Conselho Nacional de Saúde reitera o seu apoio à ação civil pública proposta pelo Ministério Público de São Paulo contra a Lei Complementar n. 1.131/2010 e o Decreto n. 57.108/2011, assim como ao juiz que concedeu a liminar que suspendeu as referidas normas. Além disso, considerando o disposto no § 3º do art. 198 da Constituição Federal – referente a valores mínimos a serem aplicados anualmente pela União, Estados, Distrito Federal e Municípios em ações e serviços públicos de saúde –, adverte que, "conforme a Lei Complementar n. 141, de 13 de janeiro de 2012, *não constituem despesas com ações e serviços públicos de saúde aquelas decorrentes da assistência à saúde que não atenda ao princípio de acesso universal; cabendo, portanto, o entendimento da suspensão de recursos*".
49. Sobre o princípio da impessoalidade, v. Mariana Faria Teixeira e Roberto Gomes Patrício (2010-2011).
50. Ainda do voto proferido em sede do julgamento do Agravo de Instrumento em que o Estado de São Paulo pleiteava a suspensão da liminar conferida na ação civil pública: "A criação de reserva de até 25% de vagas, no serviço público, para os pacientes de planos de saúde, aparentemente, só serviria para dar aos clientes dos planos a única coisa que eles não têm nos serviços públicos de saúde: distinção, privilégio, prioridade, facilidade e conforto adicional. Não é preciso dizer que tudo isso é muito bom, mas custa muito dinheiro. Quando o dinheiro é particular, tudo bem. *Mas quando se trata de dinheiro público e com risco disso ser feito em prejuízo de quem não tem como pagar por tais serviços, aí o direito se considera lesado em princípios como igualdade, dignidade da pessoa humana, saúde, moralidade pública, legalidade, impessoalidade e vários outros*". (grifo nosso)

há diferença de acesso entres pacientes do SUS, privados e conveniados, em caso positivo, indicar se há prejuízos e para quem. Se há e como está a fila para atendimento de pacientes do SUS e se existe demanda reprimida para pacientes SUS e outras verificações e avaliações julgadas úteis". Abrangeu atendimentos realizados entre março de 2009 e abril de 2010 (BRASIL, 2010b, p. 4).

Constatou-se que em algumas especialidades, como arritmia, cardiogeriatria, aterosclerose, coronariopatia, hipertensão, lipídes e insuficiência cardíaca, a espera para a consulta pelo SUS variava de oito meses até mais de um ano, com pacientes agendados para outubro de 2011. Assim também ocorria com relação às datas marcadas para realização de exames diagnósticos: ultrassom (fevereiro de 2011), ecocardiograma adulto de estresse (maio de 2011), cintilografia miocárdica com Tálio (setembro de 2011), ecocardiograma infantil (agosto de 2011), ecocardiograma adulto (setembro de 2011), holter 24 horas (outubro de 2011). Os mesmos procedimentos e exames não tinham fila de espera para pacientes de planos de saúde e particulares (BRASIL, 2010b, p. 6).

6. Outras formas de financiamento da atividade econômica das operadoras de planos de saúde pelo Poder Público

São diversas as formas pelas quais as atividades dos planos de saúde são financiadas com recursos públicos, seja por meio de renúncias fiscais, seja pela contratação de planos de saúde para servidores públicos ou por estatais. Sem contar os casos já tratados de falta de ressarcimento ao SUS e prática da dupla porta IDEC; CREMESP, 2007, p. 69-78).

Conforme indica Carlos Octávio Ocké-Reis, a renúncia fiscal envolve "aqueles recursos que o Estado deixa de recolher por meio de Imposto de Renda (IR) na área da atenção médica, associados aos gastos declarados das famílias e dos empregadores" (2012, p. 143).

A realidade de forte atuação política e financeira do Estado em prol das atividades das operadoras de planos de saúde não é historicamente nova, como já indicado anteriormente. Como já visto, o próprio nascimento dos planos de saúde no Brasil coexiste com iniciativas estatais de incentivo da atividade e consequente sucateamento da saúde pública (OCKÉ-REIS, 2012, p. 143; BAHIA, 2007, p. 760).

Não foi diferente durante o processo constituinte e a posterior regulamentação do sistema público universal de saúde que se criava. Duas forças, por muitas vezes antagônicas, delinearam-se: aqueles que defendiam o modelo do SUS, universal e até mesmo mais radical do que o modelo atual – com a titularidade exclusiva dos serviços de saúde pelo Estado e possibilidade de participação da iniciativa privada somente mediante concessões, como ocorre com outros serviços públicos –, e os que propugnavam a manutenção do modelo vigente e a aproximação da atenção à saúde estadunidense. A solução de consenso, intermediária em relação às expectativas de ambos os grupos de pressão, gerou a inclusão do art. 199 na Constituição (LOPES, 2008, p. 28; RODRIGUEZ NETO, 2003, p. 53-54).

A normatização constitucional do SUS não fez com que os profundos embates entre o público e o privado no âmbito da saúde deixassem de existir. Conforme ressalta Ligia Bahia, "a apropriação particular dos bens públicos esteve e continua presente na edificação do sistema privado de saúde" (2007, p. 760). Nessa esteira, no processo de regulamentação do SUS viu-se a ação das forças antagônicas com presença ainda mais forte. Ao mesmo tempo em que se regulamentava o SUS, criavam-se mais normas para incentivos fiscais em Imposto de Renda dos usuários de planos de saúde (BAHIA, 2007, p. 755).

Esse forte embate ideológico acerca dos caminhos que devem ser tomados pela política de saúde tem permeado toda a estruturação dos serviços de saúde desde então. Há um elemento de covencimento dos responsáveis pelas decisões políticas que não se pode ignorar nessa disputa: o financiamento das campanhas pelas operadoras e outros interessados faz com que a bancada no Legislativo e as vozes no Executivo em favor do setor privado não sejam nem um pouco insignificantes. Conforme levantamento realizado por Ligia Bahia e Mario Scheffer, as empresas de planos de saúde destinaram nas eleições de 2010 a quantia de R$ 11,8 milhões em doações para campanhas de 153 candidatos a cargos eletivos, resultando na eleição de 38 deputados federais, 26 deputados estaduais, 5 senadores, 5 governadores e a própria presidente da República (2013, p. 96). Portanto, conhecer quem são as pessoas que defendem este ou aquele ponto de vista dentro das instâncias decisórias é um elemento relevante para compreender a composição de poderes no embate acerca do melhor modelo de saúde para o país.

No tocante tanto à renúncia fiscal quanto ao pagamento de planos de saúde pelo Estado a servidores e funcionários de empresas públicas, uma tese inicial contrária à prática é a de que lesaria a vedação constitucional de destinação de recursos públicos para auxílios ou subvenções às instituições privadas com fins lucrativos atuantes na área da saúde (art. 199, § 2º). Mesmo que se entenda que a vedação constitucional não incide nos referidos casos, há também que se questionar se esse tipo de atuação do Estado em prol dos planos de saúde promove a igualdade. Para fins didáticos, cada um desses pontos será tratado separadamente.

6.1. A vedação constitucional da destinação de recursos públicos a instituições privadas com fins lucrativos na área da saúde

Conforme dispõe o art. 199, § 2º, da Constituição Federal, é vedada a destinação de recursos públicos para auxílios ou subvenções às instituições privadas com fins lucrativos atuantes na área da saúde. Portanto, por expressa previsão constitucional, recursos públicos não podem ser utilizados no financiamento das atividades das operadoras de planos de saúde.

Poderá haver quem afirme que é possível, do ponto de vista interpretativo, entender que a injeção de recursos públicos em atividades privadas por meio de renúncias arrecadatórias e pagamento de planos de saúde a funcionários de estatais e servidores públicos não acarretaria lesão ao texto constitucional. Tais práticas, todavia, são verdadeiros subterfúgios utilizados na busca da continuidade do financiamento com recursos públicos das atividades particulares com fins lucrativos de atenção à saúde. A relação de dependência entre a atividade privada e os recursos públicos permanece, embora tal dado não seja posto com clareza à sociedade – à qual se vende a falsa ideia de que a saúde privada funciona de maneira apartada do Estado e, por isso, teoricamente, prestaria melhores serviços.

Conforme explica Eleutério Rodriguez Neto, a previsão da vedação do art. 199, já nas discussões sobre o modelo de atenção à saúde a ser constitucionalmente previsto[51], objetivava encerrar práticas como a apropriação indevida de recursos públicos por particulares oriundos do Fundo de Apoio ao Desenvolvimento Social (FAS). Tal fundo, criado em dezembro de 1974 pela Lei n. 6.168 e implantado no ano seguinte, objetivava financiar projetos e programas da área social, públicos e privados, na proporção de 70% dos recursos para os primeiros e 30% para os segundos. Todavia, mais de 70% dos recursos em cinco anos de funcionamento foram utilizados para a construção e equipamento de unidades privadas hospitalares situadas no eixo Rio-São Paulo (RODRIGUEZ NETO, 2003, p. 100-101). André Médici ressalta que os empréstimos concedidos pelo FAS eram muito vantajosos por serem praticadas taxas de juros inferiores às cobradas pelo mercado e pela concessão de longos prazos de carência. "Dos US$ 224,1 milhões do FAS destinados ao investimento em saúde no período, cerca de 80% foram canalizados para o setor privado" (1992, p. 107).

Exemplos como esse de outras formas ainda se repetem, mostrando como o financiamento de atividades privadas de saúde pelo Poder Público é uma realidade brasileira. Postas como estão, sem a clareza devida, perpetram iniquidades e desigualdades, inclusive regionais – pois os recursos não são distribuídos isonomicamente pelo território brasileiro –, além de serem fonte de sangria de recursos dos cofres públicos que poderiam ser investidos na melhora da atenção pública e universal à saúde.

Idec e Cremesp, em estudo realizado em 2007, bem indicam que, apesar das discussões acerca da natureza pública ou privada dos gastos com benefícios trabalhistas e planos de saúde, não há dúvidas de que são enquadráveis como recursos públicos os gastos com planos de saúde de servidores públicos federais e os gastos tributários com renúncia fiscal. Segundo o estudo, 10% do total de gastos com planos de saúde no Brasil advêm da soma dos valores despendidos no pagamento de planos de saúde de servidores públicos federais – cujos recursos provêm diretamente do Tesouro Nacional – e das principais empresas estatais (p. 72-73). Segundo o mesmo estudo, entre os usuários de planos de saúde não há homogeneidade, com perfil e qualidade da assistência relacionados ao valor da mensalidade – e os empregados de estatais e servidores públicos federais estão cobertos por planos de saúde com valores de custeio acima da média nacional (p. 76-77).

Ainda sobre a renúncia de arrecadação fiscal em saúde (gastos tributários em saúde), Carlos Octávio Ocké-Reis e Fausto Pereira dos Santos publicaram em 2011 estudo que a estima entre os anos de 2003 e 2006 no Brasil. Os dados apresentados demonstram que, em 2006, em função dos gastos tributários em saúde, o governo federal deixou de arrecadar quase um terço do gasto aplicado em saúde. Ou seja: abriu mão de arrecadar 12,42 bilhões de reais – considerando Imposto sobre a Renda da Pessoa Física e da Pessoa Jurídica (IRPF/IRPJ) e renúncias aplicadas a medicamentos e hospitais filantrópicos –, e o orçamento do Ministério da Saúde no mesmo ano foi de 40,75 bilhões de reais (OCKÉ-REIS; SANTOS, 2011, p. 13-14). Também se constata na pesquisa que, entre 2003 e 2006, enquanto o gasto tributário em saúde

---

51. Nesse ponto, cabe lembrar que as premissas do Sistema Único de Saúde são resultado de intensa mobilização social, cujos pleitos tiveram seu ápice e primeira grande sistematização no bojo da 8ª Conferência Nacional de Saúde, ocorrida em 1986. Sobre o tema, v., entre outros, Rodriguez Neto (2003).

cresceu 73,6%, o gasto do Ministério da Saúde apresentou ritmo menor: 49,9% (OCKÉ-REIS; SANTOS, 2011, p. 14).

Os mesmos autores, ao analisar os gastos tributários em saúde referentes ao IRPF no período entre 2003 e 2006, verificam que a maior parte diz respeito a abatimento de planos de saúde, com alta de 1,9 bilhão de reais em 2003 para 3,2 bilhões de reais em 2006 (2011, p. 13). A renúncia de arrecadação fiscal relacionada a gastos com planos de saúde contribuiu, em 2006, com 11,8% do faturamento do mercado de planos de saúde (2011, p. 15).

Diante de tais dados, é pueril acreditar que o setor de planos de saúde tem funcionado no Brasil sem a forte presença financeira do Estado. A melhor interpretação parece ser a que identifica lesão ao art. 199, § 2º, da Constituição Federal, mas se admite aqui que a questão é controversa e não há uniformidade na doutrina ou manifestação jurisprudencial a respeito.

Mesmo que se entenda que os gastos tributários em saúde não lesam a Constituição, merece reflexão a forma como a relação entre planos de saúde e Estado se dá. Ao mesmo tempo em que a dependência econômica é evidente, com uso dos recursos públicos financeiros e estruturais do Estado, o setor de planos de saúde busca um funcionamento com baixa regulação, característico dos setores que atuam de acordo com as suas próprias forças econômicas.

Nesse ponto, retorna-se à discussão já realizada no item 1.4. Para que as renúncias fiscais na área de planos de saúde sejam minimamente legítimas, as realidades de duplicidade mitigada e complementaridade invertida não podem prosperar: os planos de saúde devem efetivamente substituir o SUS, em todos os atendimentos, e não mais onerá-lo. Ao analisar o comportamento do setor de planos de saúde, e mesmo da legislação e da administração pública quanto à relação entre planos de saúde e Estado, verifica-se uma total incoerência: no momento de imposição de obrigações, o discurso adotado é o de que os planos de saúde são suplementares, mas na fixação de "benefícios" fiscais, são tratados como se sua atuação fosse dúplice em relação ao Estado. Quem garante que aquele que tem plano de saúde, e o abate do seu imposto sobre a renda, não usou e nem vai precisar usar os serviços do SUS ou sua estrutura?

Portanto, além das questões sobre a essencialidade do serviço prestado, que se relacionam à efetivação dos direitos à saúde e à vida, para justificar a maior intervenção estatal no setor de planos de saúde há também que se considerar o fato de que muitos dos recursos injetados nessa atividade econômica são provenientes do próprio Estado.

6.2. A lesão ao princípio da igualdade

As renúncias fiscais e o pagamento de planos de saúde a servidores públicos e funcionários de estatais – assim como a dupla porta em hospitais públicos e a falta de adequado ressarcimento ao SUS, já mencionados anteriormente –, atacam frontalmente o interesse público.

Ao abrir mão de tal montante, subtraindo da arrecadação valores que poderiam ser aplicados na já deficiente saúde pública – única via de acesso à assistência à saúde para os grupos populacionais não favorecidos –, o Estado também reforça a desigualdade social (OCKÉ-REIS, 2012, p. 143).

As deduções do imposto sobre a renda são o exemplo mais explícito da desigualdade perpetrada pelo Estado. Afinal, pobre sequer aufere renda que lhe inclua entre os que estão acima da faixa de isenção de imposto sobre a renda ou, se está entre os que devem recolher tal tributo, não aufere rendimentos a ponto de se beneficiar de abatimentos acima do desconto padrão concedido pela Receita Federal.

Quanto ao imposto de renda de pessoas jurídicas, que nos termos das Leis n. 9.430/1996 e n. 9.249/1996 permite deduções de gastos com planos de saúde dos funcionários, a iniquidade também se coloca. Conforme indica a Secretaria Nacional do Consumidor na Nota Técnica 19/2012, embora nos planos de saúde empresariais das grandes empresas as mensalidades sejam pagas na integralidade, ou, em grande parte, pela própria empresa, é o trabalhador que, ao fim, custeia-o. Ao ser contratado, o trabalhador leva em consideração a remuneração e os demais benefícios que lhe são oferecidos, e o plano de saúde é tido como parte do "pacote". Na prática, o trabalhador aceita um salário menor porque entende o plano de saúde como parte da remuneração – e não aceitaria tal salário se o plano de saúde não estivesse incluso. Tributariamente, para a empresa o plano de saúde é mais interessante do que o pagamento do valor da mensalidade desse plano em forma de salário: por força do art. 458, § 3º, da Consolidação das Leis do Trabalho, benefícios como planos de saúde não integram o salário, não incidindo sobre esse valor tributos, 13º salário etc. (BRASIL, 2014a, p. 133-141). Portanto, além de os gastos com plano de saúde não integrarem a remuneração do empregado, a empresa também ganha por poder abater parte do valor despendido do seu imposto sobre a renda.

As regras referentes à contratação de planos de saúde por empresas, portanto, envolvem uma equação de saldo muito positivo não só para qualquer empresa que contrata planos de saúde para os seus empregados como para as próprias operadoras de planos de saúde – que têm sua atividade negocial fomentada.

Ao concluírem seu estudo sobre gastos tributários em saúde, Carlos OctávioOcké-Reis e Fausto Pereira da Silva ressaltam que nos últimos 45 anos o mercado de planos de saúde se expandiu contando com subsídios públicos, fato que concentra renda e subtrai recursos do setor público. "O aumento da participação do setor público no financiamento da saúde pública se contrapõe à subvenção estatal ao setor privado de saúde, fator gerador de iniquidades, resultando em um acesso fragmentado e desigual dos cidadãos brasileiros ao sistema de saúde" (2011, p. 15).

Da mesma forma, o pagamento de planos de saúde a servidores públicos e empregados de empresas estatais: aqueles que diretamente cuidam dos serviços públicos – inclusive dos serviços de saúde, pois funcionários do Ministério da Saúde, das Secretarias de Saúde e da ANS têm planos de saúde – neles não acreditam e com eles não se comprometem na condição de usuários. Não vivem, assim, a experiência de contato direto com o atendimento público à saúde, no papel de meros cidadãos. Tal prática, portanto, além de representar transferência de recursos dos cofres públicos para os planos de saúde, tem como segundo efeito danoso afastar o funcionalismo público da realidade dos serviços públicos que estão sob os seus cuidados.

Ao fomentar o setor de planos de saúde, o próprio Estado cinde a atenção à saúde no país, criando classes de pessoas com acessos diferenciados aos serviços de saúde.

7. Referências bibliográficas

ACIOLE, Giovanni Gurgel. *A saúde no Brasil*: cartografias do público e do privado. São Paulo: Hucitec; Campinas: Sindicato dos Médicos de Campinas, 2006.

AITH, Fernando. *Curso de direito sanitário*. São Paulo: Quartier Latin, 2007.

ALMEIDA, Célia. *O mercado privado de serviços de saúde no Brasil*: panorama atual e tendências de assistência médica suplementar. Brasília: Ipea, 1998.

BAHIA, Ligia. *Mudanças e padrões das relações público-privado*: seguros e planos de saúde no Brasil. Rio de Janeiro, 1999. Tese (Doutorado em Saúde Pública). Faculdade de Medicina, Universidade Federal do Rio de Janeiro.

____. O que está em jogo na saúde. *O Globo*. Rio de Janeiro, 22 ago. 2011. Disponível em: <http://www.abrasco.org.br/noticias/noticia_int.php?id_noticia=750>. Acesso em: 06 mar. 2014.

____; SCHEFFER, Mario. O financiamento de campanhas pelos planos e seguros de saúde nas eleições de 2010. *In*: *Saúde em Debate*. Rio de Janeiro, v. 37, n. 96, p. 96-103, jan./mar. 2013.

BDINE JR., Hamid Charaf. *In*: PELUSO, Cezar (coord). *Código Civil comentado*: doutrina e jurisprudência. Barueri: Manole, 2012.

BRASIL. ADVOCACIA-GERAL DA UNIÃO. *Despacho conjunto n. 06/2012/DIGEVAT-DIGEAP/CGCOB/PGF/AGU*. Brasília: AGU, 2012a. Disponível em: <http://agu.gov.br/page/content/detail/id_conteudo/233380>. Acesso em: 20 maio 2014.

BRASIL. MINISTÉRIO DA FAZENDA. RECEITA FEDERAL. *Demonstrativo dos Gastos Tributários 2013*. Brasília: Receita Federal, 2012b. Disponível em: <http://www.receita.fazenda.gov.br/publico/estudotributario/BensTributarios/2013/DGT2013.pdf>. Acesso em: 26 abr. 2014.

BRASIL. MINISTÉRIO DA JUSTIÇA. DEPARTAMENTO DE PROTEÇÃO E DEFESA DO CONSUMIDOR (DPDC). *Ofício 8061/2010/DPDC/SDE/MJ*. Encaminhamento à ANS dos resultados da Oficina sobre Planos de Saúde da Escola Nacional de Defesa do Consumidor-ENDC (dezembro/2010). Brasília: Ministério da Justiça, 2010a.

BRASIL. MINISTÉRIO DA JUSTIÇA. SECRETARIA NACIONAL DO CONSUMIDOR (Senacon). *Manual de Planos de Saúde*. Brasília: Ministério da Justiça, 2014a. (Autora: Daniela Batalha Trettel)

BRASIL. MINISTÉRIO DA SAÚDE. ANS. *[Carta eletrônica via sistema de acesso à informação]* 02 abr. 2014b, Rio de Janeiro [para] TRETTEL, Daniela Batalha. São Paulo. 9 f. Informações sobre ressarcimento ao SUS (Sistema de Acesso à Informação 25820.000864/2014-11).

BRASIL. MINISTÉRIO DA SAÚDE. ANS. *Caderno de Informação da Saúde Suplementar*: beneficiários, operadoras e planos. Setembro/2014. Rio de Janeiro: ANS, 2014c.

BRASIL. MINISTÉRIO DA SAÚDE. CONSELHO NACIONAL DE SAÚDE. *12ª Conferência Nacional de Saúde*. Relatório final. Brasília: Ministério da Saúde, 2004. Disponível em: <http://conselho.saude.gov.br/biblioteca/Relatorios/relatorio_12.pdf>. Acesso em: 15 abr. 2014.

BRASIL. MINISTÉRIO DA SAÚDE. CONSELHO NACIONAL DE SAÚDE. *14ª Conferência Nacional de Saúde*. Relatório final. Brasília: Ministério da Saúde, 2012c. Disponível em: <http://conselho.saude.gov.br/14cns/docs/Relatorio_final.pdf>. Acesso em: 15 abr. 2014.

BRASIL. MINISTÉRIO DA SAÚDE. Denasus. *Auditoria 10.209*. Relatório. Brasília: Ministério da Saúde, 2010b. Disponível em: <http://200.214.130.94/denasus/sisaud/atividades/dados_atividades/textos_consulta_publica.php?cod=9813>. Acesso em: 01 abr. 2014.

BRASIL. MINISTÉRIO DA SAÚDE. *Programa Nacional de Avaliação de Serviços de Saúde*. Resultado do Processo Avaliativo 2004-2006. Brasília: Ministério da Saúde, 2007.

BRASIL. MINISTÉRIO DA SAÚDE. OUVIDORIA-GERAL DO SUS. *Relatório da Pesquisa de Satisfação dos Usuários do SUS quanto aos aspectos de acesso e qualidade percebida na atenção à saúde, mediante inquérito amostral*. Brasília: Ministério da Saúde, 2011.

BRASIL. TRIBUNAL DE CONTAS DA UNIÃO. *Relatório de Auditoria TC- -023.181/2008-0*. Avaliação da sistemática adotada para o ressarcimento ao Sistema Único de Saúde (SUS) dos serviços prestados a pacientes beneficiários de planos de assistência à saúde. Brasília: TCU, 2009. Disponível em: <http://www.tcu.gov.br/Consultas/Juris/Docs/judoc/Acord/20090327/023-181-2008-0-MIN-VC.rtf>. [Acórdão do julgamento do relatório (Acórdão n. 502/2009) disponível em: <http://portal2.tcu.gov.br/portal/pls/portal/docs/2045830.PDF> (p. 20-23)]. Acesso em: 09 out. 2011.

COMPARATO, Fabio Konder. *A afirmação histórica dos direitos humanos.* 2. ed. São Paulo: Saraiva, 2001.

CONASS. *A saúde na opinião dos brasileiros.* Brasília: Conass, 2003.

DALLARI, Dalmo de Abreu; DALLARI, Sueli Gandolfi. *El derecho a la salud en la nueva Constitución brasileña.* Washington: OPAS, 1992.

DALLARI, Sueli Gandolfi. Direito à saude. In: *Revista de Saúde Pública.* São Paulo, v. 22, n. 1, p. 57-63, 1988.

____; NUNES JÚNIOR, Vidal Serrano. *Direito sanitário.* São Paulo: Verbatim, 2010.

FARIAS, Luis Otávio; MELAMED, Clarice. Segmentação do mercado e assistência à saúde. In: *Revista Ciência e Saúde Coletiva.* Rio de Janeiro, v. 8, n. 2, p. 585-598, 2003.

FOUCAULT, Michel. *O nascimento da clínica.* 7. ed. Rio de Janeiro: Forense Universitária, 2011.

IDEC; CREMESP. *Planos de Saúde:* nove anos após a Lei n. 9.656/96. São Paulo: CREMESP, IDEC, 2007a (Autores: Andrea Lazzarini Salazar, Daniela Batalha Trettel, Lígia Bahia e Mário Scheffer).

LOPES, José Reinaldo Lima (coord.). Planos de saúde e consumidor: relatório de pesquisa Brasilcon. In: *Revista de Direito do Consumidor.* São Paulo, n. 28, p. 137-156, out./dez. 1998.

LOPES, Júlio Aurélio Vianna. *A carta da democracia:* o processo constituinte na ordem pública de 1988. Rio de Janeiro: Topbooks, 2008.

MARQUES, Claudia Lima. *Contratos no Código de Defesa do Consumidor.* 6. ed. São Paulo: RT, 2011.

____; LOPES, José Reinaldo; PFEIFFER, Roberto Augusto Castellanos. *Saúde e responsabilidade:* seguros e planos de assistência privada à saúde. São Paulo: Revista dos Tribunais, 1999.

MÉDICI, André. Incentivos governamentais ao setor privado de saúde no Brasil. In: *Revista de Administração Pública.* Rio de Janeiro, v. 26, n. 2, p. 79-115, abr./jun. 1992.

OCDE. *Proposal for a taxonomy of health insurance.* OECD study on private health insurance. Paris: OECD, 2004.

OCKÉ-REIS, Carlos Octávio. *SUS:* o desafio de ser único. Rio de Janeiro: Fiocruz, 2012.

____; SANTOS, Fausto Pereira dos. *Mensuração dos gastos tributários em saúde – 2003-2006.* Texto para discussão 1637. Brasília: Ipea, 2011.

PUGIN, Simone Rossi; NASCIMENTO, Vania Barbosa do. Principais Marcos das Mudanças institucionais no setor saúde (1974-1996). In: *Série Didática.* Cedec, São Paulo, n. 1, dez./1996. Disponível em: <http://www.cedec.org.br/files_pdf/DIDATI1.pdf>. Acesso em: 20 maio 2014.

REIS, Otávia Míriam Lima Santiago. *O ressarcimento ao SUS pelas operadoras de planos de saúde:* uma abordagem acerca do fundamento jurídico da cobrança. Dissertação (Mestrado) – Universidade Federal de Viçosa, 2005.

RODRIGUEZ NETO, Eleutério. *Saúde:* promessas e limites da Constituição. Rio de Janeiro: Fiocruz, 2003.

SANTOS, Isabela Soares. *Evidência sobre o mix público-privado em países com cobertura duplicada:* agravamento das iniquidades e da segmentação em sistemas nacionais de saúde. In: *Ciência & Saúde Coletiva.* Rio de Janeiro, v. 16, n. 6, p. 2.743-2.752, 2011.

____. *O mix público-privado no sistema de saúde brasileiro:* elementos para a regulação da cobertura duplicada. 2009. Tese (Doutorado em Ciências na área de Saúde Pública). Escola Nacional de Saúde Pública, Fundação Oswaldo Cruz.

____ UGÁ, Maria Alicia Dominguez; PORTO, Silvia Marta. *O mix público-privado no Sistema de Saúde Brasileiro:* financiamento, oferta e utilização de serviços. In: *Ciência & Saúde Coletiva,* v. 13, n. 5, p. 1.431-1.440, 2008.

SANTOS, Lenir. O poder regulamentador do Estado sobre as ações e os serviços de saúde. *In:* FLEURY, Sônia. *Saúde e democracia:* a luta do Cebes. São Paulo: Lemes Editorial, 1977.

SARLET, Ingo Wolfgang. *A eficácia dos direitos fundamentais.* Porto Alegre: Livraria do Advogado, 2001.

SCHEFFER, Mario. *Os planos de saúde nos Tribunais:* uma análise das ações judiciais movidas por clientes de planos de saúde, relacionadas a negativas de coberturas assistenciais no Estado de São Paulo. 2006. Dissertação (Mestrado em Ciências). Faculdade de Medicina, Universidade de São Paulo.

SCHWARTZ, Germano André D. A efetivação do direito à saúde. *Revista Direito.* Santa Cruz do Sul, n. 13, p. 115-128, jan./jun.2000.

TEIXEIRA, Mariana Faria; PATRÍCIO, Roberto Gomes. *O fenômeno da "fila dupla" ou "segunda porta" no Sistema Único de Saúde e a inobservância ao princípio da impessoalidade:* um exercício de aproximação de conceitos. In: *Revista de Direito Sanitário.* São Paulo, v. 11, n. 3, p. 50-62, nov.2010/fev. 2011.

TRETTEL, Daniela Batalha. *Planos de saúde na visão do STJ e do STF.* São Paulo: Verbatim, 2010.

____; OCKÉ-REIS, Carlos Octávio; DIAS FILHO, Pedro Paulo de Salles. Direito do consumidor: lacuna a ser preenchida pela ANS. *Correio Braziliense,* Brasília, 5 de fevereiro de 2014, p. 13. Disponível em: <http://saude.empauta.com/saude/mostra_noticia.php?cod_noticia=14020513915848180028&utm_campaign=empauta+mail&utm_medium=mail&utm_source=empauta&autolog=eJwzMDAwNjcyMLA0tARShiYGRgamACl6A--2FU--3D>. Acesso em: 20 maio 2014.

VELLOSO, Carlos Mário da Silva. *Parecer:* natureza jurídica do ressarcimento, valor e prazo prescricional. Brasília: 2010. Disponível em: <http://www.emagis.com.br/static/emagis2/arquivos/downloads/parecer-natureza-juridica-ressarcimento-ao-sus-art-9001319.pdf>. Acesso em: 03 abr. 2014.

A Terceirização da Saúde Pública: Uma Análise das Organizações Sociais e o Caráter Complementar da Iniciativa Privada

Liane de Alexandre Wailla[*]
José Ricardo Caetano Costa[**]

Introdução

Este trabalho pretende investigar o processo de terceirização na prestação dos serviços de saúde pública no Brasil, direito social fundamental previsto no art. 6º da Constituição Federal de 1988, a ser garantido diretamente pelo Estado (art. 196 da CF/1988). Entendemos, inicialmente que esse direito à saúde somente poderá ser realizado mediante políticas públicas voltadas ao acesso gratuito, universal e integral pela população atendida, conforme expressamente consignado na Lei n. 8.080/1990 (Lei do SUS). Sempre atentando-se para a eficiência destas políticas, sem a qual resta inócua a fundamentalidade do referido direito.

Não obstante o dever Estatal, constitucional e ordinariamente determinado, já há algum tempo o país vem experimentando a terceirização do setor da saúde, sob o argumento de que, terceirizando-o, a população seria atendida de forma mais eficaz, menos burocrática, além de juridicamente possível. É exatamente em relação a esse último aspecto que versará o presente trabalho: a inconstitucionalidade e ilegalidade da terceirização da saúde no Brasil.

Cumpre, inicialmente, demonstrar a trajetória percorrida pelos legisladores até a materialização da novel forma de disponibilizar os serviços de saúde pública, tendo como ponto de partida o *Plano Diretor da Reforma do Aparelho do Estado*. Esse trabalho foi realizado pelo Ministério da Administração Federal e Reforma do Estado (MARE), no ano de 1995, com vistas a estabelecer diretrizes para a reforma da Administração Pública, em bases modernas. A partir de tal iniciativa, foi editada a MP n. 1591-1, de 06.11.1997, transformada na Lei n. 9.637/1998, criadora das Organizações Sociais – instituições que prestariam os serviços públicos terceirizados pelo Estado, incluindo a saúde.

Uma vez consolidada, no mundo jurídico, referida prática (terceirização de serviços públicos), passa-se a analisar, à luz dos diplomas legais que garantem e protegem a prestação de tal serviço à população, a (i)legalidade e a (in)constitucionalidade da Lei n. 9.637/98. Pretendemos relevar, com efeito, o caráter complementar – e não principal – da participação da iniciativa privada na prestação dos serviços de saúde pública, justificada em razão da eventual insuficiência da capacidade instalada do poder público para atender, satisfatoriamente, a sua demanda.

Feita esta breve introdução, com o intento de corroborar o entendimento perfilhado ao longo do presente trabalho, o qual firmado na contramão de tal prática (terceirização de serviços públicos), colaciona-se

---

[*] Técnica do Ministério Público da União – Procuradoria da República em Rio Grande, RS. Aluna Especial do Mestrado em Direito e Justiça Social da Faculdade de Direito da Universidade de Rio Grande.
[**] Professor Adjunto da Faculdade de Direito da FURG. Mestre em Direito Público (UNISINOS). Doutor em Serviço Social (PUCRS). Pós-doutor em Educação Ambiental (PPGEA/FURG).

exemplo de adoção, *in concreto*, da prestação terceirizada dos serviços de saúde pública. Ao final, analisaremos o julgamento da Ação Direta de Inconstitucionalidade n. 1923, proposta em face da mencionada Lei n. 9.637/98.

1. Histórico: a reforma do aparelho do Estado

No ano de 1995, por meio da elaboração e aprovação do Plano Diretor da Reforma do Aparelho do Estado, na vigência do Governo de Fernando Henrique Cardoso, iniciou-se um consistente trabalho com vistas à terceirização dos serviços sociais, dentre os quais a prestação dos serviços de saúde pública. O objetivo, portanto, era desincumbir o Estado de promover os diversos e variados serviços sociais até então em seu encargo, passando o Estado a assumir a posição de mero regulador de tais serviços, como educação, previdência, assistência social e a saúde[1].

E assim o foi.

O argumento que pairava de forma hegemônica era de que a crise financeira experimentada no Brasil, nas décadas de 80 e 90, tratava-se, também, de uma crise de Estado. Este, por sua vez, "não soubera processar de forma adequada a sobrecarga de demandas a ele dirigidas"[2], ocasionando, assim, dificuldades, senão a impossibilidade, de o Estado continuar a responsabilizar-se pela defesa e promoção dos direitos sociais. O Estado, nesta perspectiva, era "grande" e "pesado" demais, não podendo suportar os elevados custos dos programas sociais. Para tanto, buscando "aliviar" a máquina administrativa, tanto sob o aspecto financeiro (custeio de bens, serviços e pessoal), quanto sob o prisma de sua real eficiência, é que foi proposta a terceirização desses serviços sociais.

A responsabilidade por tal fracasso administrativo/governamental, o Plano Diretor atribuiu à existência de uma administração pública burocrática, consubstanciada no formalismo, na rigidez dos processos de compras e contratação de pessoal e na busca excessiva pelo controle e combate a abusos, por parte dos próprios administradores. E mais, asseverou que tal forma de administrar – burocrática –, foi equivocadamente repetida pelo Poder Constituinte quando da promulgação da Constituição Federal de 1988. Veja-se:

Sem que houvesse maior debate público, o Congresso Constituinte promoveu um surpreendente engessamento do aparelho estatal, ao estender para os serviços do Estado e para as próprias empresas estatais praticamente as mesmas regras burocráticas rígidas adotadas no núcleo estratégico do Estado. A nova Constituição determinou a perda da autonomia do Poder Executivo para tratar da estruturação dos órgãos públicos, instituiu a obrigatoriedade de regime jurídico único para os servidores civis da União, dos Estados-membros e dos Municípios, e retirou da administração indireta a sua flexibilidade operacional, ao atribuir às fundações e autarquias públicas normas de funcionamento idênticas às que regem a administração direta.[3]

Este Plano Diretor cita, como exemplo da malfadada administração burocrática, a estabilidade rígida para todos os servidores civis e, também, aos servidores das fundações e autarquias; a aposentadoria com proventos integrais sem correlação com o tempo de serviço ou com a contribuição do servidor e a existência de controles rígidos para os processos de compras e admissão de pessoal.[4]

Nesta senda, o Plano Diretor assentou que o aparelho do Estado compreende **quatro setores** assim nominados: 1) **núcleo estratégico**: setor em que se definem leis e políticas públicas. Compreende os Poderes Judiciário, Legislativo, Ministério Público, Presidente da República e ministros; 2) **atividades exclusivas**: só o Estado pode realizar, como por exemplo, cobrança e fiscalização dos impostos, polícia, Previdência Social e cumprimento de normas sanitárias; 3) **serviços não exclusivos**: corresponde ao setor em que o Estado atua simultaneamente com outras organizações públicas não estatais e privadas. Cita o caso da educação, saúde e cultura; e 4) **produção de bens e serviços**: correspondente à área de atuação das empresas, caracterizada pelas atividades econômicas voltadas ao lucro.

Com efeito, é justamente com relação ao *setor dos serviços não exclusivos* que viria a grande mudança, mediante a redefinição do papel do Estado, o qual deixaria de ser o responsável direto pelo desenvolvimento econômico e social para fortalecer-se na função de regulador e promotor desse desenvolvimento,

---

1. Sobre as retrações dos direitos sociais previdenciários e assistenciais, a partir de 1990, na perspectiva neoliberal trazida pelo Governo de Collor de Melo, ver COSTA, José Ricardo Caetano. *Previdência: os direitos sociais previdenciários no cenário neoliberal*. Curitiba: Juruá, 2010.
2. "Plano Diretor da Reforma do Aparelho do Estado", p. 10. Disponível em: <www.bresserpereira.org.br/documents/mare/planodiretor/planodiretor.pdf>. Acesso em: 10 out. 2015.
3. Plano Diretor da Reforma do Estado, p. 21, *ibidem*.
4. Plano Diretor da Reforma do Estado, p. 15 e 21.

por meio de um processo de **descentralização** para o setor público não estatal, da execução de serviços competitivos ou não exclusivos do Estado, ao qual denominou de "publicização".

Para concretizar a publicização, criou-se a figura da "propriedade pública não estatal", constituída pelas **organizações sem fins lucrativos – OSs**, que resultariam da transformação de fundações e autarquias vinculadas à Administração Pública, sujeitas, então, ao regime de direito público, mas com maior autonomia gerencial e administrativa.

A ausência de finalidade lucrativa das OS diz respeito à impossibilidade destas em dividir entre seus sócios os excedentes financeiros (lucro) advindos da prestação do serviço, estando obrigada a reinvesti-los no desenvolvimento das próprias atividades. Por outro lado, não há impedimento da cobrança pela prestação dos serviços, desde que os valores resultantes dessa não gratuidade também se incorporem ao patrimônio da OS e aprimorem o desenvolvimento das atividades.

Segundo consta no Plano Diretor, "para o setor não exclusivo ou competitivo do Estado a propriedade ideal é a pública não estatal. Não é propriedade estatal porque aí não se exerce o poder de Estado. Não é, por outro lado, a propriedade privada, porque se trata de um tipo de serviço por definição subsidiado. (...) As organizações nesse setor gozam de uma autonomia administrativa muito maior do que aquela possível dentro do aparelho do Estado."[5].

Não tardou a configurar que a transferência desses serviços ao setor público não estatal constitui um dos principais objetivos da Reforma do Aparelho do Estado, porquanto, assim, "aumentaria a eficiência e a qualidade dos serviços, atendendo melhor o cidadão-cliente a um custo menor"[6].

Tal Plano, contudo, fere diretamente os preceitos constitucionais e legais que regem a Administração Pública e a prestação do serviço público, na medida em que cria institutos paralelos para gerirem recursos públicos e prestarem serviços públicos essenciais, à margem da legislação que os fiscaliza e regulamenta.

No dizer de Maria Sylvia Zanella di Pietro:

> Procuram-se os meios privados de atuação da Administração Pública, porque se entende que o regime jurídico a ela imposto pelo direito positivo impede seu funcionamento adequado. (...) No entanto, paradoxalmente, ao invés de procurar flexibilizar os meios de atuação da Administração Pública, pela alteração dos dispositivos legais e constitucionais que a emperram, prefere-se manter a rigidez do direito positivo e a procura de formas paralelas à margem desse mesmo direito. Por outras palavras, o direito positivo é bom como fachada, como norma escrita, como direito posto, mas ruim como direito aplicado.[7]

Entendemos que foi exatamente nesse viés a edição da Medida Provisória n. 1591-1, de 06.11.1997, posteriormente transformada na Lei n. 9.637, de 15.05.1998 – a lei das Organizações Sociais.

3. Complementar e não substituir: a inconstitucionalidade e ilegalidade da Lei n. 9.637/1998

A Constituição Federal de 1988, já em seu art. 6º, assegura o direito à saúde, consignando, mais adiante, sê-lo *um direito de todos e dever do Estado, garantido mediante políticas sociais e econômicas que visem à redução do risco de doença e de outros agravos e ao acesso universal e igualitário às ações e serviços para a sua promoção, proteção e recuperação (art. 196)*. Infere-se, portanto, ser de responsabilidade do Poder Público a prestação dos serviços de saúde, compartilhada entre os entes federativos, nos termos do art. 23, II, da CF/1988[8]:

Corroborando esse desiderato, o constituinte definiu, expressamente, que o **dever** Estatal na execução dos serviços de promoção do direito à saúde seria realizado pelo Sistema Único de Saúde, atribuindo à União Federal a competência para editar normas gerais, vinculantes aos demais entes federativos, haja vista a competência legislativa concorrente, prevista no art. 24, XII, da Constituição[9]:

---

5. Plano Diretor da Reforma do Aparelho do Estado, p. 43.
6. Plano Diretor da Reforma do Aparelho do Estado, p. 46.
7. Trecho extraído do parecer do I. Subprocurador da República Dr. Wagner Gonçalves, na Conferência Nacional de Saúde *On Line*, Disponível em: <http://susbrasil.net/2011/04/03/parecer-sobre-terceirizacao-e-parcerias-na-saude-publica-2/>. Acesso em: 18 maio 2015.
8. Art. 23 da CF/1988 – É competência comum da União, dos Estados, do Distrito Federal e dos Municípios:
   (...)
   II – cuidar da saúde e assistência pública, da proteção e garantia das pessoas portadoras de deficiência;
9. Art. 24 da CF/1988 – Compete à União, aos Estados e ao Distrito Federal legislar concorrentemente sobre:
   (...)
   XII – previdência social, proteção e defesa da saúde;

Ainda, o constituinte teve o cuidado de determinar qual seria a política de prestação dos serviços de saúde: a do Sistema Único de Saúde – SUS, conforme disposto nos arts. 196 e 198 da Carta Constitucional.[10]

Desse modo, no exercício da incumbência prevista no citado art. 24, XII, da CF/1988, a União editou as Leis ns. 8.080/1990 e 8.142/1990, reafirmando, já no art. 2º da primeira lei, **o dever do Estado** em prover as condições indispensáveis ao pleno exercício do direito fundamental à saúde e definindo-as, em seu art. 4º:

> *Art. 4º da Lei 8.80/90 – o conjunto de ações e serviços de saúde, prestados por órgãos e instituições públicas federais, estaduais e municipais, da Administração direta e indireta e das fundações mantidas pelo Poder Público, constitui o Sistema Único de Saúde (SUS).*
>
> *§ 1º Estão incluídas no disposto neste artigo as instituições públicas federais, estaduais e municipais de controle de qualidade, pesquisa e produção de insumos, medicamentos, inclusive de sangue e hemoderivados, e de equipamentos para saúde.*
>
> *§ 2º A iniciativa privada poderá participar do Sistema Único de Saúde (SUS), em caráter complementar.*

Tudo isso a demonstrar que a prestação dos serviços de saúde pública seria realizada **diretamente pelo Estado**, não podendo, este, afastar-se de tal incumbência. Em não o fazendo, estaria afrontando o espírito da Carta Política de 1988, haja vista a busca da prevalência da igualdade e da justiça social, como valores supremos de uma socidade democrática.

Com efeito, a garantia do acesso igualitário e universal ao direito à saúde, um dos vértices dessa Constituição que se pretende seja pluralista e democrática, passa, necessariamente, pela participação direta e incondicional do Estado na prestação de tais serviços essenciais. O terceiro (empresa privada), entendemos que não tem o peso (legal) e nem a responsabilidade (moral) de prestá-lo, primando por tais valores, restando completamente prejudicada tal garantia constitucional.

Desse modo, não é opcional ao Estado prestá-lo ou não. É seu dever.

Nesse sentido, a lição de Marlon Alberto Weichert:

> (...) ao estipular-se previamente que Estados, Distrito Federal e Municípios atuarão na área de saúde dentro de um sistema único, coordenado (e também fiscalizado) pela União, não há mais, quanto a esse aspecto, decisão política autônoma a ser tomada pelo ente federativo: a própria Constituição Federal já decidiu pela obrigatória participação de todos.[11]

Por outro lado, admitiu o legislador constituinte a participação da iniciativa privada na prestação dos serviços de saúde pública, de forma **complementar** e com vistas a suprir demanda porventura não atendida pelo Estado. Nestes casos, por insuficiência de recursos, material ou pessoal, sendo explícitos os dispositivos legais nesse sentido.

O art. 197 da Carta Republicana, na mesma oportunidade em que considera de relevância pública os serviços de saúde, prevê a sua "execução diretamente pelo Poder Público ou através de terceiros e, também, por pessoa física ou jurídica de direito privado."

A sua interpretação, contudo, há de ser feita em conjunto com o art. 199, que garante que admite a participação da iniciativa privada na saúde, sempre de forma complementar, conforme disposto no parágrafo primeiro desta lei: "§ 1º As instituições privadas poderão participar de **forma complementar** do sistema único de saúde, **segundo diretrizes deste**, mediante contrato de direito público ou convênio, tendo preferência as entidades filantrópicas e as sem fins lucrativos. (grifamos)

E a intenção do legislador em relação à participação complementar da iniciativa privada era tão nítida que tornou a explicitá-la no art. 24 da Lei n. 8.080/90:

> *Art. 24. Quando as suas disponibilidades forem insuficientes para garantir a cobertura assistencial à população de uma determinada área, o Sistema Único de Saúde (SUS) poderá recorrer aos serviços ofertados pela iniciativa privada. Parágrafo único. A participação complementar dos serviços privados será formalizada mediante contrato ou convênio,* **observadas, a respeito, as normas de direito público.** *(grifamos)*

---

10. "Art. 196 – A saúde é direito de todos e dever do Estado, garantido mediante políticas sociais e econômicas que visem à redução do risco de doença e de outros agravos e ao acesso universal e igualitário às ações e serviços para sua promoção, proteção e recuperação."

    "Art. 198 – As ações e serviços públicos de saúde integram uma rede regionalizada e hierarquizada e constituem **um sistema único**, organizado de acordo com as seguintes diretrizes:

    I – descentralização, com direção única em cada esfera de governo;

    II – atendimento integral, com prioridade para as atividades preventivas, sem prejuízo dos serviços assistenciais;

    III – participação da comunidade;

    § 1º – o sistema único de saúde será financiado, nos termos do artigo 195, com recursos do orçamento da seguridade social, da União, dos Estados, do Distrito Federal e dos Municípios, além de outras fontes."

11. WEICHERT, Marlon Alberto. *Saúde e Federação Na Constituição Brasileira*. Rio de janeiro: Lumen Juris, 2004, p. 210.

No mesmo diapasão a doutrina de Maria Sylvia Zanella Di Pietro:

> É importante realçar que a Constituição, no dispositivo citado, permite a participação de instituições privadas 'de forma complementar', o que **afasta a possibilidade de que o contrato tenha por objeto o próprio serviço de saúde**, como um todo, de tal modo que o particular assuma a gestão de determinado serviço. Não pode, por exemplo, o Poder Público transferir a uma instituição privada toda a administração e execução das atividades de saúde prestadas por um hospital público ou por um centro de saúde; o que pode o Poder Público é contratar instituições privadas para prestar atividades-meio, como limpeza, vigilância, contabilidade, ou mesmo determinados serviços técnico-especializados, como os inerentes aos hemocentros, realização de exames médicos, consultas, etc.; nesses casos, <u>estará transferindo apenas a execução material de determinadas atividades ligadas ao serviço de saúde, mas não sua gestão operacional</u>. A Lei n. 8.080, de 19.09.1990, que disciplina o Sistema Único de Saúde, prevê, nos arts. 24 a 26, a participação complementar, só admitindo-a quando as disponibilidades do SUS 'forem insuficientes para garantir a cobertura assistencial à população de uma determinada área', hipótese em que a participação complementar deverá 'ser formalizada mediante contrato ou convênio, observadas, a respeito, as normas de direito público' (entenda-se, especialmente, a Lei n. 8.666, pertinente a licitações e contratos). Isto não significa que o Poder Público vai abrir mão da prestação do serviço que lhe incumbe para transferi-la a terceiros; ou que estes venham a administrar uma entidade pública prestadora do serviço de saúde; **significa que a instituição privada, em suas próprias instalações e com seus próprios recursos humanos e materiais, vai complementar as ações e serviços de saúde, mediante contrato ou convênio.**[12] (grifos nossos)

Verifica-se, portanto, que tanto o legislador constituinte quanto o ordinário previam a participação da iniciativa privada na promoção da saúde pública de forma coadjuvante, com vistas a auxiliar o Poder Público na prestação de serviços que o mesmo não teria condições de ofertar. O objetivo foi o de não deixar a população desassistida em determinado setor/especialidade. Significa que, na prática, o Estado, uma vez superada a sua capacidade máxima de ofertar/disponibilizar determinado serviço, seja por carência material ou pessoal, poderia contratar empresa privada para que esta, com seus profissionais, nas suas instalações, utilizando os seus equipamentos, o fizesse. Caberia às pessoas jurídicas, especialmente filantrópicas e assistenciais, a prestação dos serviços de saúde, já que as empresas viriam suprir aquilo que falta ao Estado ou em que sua intervenção não seria suficiente para assegurar. A participação da iniciativa privada somar-se-ia aos serviços de saúde já disponibilizados pelo Estado, ampliando, pois, a sua oferta. Com isso, restaria cumprido o dever constitucional da universalidade e cobertura da saúde, enquanto direito social fundamental de todo o cidadão.

Todavia, a terceirização preconizada pelo Plano Diretor e concretizada por meio da Lei n. 9.637/1998, vai muito além dessa atuação meramente complementar. Isso porque resta permitida a transferência inclusive dos bens e equipamentos estatais, além de prédios, instalações e até hospitais inteiros, às Organizações Sociais, a fim de que estas os gerenciem segundo normas de direito privado, em verdadeira **substituição** da atuação estatal pela iniciativa privada.

O Plano Diretor, inicialmente, concebeu as Organizações Sociais como entidades criadas a partir da transformação de fundações e autarquias, as quais, ainda que entidades de direito privado, integrariam a Administração Pública Indireta, sujeitando-se, portanto, ao regime de direito público. Contudo, a Lei n. 9.637/1998 fugiu completamente dessa perspectiva, permitindo que qualquer empresa privada, desde que sem fins lucrativos, pudesse candidatar-se a ser uma Organização Social, passando, a partir de então, a prestar serviço público, com o recebimento de recursos públicos, sujeita ao regime de direito privado.

Na verdade, o que ocorreu foi a instituição de um ente público (fundação), criada a partir de um empresa privada, conduzindo-nos a um único entendimento: a Lei n. 9.637/1998 está longe de observar as normas que regem a coisa pública, porquanto lhes são concedidas inúmeras benesses que as afastam da observância às normas básicas de direito público, inclusive dos princípios que regem (devem reger) a Administração Pública, tais como o da moralidade, legalidade e imparcialidade.

Frise-se que, segundo o art. 1º da Lei n. 9.637/1998, restam abrangidas outras áreas do conhecimento ligadas diretamente às Universidades, tais como o ensino, a pesquisa e a extensão: *"o Poder Executivo poderá*

---

12. DI PIETRO, Maria Sylvia Zanella. *Parcerias na Administração Pública.* 4. ed. São Paulo: Atlas, 2002, p. 186, grifos não inclusos.

qualificar como organizações sociais pessoas jurídicas de direito privado, sem fins lucrativos, cujas atividades sejam dirigidas ao ensino, à pesquisa científica, ao desenvolvimento tecnológico, à proteção e preservação do meio ambiente, à cultura e à saúde, atendidos os requisitos previstos nesta Lei."

Tais entidades, como visto, não "nascem" como Organizações Sociais, tratando-se de título jurídico outorgado e cancelado pelo Poder Executivo, com o objetivo único de se habilitarem como tais e viverem exclusivamente por conta do contrato de gestão com o poder público. Esse, aliás, é outro ponto que vai de encontro ao interesse público, uma vez que as Organizações Sociais não precisam comprovar a existência de patrimônio próprio, nem mesmo sede própria a garantir eventual **ressarcimento** à União, por descumprimento do contrato de gestão.

Ademais, permite, a Lei n. 9.637/1998 a possibilidade de a entidade contratar serviços e realizar compras por meio de dispensa de licitação (art. 24, inciso XXIV, da Lei n. 8.666/1993, com redação dada pela Lei n. 9.648/1998), contratação de pessoal sem concurso público, recebimento de recurso público próprios do Estado ou do SUS, cessão de uso de bens móveis, imóveis e pessoal, sem qualquer garantia real para tanto.[13] Todas estas, e outras tantas vantagens, são legalmente previstas ou implícitas, tudo com vistas a transferir para as entidades privadas a prestação do serviço de saúde pública, como forma de reduzir o aparelhamento da Administração Pública, nada obstante o evidente **risco ao patrimônio público e ao direito dos trabalhadores e dos cidadãos.**

Não foi em vão que a Constituição Federal previu a observância a tais dispositivos. Buscou garantir, por certo, a efetiva e obrigatória participação do Estado na prestação dos serviços públicos essenciais, pois que constituem verdadeiros mecanismos de controle da aplicação dos recursos públicos e, na ausência destes, como é o que se verifica na concepção e na prática das Organizações Sociais, a União resta desguarnecida de instrumentos fiscalizatórios da aplicação de seus próprios recursos.

Em outras palavras, as Organizações Sociais estão livres das "amarras"da Administração Pública para **gerir os recursos públicos** conforme melhor lhes aprouver, incluindo, para citarmos dois exemplos: a) a prerrogativa de contratar funcionários independentemente de sua capacitação ou qualificação técnica para o cargo, já que ausente a realização de concurso público para tanto; b) realizar compras e contratar serviços sem a necessidade de, sequer, avaliar a relação custo *versus* benefício do produto/serviços.

A par disso, cabe indagar, qual seria o interesse de uma entidade "sem fins lucrativos", que sequer tem seu próprio patrimônio, e que gere dinheiro que não é seu, em ocupar-se com tais questões, quando de sua gestão? Por que uma empresa privada, que não visa o lucro e administra capital alheio (público), preocupar-se-ia em contratar o melhor profissional ou o melhor serviço para a prestação dos serviços de saúde? Esta é, a nosso ver, a grande questão que envolve a transferência à iniciativa privada da prestação dos serviços públicos, tal como previsto na Lei n. 9.637/1998: **violação à supremacia do interesse público.**

A terceirização preconizada pela referida lei, com todas essas facilidades e liberalidades concedidas às Organizações Sociais, leva a uma única possível conclusão: não só a[14] garantia na prestação de tais serviços foi banida do ordenamento jurídico, como também elevou-se significativamente o **risco na sua prestação com qualidade**, ante à inexistência de mecanismos de controle e fiscalização sobre a tão festejada gestão de serviço público por parte das OS's.

Colhemos, por oportuno, mais uma vez o magistério de Maria Sylvia Zanella di Pietro:

> qual a razão pela qual a Constituição estabeleceu normas sobre licitação, concurso público, controle, contabilidade pública, orçamento e as impôs para todas as entidades da Administração Pública? Será que as impôs porque se entendeu que elas são essenciais para proteger a coisa pública ou foi apenas por amor ao formalismo? E se elas são essenciais, como se pode conceber que, para escapas às mesmas, se criem institutos paralelos que vão administrar a mesma coisa pública por normas de direito privado, inteiramente à margem das normas constitucionais.[15]

Está-se, pois, diante de evidente **privatização do serviço público**, muito embora a malfadada Lei n. 9.637/1998 anuncie, em Programa Nacional de Publicização, qual seria a forma como se daria a substituição

---

13. Art. 4º, inciso VIII e art. 12, §§ 1º e 3º, todos da Lei n. 9.637/1998 e artigo 24, inciso XXIV da Lei n. 8.666/1993.
14. Isso sem falar no custo de toda essa operação. Não dispomos de pesquisas sérias que levantem os custos operacionais dessas Organizações Sociais, contrapondo os custos que o próprio Estado teria se assegurasse estes serviços públicos relativos à saúde.
15. Trecho extraído do parecer do I. Subprocurador da República Dr. Wagner Gonçalves, na Conferência Nacional de Saúde *On-line*, disponível para consulta em <http://susbrasil.net/2011/04/03/parecer-sobre-terceirizacao-e-parcerias-na-saude-publica-2/>. Acesso em: 18 maio 2015. p. 15.

de uma entidade pública pela particular, na prestação de serviços públicos. Isso porque, o próprio dispositivo legal que faz referência a tal Programa, menciona a possibilidade de **absorção** das atividades antes desenvolvidas pelo poder público, pela iniciativa privada.[16]

Dito isso, fica evidente que a Lei n. 9.637/1998 é, ao mesmo tempo, **inconstitucional**, porquanto, ao afastar o Estado da sua incumbência precípua de prestar, diretamente, os serviços de saúde pública, entregando-os à inciativa privada, em flagrante afronta aos arts. 23, 24, 196 e 197 da CF/1988 e, também **ilegal**, na medida em que, sendo esta uma lei ordinária, haveria de manter-se em consonância com a a Lei Complementar n. 8.080/1990. Contudo, seus dispositivos ferem diretamente os arts. 4º e 24 da Lei do SUS, além de desvirtuar-se dos princípios constitucionais insculpidos no art. 37 da Carta Republicana, norteadores da Administração Pública e sustentáculos de uma sociedade livre, justa e solidária.

Tal situação, nada obstante os festejos e as promessas constantes no Plano Diretor da Reforma do Aparelho do Estado acerca da, enfim, eficácia na prestação dos serviços de saúde pública, coloca em risco o patrimônio público e o próprio direito em questão, já que em cheque a sua garantia. Ora, se é a sua essencialidade que o torna serviço **público**, devido pelo Estado, é claro que a atuação da iniciativa privada na prestação destes é meramente coadjuvante, auxiliar.

Por certo que não era (é) esse o papel da iniciativa privada previsto pelo legislador constituinte, a qual dar-se-ia em caráter coadjuvante, quando patente a insuficiência das disponibilidades estatais, valendo-se, então, das instalações próprias da empresa privada para comprar-lhe os serviços de que não dispõe e ofertá-los à comunidade atendida, obedecendo, tais contratos, às normas de direito público, porquanto regulamentadores de serviço público, com recursos públicos.

À época em que publicada a Lei n. 9.637/1998, o Subprocurador da República, Dr. Wagner Gonçalves, elaborou minucioso e rico parecer a respeito (Processo PGR n. 08100.002351/98-15). Na oportunidade, dentre as diversas conclusões alcançadas no trabalho em comento, todas, diga-se, contrárias à propagação da referida lei. Destacamos excerto deste Parecer, *in verbis:*[17] n) a terceirização da saúde, seja na forma prevista na Lei n. 9.637/1998, como nas formas similares executadas pelos Estados – e antes mencionadas –, dá oportunidade a direcionamento em favor de determinadas organizações privadas, fraudes e malversação de verbas do SUS.

Nada obstante o posicionamento já citado, recentemente (D.O.U. 16/04/2015) o Supremo Tribunal Federal julgou a ADI n. 1923, proposta pelo Partido dos Trabalhadores e pelo Partido Democrático Trabalhista, em 1998, contra a Lei n. 9.637/1998, conferindo-lhe interpretação de acordo com a Constituição Federal, bem como ao art. 24, inciso XXIV, da Lei n. 8.666/1993, incluído pela Lei n. 9.648/998.

Nossa Corte Máxima, por maioria, admitiu como constitucionais os contratos de gestão firmados entre o Poder Público e Organizações Sociais nos termos previstos na sua lei de criação (Lei n. 9.637/1998) e entre estas e terceiros, com recursos públicos. Entendeu cabível, também, a dispensa de licitação para contratações e seleção de pessoal pelas O.S.'s em conformidade com seus próprios regulamentos, reportando-se, vaga e abstratamente, à necessária observância aos princípios elencados no *caput* do art. 37 da Constituição Federal de 1988.

Tal julgamento, embora não represente nenhuma novidade, mormente à vista do indeferimento da liminar pretendida na referida ADI, já nos idos de 2007, joga um manto de legalidade sobre a terceirização da saúde, que não tardará a se espalhar por todos os cantos do país. O freio que resta a tal desiderato resume-se às fiscalizações levadas a efeito pelos órgãos de controle (Tribunais de Contas e Ministério Público), a fim de que os contratos de gestão aproximem-se mais dos princípios constitucionais insculpidos no mencionado art. 37 da Carta Magna, tais como os da legalidade, impessoalidade, eficiência e moralidade.

A esse respeito, novamente, Maria Sylvia Zanella Di Pietro muito acertadamente posicionou-se:

> Para que a organização social se enquadrasse adequadamente nos princípios constitucionais que regem a gestão do patrimônio público e que existem exatamente para proteger esse patrimônio, seria necessário, no mínimo:

---

16. "Art. 20 – Será criado, mediante decreto do Poder Executivo, o Programa Nacional de Publicização – PNP, com o objetivo de estabelecer diretrizes e critérios para a qualificação de organizações sociais, a fim de assegurar a **absorção de atividades** desenvolvidas por entidades ou órgãos públicos da União, que atuem nas atividades referidas no art. 1º, por organizações sociais, qualificadas na forma desta Lei, observadas as seguintes diretrizes."

"Art. 22 – **As extinções e a absorção de atividades e serviços por organizações sociais**, de que trata esta Lei, observarão os seguintes preceitos."

17. Disponível para consulta em: <http://susbrasil.net/2011/04/03/parecer-sobre-terceirizacao-e-parcerias-na-saude-publica-2/>. Acesso em: 18 maio 2015.

a) a exigência de licitação para a escolha da entidade;

b) comprovação de que a entidade já existe, tem sede própria, patrimônio, capital, entre outros requisitos exigidos para que uma pessoa jurídica se constitua validamente;

c) demonstração de qualificação técnica e idoneidade financeira para administrar patrimônio público;

d) submissão aos princípios da licitação;

e) imposição de limitações salariais quando dependam de recursos orçamentários do Estado para pagar seus empregados;

f) prestação de garantia tal como exigida nos contratos administrativos em geral, exigência essa mais aguda na organização social, pelo fato de ela administrar patrimônio público.[18]

Cabe, pois, aos órgãos de controle de que o país dispõe exigir o cumprimento, por parte do poder público que pretender adotar tal modelo de gestão, a tais requisitos, a fim de que as OS's, ao menos aproximem-se de entidades juridicamente factíveis e efetivamente capazes de gerir recursos públicos com eficiência e honestidade.

4. Dois estudos de caso: São Paulo, SP e São José do Norte, RGS

Em que pese não seja este o foco do presente trabalho, entende-se pertinente mencionar, brevemente, a situação vivenciada pelo Estado de São Paulo, um dos pioneiros na privatização dos serviços de saúde pública. A reportagem foi extraída do sítio eletrônico "VioMundo"[19], e alguns trechos vão a seguir colacionados:

> Hospitais públicos de SP gerenciados por OSs: Rombo acumulado é de R$ 147,18 milhões. (...)
>
> O símbolo desse processo são as OSs: Organizações Sociais de Saúde. Significa que o serviço de saúde é administrado por uma dessas instituições e não diretamente pelo Estado. Teoricamente as OSs são entidades filantrópicas. Na prática, porém, funcionam como empresas privadas, pois o contrato é por prestação de serviços.

Em que pesem os hospitais públicos não geridos por Organizações Sociais também amargarem crises financeiras, tal situação pode ser atribuída, pelos defensores das OS's, aos formalismos e burocracias inerentes à Administração Pública "tradicional". Mas o que dizer dos hospitais geridos pelas OS's? Estes encontram-se livres das "amarras" da Administração Pública burocrática e, ao menos em tese, deveriam proporcionar um serviço de qualidade e com custo reduzido. Este, afinal, era o propósito pelo qual foi editada a Lei n. 9.637/1998, expressamente consignado nos objetivos do Plano Diretor: proporcionar aos cidadãos-clientes serviços eficientes a custo mais baixo.

Não é o que aconteceu no caso do Estado de São Paulo.

Conforme informado na reportagem em apreço, a qual teria analisado os dados obtidos pelo Sistema de Gerenciamento da Execução Orçamentária de São Paulo (SIGEO): *"de 2006 a 2009, os gastos com as OSs saltaram de R$ 910 milhões para R$ 1,96 bilhão. Uma subida de 114%. No mesmo período, o orçamento do Estado cresceu 47%. Ou seja, as despesas do Estado de São Paulo com a terceirização da saúde cresceram mais que o dobro do aumento do orçamento público."*.

Segundo a mesma fonte, ao analisar o "balanço" publicado por 22 hospitais públicos geridos pelas OS's, referente ao ano de 2010, foi possível constatar que apenas *"04 deles ainda têm patrimônio positivo. Os outros 18 hospitais apresentaram patrimônio negativo, ou seja, passivo maior do que o ativo. Portanto, dos que já divulgaram o balanço de 2010, 80% estão 'quebrados'."*

Compulsando, ainda, os dados publicados no Diário Oficial do Estado de São Paulo, referido *site* elaborou planilha demonstrando que o *déficit* dos hospitais gerenciados pelas OS's, em 2010, alcançou R$ 71,98 milhões e que o valor negativo do total dos 18 hospitais com tal tipo de gestão chega a R$ 147,18 milhões. Por fim, aborda a questão referente à falta de transparência aos contratos firmados entre o Governo do Estado de SP e as OS's, haja vista que os hospitais por elas geridos não atingiram as metas previstas, muito embora tenham percebido incremento financeiro aos contratos originalmente pactuados.

No caso de São José do Norte, pequena cidade do Rio Grande do Sul, às margens da Laguna dos Patos e do Oceano Atlântico[20], o Ministério Público Federal,

---

18. DiPIETRO, Maria Sylvia Zanella. *Direito administrativo*. 24. ed. São Paulo: Atlas, 2011. p. 513.
19. Disponível em: <http://www.viomundo.com.br/denuncias/hospitais-publicos-de-sp-gerenciados-por-oss-a-maioria-no-vermelho.html>. Acesso em: 18 maio 2015.
20. O município de São José do Norte localiza-se na planície costeira do Rio Grande do Sul, possui 26.853 habitantes (IBGE 2014) e tinha na economia primária, orientada pela pesca e cultivo de cebola, sua principal fonte de renda. Atualmente, sua matriz econômica vem mudando de perfil, com a introdução da indústria naval. Informações extraídas da página eletrônica oficial da Prefeitura de São José do Norte, disponível para consulta, em 13.07.2015, em: http://www.saojosedonorte.rs.gov.br/sao-jose-do-norte/o-municipio/dados-gerais

por meio da Procuradoria da República em Rio Grande, ajuizou a Ação Civil Pública n. 500.2952-66.2011.404.7101[21], em face do Município de São José do Norte e outros, com vistas a que o mesmo reassumisse a prestação direta dos serviços de saúde pública, delegada às associações sem fins lucrativos.

Na ocasião, os serviços de saúde pública prestados junto ao "Hospital e Maternidade São Francisco" e nos postos de saúde eram terceirizados, por meio de convênios firmados entre o município e entidades sem fins lucrativos, a saber, ANDEF – Associação Nortense de Deficientes e ASSORAN – Associação Riograndina de Auxílio aos Necessitados, de tal sorte que o município de São José do Norte repassava-lhes a prestação dos programas de saúde pública vinculados ao SUS, cedendo-lhes toda a infraestrutura disponível, recursos materiais e humanos, além dos recursos financeiros recebidos, em sua grande parte, por meio do Programa Federal Saúde da Família (PSF).

Tal cenário motivou a celebração de Termo de Ajustamento de Conduta entre o município de São José do Norte e o Ministério Público Estadual, com vistas à extinção gradual das terceirizações na prestação dos serviços de saúde pública. Em que pese tenha sido pactuado antes da propositura da ação coletiva, o TAC não constituiu questão prejudicial ao andamento da ação. Ao contrário, reforçou-a, pois trouxe a própria conformação do município com a obrigatoriedade de prestar, por si, os serviços de saúde.

Nesse ponto, cabe esclarecer que o interesse de agir da Ação Civil Pública restou assegurado em razão de esta mostrar-se mais protetiva do direito em causa, porquanto buscava a concretização mais rápida e de modo mais eficaz das medidas pactuadas no Termo de Ajuste, com as quais em parte coincidia.

A respeito, os argumentos discorridos pelo MM. Juízo quando da prolação da sentença de procedência merecem espaço nesse pequeno trabalho:

> A Constituição Federal, assim, não só reconheceu a saúde como direito fundamental, como desde logo definiu que a prestação dos serviços públicos pertinentes ocorreria dentro de uma política pública única, que seguiria regras constitucionais e normas legais estipuladas em lei federal. Com efeito, o art. 24, XII, da Constituição, inclui a saúde no rol das matérias sujeitas à competência legislativa concorrente, no âmbito da qual cabe à União editar normas gerais, vinculantes aos demais entes federativos (§ 1º). No exercício dessa competência, a União Federal editou, em 1990, dois diplomas legais que formam a estrutura orgânico normativa do Sistema Único de Saúde: a Lei n. 8.080/1990 e a Lei n. 8.142/1990.

É, portanto, a partir dessas fontes que devem ser pesquisados os preceitos que regulam a atuação da iniciativa privada no âmbito do SUS. E, nesse particular, impõe-se a conclusão de que o texto constitucional determina seja o serviço público de saúde prestado, em princípio, diretamente pelo poder público. A conclusão encontra respaldo na jurisprudência do Supremo Tribunal Federal:

> *'Cumpre assinalar que a essencialidade do direito à saúde fez com que o legislador constituinte qualificasse, como prestações de relevância pública, as ações e serviços de saúde (CF, art. 197), em ordem a legitimar a atuação do Ministério Público e do Poder Judiciário naquelas hipóteses em que os órgãos estatais, anomalamente, deixassem de respeitar o mandamento constitucional, frustrando-lhe, arbitrariamente, a eficácia jurídico-social, seja por intolerável omissão, seja por qualquer outra inaceitável modalidade de comportamento governamental desviante. <u>Tenho para mim, desse modo, presente tal contexto, que o Estado não poderá demitir-se do mandato constitucional, juridicamente vinculante, que lhe foi outorgado pelo art. 196, da Constituição, e que representa – como anteriormente já acentuado – fator de limitação da discricionariedade político-administrativa do Poder Público,</u> cujas opções, tratando-se de proteção à saúde, não podem ser exercidas de modo a comprometer, com apoio em juízo de simples conveniência ou de mera oportunidade, a eficácia desse direito básico de índole social. Entendo, por isso mesmo, que se revela inacolhível a pretensão recursal deduzida pela entidade estatal interessada, notadamente em face da jurisprudência que se formou, no Supremo Tribunal Federal, sobre a questão ora em análise. Nem se atribua, indevidamente, ao Judiciário, no contexto em exame, uma (inexistente) intrusão em esfera reservada aos demais Poderes da República.'* (STA 175-AgR, Rel. Min. Presidente Gilmar Mendes, voto do Min. Celso de Mello, julgamento em 17-3-2010, Plenário, DJE de 30.04.2010.)

Conclusão

De todo o exposto, é fato que a prestação dos serviços de saúde pública está muito aquém do pre-

---

21. Disponível em: <www.jfrs.jus.br>.

conizado pela Constituição Federal e desejado pela população. Contudo, o caminho indicado pela Lei n. 9.637/1998, tem-se mostrado mais um atalho inconsequente do que propriamente uma alternativa legal e juridicamente possível.

Não é possível olvidar-se por completo dos preciosos princípios administrativos para alcançar maior eficácia na prestação dos serviços públicos. Não podem cair simplesmente por terra, abruptamente, a observância de princípios tão caros, tais como o da transparência, moralidade, publicidade e interesse da coletividade. Não é possível abrirmos mão da lisura e da transparência na administração dos recursos públicos, mediante garantias ao erário, ainda que, para tanto, sejam necessárias mudanças legais e constitucionais, a fim de acompanhar as reais necessidades da nossa sociedade.

Não se pode, então, ao menos da forma como defendida pela Lei n. 9.637/1998, concordar com a terceirização dos serviços considerados essenciais, para não dizer vitais, como é o caso da saúde, seja porque afronta diretamente as leis que regulamentam o direito à saúde, as quais são hierarquicamente superiores e cuja modificação demandaria muito mais discussão e participação popular, como, diga-se, deve ser em um Estado "democrático de direito", seja porque contrária aos dispositivos constitucionais afetos à matéria, conforme já explicitado.

De qualquer modo, para além da análise estritamente legal, cabe destacar aspectos da referida lei que a tornam temerária para o Poder Público e para o cidadão. Para o Estado porque não há garantia de salvaguarda de seu patrimônio, além da possibilidade de arcar com dívidas decorrentes de uma possível falência ou descumprimento do próprio contrato de gestão, pela terceirizada. Para o cidadão e a sociedade como um todo porque esvai-se a garantia da qualidade e eficiência na prestação dos serviços, porquanto ausentes os mecanismos hábeis a tanto, quais sejam, realização de processo licitatório e concurso público para contratação de recursos humanos. Como vimos no decorrer deste trabalho, podem as OSs, escolher contratar empresas menos qualificadas tecnicamente, sem garantias reais para a execução fidedigna do contrato de gestão. Além disso, podem realizar compras de material de qualidade duvidosa, dando azo para que prevaleça o favoritismo na contratação de pessoal, em detrimento da sua efetiva competência.

Ademais, impende seja dito que o direito à saúde, assim entendido como ações preventivas, de promoção do bem-estar social, garantindo o mínimo existencial e o acesso médico-hospitalar universal, gratuito e igualitário, e não apenas ações meramente curativas e de erradicação de epidemias, somente se deu com a promulgação da Constituição Federal, em 1988 e, posteriormente, com a criação do Sistema Único de Saúde, em 1990.

Até esses dois marcos, somente políticas sanitárias e de controle de epidemias eram ofertadas pelo Poder Público, restringindo o acesso aos serviços médicos hospitalares àqueles que pudessem pagar ou que contassem com a caridade de instituições e abrigos para esse fim.

A partir da década de 1930, algum progresso sofreu a execução de políticas públicas de saúde, contudo o acesso não era universal, mas restrito àqueles que tivessem vínculo formal de emprego e seus dependentes.

Desse modo, é relativamente recente a execução de políticas públicas tal como se tem nos dias atuais, mormente se considerado que a Lei n. 9.637/1998, criadora de tal sistema terceirizado, como se vê, dista apenas uma década da promulgação da Carta Magna. Logo, é inerente que um sistema de saúde pública, com toda a sua complexidade, tal como previsto na legislação regente, envolvendo todas as esferas políticas e administrativas, sofra ajustes e até mesmo alterações na sua concepção inicial, com vistas a melhor atender às necessidades da população atendida. Contudo, tal situação não confere ao legislador a prerrogativa de modificá-la de modo a afastar-se daquilo que nos é mais caro e que a Constituição Federal cuidou de resguardar: os princípios da moralidade, eficiência, imparcialidade, legalidade e honestidade.

Nesse momento, não se pode apontar um modelo ideal de prestação de serviços sociais essenciais pelo Estado, mas é certo que a sua maior ou menor eficiência está diretamente ligada à observância ou não dos princípios constitucionais que os garantem como tal.

Arriscamos, entretanto, afirmar que a atual ineficiência na prestação dos serviços de saúde pública, assim julgada pelos defensores da sua terceirização, passa mais pela má gestão dos recursos públicos, sempre permeada por interesses outros, do que pela carência destes. Consequentemente, uma melhor gestão, com a participação democrática da sociedade, e transparência na destinação dos recursos públicos destinados aos serviços sociais em geral, bem como a fiscalização na sua aplicação, contribuiriam significativamente para qualificar a eficiência na sua prestação.

Referências bibliográficas

COSTA, José Ricardo Caetano. *Previdência: os direitos sociais previdenciários no cenário neoliberal*. Curitiba: Juruá, 2010.

Di PIETRO, Maria Sylvia Zanella. *Parcerias na Administração Pública*. 4. ed. São Paulo: Atlas, 2002.

_____. *Direito administrativo*. 24. ed. São Paulo: Atlas, 2011.

Plano Diretor da Reforma do Aparelho do Estado. Disponível em: <www.bresserpereira.org.br/documents/mare/planodiretor/planodiretor.pdf>. Acesso em: 10 jun. 2015.

Parecer do I. Subprocurador da República Dr. Wagner Gonçalves. "Conferência Nacional de Saúde". *On Line*. Disponível em: <http://susbrasil.net/2011/04/03/parecer-sobre-terceirizacao-e-parcerias-na-saude-publica-2/> Acesso em: 18 maio 2015.

VioMundo. Disponível em: <http://www.viomundo.com.br/denuncias/hospitais-publicos-de-sp-gerenciados-por-oss-a-maioria-no-vermelho.html>. Acesso em: 18 maio 2015.

WEICHERT, Marlon Alberto. *Saúde e federação na Constituição Brasileira*. Rio de Janeiro: Lumen Juris, 2004.

Gestão dos Serviços Públicos de Saúde pelas Organizações Sociais

Silvio Luís Ferreira da Rocha*

1. Reforma do Estado

A Reforma do Estado, iniciada pelo Governo Collor e levada adiante no Governo Fernando Henrique, foi marcada por fortes traços do neoliberalismo, movimento econômico e ideológico que recorre à desestatização, à privatização e à desregulamentação para reduzir sensivelmente a participação do Estado na atividade econômica e na prestação de serviços públicos.

Marcos Juruena Vilela Souto, por exemplo, define *desestatização* como "a retirada da presença do Estado de atividades reservadas constitucionalmente à iniciativa privada (princípio da livre iniciativa) ou de setores em que ela possa atuar com maior eficiência (princípio da economicidade); é o gênero, do qual são espécies a privatização, a concessão e a permissão. *Desregulamentação* como "redução do volume de normas limitadoras da atividade econômica, de modo a reduzir os entraves burocráticos que elevam os preços das transações; ocorre através da desburocratização e da regulação, caracterizada esta como a atribuição legal de poderes a um órgão independente (agência de regulação) para estabelecer diretrizes, dentro de um marco previamente definido, a partir das quais dar-se-á a mediação e arbitragem de conflitos de interesses entre o Poder Público e a empresa particular e entre estes e os usuários de serviços públicos e demais titulares de interesses difusos". *Privatização* como " a mera alienação de direitos que assegurem ao Poder Público, diretamente ou através de controladas, preponderância nas deliberações sociais e o poder de eleger a maioria dos administradores da sociedade. Privatiza-se o que não deve permanecer com o Estado, quer por violar o princípio da livre iniciativa (CF, art. 173), quer por contrariar o princípio da economicidade (CF, art.70)."[1]

Os argumentos que justificam essa redefinição das atividades do Estado são financeiros, jurídicos e políticos e partem da premissa, não comprovada por nenhuma experiência histórica recente, de que haverá, ao final do processo, uma melhoria da capacidade do Estado de atender as demandas sociais. Vejamo-los: a) as medidas de privatização do setor público objetivariam conter o crescimento do desequilíbrio nas contas públicas sem aumentar a carga fiscal ou sem aumentar o volume de endividamento do governo. A transferência ao setor privado de um número grande de empresas públicas atingiria a tríplice finalidade de: 1) reduzir as despesas públicas com a eliminação de subvenções ou aportes de capital necessários a equilibrar as empresas públicas deficitárias; 2) obter recursos; 3) realizar substancial economia ao organizar a gestão de um serviço público ou de uma empresa pública por

---

* Mestre e Doutor em Direito Civil pela PUCSP. Doutor e Livre-Docente em Direito Administrativo pela PUCSP. Professor das disciplinas de Direito Civil e Direito Administrativo nos cursos de graduação e pós-graduação da PUCSP. Juiz Federal Titular da 10ª Vara Criminal Federal especializada em crimes contra o Sistema Financeiro e Lavagem de Dinheiro.

1. *Desestatização, privatização, concessões e terceirizações*, pp. 54-55.

uma pessoa privada; b) o modo de organização das empresas e dos serviços públicos acarreta a impossibilidade de o setor público adaptar-se às exigências de uma administração dinâmica e a impossibilidade de o setor público realizar os investimentos de reconversão que a evolução do mercado ou da conjuntura demanda; c) a opinião pública favorável à privatização reforçou a determinação de governos de inspiração neoliberal ou conservadora e conduziram governos de inspiração socialista em privatizá-las.

O denominado Plano Diretor da Reforma do Estado aloca as funções do Estado (De Governo, Administrativa, Legislativa e Judiciária) em quatro grupos a partir de critérios retirados da Ciência da Administração e não da Ciência do Direito.

O *núcleo estratégico* corresponde às funções dos Poderes Legislativo, Judiciário, Executivo e do Ministério Público. É no *núcleo estratégico* que as leis e as políticas públicas são definidas. É, portanto, o setor no qual as decisões estratégicas são tomadas.

As *atividades exclusivas* correspondem ao grupo no qual são prestados serviços exclusivos do Estado, que só o Estado pode realizar, como o poder de regulamentar, fiscalizar, fomentar, entre outros.

Os *serviços não exclusivos* correspondem ao grupo de atividades que o Estado exerce simultaneamente com outras organizações públicas não estatais e privadas, dada a relevância dessas atividades via de regra relacionadas a direitos humanos fundamentais, como os de educação e da saúde. São exemplos deste setor as universidades, os hospitais, os centros de pesquisa e os museus.

O grupo de *produção de bens e serviços para o mercado* corresponde à área de atuação das empresas estatais do segmento produtivo ou do mercado financeiro. É caracterizado pelo desempenho de atividades econômicas pelo Estado que podem ser exercidas normalmente pela iniciativa privada.[2]

A proposta do Plano Diretor da Reforma do Aparelho do Estado completa-se com a admissão, ao lado da propriedade estatal e da propriedade privada, da denominada propriedade pública não estatal de bens e serviços a ser exercida pelas organizações sem fins lucrativos. Ao setor de serviços não exclusivos de atuação do Estado deve corresponder a propriedade pública não estatal e, por essa razão, bens e serviços de titularidade do Estado são transferidos a organizações sem fins lucrativos e de direito privado por intermédio de um processo denominado de "publicização".

Luiz Carlos Bresser Pereira em artigo denominado "Estratégia e estrutura para um novo Estado" também defende esse ponto de vista:

> Há três possibilidades em relação aos serviços não exclusivos: podem ficar sob o controle do Estado; podem ser privatizados; e podem ser financiados ou subsidiados pelo Estado, mas controlados pela sociedade, i. e, ser transformados em organizações públicas não estatais. O burocratismo e estatismo defendem a primeira alternativa; os neoliberais radicais preferem a segunda via; os sociais liberais ou os socialdemocratas modernos (ou democratas liberais, na acepção norte-americana) defendem a terceira alternativa. Há inconsistência entre a primeira alternativa e a administração pública gerencial; a administração pública gerencial tem dificuldades em conviver com a segunda alternativa, e é perfeitamente coerente com a terceira. Aqui, o Estado não é visto como produtor – como prega o burocratismo – nem como simples regulador que garanta os contratos e o direito de propriedade – como reza o 'credo' neoliberal – mas, além disto, como 'financiador'(ou subsidiador) dos serviços não exclusivos. O subsídio pode ser dado diretamente à organização pública não estatal, mediante dotação orçamentária – no Brasil estamos chamando este tipo de instituição de 'organizações sociais'.[3]

É justamente nesse contexto que surgem no Brasil as denominadas Organizações Sociais.

2. Das organizações sociais

Como dito, não há como negar que a criação da Organização Social foi um dos frutos produzidos pela Reforma do Estado, iniciada pelo Governo Collor e levada adiante no Governo Fernando Henrique, marcada por fortes traços do neoliberalismo e que recorre à desestatização, à privatização e à desregulamentação para reduzir sensivelmente a participação do Estado na atividade econômica e, sobretudo, na prestação de serviços públicos.

As Organizações Sociais estariam inseridas nessa proposta de reforma do Estado; elas seriam vistas como um meio de alcançar o objetivo de "incentivo à gestão direta pela comunidade de serviços sociais e assistenciais, fora do aparato burocrático do Estado, porém com apoio direto dele e com sua assistência

---

2. Organizações Sociais: informações sobre a Reforma do Estado transmitidas pelo Ministério da Administração e Reforma do Estado na internet.
3. *Revista do Serviço Público*, ano 48, número 1, jan.-abr. 1997, p. 19.

permanente (organizações não governamentais, associações de utilidade pública, escolas comunitárias)".[4]

Desta forma, a Organização Social foi, inicialmente, concebida para atuar como instrumento de "publicização", nome estranho, escolhido pelos mentores da reforma administrativa do Estado, para designar a transferência de atividades do Estado em setores como educação, saúde, cultura, ciência e tecnologia para o setor privado, mas designado de público não estatal[5] ou terceiro setor – que compreende instituições sem fins lucrativos – mediante as transformações de entes públicos, como as fundações públicas, em entes privados sem fins lucrativos, as chamadas Organizações Sociais. Daí o texto da Lei n. 9.637/1998 ter mencionado no art. 20 a criação por Decreto do Programa Nacional de Publicização – PNP- com o objetivo de estabelecer diretrizes e critérios para a qualificação de Organizações Sociais, a fim de assegurar a absorção de atividades referidas no art. 1º e desenvolvidas por entidades ou órgãos públicos da União e no art. 21 ter extinguido o *Laboratório Nacional de Luz Síncrotron*, integrante da estrutura do Conselho Nacional de Desenvolvimento Científico e Tecnológico – CNPQ, e a Fundação Roquete Pinto, entidades vinculadas à Presidência da República, e autorizado a absorção das atividades e do acervo dessas entidades por Organizações Sociais.[6] Desta forma, as Organizações Sociais foram pensadas num contexto de transformação de estruturas jurídicas. Órgãos ou entes que integram a Administração Pública Indireta, como Autarquias ou Fundações, dedicadas a áreas da saúde, educação e cultura, se transformariam em Organizações Sociais, entidades de Direito privado que, contudo, integrariam, ainda, a Administração Pública Indireta e estariam sujeitas ao regime de direito público. Uma maior autonomia administrativa e gerencial lhes seria concedida mediante a celebração de um contrato, denominado contrato de gestão.

No entanto, a referida lei, tal como aprovada, permitiu, pela via interpretativa, o caminho inverso, isto é, entidades exclusivamente privadas, não integrantes da Administração Pública Indireta, atendidos certos pressupostos, puderam obter a qualidade de Organizações Sociais e, igualmente, mediante a celebração de um contrato de gestão obter recursos financeiros e pessoais para suas atividades, numa típica atividade administrativa de fomento.

Assim, o ordenamento jurídico possibilita a coexistência de duas espécies de Organizações Sociais: aquelas que resultaram da transformação de um órgão ou ente público ou mesmo que resultaram da criação do Poder Público e aquelas que foram qualificadas como Organizações Sociais, dentre as pessoas jurídicas de direito privado não integrantes da Administração Pública. Desta forma, as Organizações Sociais não se prestariam, tão somente, a absorver competências, patrimônio e servidores de entes públicos extintos, num procedimento de transformação, mas elas poderiam, também, exercer atividades socialmente relevantes, não exclusivas do Poder Público, mas incentivadas por ele, mediante o repasse dos recursos previstos no contrato de gestão. Para tanto, bastaria à entidade privada preencher os requisitos legais.

De fato, a Lei n. 9.637, de 15.05.1998, estabeleceu requisitos que devem ser preenchidos pela pessoa jurídica privada que pretenda obter da Administração a qualidade de Organização Social. Esses requisitos estão relacionados com a natureza da pessoa jurídica, o objetivo social, a finalidade e a estrutura dos seus órgãos deliberativos e uma vez preenchidos habilitam a pessoa jurídica a requerer perante a Administração o reconhecimento da qualidade de Organização Social.

De acordo com o art. 1º da Lei n. 9.637, de 15 de maio de 1998, somente uma pessoa jurídica de direito privado, sem fins lucrativos, que se dedique à atividade de ensino, à pesquisa científica, ao desenvolvimento tecnológico, à proteção e preservação do meio ambiente, à cultura e à saúde[7] pode tornar-se uma Organização Social.

---

4. MODESTO, Paulo Eduardo Garrido. Reforma Administrativa Marco Legal das Organizações Sociais no Brasil, *BDA- Boletim de Direito Administrativo*, abr./1998. p. 239.

5. De acordo com Luiz Carlos Bresser Pereira, Estratégia e estrutura para um novo Estado, *Revista do Serviço Público*, ano 48, número 1, jan.-abr. 1997, p. 19. A terminologia propriedade pública não estatal ou não governamental é frequente na comunidade anglo-saxônica. Nos Estados Unidos, todas as universidades são organizações públicas não estatais. Podem ser convencionalmente consideradas "privadas" ou "estaduais" mas, a rigor, as "privadas" não visam ao lucro e as "estaduais" não empregam servidores públicos. Todas são parcialmente financiadas ou subsidiadas pelo Estado; as "privadas" menos do que as "estaduais", mas são entidades independentes, controladas por conselhos de direção que representam a sociedade civil e, minoritariamente, o governo. No Reino Unido, as universidades e os hospitais sempre estiveram sob o controle do Estado: agora já não é assim; são hoje "organizações quase não governamentais" (*quasi non-governmental organizations* – QUANGOS). Não foram privatizadas: passaram do controle do Estado para o controle público.

6. As atividades e os bens dos extintos Laboratório Nacional de Luz Síncrotron e da Fundação Roquete Pinto foram trespassados, respectivamente, a Associação Brasileira de Tecnologia de Luz Síncrotron- ABTLuS e Associação de Comunicação Educativa Roquette Pinto – ACERP.

7. Art. 1º. O Poder Executivo poderá qualificar como organizações sociais pessoas jurídicas de direito privado, sem fins lucrativos, cujas atividades sejam dirigidas ao ensino, à pesquisa científica, ao desenvolvimento tecnológico, à proteção e preservação do meio ambiente, à cultura e à saúde, atendidos os requisitos previstos nesta Lei.

Enquanto pessoa jurídica de direito privado, a candidata a tornar-se uma Organização Social submete-se, no que tange à sua constituição, ao regime jurídico privado, que está estruturado em torno dos princípios da autonomia privada e da igualdade das partes, e que permite aos particulares, sob o regime de cooperação, estabelecer as normas a que querem submeter-se e as finalidades que pretendem alcançar.[8] Entretanto, não é qualquer pessoa jurídica de direito privado que pode ser reconhecida como Organização Social, mas, tão somente, aquelas cujos estatutos sociais prevejam fins não lucrativos. Na atual estrutura do Código Civil Brasileiro somente as associações civis ou as fundações podem qualificar-se como Organizações Sociais; as sociedades não, e justamente por perseguirem finalidades lucrativas.[9]

Mas não se constitui uma Organização Social tão somente pela vontade de indivíduos que se associam. Cria-se uma associação ou uma fundação, pessoas jurídicas de direito privado, que, em comum, têm a finalidade não lucrativa e a intervenção social em áreas relevantes, como o ensino, a saúde e a cultura. O título de Organização Social é um atributo reconhecido pelo Poder Executivo, segundo um juízo discricionário da autoridade administrativa competente[10], se estiverem presentes na associação ou na fundação determinados pressupostos, que serão analisados oportunamente.

A pessoa jurídica candidata a tornar-se uma Organização Social deve perseguir objetivos qualificados de natureza social, que são definidos como aqueles cuja consecução não ocorre no interesse exclusivo ou principal dos membros da pessoa jurídica, como a busca do lucro, mas no interesse comum de toda coletividade ou ao menos no interesse comum de parte considerável desta.[11] A Lei n. 9.637, de 15.05.1998, ao enumerar o ensino, a pesquisa científica, o desenvolvimento tecnológico, a preservação do meio ambiente, a cultura e a saúde, entre os objetivos capazes de habilitar a pessoa jurídica a pleitear o reconhecimento da qualidade de Organização Social, facilitou a tarefa do intérprete na medida em que o dispensou do trabalho de definir a extensão do sentido da expressão "natureza social".[12] E ao fazê-lo de modo exaustivo, proibiu a concessão do título de Organização Social à pessoa jurídica que exerça atividade considerada socialmente relevante, mas que esteja excluída do rol do *caput* do art. 1º, como a atividade desportiva, já que, como é sabido, a Administração Pública está subordinada ao princípio da legalidade estrita e só pode fazer aquilo que a lei permite ou determina.[13] Desta forma, a Administração não está autorizada a conceder o título de Organização Social à pessoa jurídica que exerça atividade socialmente relevante, mas não compreendida no rol descrito no art. 1º, *caput*, da Lei n. 9.637, de 15.05.1998.

O segundo requisito exigido pela lei é a finalidade não lucrativa da pessoa jurídica. Esse requisito é complementado pela obrigatoriedade do investimento dos excedentes financeiros no desenvolvimento das próprias atividades. Tem finalidade não lucrativa a pessoa jurídica cujos sócios ou associados não recebem, sob nenhum pretexto, lucros distribuídos pela pessoa jurídica. Esse requisito não impede que a candidata a tornar-se uma Organização Social obtenha lucro com suas atividades, mas exige que o lucro que venha a ser eventualmente auferido não seja distribuído a seus sócios ou associados e sim reinvestido

---

8. Diversamente do que ocorre no Direito Administrativo, estruturado a partir dos princípios da supremacia do interesse público sobre o privado e da indisponibilidade pela Administração dos interesses públicos, que submetem a Administração ao princípio da legalidade, de modo a que toda a atividade da Administração e toda a finalidade a ser atingida por ela está pré-ordenada em lei, restando muito pouco espaço para a atuação da vontade.
9. A doutrina distingue associações e sociedades. Tem-se a associação quando não há fim lucrativo ou a intenção de distribuir entre os associados o resultado patrimonial auferido. Tem-se a sociedade quando há fim lucrativo ou a intenção de distribuir entre os sócios o resultado patrimonial auferido em um determinado período. Essa distinção doutrinária não corresponde à existente no direito positivo, pois, a rigor, segundo a lei civil as sociedades e associações podem ter fins econômicos ou não. As fundações são universalidades de bens, personalizados pela ordem jurídica, em consideração a um fim estipulado pelo fundador, que necessariamente deve ter um alcance social.
10. Segundo Paulo Eduardo Garrido Modesto, Reforma Administrativa e Marco Legal das Organizações Sociais No Brasil. As Dúvidas dos Juristas sobre o Modelo das Organizações Sociais, *Boletim de Direito Administrativo* – abril/1998, p. 238 "a denominação organização social é um enunciado elíptico. Denominam-se sinteticamente organizações sociais as entidades privadas, fundações ou associações sem fins lucrativos, que usufruem do título de organização social".
11. Trata-se, em última análise, de utilidades ou comodidades materialmente fruíveis e que são consideradas relevantes para a Sociedade. Quando prestadas pelo Estado, que lhes imprime o regime de Direito Público, são classificados de serviços públicos não privativos do Estado.
12. A Lei Complementar n. 846 de 4 de junho de 1998, do Estado de São Paulo, limitou as atividades das Organizações Sociais às áreas da saúde e da cultura (art. 1º) A Lei n. 7.207 de 29 de janeiro de 1997, do Estado da Bahia, ampliou as atividades das Organizações Sociais para as áreas de ensino, pesquisa científica e tecnológica, cultura, saúde ou outras (art. 1º).
13. A legalidade administrativa é explícita. Ao contrário das pessoas privadas que podem fazer tudo o que não é proibido por lei (CF, art. 5º, II,) as pessoas públicas só podem fazer o que a lei autorize ou determine. Toda atividade da Administração Pública só pode ser exercida na conformidade da lei, no sentido de agregar à lei concreção e nunca de inaugurar, originariamente, qualquer cerceio ao direito de terceiros.

pela própria pessoa jurídica no desenvolvimento de seus objetivos sociais.

A finalidade não lucrativa não obriga, em princípio, a pessoa jurídica a adotar o regime da gratuidade na prestação dos serviços se for observado o mesmo critério de julgamento utilizado nas questões que envolvem a imunidade. Nesse caso, a jurisprudência entende que a instituição pode cobrar pelos serviços que presta, sendo desnecessária a gratuidade, desde que reaplique na finalidade institucional o que arrecadou ou lucrou (*animus lucrandi* sem *animus distribuendi*). O que a lei proíbe é a distribuição de bem ou parcela do patrimônio líquido da pessoa jurídica a algum dos associados ou mesmo a herdeiros. Por isso, os excedentes financeiros, assim como as doações ou legados recebidos, devem ser incorporados ao patrimônio da pessoa jurídica e reaplicados na atividade-fim.[14]

O terceiro requisito é a existência de órgãos de deliberação superior e de direção compostos por representantes da Sociedade Civil e do Estado. A Lei n. 9.637, de 15.05.1998, exige um Conselho de Administração composto de associados, representantes do Poder Público, da Sociedade Civil e pessoas de notória capacidade profissional e reconhecida idoneidade moral. A proporção não é paritária, pois, por exigência da Lei (art. 3º, III), os representantes do Poder Público e da Sociedade Civil devem corresponder a mais de 50% (cinquenta por cento) do Conselho. A rigor, pela redação dada pela referida Lei, combinando-se a alínea *c* com a alínea *e*, a Pessoa Jurídica pode escolher apenas 20% (vinte por cento) dos representantes do Conselho de Administração.[15]

A escolha dos membros do Conselho de Administração quer pela pessoa jurídica, quer pelo Poder Público, quer pela Sociedade deve ser feita de acordo com o que determina o estatuto da entidade. Os critérios para indicação dos membros natos representantes do Poder Público e da Sociedade são definidos pelo estatuto da entidade, mas a escolha e a consequente indicação devem ser realizadas pelo Poder Público no que diz respeito aos membros natos representantes do Poder Público e pela Sociedade Civil organizada no que diz respeito aos membros natos representantes de entidades da sociedade civil.[16]

Ao Conselho de Administração cabe exercer privativamente as atribuições descritas no art. 4º, que, em síntese, consiste no poder de dirigir a entidade por lhe incumbir fixar as diretrizes da atuação da entidade (inciso I), aprovar o orçamento e programa de investimentos (inciso III). Houve uma transposição da estrutura organizacional da sociedade anônima, na medida em que se exige, à semelhança daquela, que a pessoa jurídica candidata a tornar-se uma Organização Social deva ter diretoria e conselho de administração. É provável que daí advenha problemas para a administração da Organização Social porque na estrutura de uma Sociedade Anônima o conselho de administração é um órgão de deliberação intermédio entre a assembleia geral e a diretoria, que assume muitas das funções que seriam de competência da assembleia geral por abrigar, na prática, os acionistas controladores.[17] Mas, enquanto numa Sociedade Anônima eventuais atritos entre a diretoria e o conselho de administração são minimizados pelo fato de os membros do conselho de administração serem também os acionistas controladores, na Organização Social esses atritos poderão ocorrer com maior frequência, pois o conselho de administração será composto, em sua maioria, por pessoas estranhas ao quadro social da pessoa jurídica.

O conselho de administração na Organização Social apresenta-se como uma nova instância de poder,

---

14. ALVES, Francisco de Assis. *Fundações, Organizações Sociais e Agências Executivas*, p. 218 ao tratar das Organizações Sociais instituídas no Estado de São Paulo pela Lei Complementar n. 846/1998 e ao comentar a expressão sem fins lucrativos adota idêntico posicionamento: A expressão "sem fins lucrativos" contida no art. 1º da Lei Complementar n. 846/98, deve ser tomada com o mesmo significado que se dá a esta expressão, quando utilizada pela Constituição Federal, no art. 150, VI, *c*, como requisito para a imunidade tributária. A exigência de a entidade ter fins lucrativos para usufruir da imunidade tributária não significa que ela, entidade, deva prestar seus serviços gratuitamente... A ausência de fins lucrativos de uma entidade se configura, não pela gratuidade de seus serviços, mas pela não distribuição de seu patrimônio e de suas rendas como também pelo investimento na própria entidade dos resultados positivos auferidos.
15. A Lei Complementar n. 846 do Estado de São Paulo ao dispor a respeito da composição do Conselho de Administração excluiu a participação de representantes do Poder Público (o mesmo já não ocorreu com a Lei n. 7.027 do Estado da Bahia que entre os membros do Conselho de Administração incluiu representantes do Poder Público na qualidade de membros natos). Evita-se, com isso, uma intromissão exagerada do Poder Público na administração da entidade, até certo ponto desnecessária na medida que o controle sobre as atividades da Organização Social será feito pela fiscalização do que foi acordado pelas partes no contrato de gestão. Francisco de Assis Alves, *Fundações, Organizações Sociais e Agências Executivas*, p. 225 vê outra finalidade na não inclusão de representantes do Poder Público nos órgãos de direção. Para ele, "evita-se, com isso, sejam essas entidades atraídas para o âmbito da Administração Indireta e, em consequência, submetidas às normas que minuciosamente regulam a gestão descentralizada das atividades e dos serviços públicos".
16. A indicação dos membros natos representantes cabe ao Poder Público e à Sociedade Civil Organizada, mas a destituição desses membros natos submete-se ao que estiver disposto no estatuto, não havendo necessidade de observar o princípio do paralelismo de formas, de modo a exigir-se que a destituição de tais membros seja realizada pelas mesmas pessoas que os indicaram.
17. Rubens REQUIÃO, *Curso de direito comercial*, 2º volume, p. 166.

superior à própria assembleia ou ao conselho curador, já que dentre as suas atribuições foram arroladas algumas exclusivas da Assembleia, como aprovar a alteração dos estatutos e extinguir a entidade por maioria, no mínimo, de dois terços de seus membros (art. 3º, VI, Lei n. 9.637).

A referida lei nada estabelece quanto ao momento em que a alteração dos estatutos, com a implantação do conselho de administração, passa a vigorar. Parece-nos que não há inconveniente em subordinar a produção de efeitos decorrentes da entrada em vigor da atuação do conselho de administração ao recebimento do título de Organização Social porque antes da outorga de tal qualificação não teria sentido uma pessoa jurídica de natureza privada ter nos quadros do conselho de administração representantes do Poder Público.

O derradeiro requisito é a aprovação da qualificação da pessoa jurídica como Organização Social.

O inciso II do art. 2º da Lei n. 9.637, de 15.05.1998 disciplinava o ato de aprovação nos seguintes termos:

> *Art. 2º. ....*
> *I – ....*
> *II – haver aprovação, quanto à conveniência e oportunidade de sua qualificação como organização social, do Ministro ou Titular de Órgão supervisor ou regulador da área de atividade correspondente ao seu objeto social e do Ministro de Estado da Administração Federal e Reforma do Estado".*[18]

Esse ato administrativo de aprovação classifica-se: a) quanto à natureza da atividade como ato da administração ativa, pois objetiva criar ou produzir uma utilidade pública, constituindo situações jurídicas; b) quanto à estrutura do ato, como ato administrativo concreto na medida em que ele se esgotará numa única aplicação; c) quanto ao destinatário do ato, como ato administrativo individual, pois tem por destinatário sujeito determinado; d) quanto ao grau de liberdade da administração em sua prática, como ato praticado no exercício de competência discricionária, pois a Administração ao praticá-lo dispõe de certa margem de liberdade para decidir; e) quanto aos efeitos, como ato constitutivo, pois faz nascer uma situação jurídica; f) quanto aos resultados sobre a esfera jurídica dos administrados, como ato ampliativo, pois aumenta a esfera de ação jurídica do destinatário; g) quanto à situação de terceiros, como ato externo; h) quanto à composição da vontade produtora do ato, como ato complexo, o que resulta da conjugação de órgãos diferentes, pois a aprovação da qualificação como organização social depende da concordância de dois Ministros ou de titulares de órgãos supervisor; i) quanto à formação do ato, como ato unilateral, formado pela declaração jurídica de uma só parte.

O art. 2º, inciso II, da Lei n. 9.637 conferiu discricionariedade no mandamento da norma ao subordinar a concessão do ato de outorga da qualidade de Organização Social, desde que preenchidos os demais requisitos, à conveniência e à oportunidade da Administração. O motivo, isto é, a situação em vista da qual o comportamento administrativo será suscitado, está descrito na norma e é o preenchimento pela pessoa jurídica de todos os requisitos necessários para que ela se apresente como candidata ao recebimento da qualificação de Organização Social.

Mas isso não basta; a atividade da Administração não está vinculada ao preenchimento puro e simples daqueles requisitos. A atividade do administrador em conceder ou não conceder a dita qualificação encontra-se no campo da discricionariedade, pois o legislador conferiu-lhe liberdade decisória quanto à conveniência de conceder a qualificação e a oportunidade de fazê-lo.[19]

A maior dificuldade que se antevê em relação à opção do legislador é a de controlar efetivamente o exercício da competência discricionária conferida à Administração e impedir que essa competência discricionária venha a tornar-se uma fonte de desvio de poder. Para que isso não ocorra, a decisão que denega a concessão da qualidade da Organização Social deve ser motivada.[20] A Administração deve enunciar, de modo claro, explícito, os fundamentos de fato e de direito que a levaram a tomar aquela decisão denegatória.

---

18. O Ministério da Administração Federal e Reforma do Estado não mais existe. Ele foi extinto e suas atribuições foram repassadas ao Ministério do Planejamento, Orçamento e Gestão.
19. A Lei do Estado de São Paulo e a Lei do Estado da Bahia também exigem como requisito para o recebimento da qualificação de Organização Social a aprovação em parecer favorável, quanto a conveniência e oportunidade de sua qualificação como Organização Social, do Secretário de Estado da área correspondente e do Secretário da Administração e Modernização do Serviço Público, no Estado de São Paulo e do Secretário de Estado da área de atividade, no Estado da Bahia.
20. O princípio da motivação consiste no dever da Administração de justificar os atos apontando-lhes os fundamentos de direito e de fato, assim como a correlação lógica entre os eventos e situações que deu por existentes e as providências tomadas. Trata-se de um discurso destinado a justificar racionalmente o ato que nos permite distinguir entre o arbítrio e o julgamento, no dizer do Ministro Victor Nunes Leal. Portanto, uma das principais finalidades da motivação é permitir que o ato administrativo possa ser controlado pelo particular, de modo que ele tenha condições de contrastar o ato com a lei e princípios que regem o direito administrativo.

A possibilidade de controlar o exercício da competência discricionária não elimina o vício de inconstitucionalidade que atinge o inciso II do art. 2º da Lei n. 9.637, por violar o princípio da igualdade, pois se duas pessoas jurídicas preenchem os requisitos exigidos pelo referido artigo e ambas pedem a qualidade de Organização Social, a Administração não poderá escolher uma das duas porque dificilmente estarão reunidos os elementos enunciados por Celso Antônio BANDEIRA DE MELLO que possibilitam a um *discrímen* legal conviver com a isonomia.[21] Não há razão lógica que justifique a decisão administrativa de dentre duas pessoas jurídicas que preencham os requisitos exigidos pelo art. 2º, inciso II, da Lei n. 9.637 conceder a uma e negar à outra o título de Organização Social.

A escolha afronta manifestamente o princípio da isonomia. Se há igualdade entre as pessoas jurídicas que pretendam receber o título de Organização Social, a solução, *de lege ferenda*, seria a atribuição desta qualidade a todas – e não apenas a algumas – que preencham os requisitos, transformando o exercício da competência do agente de discricionária para vinculada no que diz respeito ao conteúdo do ato. Somente assim o princípio constitucional da igualdade seria respeitado. Uma alternativa seria a realização de procedimento licitatório, que, com base em critérios objetivos e imparciais, selecionasse entre as candidatas aquela que se mostrasse mais capacitada a receber o título de Organização Social.

A atribuição da qualidade de Organização Social a uma pessoa jurídica produz efeitos jurídicos imediatos e mediatos.

O efeito imediato decorre automaticamente do recebimento do título e está previsto na lei e trata-se do reconhecimento da qualidade de interesse social e utilidade pública da pessoa jurídica qualificada como Organização Social. Assim, a produção desse efeito não depende da realização de nenhum novo ato pela Administração. O efeito imediato do recebimento do título de Organização Social consiste na atribuição à pessoa jurídica da qualidade de ente de utilidade pública. O título de utilidade pública procura ressaltar uma diferença na atividade da pessoa jurídica que o recebe se comparada com a atividade das demais pessoas jurídicas. As pessoas jurídicas reconhecidas de utilidade pública buscam realizar o bem comum enquanto as demais pessoas jurídicas buscam realizar apenas os interesses dos sócios ou dos associados, e não os interesses da coletividade.

O efeito mediato que pode decorrer da outorga do título de Organização Social dependente da realização de outro ato pela Administração é a celebração entre o Poder Público e a Organização Social de um negócio jurídico denominado contrato de gestão.

3. Do regime jurídico do contrato de gestão

O recebimento do título de Organização Social permite e possibilita a celebração do contrato de gestão com a Administração. A celebração do contrato de gestão é, sem dúvida, a razão de existir da Organização Social, pois com o contrato de gestão se objetiva que o Estado entregue à Organização Social recursos orçamentários, bens públicos e servidores para que a Organização Social possa cumprir os objetivos sociais tidos por convenientes e oportunos à coletividade. É dessa forma que o Estado incentiva a denominada iniciativa privada de interesse público.[22] O contrato de gestão celebrado entre a Administração e a Organização Social submete-se ao regime de direito público. O art. 37, *caput*, o inciso XXI, da Constituição Federal e o art. 7º da Lei n. 9.637 de 15.05.1998 determinam a observância dos princípios da legalidade, impessoalidade, moralidade, publicidade e economicidade na elaboração do contrato de gestão.[23] A observância obrigatória desses princípios e dos princípios subjacentes

---

21. *Conteúdo jurídico do princípio da igualdade*, p. 41: "Para que um *discrímen* legal seja convivente com a isonomia, consoante visto até agora, impende que concorram quatro elementos: a) que a desequiparação não atinja de modo atual e absoluto, um só indivíduo; b) que as situações ou pessoas desequiparadas pela regra de direito sejam efetivamente distintas entre si, vale dizer, possuam características, traços, *nelas residentes*, diferençados; c) que exista, em abstrato, uma correlação lógica ente os fatores diferenciais existentes e a distinção de regime jurídico em função deles, estabelecida pela norma jurídica; d) que, *in concreto*, o vínculo de correlação suprarreferido seja pertinente em função dos interesses constitucionalmente protegidos, isto é, resulte em diferenciação de tratamento jurídico fundada em razão valiosa- ao lume do texto constitucional- para o bem público".
22. As leis estaduais de São Paulo e Bahia também privilegiaram o contrato de gestão. No art. 6º da Lei Complementar do Estado de São Paulo, n. 846, de 4 de junho de 1998, o contrato de gestão é o instrumento firmado entre o Poder Público e a Organização Social, com vistas à formação de uma parceria entre as partes para fomento e execução de atividades relativas à área da saúde ou da cultura e no art. 14 da Lei n. 7.027 de 29 de janeiro de 1997 da Bahia as relações entre a Administração Pública e as Organizações Sociais serão reguladas pelo ato de autorização e pelo Contrato de Gestão.
23. De acordo com Juarez Freitas, As Organizações Sociais: sugestões para o aprimoramento do modelo federal, *Boletim de Direito Administrativo*, outubro de 1998, p. 618, "as Organizações Sociais submetem-se à necessidade de um contrato de gestão, a ser celebrado entre Poder Público e a respectiva organização social, tendo em vista a execução das atividades mencionadas (art. 5º), sendo mister assinalar que tal contrato deve guardar obediência aos princípios juspublicistas, inclusive moralidade e impessoalidade (art. 7º)".

da supremacia do interesse público sobre o privado e da indisponibilidade do interesse público tornam insustentável o argumento de que o contrato de gestão pode ser classificado como contrato da Administração, submetido ao regime jurídico privado, com ressalvas, e não como contrato administrativo.

O contrato de gestão assume duas funções no ordenamento jurídico relacionadas à espécie de organizações sociais. O contrato de gestão pode ser um instrumento de controle, quando celebrado com uma organização social resultado da transformação de um órgão ou ente público ou, então, um instrumento de fomento, quando celebrado com uma organização social resultado da qualificação de uma entidade privada que não integrava a administração pública.

A atividade administrativa é uma atividade teleológica. Caracteriza-se pelo conjunto de atos e procedimentos realizados pela Administração pública com vistas à satisfação das necessidades coletivas.[24] O alcance dessas finalidades pode ser feito de modo direto e imediato, casos em que o agir da Administração produz e alcança o fim almejado, ou de modo indireto e mediato; nesse último modo a atividade administrativa manifesta-se por meio de fatos, atos e procedimentos que em si mesmos não tendem a obter a satisfação das necessidades coletivas; essas são satisfeitas pela Administração de maneira indireta e mediata, mediante a promoção de certas atividades dos particulares. A essa atividade administrativa denomina-se fomento.[25] A atividade administrativa de fomento pode ser definida como a ação da administração com vista a proteger ou promover as atividades, estabelecimentos ou riquezas dos particulares que satisfaçam necessidades públicas ou consideradas de utilidade coletiva, sem o uso da coação e sem a prestação de serviços públicos, ou mais concretamente a atividade administrativa que se destina a satisfazer indiretamente certas necessidades consideradas de caráter público, protegendo ou promovendo sem empregar a coação, as atividades dos particulares.[26] Hector Jorge Escola define a atividade administrativa de fomento como aquela atividade da Administração Pública que pretende a satisfação de necessidades coletivas e o alcance de fins do Estado de maneira indireta e mediata, mediante a participação voluntária dos particulares que desenvolvem por si mesmas atividades tendentes a esse objeto, as quais são protegidas e estimuladas pela Administração por diversos meios, dos quais estão excluídas todas as formas de coação.[27] Para Roberto Dromi, o fomento administrativo é uma ação dirigida a proteger ou promover as atividades e estabelecimentos dos particulares, que satisfaçam necessidades públicas ou que sejam consideradas de utilidade geral. O fomento seria uma atividade persuasiva ou de estímulo, cuja finalidade perseguida é sempre a mesma: convencer para que se faça ou omita algo.[28] Mediante o fomento, a Administração persegue os fins públicos sem o emprego da coação e sem a realização, *per si*, de prestações públicas.[29]

O fomento legítimo e justificado é aquele que visa a promover ou a estimular atividades que tendem a favorecer o bem-estar geral. Se a finalidade do bem-estar geral não é detectável com clareza, a atividade de fomento apresenta-se como ilegítima, injustificável e discriminatória.

O fomento teria a vantagem de não expandir a máquina estatal e ao mesmo tempo de revigorar o

---

24. ESCOLA, Hector Jorge. *Compêndio de derecho administrativo*, volume II, p. 857.
25. ESCOLA, Hector Jorge. *Compêndio de derecho administrativo*, volume II, p. 858. O fomento decorre do chamado princípio da subsidiariedade que por sua vez decorre da ideia de que o Estado não deve desenvolver atividades que possam ser desempenhadas a contento pelos particulares. Nesse caso, o Estado deve apenas auxiliá-las com recursos a desempenhar essas atividades. É o chamado Estado Subsidiário. Segundo Maria Sylvia Zanella Di Pietro, *Parcerias na Administração Pública*, 3. edição, p. 24, o princípio da subsidiariedade, embora bem anterior à nova concepção do Estado de Direito Democrático, assume agora importância fundamental na definição do papel do Estado. Fruto da Doutrina Social da Igreja retratada nas Encíclicas *Rerum Novarum* (1891), de Leão XIII, *Quadragesimo Anno* (1931), de Pio XI, *Mater et Magistra* (1961), de João XXIII e *Centesimus Annus* (1991), de João Paulo II, do princípio da subsidiariedade é possível concluir pela primazia da iniciativa privada sobre a estatal de modo a acarretar ao Estado o dever de: a) abster-se de exercer atividades que a iniciativa privada tenha condições de exercer por seus próprios recursos; b) fomentar, coordenar, fiscalizar a iniciativa privada de modo a viabilizar o sucesso dos seus empreendimentos. As técnicas administrativas de fomento não são atuais, eram conhecidas na Idade Média. A valorização e o auge da atividade de fomento está ligada à aparição do moderno Estado Social de Direito, que vendo muito mais do que a simples garantia da ordem pública, procura atender e satisfazer uma série de necessidades e exigências da comunidade, que são de interesse público e que podem ser adequadamente alcançadas por meio da atividade particular, que por isso mesmo é protegida e estimulada pela Administração.
26. ESCOLA, Hector Jorge. *Compêndio de derecho administrativo*, volume II, p. 858.
27. ESCOLA, Hector Jorge. *Compêndio de derecho administrativo*, volume II, p. 859: "En consecuencia, pude establecerse la noción conceptual de la actividad administrativa de fomento diciendo que es aquella actividad de la administración pública que pretende la satisfacción de necesidades colectivas y el logro de fines del Estado de manera indirecta y mediata, mediante la participación voluntaria de los particulares, que desarrollan por sí mismos actividades tendientes a ese objeto, las cuales son, por ello, protegidas y estimuladas por la administración por diversos medios, de los cuales está excluida toda forma de coacción".
28. DROMI, Roberto. *Derecho administrativo*, 4. ed., p. 655.
29. DROMI, Roberto. *Derecho administrativo*, 4. ed., p. 655.

atuar dos particulares, incitando-os a desenvolver atividades em prol da coletividade.

A atividade administrativa de fomento caracteriza-se por algumas notas. O fomento é uma atividade administrativa e como tal é levada a cabo pela Administração Pública com o propósito de alcançar determinadas finalidades, que lhe são próprias; tais finalidades são de interesse público e referem-se à satisfação das necessidades coletivas e à obtenção dos fins do Estado; a atividade administrativa de fomento, contudo, não procura alcançar direta e imediatamente tais fins, mas procura que esses fins sejam satisfeitos pela atividade dos particulares, mediante a proteção e a promoção dessas atividades com o emprego de diferentes meios, excluída qualquer forma de intervenção coativa; a determinação concreta das atividades particulares que devem ser fomentadas é uma questão política de conveniência e oportunidade, que escapa ao campo estritamente jurídico; a atividade dos particulares é prestada por própria decisão destes, que aparecem, assim, como colaboradores da Administração Pública em razão de uma participação voluntária.[30]

Certos procedimentos prévios devem ser observados na elaboração do contrato de gestão. Deve haver, como regra, a realização de licitação. O procedimento licitatório configura um antecedente lógico e necessário do contrato administrativo com vistas a proporcionar ao Poder Público realizar o negócio mais vantajoso e ao mesmo tempo assegurar aos administrados a possibilidade de disputarem o direito de contratar com o Estado.[31] Aceitamos a não realização da licitação apenas nas hipóteses em que a lei estabelece a dispensa ou a inexigibilidade da licitação.[32]

5. Pressupostos e elementos do contrato de gestão

O contrato de gestão é o instrumento de fomento das atividades relativas ao ensino, à pesquisa científica, ao desenvolvimento tecnológico, à preservação do meio ambiente, à cultura e à saúde na medida em que viabiliza o recebimento pela Organização Social de recursos orçamentários, bens e servidores (arts. 12, 13 e 14 da Lei n. 9.637, de 15 de maio de 1998).

A atividade administrativa almejada com o contrato de gestão é o fomento aos setores descritos no art. 1º, que poderá ser realizado, como dito, de diversos modos, entre eles a destinação de recursos orçamentários, bens e servidores públicos.

Como partes no contrato de gestão temos o Estado por via de sua Administração Pública Direta como contratante e a entidade qualificada de Organização Social para atuar em uma das áreas definidas no art. 1º da Lei n. 9.637, de 15.5.98, como contratada.

O conteúdo do contrato de gestão está definido no art. 7º da referida Lei. Nele deverão constar, minimamente:

a) A especificação do programa de trabalho proposto pela Organização Social e a estipulação de metas a atingir e os respectivos prazos de execução (art. 7º, I). Quer dizer, não basta a Organização Social ter por finalidade uma das atividades descritas no art. 1º. É preciso que ela elabore um plano de ação que detalhe os serviços, os objetivos a atingir e o prazo de duração do contrato tudo com o intuito de facilitar o controle pelo Estado do exato cumprimento das metas propostas;

b) A metodologia de avaliação e desempenho (art. 7º, II). O contrato de gestão deve conter o método que será utilizado para avaliar se os serviços prestados cumpriram satisfatoriamente os objetivos propostos;

c) Os recursos orçamentários, os bens públicos que serão destinados, bem como os servidores que serão cedidos para o cumprimento do programa de trabalho proposto (art. 12, *caput* e parágrafos).

Além das cláusulas acima mencionadas, que são as essenciais ao referido contrato, a Lei exige a presença de outras, como as que: a) estipulem limites

---

30. ESCOLA, Hector Jorge. *Compêndio de derecho administrativo*, volume II, p. 859. *El interés público como fundamento del derecho administrativo*, p. 186.
31. BANDEIRA DE MELLO, Celso Antonio. *Curso de direito administrativo*, 12. ed., p. 456.
32. Na dispensa da licitação temos em tese a possibilidade de que ela ocorra. Contudo, razões de interesse público levam o legislador a dispensá-la. As razões, por ora, são aquelas relacionadas nos arts. 17 e 24 da Lei n. 8.666 e que podem ser agrupadas a partir dos seguintes critérios: pequeno valor (art. 24, I e II); situações excepcionais, como guerra, emergência ou calamidade (art. 24, III, IV, VI, IX, XVII, XVIII); em razão da pessoa que contratará com a Administração (art. 24, XIII, XVI, XX, XXIV). Nesse sentido, FIGUEIREDO, Lucia Valle, *Curso de direito administrativo*, p. 296. Na inexigibilidade de licitação há impossibilidade de competição; não existe um pressuposto lógico; a sua falta impede o certame, que é a ausência de pluralidade de ofertantes ou a ausência de pluralidade de bens, de modo que há apenas um ofertante ou há apenas um bem que realize o interesse público. A inexigibilidade pode se dar, ainda, por razões de interesse público. De acordo com a lição de Celso Antônio Bandeira De Mello, *Curso de Direito Administrativo*, 12. ed., p. 476," sempre que se possa detectar uma induvidosa e objetiva contradição entre o atendimento a uma finalidade jurídica que incumba à Administração perseguir para bom cumprimento de seus misteres e a realização de certame licitatório, porque este frustraria o correto alcance do bem jurídico posto sob cura, ter-se-á de concluir que está ausente o pressuposto jurídico da licitação e, se esta não for dispensável com base em um dos incisos do art. 24, deverá ser havida como excluída com supedâneo no art. 25, *caput*.

para despesa com remuneração e vantagens e estabeleçam critérios para concedê-las aos dirigentes e empregados das organizações sociais (art. 7º, II), numa tentativa de evitar ou conter os gastos de recursos orçamentários destinados à Organização Social com despesas de pessoal; b) estabeleçam mecanismos de controle e fiscalização, como a apresentação de relatório pormenorizado das atividades executadas ao término de cada exercício.

A Lei n. 9.637 é omissa quanto ao prazo de duração do contrato de gestão devendo ser aplicado o disposto no art. 57 da Lei n. 8.666 e, assim, se o incentivo se der pela forma de repasses de recursos orçamentários, a duração do contrato não poderá exceder à vigência dos respectivos créditos orçamentários, exceto se o incentivo estiver contemplado no plano plurianual, o que autoriza a prorrogação do contrato se houver interesse da Administração.

A Lei não prevê forma especial para o contrato de gestão. A ele são aplicáveis as regras previstas na Lei n. 8.666 e desta forma o contrato de gestão formaliza-se por termo em livro próprio da repartição, que deverá manter arquivo cronológico dos seus autógrafos e registro sistemático do seu extrato (art. 6º), após prévia aprovação pela assessoria jurídica da Administração (art. 38, parágrafo único).[33]

A publicação do contrato é formalidade exigida em decorrência da natureza pública dos atos administrativos, contentando-se a lei com a descrição do nome das partes e a notícia resumida do objeto e do valor do ajuste. Não há necessidade, portanto, da publicação integral do contrato, pois quem desejar conhecer o inteiro teor do contrato poderá fazê-lo mediante a obtenção de certidão ou cópia autenticada na repartição, que é obrigada a fornecê-la.

Não há a necessidade de o contrato ser subscrito por testemunhas e registrado em cartório, já que todo o ato administrativo goza da presunção de legitimidade e de exigibilidade.[34]

A execução do contrato de gestão foi disciplinada pela Lei n. 9.637, de 15 de maio de 1998, no art. 8º, e subsidiariamente pelos arts. 66 a 76 da Lei n. 8.666, de 1993.[35] Define-se a execução do contrato como o "cumprimento das suas cláusulas segundo a comum intenção das partes no momento de sua celebração".[36] Embora os contratos administrativos não tenham a rigidez dos contratos privados, pois o conteúdo do contrato pode ser alterado unilateralmente pela Administração se o interesse público assim o exigir, o fato é que as cláusulas originais vinculam ambas as partes, conforme dispõe o art. 66 da Lei n. 8.666.

O ajuste deve ser cumprido pelas partes.[37] No contrato de gestão é possível visualizar as obrigações da Organização Social e da Administração, que devem ser cumpridas.

A Organização Social desenvolverá as atividades de ensino, pesquisa científica, desenvolvimento tecnológico, saúde, cultura, proteção e preservação do meio ambiente de acordo com o programa de trabalho acertado entre ela e a Administração. A correta execução desse programa de trabalho pressupõe o alcance das metas detalhadas no contrato de gestão dentro dos prazos de execução propostos.

O acompanhamento da execução do contrato de gestão é direito e também dever da Administração e está a cargo do órgão ou entidade do Poder Público supervisor que assinou o contrato (art. 8º, § 1º), que nomeará uma comissão de avaliação composta por especialistas de notória capacidade e adequada qualificação para oferecer-lhe uma manifestação conclusiva do relatório encaminhado pela Organização Social ao término de cada exercício, ordinariamente ou, a qualquer momento, extraordinariamente; relatório este que deverá comparar as metas propostas e os

---

33. MEIRELLES, Hely Lopes. *Licitação e contrato administrativo*, 11. ed., p. 177, reputa inconstitucional a referência à assessoria jurídica da Administração e não à Advocacia-Geral da União porque a seu ver o art. 131 da Constituição Federal atribui competência à Advocacia-Geral da União para as atividades de consultoria e assessoramento jurídico do Poder Executivo.
34. MEIRELLES, Hely Lopes. *Licitação e contrato administrativo*, 11. ed., p. 179.
35. OLIVEIRA, José Roberto Pimenta. Organizações Sociais, artigo não publicado, p. 23, opina pela aplicação subsidiária da Lei n. 8.666 não obstante o silêncio da Lei n. 9.637. Para o ilustre professor, "o silêncio eloquente da Lei n. 9.637/1998 nesta matéria não se referindo à aplicação subsidiária da Lei n. 8.666/1993 denota a vontade do legislador de efetivamente excluir o Contrato de Gestão do seu âmbito material. Todavia, não pode norma infraconstitucional, relativamente a uma atividade considerada de alta relevância social a ponto de se erigir em serviço público quando prestada pelo Estado, retirar deste Contrato certas prerrogativas que são inerentes ao cumprimento de sua função pública, mesmo tendo reservado ao Estado o papel de mero ente propiciador dos recursos necessários à sua disposição para a coletividade. Como haverá gestão por parte de pessoa de direito privado, não integrante do rol de seus entes auxiliares, é de rigor a permanência do regime exorbitante".
36. MEIRELLES, Hely Lopes. *Licitação e contrato administrativo*, 11. ed., p. 186.
37. De acordo com Hely Lopes Meirelles, *Licitação e contrato administrativo*, 11. ed., p. 187, "o contrato administrativo, como de resto, qualquer contrato, deve ser executado fielmente, segundo suas cláusulas e normas pertinentes, exercendo cada parte os seus direitos e cumprindo suas obrigações. Na execução do contrato a Administração se nivela ao particular contratante. É decorrência do princípio de que o contrato é lei entre as partes – *lex inter partes* – e que suas disposições devem ser observadas igualmente por todos os contratantes – *pacta sunt servanda*.

resultados obtidos e prestar as contas correspondentes ao exercício financeiro.[38]

O direito ao acompanhamento da execução do contrato não se esgota na fiscalização das atividades da Organização Social, mas compreende, ainda, o poder de orientar, intervir, interromper e aplicar penalidades quando as atividades estiverem sendo desempenhadas em desacordo com o contrato.

O poder de orientar permite à Administração ditar diretrizes à Organização Social para que ela possa atingir os propósitos acordados no contrato de gestão. Se essas diretrizes forem inadequadas, a Organização Social poderá recusar-se a atendê-las, e diante da persistência da Administração em resolver o contrato, sempre mediante o prévio recurso ao Poder Judiciário, já que não é reconhecida à Organização Social a possibilidade de resolver extrajudicialmente o contrato.

O poder de intervir na execução do contrato é medida extrema a ser adotada quando a Organização Social mostrar-se incapaz de desempenhar com o mínimo de qualidade as atividades propostas ou quando a Organização Social estiver na iminência de paralisar os serviços. Assim, em situações graves, excepcionais, permite-se a assunção da direção da entidade pela Administração com o total controle dos recursos humanos e materiais para que eles sejam utilizados na correta execução do contrato, ainda que a Lei n. 9.637, de 15 de maio de 1998, nada diga a respeito. Trata-se de mera consequência do princípio da supremacia do interesse público sobre o privado, que autoriza, em situações excepcionais, para a salvaguarda do interesse público, a intervenção do Poder Público na atividade exercida pela Organização Social.

A intervenção, como regra, pressupõe prévia autorização judicial, que será dispensada nos casos em que esta se revele inviável, como nas hipóteses em que dada a emergência da situação e a existência de risco de perecimento do interesse público não se pode esperar um pronunciamento judicial. Desta forma, a autoexecutoriedade dos atos administrativos deve ser concedida nos casos em que a gravidade dos fatos não admita protelações.[39]

Ao lado da intervenção também assiste à Administração o direito de impedir a continuidade da execução do contrato nos casos em que o desempenho das atividades estiver sendo realizado em desacordo com o conteúdo do contrato. Em tal situação se reconhece à Administração o poder de impedir, por seus próprios meios, a continuação da execução do contrato em defesa do interesse público, desde que essa medida se mostre adequada.

Qualquer irregularidade constatada pelo Poder Público na aplicação dos bens e recursos públicos deverá ser comunicada ao Tribunal de Contas da União e aos representantes do Ministério Público, da Advocacia-Geral da União ou à Procuradoria da entidade para tomada das providências cabíveis, entre elas a indisponibilidade dos bens da entidade, o sequestro dos bens dos seus dirigentes (art. 10 da Lei n. 9.637, de 15.05.1998).

Com relação ao Tribunal de Contas da União cabe reafirmar que o referido órgão firmou o entendimento de que as contas anuais das Organizações Sociais são julgadas por ele. Nesse sentido a decisão do número 592/1998, da relatoria do E. Ministro Benjamin Zymle, cuja ementa é a seguinte:

> *"8.1 firmar o entendimento de que as contas anuais das entidades qualificadas como organizações sociais, relativamente ao contrato de gestão, são submetidas a julgamento pelo Tribunal, nos termos do parágrafo único do art. 70 da Constituição Federal".*
>
> *Destaca-se do voto do E. Ministro o seguinte trecho:*
>
> *"14. Destarte, não vislumbro razão para que as Organizações Sociais furtem-se ao controle exercido por este*

---

[38]. Para Francisco de Assis Alves, *Fundações, organizações sociais e agências executivas*, p. 207, "a execução do contrato de gestão celebrado por organização social será fiscalizada pelo órgão ou entidade supervisora da área de atuação correspondente à atividade fomentada e fiscalizada pelos órgãos de controle do Tribunal de Contas. O Poder Público poderá requerer, ao término de cada exercício ou a qualquer momento, conforme recomende o interesse público, a apresentação de relatório referente à execução do contrato de gestão, contendo comparativo específico das metas propostas com os resultados alcançados, acompanhado da prestação de contas correspondente ao exercício financeiro. O contrato de gestão deverá conter cláusula que possibilite ao Poder Público fazer tal requisição. Comissão de avaliação, indicada pela autoridade supervisora, da área correspondente, periodicamente, apreciará os resultados alcançados pelo contrato de gestão. O relatório conclusivo da comissão será encaminhado à autoridade supervisora, subscrito por especialistas de notória capacidade e adequada qualificação".

[39]. Hely Lopes Meirelles, *Licitação e Contrato Administrativo*, 11. ed., p. 192 crê que "a intervenção é medida administrativa autoexecutável pela Administração, independentemente de ordem ou ação judicial, pois que visa a prover situações de emergência que não admitem protelações do Poder Público". Para Celso Antônio Bandeira De Mello, *Curso de direito administrativo*, 12. ed., p. 361, "a executoriedade existe nas seguintes hipóteses: a) quando a lei prevê expressamente, que é o caso óbvio; b) quando a executoriedade é condição indispensável à eficaz garantia do interesse público confiado pela lei à Administração; isto é, nas situações em que, se não for utilizada, haverá grave comprometimento do interesse que incumbe à Administração assegurar. Isto ocorre nos casos *em que a medida é urgente* e não há via jurídica de igual eficácia à disposição da Administração para atingir o fim tutelado pelo Direito, sendo impossível, pena de frustração dele, aguardar a tramitação de uma medida judicial. Nestes casos entende-se que a autorização para executoriedade está *implícita* no sistema legal, pois é em decorrência dele que a Administração deve garantir a proteção ao bem jurídico posto em risco".

Tribunal. Os argumentos ofertados no Relatório em comento servem ao propósito de reforçar a premissa de que o controle a ser desempenhado pelas entidades supervisoras da OS, por força do disposto no parágrafo primeiro do art. 8º da Lei n. 9.637/1998, não exclui o controle a cargo deste Tribunal, que detém competência constitucional para tanto, principalmente a partir da Emenda Constitucional n. 19/1998, que estabeleceu explicitamente, no parágrafo único do art. 70, que a prestação de contas é devida por "...qualquer pessoa física ou jurídica, pública ou privada, que utilize, arrecade, guarde, gerencie ou administre dinheiro, bens e valores públicos ou pelos quais a União responda, ou que, em nome desta, assuma obrigações de natureza pecuniária".

6. Serviços de saúde

A saúde quando prestada pelo Estado é um serviço público. Serviço Público é espécie de atividade econômica de titularidade exclusiva do Estado, prevista na Constituição ou em leis, sujeita à observância de regime jurídico de direito público, por meio da qual o Estado, ou quem o substitua, presta, por obrigações de dar ou fazer, aos particulares, comodidades, utilidades, aproveitáveis individualmente, mediante contraprestação pecuniária, ou não.[40] Nesse sentido a lição de Celso Antônio Bandeira de Mello para quem "serviço público é toda atividade de oferecimento de utilidade ou comodidade material destinada à satisfação da coletividade em geral, mas fruível singularmente pelos administrados, que o Estado assume como pertinente a seus deveres e presta por si mesmo ou por quem lhe faça às vezes, sob um regime de Direito Público (portanto, consagrador de prerrogativas de supremacia e de restrições especiais) instituído em favor dos interesses definidos como públicos no sistema normativo."[41]

As utilidades ou comodidades desfrutáveis individualmente são aquelas consideradas, num dado momento histórico, pelo legislador constituinte e ordinário, como indispensáveis à coexistência social, motivo pelo qual são exercidas pelo Estado, em regime de exclusividade ou de delegação. Em regime de exclusividade, o Estado presta-as diretamente em favor dos particulares e em regime de delegação o Estado as transfere a um particular, mas conserva a titularidade delas e, com isso, exerce intenso poder de direção sobre elas. Por essa razão, Celso Antônio Bandeira de Mello sustenta que a noção de serviço público há de se compor necessariamente de dois elementos: (a) um deles, o seu substrato material, consiste na prestação de utilidade ou comodidade aproveitável singularmente pelos administrados; (b) o outro, traço formal indispensável, que lhe dá justamente caráter de noção jurídica, consiste em um *específico regime de Direito Público*, isto é, numa unidade normativa.[42]

As comodidades ou utilidades prestadas pelo Estado, ou por quem o substitua, estão submetidas a regime jurídico público, previsto na Lei n. 8.987, de 13 de fevereiro de 1995, que disciplinou o art. 175 da CF, que, atribui ao Estado ou a quem o substitui a obrigação de prestar e manter um serviço adequado.

O serviço adequado, nos termos do art. 6º, § 1º, da Lei n. 8.987, satisfaz as condições de regularidade, continuidade, eficiência, segurança, atualidade, generalidade, cortesia na sua prestação e modicidade das tarifas. Desse dispositivo, retira-se a base para a fixação dos princípios orientadores do regime jurídico dos serviços públicos, entre eles os da regularidade, continuidade, eficiência, segurança, atualidade, generalidade, cortesia e modicidade.

De acordo com o texto constitucional é possível vislumbrar quatro modelos distintos de prestação dos serviços públicos no Brasil, levados em conta os critérios da obrigatoriedade e exclusividade do Estado:

a) serviços de prestação obrigatória e exclusiva do Estado, em que é vedada a concessão, a permissão ou autorização, como o serviço postal e o correio aéreo nacional, como previsto no art. 21, X, da CF;

b) serviços de prestação obrigatória do Estado em que é também obrigatório outorgar em concessão a terceiros, como os serviços de radiodifusão sonora (rádio) ou de sons e imagens (televisão), em decorrência do princípio da complementaridade do sistema privado, público e estatal, conforme determina o art. 223;

c) serviços de prestação obrigatória pelo Estado, mas sem exclusividade, como os serviços de educação, saúde, previdência social, assistência social;

d) serviços de prestação não obrigatória pelo Estado, mas de concessão ou permissão obrigatória à terceiro, como todos os demais serviços públicos arrolados no art. 21, XI e XII, da Constituição.[43]

---

40. O conceito acima cuida somente do conceito de serviço público singular, excluído o serviço público genérico, ou universal, de aproveitamento não individual, como os serviços de iluminação pública e segurança pública, por entender, a exemplo de Celso Antônio Bandeira de Mello e Renato Alessi, que somente os serviços públicos individuais podem receber tratamento legislativo próprio que permite distingui-los dos demais.
41. *Curso de direito administrativo*, 27. ed., p. 671.
42. *Curso de direito administrativo*, 27. ed., p. 674.
43. BANDEIRA DE MELLO, Celso Antônio, *Curso de direito administrativo*, 28. ed., p. 696.

Os serviços públicos de saúde são prestados diretamente pelo Estado no Sistema Único de Saúde organizado pelo art. 198 da CF em torno das diretrizes da descentralização, do atendimento integral, da participação da comunidade, do acesso universal e igualitário. Esse sistema é estatal, financiado com recursos do orçamento da seguridade social. A Lei n. 8.080, de 19.09.1990, que disciplinou o sistema único de saúde o definiu no art. 4º como "o conjunto de ações e serviços de saúde, prestados por órgãos e instituições públicas federais, estaduais e municipais, da Administração direta e indireta e das fundações mantidas pelo Poder Público".

A participação da iniciativa privada no sistema único de saúde é complementar com preferência a entidades filantrópicas e as sem fins lucrativos, nos termos do art. 199 da CF.

A complementariedade encontra-se definida na lei que rege o Sistema Único de Saúde no art. 24 da Lei n. 8.080, de 19.09.1990 e é admitida, tão somente, quando os serviços de saúde públicos forem insuficientes para garantir cobertura assistencial à população, *verbis*:

Quando as duas disponibilidades forem insuficientes para garantir a cobertura assistencial à população de uma determinada área, o Sistema Único de Saúde (SUS) poderá recorrer aos serviços ofertados pela iniciativa privada.

Portanto, constata-se que não pode a iniciativa privada assumir integralmente a gestão e a prestação de serviços na área de saúde, mesmo que adote a forma de Organização Social, pois, como visto, sua participação poderia ocorrer, tão somente, em complementação, mas nunca em substituição. Não é o que ocorre, no entanto, porquanto Estados-membros da Federação, entre eles São Paulo, trespassam a organizações sociais oriundas de entidades privadas sem fins lucrativos não integrantes ou criadas pela Administração Pública à gestão e a prestação integral de serviços e unidades de saúde que integram o Sistema Único de Saúde, como hospitais.

O recurso a entidades privadas qualificadas como Organizações Sociais de Saúde para repassá-las integralmente a gestão de unidades inteiras de saúde pública configura modalidade de delegação não admitida no sistema jurídico, que viola diversos princípios jurídicos, entre eles: o da organização do sistema de saúde, o da legalidade, o da isonomia, o da impessoalidade e o da moralidade.

O princípio da organização do sistema de saúde, previsto no art. 196 e seguintes da Constituição, é violado porque a Constituição Federal, como dito, idealizou um sistema público estatal financiado com recursos do orçamento da seguridade social, cuja participação da iniciativa privada no Sistema Único de Saúde é complementar com preferência a entidades filantrópicas e as sem fins lucrativos, nos termos do art. 199 da CF.

O princípio da legalidade é desrespeitado na medida em que o art. 24 da Lei n. 8.080, de 19.09.1990, que regulamenta o Sistema Único de Saúde, admite a participação da iniciativa privada, tão somente, quando os serviços de saúde públicos forem insuficientes para garantir cobertura assistencial à população.

Os princípios da isonomia, da impessoalidade e da moralidade são violados na medida em que a atribuição da qualidade de Organização Social e a escolha da organização social para celebrar contrato de gestão ocorre diretamente, sem a realização de procedimento licitatório, ainda que o contrato de gestão preveja, por exemplo, a transferência de recursos da ordem de R$ 618.000.000,00 (seiscentos e dezoito milhões).

A atuação de Organizações Sociais na área da saúde seria possível em duas hipóteses.

Na primeira, a Organização Social foi constituída pelo Estado, de forma originária ou de forma derivada, pelo recurso à transformação. Nesse aspecto, teríamos, tão somente, o recurso à técnica de descentralização, em que uma parcela da atividade pública seria trespassada a um ente criado pelo Poder Público para auxiliá-lo. A descentralização se verifica ante a menor ou maior parcela de autoridade conferida a distintos aparelhos governamentais, para ser exercida pelos seus órgãos ou por distintas pessoas jurídicas. Trata-se de fenômeno jurídico de atribuição de capacidade, que distribui poderes entre diversas entidades. Quanto mais acentuada a atribuição de capacidade de direitos e obrigações a outros seres menores, maior a descentralização.[44] No modo descentralizado o Estado atua indiretamente, pois o faz por meio de outras pessoas, seres juridicamente distintos dele, mesmo que tenham sido criadas por ele. A descentralização pressupõe pessoas jurídicas diversas: aquela que originariamente tem ou teria titulação sobre certas atividades e aquela outra à qual foi atribuído o desempenho das atividades em causa. Há uma distinção entre titularidade e exercício. A descentralização rompe a unidade personalizada e o vínculo de hierarquia. O ente estatal descentralizado tem personalidade jurídica e não está subordinado à Administração Central.

---

44. MELLO, Oswaldo Aranha Bandeira de. *Princípios gerais de direito administrativo*. v. II, p. 146.

Na segunda, a Organização Social foi tão somente qualificada pelo Estado, mas deriva de um ente privado, sem fins lucrativos. Nesse caso, a atuação na área de saúde dar-se-ia ou sob a forma de fomento, quando, então, a Administração Pública trespassaria recursos ao ente privado para auxiliá-lo na continuidade de suas atividades pertinentes à área da saúde consideradas relevantes mediante a celebração de contrato de gestão ou, então, sob a forma de credenciamento, a Organização Social participaria, complementarmente, do Sistema Único de Saúde, nos termos do parágrafo único do art. 24 da Lei n. 8.880, de 19.09.1990.

Não haveria uma terceira modalidade, pois, para nós, revela-se inadequada a adoção de outros modelos de gestão para a área da saúde, como a parceria público-privada na modalidade concessão administrativa, embora reconheça que esse modelo, pelo planejamento, pelos investimentos e pela necessidade de realização de processo licitatório é superior ao modelo atual adotado de celebrar contratos de gestão e trespassar a Organizações Sociais privadas a prestação integral de serviços de saúde.

Conclusão

A outorga a uma organização social privada da gestão integral de um serviço público de saúde, a exemplo do que ocorre habitualmente em alguns Estados-membros da Federação, revela-se inconstitucional e ilegal levando em conta o Sistema Único de Saúde previsto no art. 198 da Constituição Federal, a forma de participação complementar da iniciativa privada descrita no art. 199 da Constituição Federal e o modelo legal previsto na Lei n. 8.080 de 19.09.1990.

PARTE IV
Orçamento da Saúde

PART IV
Organization & Sales

A Responsabilidade Penal de Prefeitos pela Malversação de Valores Destinados ao Sistema Único de Saúde – SUS

Denis Renato dos Santos Cruz[*]

Introdução

A Constituição Federal dedicou especial tratamento à *saúde*, estabelecendo, inclusive, a forma pela qual a satisfação deste relevante direito deve ser garantida pelos entes estatais, além de fixar valores mínimos a serem empregados no financiamento das suas ações e serviços.

No entanto, a *corrupção* – em um sentido mais amplo, de desrespeito à coisa pública e às instituições –, cada vez mais se alastra em nosso país, implicando, não raro, na impossibilidade material da realização de ações estatais para garantia do mínimo necessário à população, como a *saúde*.

O objetivo deste trabalho é, diante desse quadro, examinar a questão relativa à responsabilidade penal de Prefeitos que fazem mau uso de recursos federais transferidos aos Municípios com a destinação específica de utilização no Sistema Único de Saúde – SUS.

Para tanto, serão abordados, ainda que de forma breve, a preocupação do legislador constitucional com a saúde, bem como a organização e o financiamento do SUS. Outrossim, será objeto de estudo o Decreto-lei n. 201/67, que dispõe sobre os crimes praticados por Prefeitos, com a devida ênfase à malversação dos valores destinados ao SUS.

1. A saúde na Constituição Federal de 1988

A Constituição Federal de 1988 dedicou especial tratamento à *saúde*, incluindo-a nos elementos formadores da seguridade social (juntamente com a previdência e a assistência social, nos termos do seu art. 194) e alçando-a à categoria de direito fundamental (SERAU JR., 2015, p. 45).

Aliás, um rápido olhar ao texto constitucional revela: sua inserção no rol dos direitos sociais (art. 6º); sua previsão como objeto comum de competência material da União, dos Estados, do Distrito Federal e dos Municípios (art. 23, II); a ocorrência de intervenção, no caso de inobservância da aplicação mínima de receitas em suas ações e serviços públicos (art. 34, VII, *e*; e art. 35, III); a aplicação anual de recursos orçamentários mínimos ao financiamento de suas ações e serviços públicos (art. 198, § 2º); entre outros.

A *saúde* foi o primeiro elemento da seguridade social a ser disciplinado na Carta da República, que, em seu art. 196, prevê:

> *Art. 196. A saúde é direito de todos e dever do Estado, garantido mediante políticas sociais e econômicas que visem à redução do risco de doença e de outros agravos e ao acesso universal e igualitário às ações e serviços para sua promoção, proteção e recuperação.*

---

[*] Pós-graduado pelo *Instituto de Direito Penal Econômico e Europeu* da Faculdade de Direito da Universidade de Coimbra – Portugal. Bacharel em Direito e Especialista em Direito Penal e Direito Processual Penal pela Universidade Presbiteriana Mackenzie. Bacharel e Licenciado em História pela Universidade de São Paulo – USP. Analista Judiciário e Assessor de Desembargador Federal no Tribunal Regional Federal da 3ª Região.

Diante disso, é correto dizer que a *saúde* constitui verdadeiro direito subjetivo, de sorte que "*ao Estado cumpre socorrer todos os que se encontrem em situação de ameaça de dano ou de dano consumado à sua saúde*" (CHIMENTI, 2007, p. 555). A materialização desse direito se dá mediante a realização de ações e serviços "*de relevância pública*", financiados "*com recursos do orçamento da seguridade social, da União, dos Estados, do Distrito Federal e dos Municípios, além de outras fontes*" (arts. 197 e 198, *caput*, CF).

2. Noções mínimas relativas à organização e financiamento do Sistema Único de Saúde – SUS

O Sistema Único de Saúde – SUS decorre do mandamento contido no art. 198, *caput*, da Constituição Federal ("*[a]s ações e serviços públicos de saúde integram uma rede regionalizada e hierarquizada e constituem um sistema único*") e organiza-se segundo a Lei n. 8.080, de 19 de setembro de 1990 – Lei Orgânica da Saúde, cujo art. 4º, *caput*, encontra-se assim redigido:

> Art. 4º *O conjunto de ações e serviços de saúde, prestados por órgãos e instituições públicas federais, estaduais e municipais, da Administração direta e indireta e das fundações mantidas pelo Poder Público, constitui o Sistema Único de Saúde (SUS).*

Por sua vez, a Emenda Constitucional n. 29, de 13 de setembro de 2000, promoveu significantes alterações no art. 198 da Constituição, prevendo a observância de *percentuais mínimos anuais* a serem aplicados pelas pessoas políticas (União, Estados, Distrito Federal e Municípios) no financiamento das ações e serviços públicos de saúde.

José Afonso da Silva, ao tratar do assunto, assevera:

> O *Sistema Único de Saúde*, integrado de uma rede regionalizada e hierarquizada de ações e serviços de saúde, constitui o meio pelo qual o Poder Público cumpre seu dever na relação jurídica de saúde que tem no polo ativo qualquer pessoa e a comunidade, já que o direito à promoção e à proteção da saúde é também um direito coletivo. O Sistema Único de Saúde implica ações e serviços federais, estaduais, distritais (DF) e municipais, regendo-se pelos princípios da *descentralização*, com direção única em cada esfera de governo, do *atendimento integral*, com prioridade para as atividades preventivas, e da *participação da comunidade*, que confirma seu caráter de direito social pessoal, de um lado, e de direito social coletivo, de outro. É também por meio dele que o Poder Público desenvolve uma série de atividades de controle de substâncias de interesse para a saúde e outras destinadas ao aperfeiçoamento das prestações sanitárias. O sistema é financiado com recursos do orçamento da seguridade social da União, dos Estados, do Distrito Federal e dos Municípios, além de outras fontes. A EC n. 29/2000, dando nova redação ao art. 198, previu que essas entidades apliquem, anualmente, em ações e serviços de saúde pública recursos do produto de suas arrecadações tributárias e de transferências em percentagens e critérios estabelecidos em lei complementar (...) (SILVA, 2001, p. 809; itálicos no original).

Nesse passo, importante mencionar que a Lei Complementar n. 141, de 13 de janeiro de 2012, regulamentou o disposto no art. 198, § 3º, da Constituição Federal, e, entre outras providências, dispôs sobre os valores mínimos a serem aplicados pela União, Estados, Distrito Federal e Municípios, anualmente, em ações e serviços públicos de saúde.

Assim, o orçamento público deve, necessariamente, contemplar os recursos mínimos supracitados, diante de sua moderna concepção, de planejamento estatal, que visa à consecução do bem-estar social mediante a realização de políticas públicas relevantes (*orçamento-programa*). Dentre tais políticas, destacam-se aquelas previstas no texto constitucional, como as ações e serviços públicos de saúde.

Ao abordar o assunto, Nino Oliveira Toldo enuncia:

> O fato, no entanto, é que o Brasil tem uma Constituição dirigente, que tem por objetivo estabelecer um Estado de bem-estar, um verdadeiro Estado social. Para tanto, necessita implementar políticas públicas que levem àquele objetivo. **Essas políticas públicas estão delineadas no texto constitucional, como, por exemplo, as relativas à educação, à seguridade social (saúde, previdência e assistência social), à segurança pública, à cultura e ao meio ambiente.**
>
> A implementação dessas políticas públicas implica gastos elevados, surgindo, então, o dilema de como conciliar a necessidade de se realizarem esses gastos com os escassos recursos públicos, bem como com a necessidade de se conciliar a necessidade de realizarem esses gastos com os escassos recursos públicos, bem como com a necessidade de manter-se o equilíbrio fiscal, que contribui para a diminuição da inflação. Para resolver esse dilema, é preciso que se entenda o orçamento não apenas como previsão de receitas e autorização de despesas, mas como parte importante do planejamento estatal; como um verdadeiro orçamento-programa. Mais do que

reformar a Constituição, é preciso cumpri-la, efetivando-se os objetivos nela fixados (art. 3º). É necessário, outrossim, que se dê importância à gestão responsável, que qualifica o modo de uso da autoridade política.

O orçamento é importante instrumento de efetivação de políticas públicas e, por isso, vinculante. (...)

Assim, em face da moderna visão de orçamento, que não o limita à mera previsão de receitas e despesas, mas o considera instrumento de planejamento, essencial à efetivação de políticas públicas voltadas ao desenvolvimento nacional e, em razão disso, à erradicação da pobreza e da marginalização, à redução das desigualdades sociais e regionais, bem como à promoção do bem de todos, sem qualquer discriminação, visando a uma sociedade livre, justa e solidária, não é possível compreender o orçamento como mera lei formal, autorizativa das despesas públicas. **Uma vez aprovado o orçamento, vincula a Administração, que deverá cumpri-lo para dar efetividade às políticas públicas**" (TOLDO, 2015, p. 80-81 e 99; grifos nossos).

Já a Lei n. 8.124, de 28 de dezembro de 1990, dispõe "*sobre as transferências intergovernamentais de recursos financeiros na área da saúde*" e prevê que a gestão financeira dos recursos destinados ao SUS será realizada pelo Fundo Nacional de Saúde, responsável pela transferência desses recursos aos demais entes federativos, inclusive os Municípios.

3. A responsabilidade penal de Prefeitos pela malversação de valores transferidos pelo SUS aos municípios

3.1. A criminalização do uso irregular ou indevido de recursos públicos

Comportamentos que redundem na malversação de recursos públicos – notadamente aqueles destinados à *saúde*, dada sua importância e disciplina constitucional – devem ser coibidos e reprimidos pelo Estado, inclusive "*pelo braço forte do ordenamento jurídico, pelo direito penal*" (CRUZ, 2015, p. 81).

Mas, infelizmente, isso nem sempre foi assim e, ainda hoje, em pleno século XXI, proliferam-se ilegalidades dessa espécie, como relatam Antonio Pagliaro e Paulo José da Costa Jr. ao analisarem o tipo do art. 315 do Código Penal, que também incrimina o emprego irregular de verbas ou rendas públicas:

> O presente crime não existia nas legislações anteriores brasileiras. Constitui inovação do Código de 1940, que reproduziu o art. 379 do Código espanhol, cujo modelo outras legislações latino-americanas foram igualmente buscar inspiração, como o Código argentino (art. 260). (...)
>
> A conduta é comum na Administração Pública. Por isso, não são poucos os que condenam erigir semelhante conduta à categoria de delito, mormente diante da moderna tendência de descriminalização (PAGLIARO e COSTA JR., 2006, p. 76-77).

O Decreto-lei n. 201, de 27 de fevereiro de 1967, alterou esse panorama em relação aos Prefeitos Municipais, que passaram a ser punidos segundo este diploma legal e não pelo tipo previsto no art. 315 do Código Penal, ou, ainda, pelo delito de peculato (art. 312, CP), ante a aplicação, ao caso, do denominado princípio da especialidade.

Acerca desse princípio, a lição de Guilherme de Souza Nucci:

> Lei especial afasta a aplicação de lei geral (*lex specialis derogat generali*), como, aliás, encontra-se previsto no art. 12 do Código Penal. Para identificar a lei especial, leva-se em consideração a existência de uma particular condição (objetiva ou subjetiva), que lhe imprima severidade menor ou maior em relação à outra. Deve haver entre os delitos geral e especial relação de absoluta contemporaniedade (NUCCI, 2006, p. 148).

É o caso dos Prefeitos, que ostentam a particular condição subjetiva de Chefes do Poder Executivo Municipal (COSTA, 1998, p. 38; CHIMENTI, 2007, p. 297; MORAES, 2011, p. 301) e, por isso, se submetem à disciplina do Decreto-lei n. 201/67, que, embora anterior à ordem constitucional instaurada em 1988, foi considerado recepcionado pelo Plenário do Supremo Tribunal Federal (ao menos nos dispositivos de direito penal material), conforme ementa de acórdão que ora transcrevemos, a título exemplificativo:

> *DECRETO-LEI N. 201/67. VALIDADE. SÚMULA N. 496 DO STF. CASO DE EX-PREFEITO.*
>
> *I. O Decreto-lei 201 teve sua subsistência garantida pela Carta de 1967-69, e não é incompatível com a Constituição de 1988. É válido o processo que, nos seus termos, prossegue contra ex-prefeito, se o domínio versado não é o de verdadeiros delitos de responsabilidade (arts. 4º e seguintes), mas o de crimes ordinários, processados pela Justiça e sujeitos a penas de direito comum (arts. 1º a 3º).*
>
> *II. O habeas corpus não é sede idônea para a revisão – e menos ainda para a revisão precoce – do processo penal.*

(HC – Habeas Corpus 69.850/PA, Tribunal Pleno, Rel. Min. Francisco Rezek, j. 09.02.1994, maioria, DJU 27.05.1994)

3.2. Crimes funcionais de Prefeitos municipais: o Decreto-lei n. 201/1967

O Decreto-lei n. 201/1967 traz, em seu art. 1º, condutas descritas como *"crimes de responsabilidade"* dos Prefeitos Municipais.

Antes de adentrarmos ao estudo desse dispositivo, faz-se necessária uma pequena abordagem no que tange à terminologia nele utilizada, que, é certo, causa certa perplexidade.

Isso porque, aqui, não se está a tratar de infrações político-administrativas, previstas, por exemplo, nos arts. 20-A, §§ 2º e 3º; 50, *caput* e § 2º; 85; 100, § 7º; e 167, § 1º; do texto constitucional, e na Lei n. 1.079/1950, a que consagrou-se chamar de *"crimes de responsabilidade"* (CHIMENTI, 2007, p. 300; MORAES, 2011, p. 502; SILVA, 2001, p. 550).

Esse artigo, em verdade, elenca condutas proibidas a que são cominadas sanções de natureza criminal, obrigatoriamente previstas em lei em sentido estrito (*nullum crimen, nulla poena sine lege*), nos termos do art. 5º, XXXIX, da Constituição Federal, e do art. 1º do Código Penal. Portanto, o preceito em tela cuida de crimes em sentido estrito, ou seja, de condutas punidas pelo direito penal.

O Supremo Tribunal Federal ao apreciar a questão, manifestou-se nesse exato sentido:

> EMENTA: RECURSO DE "HABEAS-CORPUS". CRIMES PRATICADOS POR PREFEITO: ART. 1º, I e II, DO DECRETO-LEI N. 201/1967. CRIME DE RESPONSABILIDADE. CRIMES COMUNS OU FUNCIONAIS. COMPETÊNCIA DO TRIBUNAL DE JUSTIÇA (ART. 29, X, DA CONSTITUIÇÃO, COM A REDAÇÃO DA EC N. 1/92).
> 1. O art. 1º do Decreto-lei n. 201/1967 tipifica crimes comuns ou funcionais praticados por Prefeitos Municipais, ainda que impropriamente nomeados como "crimes de responsabilidade", e são julgados pelo Poder Judiciário. *Revisão da jurisprudência do Supremo Tribunal Federal a partir do julgamento do HC n. 70.671-1-PI.*
> 2. *O art. 4º do mesmo Decreto-lei refere-se ao que denomina expressamente de "infrações político-administrativas", também chamadas de "crimes de responsabilidade" ou "crimes políticos", e são julgadas pela Câmara dos Vereadores: nada mais é do que o "impeachment".*
> 3. *O art. 29, X, da Constituição (redação da EC n. 1/92) determina o "julgamento do Prefeito perante o Tribunal de Justiça"; ao assim dizer, está se referindo, apenas, aos crimes comuns e derroga, em parte, o art. 2º do Decreto-lei n. 201/67, que atribuía esta competência ao juiz singular.*
> 4. Recurso em "habeas-corpus" não provido.
> *(RHC – Recurso em Habeas Corpus 73.210/PA, Segunda Turma, Relator Ministro Maurício Corrêa, j. 31.10.1995, v.u., DJU 01.12.1995)*

Sabemos, então, que as condutas descritas no art. 1º do Decreto-lei n. 201/1967 constituem crimes em sentido estrito. Além disso, tais condutas integram a categoria dos chamados crimes funcionais, *"qualificados pela circunstância de ser o agente servidor público, agindo ele com abuso de sua posição"* (RAMOS, 2002, p. 15), situação dos Prefeitos Municipais.

3.3. Competência para o processo e julgamento de Prefeitos pela malversação de recursos transferidos pelo SUS aos Municípios

O art. 2º do Decreto-lei n. 201/1967 dispõe que a competência para o processo e julgamento dos crimes previstos em seu art. 1º é do Juiz de primeiro grau. Todavia, em posição antagônica, o art. 29, X, da Constituição de 1988, preceitua competir ao Tribunal de Justiça o julgamento de Prefeito.

E há mais um complicador. O Fundo Nacional de Saúde, responsável pela transferência aos Municípios dos recursos financeiros a serem utilizados no âmbito do SUS, está inserido na estrutura do Ministério da Saúde, órgão da União. Destarte, segundo esse critério a competência para processar e julgar crimes relativos a estes recursos financeiros é da Justiça Federal, a teor do disposto no art. 109, IV, também da Constituição Federal[1].

Considerando esses fatores, qual é, então, o juízo competente para o processamento e julgamento de Prefeito a que é imputada a prática de crime relativo à malversação de valores transferidos pelo Fundo Nacional de Saúde para uso no âmbito do Sistema Nacional de Saúde – SUS?

Primeiro, há que considerar que o art. 2º do Decreto-lei n. 201/1967, na parte em que determina competir ao Juiz singular o julgamento do Prefeito, não foi recepcionado pela Constituição Federal de 1988, visto contrariar o preceito trazido em seu art. 29, X, no sentido de ser o Prefeito detentor de foro por prerrogativa de função.

---

1. Art. 109. Aos juízes federais compete processar e julgar: IV – os crimes políticos e as infrações penais praticadas em detrimento de bens, serviços ou interesse da União ou de suas entidades autárquicas ou empresas públicas, excluídas as contravenções e ressalvada a competência da Justiça Militar e da Justiça Eleitoral;

Então, a questão remanescente é: como conjugar a previsão constitucional de prerrogativa de foro do Prefeito com a competência da Justiça Federal, também regulada no texto constitucional?

A situação resolveu-se no sentido de garantir que o Prefeito seja processado e julgado perante o Tribunal Regional Federal cuja circunscrição judiciária englobe o Município em que o imputado é Prefeito. Dessa maneira, ambos os mandamentos constitucionais são obedecidos.

A jurisprudência pacificou-se neste exato sentido, com a edição das Súmulas n.s 702 do Supremo Tribunal Federal[2] e 208 do Superior Tribunal de Justiça[3].

Seguindo essa orientação, há inúmeros precedentes destes Tribunais, dentre os quais indicamos, exemplificativamente: STF, ARE 924.193 AgR/CE, Segunda Turma, Rel. Min. Gilmar Mendes, j. 17. 11. 2015, v.u., DJe 30.11.2015; e STJ, RHC 59.287/RS, Quinta Turma, Rel. Min. Felix Fischer, j. 17. 11. 2015, v.u., DJe 25.11.2015.

3.4. As condutas incriminadas nos incisos I e III do Decreto-lei n. 201/1967

Neste tópico, cumpre esclarecer, de início, que em razão da natureza deste trabalho estudaremos apenas as condutas criminosas previstas nos incisos I e III do Decreto-lei n. 201/1967, de maior incidência prática.

Vimos que compete ao Fundo Nacional de Saúde a gestão financeira dos recursos destinados ao SUS, no âmbito federal. Vimos, também, que tal Fundo efetua transferências aos Estados, ao Distrito Federal e aos Municípios, dos valores necessários à materialização, no contexto do SUS, das ações e serviços públicos de saúde.

Desse modo, incumbe aos Municípios aplicar na saúde, além dos recursos listados no art. 198, § 2º, III, da Constituição, aqueles transferidos pelo Fundo Nacional de Saúde, para utilização no âmbito do SUS. E é exatamente a utilização indevida destes recursos, por parte dos Prefeitos, que nos interessa nesse momento.

Feitas tais considerações, passemos, então, ao estudo do art. 1º, incisos I e III, do Decreto-lei n. 201/1967, assim redigidos:

> Art. 1º São crimes de responsabilidade dos Prefeitos Municipal, sujeitos ao julgamento do Poder Judiciário, independentemente do pronunciamento da Câmara dos Vereadores:
> I – apropriar-se de bens ou rendas públicas, ou desviá-los em proveito próprio ou alheio;
> III – desviar, ou aplicar indevidamente, rendas ou verbas públicas;

No que diz respeito às sanções penais, o delito do inciso I é punido com a pena de 2 (dois) a 12 (doze) anos de reclusão, enquanto ao delito do inciso III é cominada a pena de 3 (três) meses a 3 (três) anos de detenção (art. 1º, § 1º, DL n. 201/1967).

O tipo descrito no inciso I nada mais é do que uma modalidade especial de peculato, visto que seus elementos são equivalentes àqueles previstos no art. 312, *caput*, do Código Penal, como afirma Tito Costa:

> O crime consiste em apropriação ou desvio de bens públicos ou rendas públicas, em proveito do agente ou de terceiros. **Trata-se, aqui, de peculato, à semelhança do que vem disposto no Código Penal de 1940, art. 312. Se o prefeito é o administrador da coisa pública municipal ou, indiretamente, da estadual ou da federal, apropriando-se dela, ou desviando-a, em proveito próprio ou alheio, pratica em tese o delito.** Coisa pública, aqui, tomada em sentido amplo, posto que o preceito legal fala em bens ou rendas (COSTA, 1998, p. 42; grifos nossos).

O crime tipificado no inciso III, a seu turno, diferencia-se do anterior na medida em que, neste dispositivo, o *desvio* ou a *aplicação indevida* das rendas ou verbas públicas não se dá em benefício próprio do Prefeito ou de terceiro a quem quer favorecer, mas sim do Município, situação semelhante àquela punida pelo art. 315 do Código Penal. Objetivando melhor esclarecer a questão, trazemos, novamente, o posicionamento de Tito Costa:

> Quanto ao desvio de rendas (ou verbas) públicas, o preceito não faz senão repetir o que já ficou fixado no inc. I deste art. 1º do Dec.-lei n. 201/1967. A novidade que ele abriga está na punição da indevida aplicação. Por exemplo: aplicar uma verba (ou dotação orçamentária) em lugar de outra, ou para finalidade diversa da consignada no orçamento. **O crime consuma-se com a simples prática da ação prevista na lei, independentemente de indagar-se se houve ou**

---

2. Súmula n. 702, STF: "A competência do Tribunal de Justiça para julgar prefeitos restringe-se aos crimes de competência da Justiça comum estadual; nos demais casos, a competência originária caberá ao respectivo tribunal de segundo grau".

3. Súmula n. 208, STJ: "Compete à Justiça Federal processar e julgar prefeito municipal por desvio de verba sujeita à prestação de contas perante órgão federal".

não efetivo prejuízo ao interesse da administração pública. No caso, especificamente, administração pública municipal, mas pode ser também a estadual ou a federal, dependendo da verba ou renda que tenha sido desviada, ou mal aplicada.

A fórmula deste inc. III aproxima-se bem de perto do preceito do art. 315 do Código Penal de 1940 (emprego irregular de verbas ou rendas públicas). Em ambos os dispositivos legais verifica-se que o legislador pretendeu preservar e garantir a correta aplicação dos dinheiros públicos. (...) (COSTA, 1998, p. 50; grifos nossos).

Em igual sentido, manifestam-se Antonio Pagliaro e Paulo José da Costa Jr.:

Inexiste para o Estado qualquer dano patrimonial: nem subtração, nem apropriação de dinheiro público. Sucede apenas que verbas ou rendas públicas são aplicadas diversamente do critério estabelecido em lei ou orçamento.

Tal se faz, entretanto, no interesse da própria Administração. Se o desvio se fizer em benefício de fins particulares, próprios ou alheios, ter-se-á como configurado o crime de peculato (PAGLIARO e COSTA JR., 2006, p. 77).

O fundamento da punição da conduta tipificada no inciso I do art. 1º do Decreto-lei n. 201/1967 não gera grandes discussões, pois é intuitiva a proibição à *apropriação* ou ao *desvio* de bens públicos por parte do Prefeito Municipal, a quem, pelo contrário, incumbe zelar pela coisa pública.

Entretanto, no tocante à conduta do inciso III, a situação é diferente, pois, como visto, não há locupletamento do Prefeito. O que ocorre, na hipótese, é a utilização indevida de recursos públicos no interesse do Município, porém em destinação diversa daquela previamente determinada pelo orçamento público. Aliás, esse é o motivo pelo qual "*a pena imposta pelo Dec.-lei n. 201/67, para a infração do inc. III do art. 1º, é mais leve que a prevista nos incisos I e II*" (COSTA, 1998, p. 51).

Essas peculiaridades, contudo, não maculam esse tipo penal, haja vista que, na esteira do quanto já explanado, o orçamento é vinculante, particularmente quanto aos recursos a serem aplicados nas ações e serviços de saúde, que receberam tratamento específico e minucioso do legislador constitucional.

Ante o exposto, não há dúvidas quanto à responsabilidade penal dos Prefeitos na malversação dos valores recebidos pelo Município para aplicação no âmbito do Sistema Único de Saúde – SUS, sendo tais condutas punidas de acordo com o disposto nos incisos I e III do art. 1º do Decreto-lei n. 201/1967, que, embora seja anterior à Constituição de 1988, foi por ela recepcionado, reforçando a necessidade de repressão estatal a comportamentos desta espécie.

Conclusões

O modo pelo qual o texto constitucional disciplina a *saúde* demonstra sua preocupação com este importante direito fundamental, em especial com relação ao financiamento de suas ações e programas, tendo sido editados rígidos comandos a respeito disso. O Sistema Único de Saúde – SUS foi, então, o meio eleito pela Constituição para os entes estatais assegurarem o pleno exercício desse direito.

Em razão da preocupação acima relatada, a Carta da República chegou à minúcia de elencar os valores mínimos a serem aplicados pela União, pelos Estados, pelo Distrito Federal e pelos Municípios, anualmente, em ações e serviços públicos de saúde.

Visando à consecução desse objetivo, é elaborado o orçamento público, que deve, obrigatoriamente, contemplar referidos valores mínimos, ou seja, o orçamento é vinculante. Isso se dá em virtude de sua moderna concepção, no sentido de constituir um orçamento-programa, verdadeiro instrumento destinado à realização de políticas públicas relevantes, notadamente as ações e serviços públicos de saúde.

Além disso, a relevância da situação reclama a atuação do direito penal, que deve coibir e reprimir comportamentos relacionados à malversação de recursos públicos, destacando-se aqueles destinados à saúde. Tais comportamentos, quando realizados por Prefeitos, são punidos de acordo com o Decreto-lei n. 201/1967, dada sua condição especial de Chefes do Poder Executivo Municipal.

Portanto, é inquestionável a responsabilidade penal dos Prefeitos na malversação dos valores recebidos pelo Município para aplicação no âmbito do Sistema Único de Saúde – SUS, sendo tais condutas punidas de acordo com o disposto nos incisos I e III do art. 1º do Decreto-lei n. 201/1967, recepcionado pela ordem constitucional vigente, a reforçar e reafirmar a necessidade de repressão estatal a comportamentos desta espécie, que vilipendiam o país e afetam sobremaneira a população, cada vez mais alijada do acesso a serviços públicos básicos.

Referências bibliográficas

COSTA, Tito. *Responsabilidade de prefeitos e vereadores*. 3. ed. São Paulo: Revista dos Tribunais, 1998.

CHIMENTI, Ricardo Cunha [et al]. *Curso de direito constitucional*. São Paulo: Saraiva, 2007.

CRUZ, Denis Renato dos Santos. A proteção penal da Seguridade Social e a Constituição Federal de 1988. *Revista SÍNTESE Direito Previdenciário*. Ano 14, n. 64 (jan./fev. 2015). São Paulo: IOB, 2015. p. 79-86.

DALVI, Luciano. *Direito constitucional avançado: teoria, processo e prática constitucional*. São Paulo: LTr, 2009.

JESUS, Damásio Evangelista de. *Direito penal*. V. 1. Parte geral. 11. ed. São Paulo: Saraiva, 1986.

MORAES, Alexandre de. *Direito constitucional*. 27. ed. São Paulo: Atlas, 2011.

NUCCI, Guilherme de Souza. *Manual de direito penal: parte geral: parte especial*. 2. ed. São Paulo: Revista dos Tribunais, 2006.

OLIVEIRA, Regis Fernandes de. *Curso de direito financeiro*. São Paulo: Revista dos Tribunais, 2006.

PAGLIARO, Antonio; e COSTA JUNIOR, Paulo José da. *Dos crimes contra a administração pública*. 3. ed. São Paulo: Perfil, 2006.

RAMOS, João Gualberto Garcez. *Crimes funcionais de prefeitos*. Belo Horizonte: Del Rey, 2002.

SANTOS, Marisa Ferreira dos. *Direito previdenciário esquematizado*. 2. ed. São Paulo: Saraiva, 2012.

SERAU JUNIOR, Marco Aurélio. Fundamentos constitucionais da aposentadoria da pessoa com deficiência. *Revista SÍNTESE Direito Previdenciário*. Ano 14, n. 64 (jan./fev. 2015). São Paulo: IOB, 2015. p. 44-50.

SILVA, José Afonso da. *Curso de direito constitucional positivo*. 19. ed. São Paulo: Malheiros, 2001.

TOLDO, Nino Oliveira. "O orçamento público é vinculante". *In*: PRETO, Raquel Elita Alves (Coord.). *Tributação brasileira em evolução: estudos em homenagem ao Professor Alcides Jorge Costa*. São Paulo: IASP, 2015. p. 71-113.

Orçamento Mínimo para a Saúde: a Rigidez Orçamentária e a Discricionariedade do Legislador

Luma Cavaleiro de Macêdo Scaff*

1. O direito fundamental à saúde na Constituição Federal

Os direitos fundamentais, a Constituição e o Estado de Direito são indissociáveis para a Democracia. A Carta Constitucional eleva a dignidade da pessoa humana à condição de norma basilar do sistema (art. 1º, I, CF) e estabelece como objetivos a serem alcançados a redução das desigualdades sociais, a erradicação da pobreza (art. 3º, III, CF), bem como a promoção do bem de todos (art. 3º, IV, CF).

A Constituição de 1988 assegurou a existência de direitos fundamentais sociais[1], dentre os quais, destaca-se aqui o direito à saúde[2]. A efetividade das normas sobre o direito à saúde é assunto polêmico de trato necessário por diversos profissionais com a finalidade de contribuir para uma vida saudável, seja para disponibilizá-la para todos ou para levá-la a quem precisar ou, ainda, para que a saúde esteja ao alcance das pessoas.

A jusfundamentalidade do direito à saúde certamente não está ligada apenas à sua localização geográfica na Constituição, até porque pode ser inserido na norma de abertura material do catálogo de direitos fundamentais, conforme art. 5º, § 2º, da Constituição. Daí falar-se no núcleo duro dos direitos fundamentais em razão da indissociável vinculação ao direito à vida e ao direito à dignidade[3].

Não apenas no *caput* do art. 6º da Constituição, mas também o art. 196 asseguram que a saúde é direito de todos e dever do Estado[4], garantido mediante políticas públicas sociais e econômicas que visem à redução do risco de doença e de outros agravos e ao acesso universal e igualitário às ações e serviços para sua promoção, proteção e recuperação. De acordo com Germano André Schwartz, a Constituição se utiliza de diferentes aspectos do direito à saúde: em primeiro, aduz a ideia de "saúde curativa" como uma garantia de acesso aos instrumentos para curar

---

* Doutora e Mestre em Direito pela Faculdade de Direito da Universidade de São Paulo. Advogada. Assessoria Jurídica na Secretaria de Estado e Cultura do Pará.
1. ABRAMOVICH, Victor; COURTIS, Christian. Los derechos sociales como derechos exigibles. Madrid: Trotta, 2002. ALEXY, Robert. *Teoria dos direitos fundamentais*. Tradução de Virgilio Afonso da Silva. São Paulo: Malheiros, 2008.
2. BARCELLOS, Ana Paula de. O direito de prestações à saúde: complexidades, mínimo existencial e o valor das abordagens coletiva e abstrata. In: SARMENTO, Daniel; SOUZA NETO, Cláudio Pereira de. *Direitos sociais*: fundamentos, judicialização e direitos sociais em espécie. Rio de Janeiro: Lumen Juris, 2010.
3. Ver a obra *Direitos fundamentais*, orçamento e reserva do possível. SARLET, Ingo Wolfgang; TIMM, Luciano Benetti (Coord.) notadamente o artigo de SARLET, Ingo Wolfang; FIGUEIREDO, Mariana Filchtiner. Reserva do possível, mínimo existencial e direito à saúde: algumas aproximações.
4. São de relevância pública as ações e serviços de saúde, cabendo ao Poder Público dispor, nos termos da lei, sobre sua regulamentação, fiscalização e controle, devendo sua execução ser feita diretamente ou por meio de terceiros e, também, por pessoa física ou jurídica de direito privado, conforme art. 197.

doenças; em segundo, a expressão "redução de riscos" demonstra a saúde preventiva; em terceiro, a palavra "proteção" denota a busca pela qualidade de vida.

Com isso, é possível verificar que o direito à saúde gera um dever para o Estado, seja de *prevenir* como de *proteger* e, ainda, de *cuidar*. Concomitantemente, o mesmo direito fundamental à saúde gera à sociedade a obrigação de respeitar o direito à saúde, abstendo-se de agir para impedi-lo e também de forma ativa ou passiva para promovê-lo.

As ações e os serviços públicos de saúde integram uma rede regionalizada e hierarquizada estruturada em um sistema único, organizado de acordo com as seguintes diretrizes: a descentralização; o atendimento integral, com a prioridade para as atividades preventivas, sem prejuízo dos serviços assistenciais e a participação da comunidade[5].

Considerando que os recursos são escassos e as necessidades infinitas[6], é um desafio concretizar o sistema constitucionalmente garantido pela Constituição relacionado à saúde. É decidir a alocação de recursos públicos, ou seja, são as escolhas trágicas[7] – o que deve ser feito levando-se em consideração as limitações orçamentárias. Segundo André Castro Carvalho "o panorama financeiro da saúde brasileira demonstra que, por vezes, a falta de recursos pode não ser a principal justificativa para a insuficiência da prestação deste serviço, e a sua má-gestão costuma ser observada como fator preponderante à precariedade do serviço público".[8]

Daí a necessidade de se estudar o direito à saúde com cautela, sob pena de se tornar promessa utópica. Veja que "a universalidade dos serviços de saúde não traz, como corolário inexorável, a gratuidade das prestações materiais para toda e qualquer pessoa, assim como a integralidade do atendimento não significa que qualquer pretensão tenha de ser satisfeita em termos ideais"[9].

Assim, há a necessidade de se coadunar a reserva do possível[10] com o princípio da igualdade para se compreender que a relativização dessa prestação gratuita dos serviços de saúde, à medida que todos os integrantes da sociedade, de forma direta ou indireta, financiam o Estado a fim de que realize seus objetivos constitucionais[11].

2. A garantia financeira e o direito à saúde: o orçamento

Para que o Estado realize o bem-estar social, é preciso angariar receitas – tributárias e não tributárias. Daí o custo financeiro para a realização dos direitos sociais fundamentais, no caso do direito à saúde, que no atual Estado Fiscal é suportado por toda a sociedade especialmente por tributos, motivo pelo qual é possível afirmar que o *dever fundamental de pagar impostos*[12] e a *realização dos direitos fundamentais* são versos da mesma moeda. A cobrança de tributos não pode jamais significar um fim em si mesma[13], sob pena de colocar em choque a "coisa pública; a *República*[14].

Se de um lado a tributação alcança o *bolso do contribuinte*, de outro lado se transforma em *financiamento de direitos*, daí a solidariedade fiscal a ser garantida e assegurada no Estado Democrático de Direito[15]. O instrumento que organiza essa sistemática por meio de uma listagem entre *receitas* versus *despesas* é o orçamento, elemento indispensável à garantia do direito à saúde.

---

5. O SUS é constituído pelo conjunto das ações e de serviços de saúde sob gestão pública, sendo mais uma vez disposto no art. 2º da Lei n. 8.080/1990, que a saúde é um direito de todos e dever do Estado.
6. HOLMES, Stephen e SUSTEIN, Cass. *The cost of rights – Why liberty depends on taxes*. New York: Norton, 2000.
7. CALABRESI, Guido e BOBBIT, Philip. *Tragic choices – the conflicts society confronts in the allocation of tragically scarce resources*. New York: Norton, 1978.
8. CARVALHO, André Castro. *Vinculação de receitas públicas*. São Paulo: Quartier Latin, 2010. p. 122.
9. SARLET, Ingo Wolfgang; FIGUEIREDO, Mariana Filchtiner. Reserva do possível, mínimo existencial e direito à saúde: algumas aproximações. In: SARLET, Ingo Woflgang; TIMM, Luciano Benetti. *Direitos fundamentais. orçamento e reserva do possível*. Porto Alegre: Livraria dos Advogados, 2008. P. 149.
10. BVERFGE 33, 303, de 18.07.1972, extraído da obra *Cinquenta anos de jurisprudência do Tribunal Constitucional Federal Alemão* (Montevidéu: Fundação Konrad Adenauer, 2005. p. 656/667)
11. SCAFF, Fernando Facury. Como a sociedade financia o Estado para a implementação dos direitos humanos no Brasil. In: SCAFF, Fernando Facury. (Org). *Constitucionalismo. Tributação e direitos humanos*. Rio de Janeiro: Renovar, 2007.
12. NABAIS, José Casalta. *O dever fundamental de pagar impostos*: contributo para a compreensão do estado fiscal contemporâneo. Coimbra: Almedina, 2009.
13. IVO, Gabriel. Direito tributário e orçamento público. In: SHOUERI, Luis Eduardo. (Coord). *Direito tributário: homenagem a Paulo de Barros Carvalho*. São Paulo: Quartier Latin, 2008.
14. SCAFF, Fernando Facury. República, tributação, finanças. *RDE. Revista de Direito do Estado*, v. 21, p. 649-668, 2011.
15. Destaca-se o posicionamento do Supremo Tribunal Federal de que o art. 195 da Constituição Federal se pauta pelo "princípio estrutural de solidariedade" pelo que a seguridade social deve ser custeada por toda a sociedade, de forma direta e indireta. Ver ADI 3105/DF e ADI 3128/DF. Informativo 357/2014.

O orçamento, ordenador racional da Administração[16], é uma ferramenta para a organização das finanças do país. É um sistema estruturado do geral para o específico.

Em primeiro, a Lei do Plano Plurianual (PPA) que estabelece, de forma regionalizada, as diretrizes, os objetivos e as metas da Administração Pública Federal para as despesas de capital e outras dela decorrentes e para as relativas aos programas de duração continuada (art. 165, I parágrafo primeiro, CF).

Em segundo, a Lei de Diretrizes Orçamentárias (LDO) que, além de estar em consonância com o PPA, compreende as metas e prioridades da Administração Pública Federal, incluindo as despesas de capital para o exercício financeiro subsequente; orientará a elaboração da lei orçamentária anual, disporá sobre as alterações na legislação tributária e estabelecerá a política de aplicação das agências financeiras oficiais em fomento (art. 165, II, parágrafo segundo, CF).

Em terceiro, a Lei Orçamentária Anual (LOA) que, além de orientar a gestão financeira e tributária do país, deve ser composta por três documentos: a *um* – o orçamento fiscal referente aos Poderes da União, seus fundos, órgãos e entidades da administração direta e indireta, inclusive fundações instituídas e mantidas pelo Poder Público; a *dois* – o orçamento de investimento das empresas em que a União, direta ou indiretamente, detenha a maioria do capital social com direito a voto; a *três* – o orçamento da seguridade social abrangendo todas as entidades e órgãos a ela vinculados, da administração direta ou indireta, bem como os fundos e fundações instituídos e mantidos pelo Poder Público.

Ricardo Lobo Torres afirma que o orçamento é uma lei formal ou um ato-condição[17]. Diferente é o que entende Joaquim José Gomes Canotilho para o qual o orçamento é simplesmente uma lei destinada a prever os meios financeiros para a realização de determinados fins, aplicação esta que não pode se furtar à observância dos princípios constitucionais e à respectiva fiscalização[18].

Os investimentos públicos são previstos no orçamento para sua efetivação com a disposição dos meios necessários à sua execução. Desta feita, o Poder Público pode realizar políticas públicas, prevendo sua execução mediante planejamento, e consolidando-a com a inserção no orçamento dos meios necessários à sua materialização.

O orçamento não pode se traduzir como mera peça de ficção nas finanças do Brasil, sob pena de comprometer a realização dos objetivos constitucionais. É ínsito à realidade que não há direito à saúde para todos. A escassez de dinheiro, de recursos, de pessoal, de instrumentos e de qualquer elemento necessário ao direito à saúde deve dialogar com a infinidade e variedade de necessidades sociais. Gustavo Amaral e Danielle Mello frisam que a escassez, a divisibilidade e a homogeneidade dos meios materiais desafiam a visão igualitária do tratamento igual para todos[19].

3. Orçamento mínimo para a saúde e as vinculações de receitas: a discricionariedade do legislador e a rigidez orçamentária

É o sistema orçamentário que prevê a alocação dos recursos, isto é, se um determinado valor será direcionado para um programa de duração continuada, para um programa social ou para o pagamento da dívida pública. E quem decide? Uma pessoa física – *gestor* ou *legislador* – que certamente possui afetos e emoções[20]. É desta maneira que urge a realização das escolhas trágicas em prol do bem-estar social. A possibilidade de escolha é denominada de *discricionariedade do legislador*, inclusive no que se refere aos objetivos a curto e a médio prazo da Administração Pública.

A Constituição de 1988 estabelece diversos mínimos percentuais para algumas áreas para garantir o desenvolvimento nacional, como ocorre com a Saúde. Apesar de comumente se utilizar a expressão despesa ou gasto mínimo obrigatório[21], o texto constitucional utiliza como conceito a "vinculação". Isso ocorre no art. 198, parágrafo terceiro, II: "os critérios de rateio

---

16. BALEEIRO, Aliomar. *Uma introdução à ciência das finanças*. 14 ed. Rio de Janeiro: Forense, 1990. p. 420.
17. TORRES, Ricardo Lobo. *Curso de direito financeiro e tributário*. 13 ed. Rio de Janeiro: Renovar, 2006. p. 177/178.
18. CANOTILHO, J. J. Gomes. *A lei do orçamento na teoria da lei* – separata do Boletim Especial da Faculdade de Direto de Coimbra – Portugal. 1978.
19. AMARAL, Gustavo; MELLO, Danielle. Há direitos acima dos orçamentos? In: SARLET, Ingo Woflgang; TIMM, Luciano Benetti. *Direitos fundamentais. Orçamento e reserva do possível*. Porto Alegre: Livraria do Advogado, 2008. p. 87/109.
20. OLIVEIRA, Regis Fernandes de. Saudação aos calouros – USP. 2013. Disponível em: <https://www.google.com.br/url?sa=t&rct=j&q=&esrc=s&source=web&cd=1&cad=rja&uact=8&ved=0CCEQFjAAahUKEwj72uajkurGAhUDhZAKHSePBEw&url=http%3A%2F%2Fwww.revistas.usp.br%2Frfdusp%2Farticle%2Fdownload%2F89265%2FRev_2014_33&ei=mSOtVbuqMYOKwgSnnpLgBA&usg=AFQjCNGJjahnIeadT7HdF9dBy3a7_ZLw6w&bvm=bv.98197061,d.Y2I>. Acesso em: 18 jul. 2015.
21. Os gastos obrigatórios são aqueles cuja origem se dá anteriormente à lei orçamentária, como, por exemplo, os gastos com pessoal ou previdência. Já os gastos facultativos são os previstos pela própria lei orçamentaria mediante a respectiva autorização de pagamento.

dos recursos da União vinculados à saúde (...)" e art. 60, VIII, do ADCT: "a vinculação de recursos à manutenção e desenvolvimento do ensino estabelecida no art. 212 da Constituição Federal (...)". Ricardo Lobo Torres também propugna pela ocorrência de vinculação de recursos à saúde e educação, traduzida nas afetações mínimas de receitas de cada ente[22].

No equilíbrio e na harmonia entre os Poderes da União (art. 2º, CF), o Poder Executivo é responsável por realizar esses gastos e implementar os objetivos no limite estabelecido pela lei. Nesta alocação, também existe uma *discricionariedade administrativa* circunscrita às normas.

Aqui destaca-se um importante debate para o direito à saúde que envolve a *liberdade do legislador orçamentário* e a *vinculação orçamentária*, diante do Orçamento Mínimo para a Saúde.

A Constituição Federal em seu art. 167, IV, instituiu o Princípio da Não Afetação:

> IV – a vinculação de receita de impostos a órgão, fundo ou despesa, ressalvadas a repartição do produto da arrecadação dos impostos a que se referem os arts. 158 e 159, a destinação de recursos para as ações e serviços públicos de saúde, para manutenção e desenvolvimento do ensino e para realização de atividades da administração tributária, como determinado, respectivamente, pelos arts. 198, § 2º, 212 e 37, XXII, e a prestação de garantias às operações de crédito por antecipação de receita, previstas no art. 165, § 8º, bem como o disposto no § 4º deste artigo;

> De acordo com o Princípio da Não Afetação, as receitas orçamentárias devem ingressar nos cofres estatais sem destinação específica, de modo a oferecer flexibilidade de recursos aos cofres, privilegiando a liberdade do legislador.

> Todavia, a norma transcrita acima comporta exceções, pois vincula algumas receitas para o custeio de determinadas despesas. Com o mecanismo das vinculações de receitas[23], a liberdade do legislador não é mais tão ampla e absoluta, pois o constituinte brasileiro obrigou que determinados ingressos sejam destinados a uma finalidade[24].

> Com as alterações da EC n 42/2003, o princípio da não afetação é ressaltado por José Mauricio Conti como "a proibição de se vincular receita de imposto a órgão, fundo ou despesa. A proibição não atinge os demais tributos, mas apenas os impostos; isto se deve à própria característica intrínseca a esta espécie tributária (...)", o que deve ser estudado à luz do art. 16 do Código Tributário Nacional e do art. 167, IV, da Constituição Federal[25].

> Resta cristalino que a regra da não vinculação se refere apenas aos impostos. Não alcança, portanto, contribuições a exemplo da CIDE-Combustível e dos empréstimos compulsórios. Este entendimento é também defendido por Ricardo Lobo Torres[26], além de encontrar amparo na jurisprudência[27].

> No que se refere à saúde, consta na Constituição um rol de vinculações de receitas que tem por finalidade garantir, no mínimo a realização do direito à saúde no Brasil. A este conjunto de vinculações, dá-se o apelido de Orçamento Mínimo da Saúde, ou seja:

> a. 15% da receita de todos os impostos arrecadados pelos Municípios;

> b. 12% da receita de todos os impostos arrecadados pelos Estados;

> c. No caso da União, a receita corrente líquida do respectivo exercício financeiro, não podendo ser inferior a 15%;

De acordo com a Emenda Constitucional n. 86/2015[28], que alterou o art. 198, parágrafos segundo e terceiro, esses percentuais serão revistos por lei complementar a cada cinco anos.

Ainda de acordo com a Emenda Constitucional n. 86/2015, foi estabelecida uma vinculação de receitas para gastos com emendas parlamentares individuais de até 1,2% da receita corrente líquida prevista no Projeto de Lei Orçamentária enviado pela União. Porém, metade desse percentual deverá destinar-se a ações e serviços públicos de saúde (art. 166, § 9º CF), inclusive para custeio, sendo vedado seu uso para pagamento de despesas com pessoal ou encargos sociais (art. 166, § 10, CF), mas este valor que será aplicado em saúde será considerado no montante atual que a União obrigatoriamente deve despender.

---

22. TORRES, *Tratado de direito constitucional financeiro e tributário*. V. 5. O orçamento na Constituição. 3. ed. Rio de Janeiro: Renovar, 2008. p. 340/343.
23. Sobre vinculação de receitas ver CARVALHO, André Castro. *Vinculação de receitas públicas e princípio da não afetação*: usos e mitigação. São Paulo: Quartier Latin, 2010.
24. Destaque para as contribuições, modalidades de tributos cuja destinação é vinculada.
25. O autor destaca que o imposto é um tributo não vinculado, logo, não existe ligação para afetar uma receita a esta finalidade. CONTI, José Maurício. *Direito financeiro na Constituição de 1988*. São Paulo: Oliveira Mendes, 1998. p. 103.
26. TORRES, Ricardo Lobo. *Curso de direito financeiro e tributário*. 13 ed. Rio de Janeiro: Renovar, 2006. p. 103.
27. Ver ADI 2123-1/ES.
28. A aludida Emenda é oriunda da PEC n. 358/2013, também designada de "PEC do Orçamento Impositivo", o que, de certo modo, auxiliou a impedir que fosse enfrentada, com seriedade e densidade, a raiz do subfinanciamento crônico da saúde pública brasileira.

Além disso, esse percentual de 1,2% será executado de forma equitativa (art. 166, parágrafo onze), assim entendendo-se igual e impessoal divisão de recursos entre todas as emendas parlamentares, independentemente da sua autoria. Atente-se que essa vinculação de 1,2% também poderá ser contingenciada caso possa implicar em descumprimento da meta do superávit primário estabelecido na Lei de Diretrizes Orçamentárias.

Deve-se acrescentar que a obrigatoriedade da execução orçamentária das emendas parlamentares individuais somente cessará quando ocorrer impedimento de ordem técnica, impedimento este que deverá ser formalmente comunicado ao Poder Legislativo.

Quando houver a transferência obrigatória da União para a execução da programação decorrente de emendas parlamentares individuais, for destinada a Estados, ao Distrito Federal e aos Municípios, não estará condicionado à adimplência do ente federativo destinatário e não integrará a base de cálculo da receita corrente líquida para fins de aplicação dos limites de despesa de pessoa de que trata o art. 169, CF.

Nesse cenário, constata-se um novo arranjo constitucional para os gastos públicos obrigatórios em saúde, porque o art. 3º da EC n. 86/2015 determina que até mesmo os recursos oriundos da exploração do petróleo e gás natural sejam contabilizados como gasto mínimo da União – o que vai de encontro à modificação constitucional de 2013 que impôs o patamar mínimo constitucional de 25% das receitas oriundas da exploração do pré-sal para a saúde.

5. A Desvinculação de Receitas da União (DRU)

A Desvinculação de Receita da União (DRU) é um mecanismo instituído pelo *legislador* por intermédio da Emenda Constitucional de Revisão n. 01 de 1994 e se prolonga até os dias atuais, permitindo a desvinculação das receitas afetadas constitucionalmente para diversos fundos financeiros.

Para tanto, a EC de Revisão n. 01 de 1994 modificou os art. 71, 72 e 73 do ADCT e criou o Fundo Social de Emergência (FSE) com a finalidade de sanear financeiramente a Fazenda Pública Federal e de manter a estabilidade econômica.

O art. 71 do ADCT determinava o custeio de ações do sistema de saúde e de educação, da concessão de benefícios previdenciários e de auxílios assistenciais de prestação continuada, podendo inclusive ser utilizados para a liquidação do passivo previdenciário e, também, de forma mais ampla, de outros programas de relevante interesse público e social. A fonte de recursos indicada para sustentar essas despesas era o imposto de renda retido na fonte sobre os pagamentos efetuados pela União, suas autarquias e fundações, a majoração das alterações da Medida Provisória n. 419 (aumento do IOF) e pelas Lei n. 8.847/1994 (aumento do ITR), Lei n 8.849/1994 (aumento do IR), Lei n. 8.848/1994 (aumento do IR na fonte) e a majoração da alíquota da CCSL, além de 20% do produto da arrecadação de todos os impostos e contribuições da União.

O FSE vigorou até março de 1994 quando foi promulgada nova Emenda Constitucional que não apenas o revogou, como também criou o Fundo de Estabilização Fiscal. O FEF mantinha as mesmas características e aspectos financeiros do FSE, salvo em relação ao ITR. No que se refere à desvinculação de 20%, o afastamento da União passou a incidir tanto sobre os impostos quanto sobre as contribuições que viessem a ser concebidas[29].

---

29. A EC n. 17, de 22 de novembro de 1997, prorrogou retroativamente o FEF, que teve seu prazo de vigência alongado até 31 de dezembro de 1999. Ver EMENTA: – Ação direta de inconstitucionalidade. Medida Cautelar. 2. Fundo Social de Emergência. 3. Arguição de inconstitucionalidade de expressões constantes dos arts. 71 e § 2º; 72, incisos III e V, do ADCT da Constituição de 1988, com a redação introduzida pela Emenda Constitucional n. 10, de 04.03.1996. 4. Controle de validade de emenda à Constituição, à vista do art. 60 e parágrafos, da Constituição Federal. Competência do Supremo Tribunal Federal (art. 102, I, *a*). Cláusulas pétreas. 5. Os arts. 71, 72 e 73 foram incluídos no Ato das Disposições Constitucionais Transitórias de 1988 pela Emenda Constitucional de Revisão n. 1, de 1º de março de 1994. 6. A Emenda Constitucional n. 10/1996 alterou os arts. 71 e 72, do ADCT, prorrogando-se a vigência do Fundo Social de Emergência, no período de 1º de janeiro de 1996 a 30 de junho de 1997. 7. A inicial sustenta que, exaurido o prazo de vigência do Fundo Social de Emergência a 31.12.1995, não poderia a Emenda Constitucional n. 10, que é de 4.3.1996, retroagir, em seus efeitos, a 1º de janeiro de 1996, pois, em assim dispondo, feriria o direito adquirido dos Estados, do Distrito Federal e dos Municípios, no que concerne à participação no Fundo a que se refere o art. 159, inciso I, da Constituição, e à incidência do art. 160 da mesma Lei Maior, no período de 1º de janeiro até o início de vigência da aludida Emenda Constitucional n. 10, de 04.03.1996. 8. Não invoca a inicial, entretanto, especificamente, ofensa a qualquer dos incisos do art. 60 da Constituição, sustentando, de explícito, lesão ao art. 5º, XXXVI, à vista do disposto nos arts. 159 e 160, todos da Constituição. Decerto, dessa fundamentação poderia decorrer, por via de consequência, **ofensa ao art. 60, I e IV, da Lei Magna, o que, entretanto, não é sequer alegado. 9. Embora se possa, em princípio, admitir relevância jurídica à discussão da** *quaestio juris*, exato é, entretanto, que não cabe reconhecer, aqui, desde logo, o *periculum in mora*, máxime, porque nada se demonstrou, de plano, quanto a prejuízos irreparáveis aos Estados, Distrito Federal e Municípios, se a ação vier a ser julgada procedente. É de observar, no ponto, ademais, que a Emenda Constitucional de Revisão n. 1, que introduziu, no ADCT, os arts. 71, 72 e 73, sobre o Fundo Social de Emergência, entrou em vigor em março de 1994, com efeitos, também, a partir de janeiro do mesmo ano. 10. Medida cautelar indeferida. ADI 1420 MC/DF. Min. NERI DA SILVEIRA. Julgamento: 17.05.1996.

A EC n. 27 de março de 2001 extinguiu o FEF e criou, substituindo-o, o mecanismo de Desvinculação de Receitas da União (DRU), o qual estipulou a possibilidade de desvincular o percentual de 20% da arrecadação de impostos e de contribuições sociais da União já instituídos ou que viessem a ser no período de 2000 a 2003.

A EC n. 42/2003 ampliou o alcance da DRU alcançando também a possibilidade de desvinculação à Contribuição de Intervenção no Domínio Econômico (CIDE).

Deve-se atentar para o detalhe de que, ainda que de forma retórica, os Fundos criados referidos acima apresentavam objetivos; todavia, a DRU apenas permite a desvinculação de receitas afetadas, sem motivação específica.

Conclusão

Uma das características da estrutura orçamentária e do sistema de financiamento dos direitos sociais é a coexistência de um volume de despesas obrigatórias – no caso aqui, apenas em relação ao direito à saúde[30] – por meio de uma vinculação de receitas com finalidades afetadas com a possibilidade legal de discricionariedade do manuseio da aplicação de recursos públicos.

Se de um lado o *orçamento mínimo para a saúde* é garantido pela vinculação de receitas constitucionalmente assegurando os gastos obrigatórios; também, de outro lado, o mecanismo de desvinculação de receitas permite o manuseio com discricionariedade de tais recursos.

Esse tema não pode ser abordado sem lembrar dos diversos escândalos de corrupção e de desvio de dinheiro que inundam os jornais de hoje. Sem dúvida, um assunto que não se esgota aqui, merecendo outras análises de variados matizes, além de diversas perguntas: a garantia financeira por meio do Orçamento Mínimo para a Saúde garante a efetividade do Direito à Saúde previsto no art. 196 da Constituição Federal? Ou é mais eficaz conceder liberdade ao legislador orçamentário para o manuseio dos recursos públicos?

Nessa dicotomia entre a *discricionariedade do legislador* e a *rigidez orçamentária*, trava-se um *combate* ou estabelece-se *diálogo* em prol do direito à saúde? Em termos de direito financeiro, deve-se aplicar *apenas o mínimo* ou – diferentemente – deve-se aplicar, *pelo menos, o mínimo* dos recursos vinculados no direito à saúde?

Referências bibliográficas

AMARAL, Gustavo; MELLO, Danielle. Há direitos acima dos orçamentos? In: SARLET, Ingo Woflgang; TIMM, Luciano Benetti. *Direitos Fundamentais. Orçamento e reserva do possível*. Porto Alegre: Livraria do Advogado, 2008.

ABRAMOVICH, Victor; COURTIS, Christian. *Los derechos sociales como derechos exigibles*. Madrid: Trotta, 2002.

ALEXY, Robert. *Teoria dos direitos fundamentais*. Tradução de Virgilio Afonso da Silva. São Paulo: Malheiros, 2008.

BARCELLOS, Ana Paula de. O direito de prestações à saúde: complexidades, mínimo existencial e o valor das abordagens coletiva e abstrata. In: SARMENTO, Daniel; SOUZA NETO, Cláudio Pereira de. *Direitos sociais*: fundamentos, judicialização e direitos sociais em espécie. Rio de Janeiro: Lumen Juris, 2010.

BALEEIRO, Aliomar. *Uma introdução a ciência das finanças*. 14. ed. Rio de Janeiro: Forense, 1990.

BVERFGE 33, 303, de 18.07.1972, extraído da obra *Cinquenta anos de jurisprudência do Tribunal Constitucional Federal Alemão* (Montevidéu: Fundação Konrad Adenauer, 2005).

CANOTILHO, J. J. Gomes. *A lei do orçamento na teoria da lei* – separata do Boletim Especial da Faculdade de Direto de Coimbra – Portugal, 1978.

CALABRESI, Guido; BOBBIT, Philip. *Tragic choices – the conflicts society confronts in the allocation of tragically scarce resources*. New York: Norton, 1978.

CONTI, José Mauricio. *Direito financeiro na Constituição de 1988*. São Paulo: Oliveira Mendes, 1998.

CARVALHO, André Castro. *Vinculação de receitas públicas*. São Paulo: Quartier Latin, 2010.

HOLMES, Stephen; SUSTEIN, Cass. *The cost of rights – why liberty depends on taxes*. New York: Norton, 2000.

NABAIS, José Casalta. *O dever fundamental de pagar impostos*: contributo para a compreensão do Estado fiscal contemporâneo. Coimbra: Almedina, 2009.

IVO, Gabriel. Direito Tributário e Orçamento público. In: SHOUERI, Luis Eduardo. (Coord). *Direito tributário*: homenagem a Paulo de Barros Carvalho. São Paulo: Quartier Latin, 2008.

OLIVEIRA, Regis Fernandes de. *Saudação aos calouros – USP*. 2013. Disponível em: <https://www.google.com.br/url?sa=t&rct=j&q=&esrc=s&source=web&cd=1&cad=rja&uact=8&ved=0CCEQFjAAahUKEwj72uajkurGAhUDhZAKHSePBEw&url=http%3A%2F%2Fwww.revistas.usp.br%2Frfdusp%2Farticle%2Fdownload%2F89265%2FRev_2014_33&ei=mSOtVbuqMYOKwgSnnpLgBA&usg=AFQjCNGJjahnIeadT7HdF9dBy3a7_ZLw6w&bvm=bv.98197061,d.Y2I>. Acesso em: 18 jul. 2015.

PINTO, Élida Graziane; SARLET, Ingo Wolfgang. *Regime previsto na EC 86/2015 deve ser piso e não teto de gasto em*

---

30. Este artigo foca apenas o direito à saúde, mas o orçamento mínimo envolve também o ensino, o meio ambiente, a redução da pobreza dentre outros direitos sociais.

saúde. Disponível em: <http://www.conjur.com.br/2015--mar-24/gasto-saude-previsto-ec-862015-piso-nao-teto#_ftn6>. Acesso em: 17 jul. 2015.

SARLET, Ingo Wolfgang. *A eficácia dos direitos fundamentais*. 9. ed. Porto Alegre: Livraria do Advogado, 2008.

_____. FIGUEIREDO, Mariana Filchtiner. Reserva do possível, mínimo existencial e direito à saúde: algumas aproximações. In: SARLET, Ingo Woflgang; TIMM, Luciano Benetti. *Direitos fundamentais. Orçamento e reserva do possível*. Porto Alegre: Livraria do Advogado, 2008.

SCAFF, Fernando Facury. Orçamento mínimo social garante a execução de políticas públicas. Disponível em: <http://www.conjur.com.br/2014-mai-20/orcamento-minimo-social-entre-liberdade-vinculacao>. Acesso em: 17 jul. 2015.

_____. *Reserva do possível pressupõe escolhas trágicas*. Disponível em: <http://www.conjur.com.br/2013-fev-26/contas-vista-reserva-possivel-pressupoe-escolhas-tragicas>. Acesso em: 17 jul. 2015.

_____. República, tributação, finanças. RDE. *Revista de Direito do Estado*, v. 21, p. 649-668, 2011.

SCHWARTZ, Germando André Doerdelin. *Direito à saúde*: efetivação em uma perspectiva sistêmica. Porto Alegre: Livraria do Advogado, 2001.

_____. Como a sociedade financia o Estado para a implementação dos direitos humanos no Brasil. In: SCAFF, Fernando Facury. (Org). *Constitucionalismo*. Tributação e Direitos Humanos. Rio de Janeiro: Renovar, 2007.

TORRES, Ricardo Lobo. *Curso de direito financeiro e tributário*. 13. ed. Rio de Janeiro: Renovar, 2006.

_____. *Tratado de direito constitucional financeiro e tributário*. V. 5. O Orçamento na Constituição. 3. ed. Rio de Janeiro: Renovar, 2008.